비고츠키 선집 6

비고츠키 아동학 강의 I

성장과 분화

*표지에 실린 「피아노를 치는 아이들」에는 얼굴이나 키만 봐서는 나이를 비교 가늠할 수 없는 세 명의 어린이들이 나온다. 나이 판단은 어린이들의 신체 비율과 관련이 있다. 비고츠키가 말하듯, 발달에서는 크기보다는 크기 간의 관계가 변한다. 그러나 정신 발달상의 관계는 어떻게 알 수 있을까? 한 어린이가 다른 어린이를 가르치고 있으며, 우리는 대부분의 인간 역사에서 나이 많은 어린이들이 동생들을 가르쳐왔음을 알고 있다. 그러나 세 번째 어린이는 자아 개념을 스스로 배우고 있다. 피아제라면 아마도 보그다노프-벨스키처럼 세 번째 어린이가 가장 어리다고 주장할 것이다. 하지만 비고츠키는 세 번째 어린이가 가장 나이가 많다고 주장할 것이다. 왜냐하면 우리는 먼저 다른 사람한테 배운 다음, 다른 사람을 가르치고, 그 후에야 스스로를 가르칠 수 있게 되며, '자아' 개념은 매우 늦게, 어린이가 복잡한 심리기능 체계 전체를 발달시킨 후에야 출현하기 때문이다. 비고츠키는 『성장과 분화』에서 이러한 발달이 어떻게 일어나는지 설명한다.

비고츠키 선집 6
비고츠키 아동학 강의 I
성장과 분화

초판 1쇄 발행 2015년 1월 13일
초판 2쇄 발행 2019년 6월 30일

지은이 L. S. 비고츠키
옮긴이 비고츠키 연구회
펴낸이 김승희
펴낸곳 도서출판 살림터

기획 정광일
편집 조현주
북디자인 꼬리별

인쇄·제본 (주)현문
종이 월드페이퍼(주)

주소 서울시 양천구 목동동로 293, 22층 2215-1호
전화 02-3141-6553
팩스 02-3141-6555
출판등록 2008년 3월 18일 제313-1990-12호
이메일 gwang80@hanmail.net
블로그 http://blog.naver.com/dkffk1020

ISBN 978-89-94445-80-9 93370

비고츠키 선집 6

비고츠기 아동학 강의 I

살림터

딜레마를 아포리아로
곤혹감을 경이로움으로

어린이를 벽에 세워 놓고 매월 연필로 키를 표시하는 장면을 생각해 보자. 키가 갑자기 커지는 구간도 있겠지만, 어린이 발달이란 전반적으로 키가 점점 자라는 느린 과정이라고 가정할 것이다. 이번에는 어린이를 세워 놓고 매주 사진을 찍는다고 가정해 보자. 우리는 사진들을 연결하여 어린이의 성장을 보여 주는 동영상을 만들 수 있으며, 이로부터 어린이 몸의 각 부분들이나, 심지어 얼굴의 각각의 부분들이 서로 다른 속도로 성장하고 있음을 쉽게 알아차릴 수 있다. 그러나 발달은 여전히 자연에서 발견되는 성장과 같다고 여겨질 것이다.

비고츠키가 이 책 6강 처음에서 제안한 것처럼, 어린이가 움직일 수 있게 놓아 두고, 만지고 가리키며, 놀고 일하며, 이해하고 말하며, 궁극적으로 어린이가 자신의 성이나 개념적 사고를 숙달하는 능력의 발달을 추적한다고 상상해 보자. 우리의 측정은 이제 그리 간단하지 않다. 먼저, 이 모든 기능들은 성장뿐 아니라 움직임을 요구한다. 또한 우리는 더 이상 어린이의 모습을 단순히 기록할 수 없다. 즉 겉모습을 관찰할 때와는 달리 이제는 어린이의 잠재력에 더 큰 흥미가 있다. 더 나아가 어린이의 운동성과 잠재력은 신체적 발달의 결과인 동시에 심리적 발달의 결과이며, 심리적 발달 자체는 문화화의 결과이다.

이 강좌에서 비고츠키는 학생들과 함께 발달의 이러한 측면을 이해하고 분석하려고 한다. 언뜻 보기에 학생들의 이해와 비고츠키의 분석 사이에 메울 수 없는 간격이 있는 듯 보인다. 한편으로 비고츠키의 학생들은 초심자들이었다. 그들은 소비에트 전역에서 온 교사들로, 짧은 강의를 들은 후 매우 열악한 조건의 교실로 돌아가야 했다. 따라서 그들은 실천적 문제들에 압도적으로 관심이 많았다. 다른 한편으로 비고츠키는 그의 짧은 경력의 마지막 해에, 죽음을 수개월 앞두고 있었지만, 방법론자, 이론가, 사상가, 저술가, 교사로서 비할 수 없는 능력의 정점에 올라 있었다.

그러나 비고츠키는 4강 말미에서 이런 종류의 아포리아, 이런 종류의 모순, 즉 외관상 해결 불가능해 보이지만 실제로는 해결 가능한 간극이 사실상 개체발생의 특징임을 가르쳐 준다. 말하자면 우리는 계통발생이나 사회발생과는 달리 개인들은 완성된 형태와 마주한 채로 발달한다는 것을 발견한다. 이는 어린이와 엄마나 학생과 교사(심지어는 독자와 저자) 간에도 사실이다. 따라서 비고츠키와 그의 학생들 간의 엄청난 격차는 그들에게 오히려 이점으로 작용했다. 비고츠키는 이 간극을 메우기 위해 그냥 중요한 것과 절대적으로 필수적인 것을 철저히 구분했다. 그는 이 강좌에서 『생각과 말』, 『도구와 기호』, 『역사와 발달』, 심지어 『상상과 창조』와 같은 그의 저서를 특징짓는 다른 학자들과의 논쟁을 배제한 채 본질적인 것에 초점을 맞춘다. 비고츠키는 '아동학의 기초'를 '법칙'의 형태로 진술하고, 학생들을 위해 가장 중요한 부분을 진하게 표시하고, 그것을 공책에 옮겨 적을 수 있도록 판서도 하였다. 그는 간단한 예들을 많이 제시하고, 수사적 질문도 많이 하였으며, 때로는 그 질문에 스스로 답을 하였다.

그러나 비고츠키가 자신의 생각을 전달하는 데 성공했다 하더라도, 그의 강의를 들은 학생들은 졸업장을 받지 못했을 것이다. 그가 이끌었던 아동학이 소비에트 당국의 혹독한 비판을 받아 몇 개월 내에 교육

과정에서 없어질 운명에 처해 있었기 때문이다. 그의 학생들은 막다른 골목에 내몰렸다. 비고츠키는 먼저 내관과 현상학에 토대한 관념론적 심리학과 단절하고, 그다음에는 실험적 행동 관찰에 기초한 속류 유물론적 심리학과, 그 후에는 프로이트 심리학의 영향을 받아 피아제가 확립했던 아동 심리학과 단절했다. 비고츠키와 근접한 사상가가 있다면, 그들은 바로 독일의 형태주의 심리학자들 정도였지만(이들 역시 독일에서 구금되거나 추방되었다), 그들 역시 말의 역할과 인간 정신의 기호학적 구조라는 점에서 비고츠키와 달랐다.

이러한 난관들은 오늘날 우리가 다시 한 번 그의 연구를 주목하게 만든다. 아동학이 곧 금지될 것임을 알아차린 비고츠키는 이 강좌의 인쇄물을 제자들에게 나누어 주었다. 이 인쇄물 중 하나가 제자인 C. A. 코로타예프를 통해 멀리 우드무르트 공화국으로 전해졌으며, 전쟁 중에도 다행히 보존되어 코로타예프 사후 그의 딸인 Γ. C. 코로타예바가 발견하였다. 이는 우여곡절 끝에 2001년에 우드무르트 대학의 게르만어 문헌학부에서 출판되었으며, 우리는 바로 이 책을 한국어로 번역하였다. 이 강좌에서 비고츠키는 이론적 논쟁이나, 이제는 먼 과거가 된 당시의 새로운 발견에 천착하지 않았다. 그는 특정한 과학적 방법을 전수하고 싶어 했다. 분명 오늘날의 교사들에게도 이 책이 여전히 중요한 필독서가 된 것은 바로 이러한 방법론 때문이다.

비고츠키와 학생들 간의 간극이 오히려 비고츠키의 강의를 쉽고 더 잘 이해할 수 있게 만들었듯이, 그 시기의 역사적 난관이 오히려 원고가 우리에게 전해지도록 했듯이, 이 원고 자체는 역설로 가득하다. 연구 방법으로서의 아동학은 전체적이지만 분석적이고, 실험적이지만 임상적이며, 비교적이지만 발생적이다. 거기에 덧붙여, 비고츠키의 방법은 그것이 전체적이기 때문에 분석적이고, 실험적이기 때문에 임상적이며, 비교적이기 때문에 발생적이라고 말할 수 있을 것이다. 이들은 비고츠키의 강의 속에서 일종의 '아포리아(논리적 난제)', 즉 사실에 확실성을 부여할 뿐 아니라 그 사실에 도달하기 위한 수단을 부여하는 수사학적 의문으로 나타난다.

첫 번째 아포리아는 다음과 같다. 한편으로 발달은 전체의 발달이다. 예컨대 어린이 신경계의 건강한 발달은 어린이의 전반적 안전, 건강, 복지 등의 전체적 조건에 의존한다는 것이 그 반대보다 더 진실에 가깝다. 다른 한편으로 전체로서의 발달을 포괄할 수 있는 일반적인 법칙은 없기 때문에 우리는 높은 구체적 설명력을 가진 특정한 법칙을 모색할 수밖에 없다. 따라서 독자는 각 강의들이 2개씩 묶여 병렬적으로 제시됨을 발견하게 된다. 그러나 독자들은 각각의 장들이 서로 참조하고 있으며, 사실 두 번째 강의는 첫 번째 강의로부터 분화되어 나왔음을 발견할 것이다.

1강 (아동학적 방법의 측면에서 본) 문제와 접근법
2강 (문제와 접근법에서 나오는) 방법

3강 (아동학적 방법에 의해 환경으로부터 구별되는) 유전
4강 (어린이와 상호작용하고, 어린이의 영향을 받고 숙달되는) 환경

5강 (유전적 자질로부터 출현하는) 심리적 발달
6강, 7강 (내분비계와 신경계, 즉 심리적 발달의 상호작용으로부터 출현하는) 생리적 발달

맨 먼저 대부분의 비고츠키 주요 저작에서와 같이 문제와 접근법을 꺼내는 도입이 나오며, 뒤이어 (문제와 접근법을 참조하는) 방법론에 대한 별도의 강의가 제시된다. 그런 후 유전과 환경에 대한 강의가 나오며 뒤

따라 (환경에 아동 스스로가 미치는 영향에 대한 문제를 참조하는) 환경에 대한 별도의 강의가 제시된다. 그런 후 심리적 발달에 대한 강의가 나오며 뒤이어 신경계를 거듭 언급하는 내분비계의 생리적 발달에 대한 강의가 나오고, 다시 심리적 발달과 전체로서의 발달이라는 개념에 대한 강의 내용을 명확히 언급하는 신경계 발달에 대한 강의가 이어지면서 순환이 완성된다. 이와 같이 우리는 아동학에서 발달의 개념은 전체론적일 뿐 아니라 분석적임을 알 수 있다. 바로 그와 같은 분석을 통해 전체로 통합되는 것이다.

두 번째 아포리아는 다음과 같다. 한편으로 발달은 최종 분석에서 구체적일 뿐 아니라 매 경우마다 고유한 것처럼 보인다. 3강은 일란성 쌍생아조차도 완전히 똑같이 발달하지 않는다는 것을 보여 준다. 바로 이 때문에 비고츠키는 발달을 임상적으로 연구해야 한다고 말한다. 연구는 언제나 개인들 간의 차이를 출발점으로 삼아야 하며 언제나 발달의 특수성을 염두에 두어야 한다. 다른 한편으로 발달에는 너무나 많은 편차가 있기 때문에 개별적 사례들, 특히 어떤 식으로든 비정상적인 것이 포함된 사례는 우리가 어린이 일반에 대해 알고자 하는 것을 거의 알려 주지 않는 것으로 보인다. 바로 이 때문에 비고츠키는 발달을 실험적으로 연구해야 한다고 말한다. 연구는 언제나 각각의 사례에서 보편적인 발달의 측면을 모색해야 한다. 비고츠키는 개개의 병리적 사례를 자연적 실험으로 활용하여, 다양한 발달 단계에서 발달의 특정 전제 조건이 손상된 경우 일어날 수 있는 일을 보여 줌으로써 이 모순을 해결한다. 비고츠키는 비록 오늘날의 학교 심리 측정 기법의 주요 토대인 피어슨의 원리를 단호히 거부하기는 하지만, 일란성 쌍생아와 이란성 쌍생아를 비교하는 집단 연구 방법은 인정한다. 이는 바로 오늘날 우리가 지능이라고 일컫는 고등의, 복합적 기능이 유전되지 않음을 보여 주기 위함이었다. 동시에 그는 이러한 집단 연구조차도 연구를 위해 추출된 특성의 본성에 대해 많은 것을 알려 주기는 하지만, 이것이 유전적 특성과 환경적 특성 사이의 관계에 대한 정적인 관점을 제공한다는 것 또한 명확히 인식한다. 이러한 연구들이 보여 주는 것은 발달 자체가 발달해야 한다는 것이다. 아동 발달의 대부분을 실제로 설명해 주는 복합적 기능 발달에서 유전에 대한 의존과 환경에 대한 의존의 균형은 특성 자체의 변화와 더불어 변화한다.

세 번째 아포리아는 비교적 연구와 발생적 연구 사이에 모종의 모순이 있는 것처럼 보인다는 것이다. 비교적 연구는 서로 다른 대상을 비교하지만 발생적 연구는 동일한 대상을 연구한다. 따라서 발달을 비교적인 동시에 발생적으로 연구한다는 것은 모순적으로 들릴 수 있다. 다시 한 번 비고츠키는 이를 아포리아로 다룬다. 즉, 이 두 방법이 논리적으로는 모순인 듯 보이지만 이는 추상적 논리의 측면에서만 그렇게 나타날 뿐 실제 삶에서는 그렇지 않다는 것이다. 병리학이 특정한 분비샘이나 기능의 존재 유무에 따라 발달이 어떻게 변하는지 보여 주는 비교적 연구에 해당하는 자연적 실험이라면, 발달 자체도 동일한 실험을 보여 줄 수 있기 때문이다. 유기체가 특정한 체계나 기능 없이 발달하는 모습을 병리학이 보여 주는 것과 마찬가지로, 발달 자체도 특정한 체계나 기능이 일어나기 전과 후의 차이를 발생적 연구로 보여 줄 수 있다. 발생적 연구에서 발달의 유전과 환경적 측면은 비교적 일관되게 유지되기 때문에, 발달은 우수한 유전자나 풍족한 환경으로부터 나타나는 것이 아니다. 동일한 사람이 시간에 따라 상이하게 겪는 계기들을 비교함으로써, 우리는 발달을 저차적 기능이 매우 곤란한 환경을 극복해 나가면서 겪는 장애에서 나타나는 고등 기능과정으로 이해할 수 있다.

비고츠키 선집의 다른 책들과 마찬가지로, 역자들은 독자의 이해를 돕기 위하여 꼭 필요하다고 생각되는 곳에 글상자를 삽입하였다. 따라서 굳이 보충 내용이 필요 없는 독자라면, 글상자를 생략하고 본문에 집중해도 무방하다. 각 장의 끝부분에 실린 미주에는 비고츠키가 각 장에서 제시한 논점들을 빠짐없이 집약적인 형태로 담고자 하였으므로, 혹시 독자들이 비고츠키 공부 모임을 가진다면, 이 설명들이 도움이 될 것이다. 한국어 역자가 꼭 필요하다고 생각되는 구절을 본문에 삽입할 경우에는 (-K)라고 표시하여 비고츠키의 원문과 구분하였고, 러시아 편집자의 수정 제안이 한국어 번역과 차이가 있을 때 그 내용을 글상자에 밝혀 놓았다.

비고츠키는 1강을 마무리하면서 발달 이론을 세 가지로 구분했는데, 비고츠키 자신의 이론을 제외한 이 이론들은 오늘날의 우리에게 매우 친숙하다. 벽에 세워 놓고 키를 재는 식으로 정적인 어린이 발달을 서술하는 데 이용된 이 이론들은 오늘날에도 여전히 지배적인 위치를 갖고 있다. 첫째, 자연주의적 이론은 발달이 자연적 과정이며, 그 잠재성이 전적으로 어린이 속에 있다고 주장한다. 할러데이가 지적하듯이 이것은 '동심주의childism'의 핵심 가정이다. 어린이들이 읽는 수많은 디즈니 문학과 '발견' 학습 방법이 바로 여기에 기초한다(2004: 251). 둘째, 기계론적 이론은 반대로 발달이 환경 조건에 대한 사회적으로 추동된 적응 과정이라고 주장한다.

할러데이는 환경론적 관점과 연합주의 심리학 사이에는 어떤 필연적인 관계가 없음을 지적한다. 자극-반응에 기초했음에도 발달은 어린이 내에서 일어난다고 가정하는 교수법을 쉽게 상상할 수 있다. 사실 이는 오늘날 비고츠키 이론을 '비계 설정'적으로 해석하는 이들이 취하는 입장이다(비계에 대한 탁월한 비평에 관심이 있는 독자는 Chaiklin, 2003 참조). 같은 방식으로, 할러데이는 생득론과 가설검증 이론 사이에는 어떤 필연적인 관계가 없음을 지적한다. 가설검증 이론에 기초했음에도 불구하고 그 가설이 환경으로부터 도출된다고 가정하는 교수법을 쉽게 상상할 수 있다. 사실 이는 오늘날 피아제 이론에 대한 주요한 해석이다(예 컨대 과학 교육에서 적용되는 발견 학습 이론이나 언어 학습에서 적용되는 과 업 기반 접근법). 다시 말해, 실천과 이론 사이에 밀접한 관계가 맺어지 지 않은 것이다.

여기서 비고츠키가 말하는 세 번째 이론은 사실 오늘날의 교수 기법 에 그리 적용된 바 없어 보인다. 그 이론에 따르면, 발달은 한편으로 어 린이 속에 처음에 없었던 잠재성을 창조하는 것, 다른 한편으로는 생물 적으로 주어진 기관, 체계, 기능을 원래의 목적과 다른 목적으로 사용 하는 것, 즉 굴절 적응을 포함한다.

비고츠키가 선호하는 말 발달 예는 이 잠재성의 창조와 굴절 적응을 모두 보여 준다. 말을 배우면서 한편으로 어린이는 출생 시 전혀 존재 하지 않았던, 문화화를 위한 광대한 잠재성을 창조한다. 다른 한편으로 말을 배우는 것은 생물학적 목적(숨쉬기, 먹기)을 위해 주어진 기관, 체 계, 기능을 사회-문화적 목적으로 사용하는 것을 포함한다. 그러나 어 린이의 말 발달을 연구한다는 것은 어린이를 벽에 세워 놓고 키를 표 시하는 식으로 할 수 있는 일이 아니다. 말 발달 연구와 그것을 통해서 전체 어린이의 전반적인 심리적 발달과 신체적 발달을 연구하는 것은 새로운 방법을 필요로 한다. 비고츠키는 그 방법을 '아동학'이라고 부 른다.

이 방법이 드러내는 '일반적 법칙'들은 단지 다른 발달의 계기마다 매우 다르게 나타나는 규칙성이라는 것이 경험적으로 드러난다. 추상 적, 논리적, 이론적으로 공식화하려 하면, 이 법칙들은 거의 전적으로 부정적임이 드러난다. 즉 발달은 균등하지 않고, 의존성은 항상 일정하 지 않으며, 발달 초기에 획득되는 기능적으로 분화된 체계는 후기에 나 타나는 것과 같지 않다는 것이다. 그러나 비고츠키는 여러 강의에 걸 쳐 규칙성이 존재한다고 지적한다. 이 규칙성은 한편으로는 발달의 시작, 중간, 끝을 구분하기도 하고, 다른 한편으로는 유전과 환경, 심리 발달과 신체 발달, 심지어 신체 발달 내에 존재하는 내분비계와 신경계를 통합하는 것처럼 보이기도 한다. 이 규칙성들은 다양한 발달 측면들과 그것을 설명하는 다양한 분야들을 관통하며, 연령기를 복합적이면서도 일관된 체계로 통합한다. 이 규칙성은 신의 작용이나 자연 속에 내재한 법칙들이 아니라, 역사적인 법칙에 더욱 가깝다. 인간은 자신을 둘러싼 환경을 통제할 수 있고, 환경을 통해서 스스로를 통제할 수 있기에, 궁극적으로는 이 역사적 법칙이 인간의 통제하에 놓이는 것이다.

2014년 7월, 심리학자 E. 보이쉬가 별세했다. 보이쉬는 피아제와 비고츠키 이후 세대의 심리학자로서, 제네바의 장-자크 루소 연구소 부속 유치원Maison des Petits Institut Jean-Jacques Rousseau에서 피아제의 뒤를 잇는 대신, 피아제의 가장 중요한 대부분의 연구(e.g. Piaget and Inhelder, 1969, 1973)들을 공저한 B. 인헬더와 함께 독일에서 학교 심리학자로서 일했다. 심리학은 자연적이지 않은 대상을 자연과학적 방법으로 설명하려고 하는 과학이라는 비고츠키의 말을 인용하면서 보이쉬는 다음과 같이 썼다.

"역사를 창조하는 존재를 자연과학을 통해 다루는 것이 심리학의 딜레마이다(1971)."

이것은 단지 심리학자들만의 딜레마가 아니다. 이것은 모든 교사와 부모가 느끼는 문제이다. 이 책은 그러한 딜레마를, 혼돈스럽게 하지 않고 명확히 하며 우리의 통찰력을 예리하게 하면서도 경이로움을 고양시키는 아포리아로 변환할 방법을 제공한다.

2015년 1월

비고츠키 연구회 일동

| 참고 문헌|

비고츠키, L. S.(2011), 『생각과 말』, 서울: 살림터.

비고츠키, L. S.(2012), 『도구와 기호』, 서울: 살림터.

비고츠키, L. S.(2013), 『역사와 발달 I』, 서울: 살림터.

비고츠키, L. S.(2014), 『역사와 발달 II』, 서울: 살림터.

비고츠키, L. S.(2014), 『상상과 창조』, 서울: 살림터.

Выготский Л. С.(2001). Лекции по педологии. Ижевск: Издательский дом "Удмуртский университет", Коллектив редакторов: Г. С. Коротаева, Т. И. Зеленина, А. М. Горфункель, А. В. Жукова, А. Н. Утехина, Н. В. Маханькова, Т. И. Белова, Л. И. Маратканова.

Boesch, E. E.(1971). Zwischen zwei Wirklichkeiten. *Prolegomena zu einer ökologischen Psychologie*. Bern: Huber.

Chaiklin, S.(2003). The Zone of Proximal Development in Vygotsky's Analysis of Learning and Instruction. In Kozulin, A., Gindis, B., Ageyev, V. S. and Miller, S. M.(Ed.), *Vygotsky's Educational Theory in Cultural Context*. Cambridge University Press, 39-64.

Halliday, M. A. K.(2004). *The Language of Early Childhood*. London: Continuum.

Piaget, J. and Inhelder, B.(1969/2000). *The Psychology of the Child*. New York: Basic Books.

Piaget J. and Inhelder, B.(1973). *Memory and Intelligence*. New York: Basic Books.

독자 여러분!

여러분 손에 들린 이 책에는 저 먼 1930년대로부터 흘러나온 목소리가 담겨 있다. 이번에 출판된 책에 포함된 원고들은 나의 아버지 세라피온 알렉세예비치 코로타예프Серапион Алексеевич Коротаев의 소유물로서, 60년 이상 우리 가족의 서고에 보관되어 있다가 최근 아버지께서 돌아가시면서 내가 물려받은 것이다.

내 아버지[1]는 1929년부터 1936년까지 헤르첸 대학교의 레닌그라드 분원 아동학과의 학부와 대학원 과정의 학생이었다. 그 당시 학부와 대학원 과정의 연구 책임자는 Л.С. 비고츠키였다. 아버지의 박사논문 주제는 "산술 문제 해결 과정에서 학생의 생각 발달"이었다.

1934년 비고츠키 사후에, 카첸보겐С. З. Каценбоген[2]이 아버지의 연구지도 교수가 되었다. 그렇지만 30년대는 레닌그라드뿐 아니라 국가 전체적으로 비극적인 시대였다. 카첸보겐은 민중의 적으로 규정되어 억압을 받았다. 교육학과에서 학생들을 위해 많은 일들을 맡아왔던 바소프 М. Я. Басов 교수는 1931년에 사망하였다. 1936년 7월 4일 소련공산당 중앙위원회Ц К ВКП에 의해 "인민위원회 체제 내에서 아동학의 왜곡에 관하여"라는 법령이 공표되었다. 아동학은 과학적으로 볼 때 방향이 잘못되었다고 규정되었다. 아버지가 대학원을 마친 것은 바로 이 시점이었으며, 자신의 전문 분야 내에서 과학적 연구로 나아가는 길이 막혀 버리고 말았다. 게다가 1952년에 졸업 증서라도 받기 위해 ГАОРСС-3(제3 레닌그라드 10월 혁명과 사회주의 건설 국가문서 보관소)에 요청했지만, 관련 정보는 물론이고 박사 논문 심사에 관한 기록조차 없었다. 어째서 이런 일이 벌어졌는지 이제는 안다.[3]

나의 아버지는 얼마간 레닌그라드 지역의 그도프 보통학교에서 교장으로 근무하였고, 그 후 키로프 지역의 오무트닌스크에서 교사 교육원의 부원장으로 지냈으며, 1944년부터 은퇴 전까지 우드무르트 주립교육대학교(현재 우드무르트 주립대)에서 교수로 일하였다.

그렇다면 아버지는 Л. С. 비고츠키의 강의 필사본을 어떻게 입수했을까? 1933년, 아버지는 레닌그라드에 있는 네크라소브스크 교육전문대학의 교사 양성 과정에서 공부하기 시작했고(우리는 그해 졸업생 사진을 가지고 있다), Л. С. 비고츠키는 어떤 식으로든 수련 교사들을 돕기 위해 강의 교재를 배포하기 시작했다. 그렇게 하여 아버지는 Л. С. 비고츠키가 죽기 몇 달 전에 했던 강의 필사본을 때마침 입수한 것이다.

Л. С. 비고츠키는 종종 속기사의 도움을 받아 필사본으로 자신의 연구물을 출판했다. 그것들은 포장지와 매우 비슷한 노란색이나 회색 종이에 인쇄되어 있다. 몇몇 단어나 행들, 심지어 몇몇 페이지들은 읽기가 아주 어려워서 뭐라고 쓰여 있는지 알아보기 힘들었다. 하지만 그 시대의 특별한 분위기를 전해 주고, 어느 정도 그 시대를 특징짓기도 한다. 아마도 이것이 이 원고의 주요한 기록물적 가치일 것이다.

자료의 구조는 통일적이지 않다. 1부 '아동학의 기초'는 제목이 없는 일곱 개의 강의로 1935년에 А. И. 헤르첸 교육대학에서 100부 정도 출판되었다. 비고츠키 사후에 출판된 이 원고를 Л. С. 비고츠키가 편집하지는 않았을 것으로 보인다. 2부 '연령의 문제'는 구조적으로 다르다. 거의 절반에 가까운 분량은 책으로 출판하기 위한 준비 과정으로 보인다.

이 장들은 문단으로 나뉘어 있으며, 원고는 강의를 듣는 청자가 아닌 독자를 위해 문어체로 쓰였다. 이런 이유로 좀 더 질서 있는 구조와 사고의 논리적 완결성을 보인다. 나머지 절반은 강의가 이루어진 1933년 4월, 1933년 6월, 1934년 2월, 1934년 5월 3일의 시간 순서에 따라 네 개의 필사본으로 완성되어 있다. 5월 9일 레프 세묘노비치는 병으로 쓰러져, 1934년 6월 6일 세상을 떠났다. 분명 연령의 문제에 관한 다른 강의들도 필사되었을 것이지만, 아버지는 오직 네 개만을 갖고 있었는데, 이는 네크라소브스크 교육전문대학의 연례 진급 시험에 응시하는 교사들에게는 학령기의 문제만이 요구되었기 때문이다.[4]

편집자들이 겪었던 주된 문제는 문서학적인 것이었다. 우리의 과업은 학문적 강의록 출판 원칙을 완벽하게 준수하는 것도 문서를 원본 그대로 보존하려는 것도 아니었기 때문에, 우리 작업은 다음과 같이 진행되었다.

첫째, 독자들의 편의를 위해 처음의 일곱 개의 강의에 제목을 부여했다. 이것은 비고츠키가 각 강의를 시작할 때마다 주제에 대해 명확히 언급하고, 강의 목적을 밝히고 있기 때문에 어렵지 않았다. 둘째, 이것은 강의의 필사본이기 때문에, 속기사가 이해하지 못했던 것들이나 기록하면서 왜곡된 것들, 생략된 것들이 당연히 존재한다. 수정을 통해 불합리와 모호함을 비켜 갈 수 있는 경우에는 그렇게 했다. 모순이 있거나, 불명확하거나 우리가 이해하지 못한 부분, 즉 알아보기 힘든 낱말이나 강의 중 속기사가 놓쳤거나 생략하여 기록하지 않은 부분이 있을 경우, 이것들을 원문과 구분하기 위해 […][5]로 표시했다. 우리는 모든 용어나 과학자들의 이름을 명확히 밝히지 않고 필사본과 같은 형태로 넣었다. 그 외 수정 사항들은 본문에서 대괄호로 표시하였으며, 설명은 각주로 첨부하였다.

편집자들은 강의의 정신과, 저자의 정서적·표현적 말을 보존하고자 노력하였으며, 이 원고가 생산 현장에서 바로 대학에 온 학생부터 오지의 콤소몰[6] 출신 학생에 이르기까지 다양한 교육적 배경을 가진 독자들에게 읽혔다는 사실을 감안하여, 현대 문법 규칙에 맞도록 교정만 하였다.

자료의 내용에 대해 말하자면, 우리는 이 원고가 다양한 분석의 측면, 즉 철학적, 교육학적, 심리학적, 언어학적, 이론적, 실천적(임상 실습과 전 학령기 학교 교육) 그리고 그 외 몇 가지 측면들을 가지고 있음을 확인할 수 있다. 여기에는 아동학의 주제, 방법, 범주화 장치(예를 들어 검사, 진단, 임상 면접 기법-K), 문제들과 출생부터 17세까지의 연령에 따른 어린이의 시기 구분이 다양한 유년기 발달 시기의 특성과 함께 체계적으로 정리되어 있다. 따라서 독자들은 이 방면의 과학에서 밑그림을 그리고, 어린이 연구의 고유성을 평가하고, 기존의 관념적 프리즘을 넘어설 기회를 얻게 될 것이다.

지난 30여 년간 대학에서 철학을 가르쳤던 교수로서 내가 보기에, 비고츠키의 유산 중에서 지극히 중요하게 생각되는 것은 20세기 말 철학적으로 의미를 지니게 된 그의 연구 문제들이다. 의미, 기호, 상징의 구분, 개념과 낱말 간의 연결의 문제들, 이 과정 속에서 문화의 역할, 이 모든 것들이 비고츠키의 연구물 속에서 진정 철학적으로 조명된다. 뿐만 아니라 이제브스크 제14 인문교육학교 상급반 학생들에게 철학 과목을 가르친 경험에 비추어 볼 때, 확실히 비고츠키의 유산은 추상적이고 철학적인 관념을 조작하기 시작하는 학령기 어린이에게 일어나는 복합체적 사고 과정과 그들이 마주치는 어려움의 본성을 알아보는 데 도움을 준다. 학생이 철학적이라고 불릴 수 있는 성찰을 시작하고 철학 서적의 해석에서 자유의 의미를 발견하는 순간은 교사에게 경이로운 순간이 아닐 수 없다. 그러나 이 모든 것은 전문적이고 신중한 논의를 필요로 한다.

더 나아가 현대의 교육학적 실천에서는 어린이의 개성을 존중하자는 생각을 고려하는 것이 매우 중요하다. 바로 이런 원칙을 바탕으로 비고츠키는 당대의 교수-학습 기술을 개발하였다. '아동학의 기초'에서 비고츠키는 타인의 도움을 수반한 어린이의 수행 능력의 의미에 관한 생각을 표현하였으며, 이것이 결코 어린이 생각의 형태가 불완전함을 의미하는 것은 아니라고 제시한다. 이는 매우 올바르고 타당한 인간적인 개념이며, 엄밀히 말해 이것이 협력의 교육학의 원리들이다. 예를 들어 이 원리는 (Т. И. 젤레니나 학장과 А. Н. 우체히나 교수의 지도 아래) 우드무르트 대학교의 로만어와 게르만어 문헌학부에서 1990년 설립한 어린이 학교 '링구아'에서 구현되었다. 이 학교에서 어린이들의 부모와 함께 일하는 데에도 Л. С. 비고츠키의 생각이 매우 귀중한 도움이 되었다.

결론적으로 나는 다음과 같이 말하고자 한다. 수년 동안 나는 비고츠키의 이 아동학 강의록 출판의 필요성과 가능성에 대해 생각했다. 나는 우리나라의 위대한 과학자들(철학자, 심리학자, 언어학자)과 이야기하면서 이 문제에 대한 그들의 관심을 보았고, 그들의 인정을 받았다. 이들은 코간Л. Н. Коган, 이바노프В. Г. Иванов, 구친스카야Н. О. Гучинская, 쿠즈미나Н. В. Кузьмина, 짐냐야И. А. Зимняя, 진첸카В. П. Зинченко 등의 교수와 학자들이다. 그들의 이해와 정신적 지지에 감사한다. 마지막으로, 레프 세묘노비치의 딸인 기타 르보브나 비고츠카야는 우리가 내딛는 걸음마다 용기를 주었다. 이 점에 대해 깊은 감사의 마음을 표하고 싶다.

우드무르치아에서 출판된 Л. С. 비고츠키 강의 필사본의 초판 인쇄는 Т. И. 젤레니나 학장이 이끄는, 우드무르트 대학 로만어, 게르만어 문헌학부의 참여와 재정적 도움으로 가능했다. 필생의 염원을 실현할 수 있도록 해 준 데 대해 언제나 깊이 감사드린다. 또한 이 책을 준비하는 데 커다란 기여를 한 우드무르트 주립대 심리학 학부의 심리학자 주코바А.

В. Жуковой와 고르푼켈A. M. Горфункель 교수 그리고 편집자이자 출판인인 바체칼로B. И. Бацекало에게 감사를 표한다.

이 책의 발간이 현직 교사, 학부모 그리고 우리의 문화유산을 보존하는 데 관련 있는 모든 사람들에게는 물론이고, 비고츠키의 유산을 연구하는 이론가나 연구자들에게도 도움이 되길 바란다.

코로타예바 Г. Коротаева

1. 코로타예바의 아버지, C.A. 코로타예프(왼쪽 사진 맨 왼쪽은 학생 시절, 오른쪽 사진은 교장으로 퇴임한 당시의 모습)

2. C.3. 카첸보겐은 비고츠키 사후 몇 년 동안 헤르첸 교육대학교 총장이었다. 독일에서 사회 문헌학을 전공한 스피노자 전문가였다. 스탈린의 경제 정책을 비판하고 트로츠키를 추종했다는 이유로 1946년에 총살당했다.

3. 코로타예바 교수는 다소 비극적인 역사를 간접적으로 암시하고 있다. 1931년은 아동학의 거물이었던 바소프가 사망했을 뿐 아니라, 러시아 공산당(소련 공산당이 아닌)이 아동학에 반대하는 법령을 공표한 해이다. 아동학은 여전히 (크룹스카야 같은) 강력한 수호자가 있었지만, 채 몇 년도 지나지 않아 아동학자들은 완전히 탄압받게 되었다. 그 시기 동안 비고츠키는 아동학에 대한 금지에도 불구하고, 비공식적인 경로를 통해서 그의 연구물을 남기기 위해 최선을 다했다. 예를 들어 『생각과 말』 5장은 통신 강좌의 교재로 배포되었고, 이 강의록은 학생들의 손에서 손으로 전해졌다. 비고츠키 사후에 그의 자리를 승계한 C.3. 카첸보겐 덕분에 학생들이 비고츠키의 원고를 사용할 수 있었던 것으로 보인다. 코로타예바가 말한 것처럼, 그 또한 탄압을 받았는데 아마도 그가 유대인이며, 독일식 이름을 지녔고, 스탈린 경제 정책에 대해 비판적이었고, 비고츠키와 같은 아동학자에게 공감하고 있었기 때문일 것이다. 아동학을 연구했던 학생들은 학위를 받지 못했고, 그들의 연구 기록은 고의적으로, 아니면 레닌그라드 포위 시기 동안에 파기되었다. 코로타예바의 아버지가 1952년, 스탈린 사후에 학위를 청구했으나 그의 요구를 ГАОРСС-3가 거부하였다.

4. 이 책 『아동학 강의 I 성장과 문화』에는 코로타예바가 처음에 언급한 1부 '아동학의 기초'를 구성하는 7개의 강의가 실려 있다. 1932년에 행해진 이 강의들은 비고츠키 생애의 마지막 강의가 아니며, 비고츠키 사후 그 직책을 이어받은 카첸보겐이 헤르첸 대학교의 연구 책임자로 있을 때 배포된 것이다. 그중 하나인 "The Problem of the Environment"는 『*Vygotsky Reader*』(1994)에도 실려 있으나 그 외 강의가 모두 번역된 것은 이 책이 최초이다. 비고츠키의 어린이 발달에 관한 미완성 원고를 포함하는 2부의 최후의 강의들은 2016년에 출판될 예정이다.

5. 한국어 번역본에서는 이 부분을 글상자로 설명했다.

6. 콤소몰은 소련의 공산주의 청년 동맹으로, 14세에서 28세 사이의 젊은이들이 소속되어 활동한 공산당 하위 조직이다.

차례

제1강
아동학의 주제

두초 디부오닌세냐(Duccio di Buoninsegna, 1255~1319), 「성모와 아기」(1284).
다른 중세 화가들과 마찬가지로 두초는 아기들의 신체 비율이
성인과 매우 다르다는 것을 이해하지 못했다. 1강에서 비고츠키는
비율의 지속적인 변화가 발달의 가장 근본적인 법칙 중 하나라고 주장한다.

1

1-1] 오늘 우리는 아동학 강좌를 시작합니다. 이 강좌는 입문 과정이고, 따라서 이 과목의 기본 개념과 어린이 탐구 방법에 대해 익숙해져야 할 것입니다. 이것은 모든 임상 과학의 입문 과정이 주어진 과목에 포함된 기본 개념의 복습으로 시작하고 임상적 연구 방법을 탐구하는 것과 마찬가지입니다. 이 강좌에서 우리는 곧 아동학에서 각 부분들의 경로, 즉 연령기들을 공부해야 하며, 이는 여러분이 어린이 발달의 기본적 시기들에 대해 체계적 방식으로 익숙해지도록 해 줄 것입니다.

1-2] 오늘 우리의 첫 번째 도입 강의는 두 가지 사안, 즉 우리 과학의 주제와 방법, 다시 말해 아동학이 무엇을 연구하며, 어떻게 연구하는지를 밝히는 데 할애될 것입니다. 이것들은 오늘 이 과정을 시작하는 데 있어 우리가 숙지해야만 하는 두 가지 주요 질문입니다.

1-3] 먼저 첫 번째 질문, 즉 아동학은 무엇을 연구하는지를 시작해 봅시다. 아동학의 주제와 특징을 살펴보면 우리는 자연스럽게 두 번째 질문, 즉 이 주제에 대한 연구는 어떻게 수행되어야 하며, 다른 과학의 방법들과 비교하여 아동학적 방법의 고유성은 무엇인가에 이를 것입니다.

1-4] 아동학педология을 글자 그대로 러시아어로 번역하면 '어린이에 대한 과학'을 의미합니다. 그러나 흔히 그러하듯 이 과학에 대한 글

자 그대로의 번역은 이 학문에서 연구되고 있는 것이 정확히 무엇인지 적절히 표현하지 못합니다. 우리는 어린이의 질병에 대해 연구할 수 있으며, 아동 병리학 역시 어떤 의미에서 어린이에 대한 과학입니다. 우리는 교육학에서 어린이 양육에 대해 연구할 수 있으며, 이 역시 어느 정도는 어린이에 대한 과학이 될 수 있을 것입니다. 따라서 아동학의 연구 대상이 어린이의 무엇인지를 처음부터 확립할 필요가 있습니다. 이러한 이유로 우리는 아동학은 어린이의 발달에 대한 과학이라고 정확히 말해야 합니다. 어린이 발달은 우리 과학의 직접적이고 즉각적인 대상입니다.

1-5] 그러나 그러한 정의는 항상 다음과 같은 질문을 낳기 때문에 매우 불완전합니다. 좋아, 우리가 아동학이라는 과학을 갖게 되었고, 그것이 어린이 발달에 관한 것이라면, 어린이 발달이란 뭐지? 이에 대한 어떤 설명 없이는, 우리는 아동학의 주제가 무엇인지 결코 이해할 수 없을 것입니다. 그래서 나는 아동학의 대상을 정의하기 위해, 어린이 발달의 주요 특징 몇 가지와 기본적이고 가장 일반적인 법칙 몇 가지를 강조하고자 합니다. 이 법칙들에 대해 배운다면, 우리는 그 법칙들을 요약하고 이것이 어린이 발달이 의미하는 것이라고 말할 수 있을 것입니다. 그리고 나서 어떻게 연구해야 하는지, 즉 아동학의 방법에 대한 주제로 나아갈 수 있을 것입니다.

1-6] 유년기 발달을 특징짓는 첫 번째 가장 기본적인 법칙은 어린이 발달이 여타 과정들과는 달리 시간적으로 매우 복잡한 조직을 가진다는 것입니다. 어린이 발달은 다른 모든 과정들과 마찬가지로 역사적 과정입니다. 즉 시간의 흐름에 따라 일어나며, 시작이 있고, 발달 과정에 거치는 알려진 시간적인 단계들이 있으며, 끝이 존재합니다. 그러나 발달의 시간적 조직은, 말하자면 발달의 리듬이 시간의 리듬과 일치하는 식으로 이루어져 있지 않습니다. 각각의 연대기적 시기 동안 어린이가

정해진 발달적 부분을 거쳐 가는 식으로 조직되지 않는다는 것입니다. 말하자면 1년이 지나면 어린이가 그만큼 발달하고, 다음 해에도 그만큼 발달하고, 그다음 해에도 그만큼 발달하는 식으로 계속되지 않습니다. 즉 발달의 리듬, 어린이가 발달에서 거치게 되는 단계의 순서들, 어린이가 각 단계를 거쳐 나가기 위해 필요한 기간은 시간의 리듬과 맞아떨어지지 않으며, 연대기적으로 계산된 시간과 일치하지 않는다는 것입니다. 이것은 두 가지 사례를 통해 설명될 수 있습니다.

한편으로, 어린이를 달력에 따라 무리 짓는 것, 즉 같은 나이의 어린이들을 같은 교실에 두는 것은 최적의 방법이 될 수 없다. 경험주의적 관점에서 보면 동일 연령의 어린이들로 구성된 학급은 능력이 서로 다른 어린이들을 한데 모은 것이므로, 이들을 같은 교사가 가르치는 동일한 교육과정에 똑같이 적응하도록 한다는 것은 현실적이지 않다. 자연주의적 관점에서 보면 문제는 이와 반대가 된다. 동일 연령으로 이루어진 학급에서는 더 어린 학습자가 더 성숙한 학습자를 모방하며 배울 수 있는 '근접발달영역'이 만들어질 수 없다. 모두가 동일한 수준의 발달 수준을 가지고 있기 때문이다. 다른 한편으로 어린이들을 가족과 같은 방식, 예컨대 더 큰 어린이들이 더 작은 어린이들을 가르치도록 하는 것 역시도 최적의 방법이 될 수 없다. 경험주의적 관점에서 보면 그러한 집단의 문제점은 어린이들 사이의 차이가 너무 작다는 데 있다. 더 큰 어린이들은 더 작은 어린이들이 필요로 하는 풍부한 발달의 내용을 제공할 수 없다. 그러나 자연주의적 관점에서 보면 문제는 다시 이와 반대가 된다. 어린이들 사이의 간극이 너무 커서 더 큰 어린이들은 더 작은 어린이들이 향유하는 상상의 세계를 공유하는 데 어려움을 겪을 것이다. 이 장, 이 책 그리고 '아동 발달'에 대한 미완성 저작 전반에 걸쳐 비고츠키는 이러한 연령기 구분의 문제에 대한 답을 구하고자 애쓴다. 이는 학년을 구분 짓는 문제나, 가족계획을 하면서 자녀들 사이의 나이 터울을 결정하는 문제, 그리고 심지어는 결혼 상대자의 적절한 나이 차이를 결정하는 문제에서 모두 핵심이 되는 것이다. 검사에 대한 비고츠키의 관심의 핵심에 놓인 문제가 바로 이 연령기 구분의 문제임을 주목할 필요가 있다. 비고츠키에게 지능 검사는 나이와 같이 추상적인 단위를 통해 절대적이고 균등하며 대체 가능한 방식으로 측정될 수 있는 어떤 절대적인 자질을 측정하는 시험이 아니다. 오히려 지능 검사는 심리 발달 검사이며 이는 상대적, 구체적이고 필연적으로 비선형적인 방식으로 측정되어야 하는 것이다. '지능' 검사 결과는 지능의 척도라기보다는 위기로 구분되는 발달 연령기의 척도이다.

1-7] 첫째, 천문학의, 연대기적 관점으로 보면 한 달은 항상 다른 모든 달과 동일하며, 일 년은 항상 다른 모든 해와 동일합니다. 그러나 발달의 관점으로 보면, 각 달의 가치, 매 해의 가치는 발달 주기상 그 달이 차지하는 위치에 따라 매겨집니다. 예를 들어 여러분은 일생에서 최초의 몇 달 동안 어린이가 매우 빠르게 집중적으로 발달하며, 특히 체중과 몸집이 빠르게 늘어난다는 것을 알 것입니다. 여기서 신장과 체중 증가의 면에서 볼 때 한 달이라는 기간은 매우 중요한 단계입니다. 몇 달 안에 어린이의 체중은 두 배가 됩니다. 그러고 나서 학령기의 어린이를 생각해 보면, 수년이 지나도록 어린이의 체중은 학령기 초기와 비교하여 두 배가 되지 못하며, 동일한 시기에 백분율로 표시된 연령의 증가가 100%로 나타나는 반면 체중 증가 비율은 그보다 작습니다.

> 학령기 동안 어린이의 체중은 일반적으로 1년에 2~3kg 정도 증가하는데, 이는 입학 당시 체중의 약 10% 정도이다. 충분한 영양을 공급받은 보통 어린이의 체중은 초등 학령기 동안 20kg에서 40~50kg 정도로 대략 두 배가 된다. 따라서 나이가 두 배가 되어도 몸무게는 미미한 증가를 보일 뿐이라는 비고츠키의 주장은 1930년대 당시 소비에트에 만연했던 영양실조 때문인 것으로 보인다.

1933년 비고츠키가 아동학 강의를 했던 당시에, 그의 제자들이 많이 이주해서 살았던 곳인 하리코프 거리의 모습. 하리코프 시 시민들은 거리에서 굶어 죽은 농부들에게 크게 관심을 보이지 않고 있다.

1-8] 자, 이제 3개월에서 6개월 정도 성장이 지체된 어린이에 대해서 상상해 봅시다. 그 지체는 큰 것일까요 작은 것일까요? 만약 생후 첫해라면 그 지체는 매우 크겠지만, 만약 열세 번째 해라면 그것은 그리 심각하게 나타나지 않습니다. 천문학에서 한 달은 다른 모든 달들과 똑같지만, 이것은 발달에서 별 의미가 없습니다. 한 달의 가치는 그 달이 위치한 발달 주기와 그것이 점유하는 위치에 달려 있습니다. 만약 두 살 어린이의 정신 발달이 1년 정도 뒤처졌다면 이것은 아주 큰 문제이고, 이 어린이는 다른 두 살 어린이들과는 아주 다를 것입니다. 그러나 만약 15세 소년이 14세의 정신을 지녔다면, 그 소년은 똑같이 1년이 지체된 것이지만, 그 지체의 정도는 분명 극히 미미할 것입니다.

1-9] 다시 한 번 말하자면 발달에 있어서 각 기간의 가치는 이 기간의 길이—1년, 5년 혹은 몇 달—가 아니라 이 기간이 어린이 발달의 주기 속에서 차지하는 위치로 결정됩니다. 이는 발달의 속도와 발달의 내용이 어린이의 삶과 발달에서 해마다 변한다는 사실에 기인합니다.

1-10] 둘째 예는 훨씬 더 명백할 것입니다. 이 예에서 여러분은 처음부터 어린이에 대한 아동학적 연구 방법론과 마주칠 것입니다. 한날 한시에 태어난 어린이들이 있다고 상상해 봅시다. 이 어린이들은 똑같은 나이의 또래가 됩니다. 이제 3년 후에 이 어린이들을 연구한다고 상상해 봅시다. 질문은 다음과 같습니다. 똑같은 날 똑같은 시각에 태어

나 유사한 조건에서 자란 모든 어린이들이 모두 하나의 정해진 발달 선상에 놓일까요? 그 어린이들은 여권에 적힌 연령에 따라 생년월일시가 같지만, 발달에 대해 조사해 보면, 한날한시에 태어난 이 어린이들이 결코 한결같이 보조를 맞추어, 마치 정확히 같은 순간에 태엽을 감아 가게 만든 시계들처럼, 서로 분단위로 일치하여 발달하지 않는다는 것이 드러날 것입니다. 몇몇 어린이들을 관찰해 본다면, 그리고 더 많은 어린이들을 관찰하면 관찰할수록, 발달에 있어 어떤 아이들은 앞서고 어떤 아이들은 친구들에 비해 뒤처지는 한편 어떤 아이들은 중간에 위치한다는 것이 드러납니다. 따라서 한날한시에 태어난 어린이들을 조사한다면, 그 어린이들이 천문학적 기준에 따라 동일한 시기에 있고, 여권에 동일한 생년월일이 쓰여 있을지라도, 발달해 나아감에 따라 사실상 다른 발달 수준에 있다는 것이 드러납니다.

> 비고츠키는 두 개의 다른 연령 개념을 가리키는 데 여섯 개의 용어를 이용한다. 한편으로는 '여권상 연령', '천문학적 연령', '연대기적 연령'이라는 용어를 사용하는데, 비고츠키가 말하듯이 이것들은 생년월일에 따라 결정되는 어린이의 나이를 가리킨다. 이 연령들은 어린이의 여권에 기록되거나 태양 주위를 도는 지구의 공전 혹은 시계 바늘의 회전에 의해 측정된다. 다른 한편으로 비고츠키는 '아동학적 연령', '말 나이', 심지어는 '실제 연령'이라는 용어를 사용한다. 이 용어들은 어린이가 실제로 할 수 있는 것 또는 그 어린이가 실제로 생각하고, 말하고, 할 수 있는 것과, 같은 나이의 다른 어린이가 할 수 있는 것 사이의 관계를 가리킨다.

연령	단위	유형	조직
여권상 연령 천문학적 연령 연대기적 연령	추상적이고 균등한 단위들 예컨대 연, 월, 일 나누어떨어지고 대체 가능한	절대적, 즉 기원으로 부터의 전진	단순한 증가하는 선형적인
아동학적 연령 말 나이 실제 연령	구체적이고 불균등한 단위들 예컨대 평균 연령으로부터 첫 발화 출현 순간의 편차 나누어떨어지지 않고 대체 불가능한	상대적, 즉 집단 평균으로 부터의 편차	복잡한 발달하는 불균등한

이 논의가 비고츠키가 불과 몇 년 앞서 『역사와 발달』에서 여권 연령과 지적 연령에 대해 논의한 방식과 약간 다름에 주목하자. 거기서 비고츠키는 여권 연령과 지적 연령을 동등하게 사용했다. 여권 연령은 일반적으로 특정한 연대기적 연령의 어린이에게 기대되는 능력으로, 비교의 기준이었다. 그러나 여기서 여권상 연령이라는 용어는 훨씬 더 글자 그대로 어린이의 여권에 쓰인 나이를 뜻하는 것으로 보인다. 소비에트 시민들은 특정한 도시에서 거주하고, 일하고, 사회적 서비스를 받을 수 있음을 인정하는 '국내 여권'을 소지했으며, 이것은 국내 인구 이동을 최소한으로 유지시켰다. 물론 이 여권에는 생년월일과 출생 장소와 같은 정보가 포함되어 있었다.

1-11] 가장 간단한 예를 들어 봅시다. 여러분도 알다시피 어린이는 두 살 무렵 어느 정도 웬만큼 말을 배우기 시작합니다. 생년월일시가 같은 어린이 몇 명을 대상으로 2년 후에 어떤 일이 벌어지는지 알아봅시다. 2세 어린이가 말하는 방식의 특징 중 하나는 첫 문장의 출현입니다. 어린이는 벌써 개별 낱말이 아니라 처음으로 일관된 문장을 사용합니다. 또래 집단 중 한 명은 1년 8개월에 일관된 첫 문장을 말했고, 다른 한 명은 2년에, 또 다른 한 명은 2년 2개월에 말한 것으로 나타납니다. 동일한 말 발달 수준에 한 어린이는 조금 일찍, 다른 어린이는 도달할 것으로 예상한 시기에, 세 번째 어린이는 좀 느리게 도달했음을 알 수 있습니다. 어린이의 여권에 적혀 있는 연령이 아닌 그의 아동학적 연령, 즉 실제로 도달한 발달 수준을 판단할 필요가 생깁니다. 예를 들면 여권을 토대로 이 어린이들이 모두 2세라고 말할 수 있을까요? 네, 그들의 여권에 적힌 연령은 2세입니다. 그러나 그들의 아동학적 연령—말 나이—은 한 명은 2년 4개월이고 다른 한 명은 2년이고 세 번째 어린이는 1년 10개월입니다. 말 나이란 무엇일까요? 이는 이 어린이들이 도달한 진정한 발달 수준을 의미합니다. 우리는 세 번째 어린이는 여권

상으로는 2세지만 말 발달 수준에서는 1세 10개월이라고 말할 수 있습니다. 두 번째 어린이는 여권에 적힌 연령과 아동학적 연령이 일치한다고 말할 수 있습니다. 첫 번째 어린이는 그의 연령이 여권에 적힌 연령보다 4개월 많다고 말할 수 있습니다. 따라서 어린이 집단을 대규모로 조사하면 언제나 그들 중 일부는 자신의 여권상 연령에 비해 발달상 앞서 있고, 다른 일부는 여권상 연령에 비해 뒤처져 있음이 드러납니다. 어린이의 아동학적 연령, 즉 어린이가 도달한 발달 수준을 판단하는 기능은 아동학이 다루는 주요 연구 방법의 하나입니다. 어린이의 아동학적 연령과 여권상 연령의 차이를 다룸으로써 우리는 상하 격차의 정도를 가늠할 수 있습니다.

1-12] 여기서 자세히 살펴볼 필요가 있는 두 질문이 떠오릅니다. 첫째, 여러분은 아마도 어린이가 2세에 첫 문장을 말한다는 것을 내가 어떻게 아는지, 어떻게 알게 되었는지 물을 수 있을 것입니다. 결국 나는 모든 어린이가 2세에는 첫 문장을 말해야 한다는 가정에서 출발합니다. 따라서 나는 여권상 연령이 1세 8개월의 유아가 2세의 입말을 한다면 이는 앞질러 나간 것이라고 말합니다. 어떻게 이런 비교를 할 수 있을까요? 여러분이 이 세미나를 통해 배우게 될 다음의 사실에 그 답이 있습니다. 아동학은 여권상 연령과 아동학적 연령 간의 차이를 결정하기 위해 기준 혹은 기준 값을 이용합니다. 기준 값은 척도로 사용되는 상수로서, 이 값으로부터의 이탈, 즉 기대되는 발달의 경로와 실제 일어난 발달의 경로 사이의 편차 정도를 판단하는 기준이 됩니다. 예를 들어 체온의 기준 값은 37도이며 이 기준 값으로부터 위아래의 편차는 체온의 높낮이를 나타냅니다.

1-13] 이러한 아동학적 기준은 어떻게 획득될까요? 그것은 어린이에 대한 대량의 통계적 연구에 의해 획득됩니다. 예를 들어 음식과 여타의 발달 조건들이 대체로 동일한 모스크바 탁아소와 같은 곳에서 동

일한 조건하에 정상적으로 발달하는, 심각한 병력 없이 건강한 가족력을 가진 많은 어린이들, 가령 100명의 어린이들을 연구하여, 이 어린이들이 평균적으로 2세에 첫 문장의 첫 전조를 보인다는 것을 확인했다고 합시다. 이것은 대량 데이터가 보여 주는 평균적인 통계 값, 즉 이 집단의 평균적 어린이가 이 전조를 보여 주는 시기입니다. 이 집단 값을 가지고 각각의 개별 어린이를 비교합니다. 가령 그 어린이 집단의 평균이 2세에 이 전조를 보이고, 어떤 어린이가 1년 8개월에 이 전조를 보인다면, 그 아이는 분명 그 어린이 집단의 평균값보다 빠르게 발달하고 있는 것입니다.

1-14] 따라서 아동학은 그러한 기준과 그러한 값을 토대로 하여, 발달을 특징짓고 어린이의 실제 연령과 여권상 연령을 비교하여 양방향의 차이를 확립합니다.

1-15] 지금까지 우리는 두 사례를 통해 발달의 리듬과 속도가 시간 흐름의 천문학적이며 연대기적인 리듬과 일치하는 식으로 시간에 따라 일어나지 않는다는 것을 보았습니다. 우리는 성장과 체중에서 생후 첫 5개월과 12세의 5개월이 똑같지 않다는 것을 보았습니다. 우리는 어린이들이 여권상으로는 동갑일 수 있지만 실제 연령이 동일한 수준에 도달하는 것은 각자 다른 연령기일 수 있음을 보았습니다. 두 사례 모두 우리에게 확신을 주었습니다. 즉 발달이 비록 시간의 흐름에 따라 펼쳐지지만, 단지 시간의 흐름에 따라 조직되는 것이 아니라, 시간의 리듬과는 다른 리듬을 지닌 복잡한 방식으로 조직된다는 것입니다.

1-16] 따라서 다음과 같은 질문이 떠오릅니다. 발달은 시간적으로 어떻게 일어나는가? 이에 대해 지금까지는 가장 일반적인 종류의 대답, 즉 발달은 주기적으로 혹은 리드미컬하게 진행된다는 대답만이 가능했습니다. 다시 말해, 발달은 우리가 그 노선을 칠판에 그려 본다면, 수직 방향으로 서서히 점점 상승해서 각각의 주어진 시기가 동일 발달 비율

을 나타내는 직선이 아닌 다른 식으로 일어난다는 것입니다. 이것은 발달에 관한 오개념입니다. 그러나 어린이 발달의 어떤 부분을 보아도, 예컨대 체중의 증가, 신장의 증가, 혹은 말의 증가를 추적하더라도 발달은 언제나 올라갔다가 내려오고 다시 상승하는 물결 모양과 같은 것, 즉 주기를 이루며 일어난다는 것이 드러납니다. 이러한 발달의 속도는 일정하게 유지되지 않습니다. 발달의 회복기는 발달의 쇠퇴기, 발달의 감속기와 교차합니다. 그리고 발달은 다수의 개별적 주기와 다수의 개별적 집중기, 다수의 독립된 시기를 보이며, 그에 따라 발달의 속도와 발달의 내용이 다르다는 것이 증명됩니다. 확실히, 어린이 발달에서 수직 상승을 기대한 시기에 어떤 발달상 변화가 일어난다면 이 변화는, 만약 상승이 아닌 완만한 하강을 예상하고 있을 때 일어나는 변화와는 서로 다른 의미를 가집니다. 예를 들어 어린이가 지난 일 년간 체중이 늘지 않았거나 아주 소량의 체중 증가만 있었다는 이야기를 들었다고 해 봅시다. 만약 이 해가 이 계기의 실제 발달이 일어나는 때라면 이것은 매우 좋지 않고, 같은 나이의 다른 어린이들은 상당히 급속히 체중이 증가하는데 왜 이 아이는 늘지 않는지 여러분은 궁금해질 것입니다. 그러나 아이의 체중이 늘지 않는다고 다른 시기에 이야기한다면, 이것은 걱정이 되지 않습니다. 왜냐하면 그는 체중 증가가 멈추는 시기에 속해 있기 때문입니다. 발달에서 개별적 변화와 각각의 사건이 지니는 가치는 그것과 연결된 발달 주기에 의해 결정됩니다.

　1-17] 그러한 발달의 주기와 발달의 곡선은 신장, 체중, 말, 정신 발달, 기억, 주의 등과 같은 특정한 발달 측면과 발달 일반에서 모두 관찰됩니다. 어린이의 일반적 발달의 밑그림을 그리고자 한다 해도 역시 기복이 있는 곡선을 사용하게 될 것입니다. 그러한 발달의 개별 주기들은 전체적으로 연령기라 불립니다. 연령기는 명백히 독립적으로 자리를 잡고 다른 주기들과 구별되며 그 자체의 구체적 속도와 고유

한 발달 내용을 가지는 특정한 발달의 주기일 뿐입니다. 기본적인 어린이의 연령기를 살펴본다면, 이들의 지속 기간이 서로 일치하지 않는다는 것도 알게 될 것입니다. 예를 들어 첫 번째 연령기인 신생아기는 통틀어 한 달 정도 지속될 뿐이지만, 이는 하나의 완전한 연령기입니다.

한편으로 연령기마다 그 길이가 매우 다르며 이것은 연령기마다 매우 상이한 내용을 담고 있음을 반영한다. 예를 들어 생후 첫 달은 대체로 본능적인 반면, 그다음 11개월은 지각과 다양한 종류의 조건 반사를 습득하는 데 몰두한다. 11~12개월 이전의 생활이 전前문법적(원시언어적)인 반면에 그 이후의 수년간의 발달은 언어 중심적인 듯 보인다. 다른 한편으로 모든 시기들은 주기적이다. 발달의 본성 자체가 주로 생물학적인 것으로부터 사회-문화적인 것으로 변화할지라도, 두 발달 유형 모두 상승하고, 지속하고, 하강하고, 어떤 종류의 위기를 겪은 후에 또다시 상승하는 듯하다. 이러한 규칙성이 본능, 습관, 지성 그리고 자유 의지와 같은 매우 상이한 과정들을 이야기할 때 어떻게 존재할 수 있는가? 전혀 다른 과정들이 공통된 주기를 가지는 사례를 문명의 흥망성쇠에서도 볼 수 있다. 어떤 문명(예를 들면 서양 문명)은 역사가 짧지만, 어떤 문명(이집트 문명과 중국 문명)은 좀 더 오래되었다. 이들 문명의 내용은 명백하게 다르지만 그럼에도 같은 종류의 융성, 지속, 쇠락을 겪는 것으로 보인다. 문명의 경우와 어린이 발달의 경우 모두, 어떤 기능적 자원들의 발견과 사용, 전면으로의 진출, 고갈과 소진, 이면으로의 후퇴, 그리고 다른 전도유망한 행동 유도성에 의한 대체에 따라 그 주기가 야기된다.

1-18] 다음 연령기인 유아기는 9~10개월 정도 지속됩니다. 그다음은 약 2년, 그리고 그다음인 전 학령기는 거의 4년간 지속됩니다. 여러분은 어떤 시기는 4년 정도이고 다른 시기는 9개월 정도라는 것을 알 수 있을 것입니다. 이는 연령기의 주기가 시간상 같지 않고, 같은 시간 간격으로 분포되어 있지 않으며, 발달의 경로 또한 일정 기간을 지닌 특

정 구간을 가진다는 것을 의미합니다. 따라서 어린이 발달의 첫 번째 법칙 혹은 첫 번째 특징은, 발달은 시간에 따라 펼쳐지는 과정이지만 주기적으로 진행되는 과정이라는 것입니다.

1-19] 이제 우리는 이와 연결되어 있는 두 번째 명제를 도입하며, 이 명제는 우리로 하여금 어린이 발달의 특징을 더 완전히 밝혀 줄 것입니다. 이 두 번째 특징에는 대개 어린이 발달의 불균형성 또는 비균등성이라는 이름이 붙습니다. 어린이는 매우 복잡한 존재입니다. 어린이의 모든 측면이 다 발달하지만, 어린이 발달의 두 번째 기본 법칙은 어린이의 특정 측면이 일률적으로, 동일한 비율로 발달하지 않는다는 것입니다. 예를 들어 어린이 신체의 모든 부분이 균일하게 성장하는 법은 절대 없습니다. 그 대신 특정 연령기에 다리는 빠르게 성장하지만 몸통과 머리는 상대적으로 덜 자랍니다. 근육계, 신경계, 소화계와 같은 모든 기관이 균일하게 성장하는 일도 결코 없습니다. 언제나 시기별로 집중적으로 성장하는 체계가 있는가 하면, 상대적으로 적고 느리게 성장하는 체계가 존재합니다. 예를 들어 유아기를 생각해 보면, 그 시기에는 신경계와 소화계가 빠르게 매우 집중적으로 발달하고 근육계는 상대적으로 느리게 발달합니다. 이와 같이 개별 체계와 다양한 기관들 역시 서로 비례하여 성장하지 않습니다. 예컨대 어린이의 신체적 성장이나 정신 발달과 같은 어린이 발달의 어떤 개별적 측면들은 연결되어 있지만, 말하자면 키와 정신의 발달 사이에 직접적인 일률적·비례적 관계는 관찰되지 않습니다. 여기에는 직접적인 일률적 움직임이 나타나지 않습니다. 그리고 어린이의 정신적 삶, 가령 지각, 기억, 주의, 생각이 특정 발달 시기에 완전히 규칙적으로 균일하게 발달하는 일은 결코 없습니다. 정신적 삶의 모든 시기마다 빠르게 발달하는 측면과 더 느리게 발달하는 측면이 존재합니다.

1-20] 이것은 발달이 어린이의 기관이나 전全 인격에 대해 일률적이

나 비례적으로 일어나는 것이 결코 아니라는 것을 뜻합니다. 이것은 우리를 법칙이라고 부를 만한 아주 중요한 두 가지 필연적인 결과로 이끕니다.

1-21] 이 두 가지 중 첫 번째 법칙은 일단 발달이 일률적으로 비례해서 일어나지 않는다면, 각각의 새로운 발달 단계는 신체 일부나 기능의 발달과 함께 발생할 뿐 아니라 신체 부분들의 관계를 변화시킨다는 사실로 이루어집니다. 예를 들어 이 시기에 어린이의 머리, 다리, 몸통이 불균등하게 성장하는데 이는 신체 비율의 변화를 초래합니다. 예컨대 3세 이후 어린이의 다리는 머리보다 더 많이 성장합니다. 무슨 일이 벌어질까요? 전체적인 신체 구조가 상당히 달라집니다. 이전에 아이는 큰 머리에 짧은 다리를 갖고 있었지만, 이제 아이는 긴 다리에 상대적으로 작은 머리를 갖게 됩니다.

1-22] 유기체의 기능과 특정 측면이 불균등하게 성장하기 때문에, 각 단계마다 개별 부분의 크고 작은 성장뿐 아니라, 유기체의 개별적 측면들 간의 관계의 재구조화 및 재편성이 일어납니다. 다시 말해서 신체 구조와 인격 구조 자체가 새로운 연령 단계마다 변화한다는 것입니다. 이것이 첫째 명제입니다.

1-23] 두 번째 명제는 각 연령기에 어린이의 유기체적 삶과 그의 인격의 특정 측면이 소위 발달의 최전선으로 나아간다는 것, 즉 그것들이 특별히 집중적이고 특별히 빠르게 성장한다는 것을 보여 주는 기본 법칙이 여전히 존재한다는 것입니다. 이전과 이후에 그것들은 대단히 느리게 성장하여 말하자면 발달의 변방으로 물러나게 됩니다. 따라서 어린이 발달의 각 측면은 그 발달의 최적기, 즉 최적으로 발달하는 시기를 가지고 있습니다.

1-24] 유아 걷기의 가장 집중적인 발달은 1세 전후로 시작되어 완성되는 것으로 알려져 있습니다. 우리는 걷기가 생후 만 1년부터 2년 사

이에 그와 같은 집중적인 발달을 한다고 말할 수 있을 것입니다. 그때에 이르기까지 걷기, 더 정확히는 걷기의 전제 조건이 모두 발달됩니다. 골격의 형성과 발달 그리고 발의 근육, 움직임, 운동성의 발달에 대한 관찰로 볼 때 생후 6개월에 아기가 걸을 것으로 우리는 기대할 수 있습니다. 그러나 만 1세 미만 유아의 걷기가 만 1세에서 2세 사이 유아의 걷기만큼 집중적으로 발달한다고 말할 수는 없습니다. 이후에도 걷기의 발달이 관찰될 수는 있습니다. 우리는 학령기 어린이가 전 학령기 어린이보다 더 잘 걷는다고 말할 수 있습니다. 그러나 걷기가 처음 시기만큼 집중적으로 발달하고 있다고 말할 수 있을까요? 아닙니다. 걷기를 생각해 보면, 이는 이 기능의 발달에서 가장 중요한 사건이 특정 시기에 집중적으로 일어난다는 것이 관찰됨을 뜻합니다. 그 이전에는 준비가 있고 그 이후에는 향상이 일어나지만, 이 둘 모두는 중심적 발달 그 자체보다 속도가 훨씬 느리고 내용에 있어서도 빈약합니다.

이전 문단에서 비고츠키는 불균등하고 조합적인 발달의 본성을 생생한 이미지로 보여 주었다. 머리가 커다랗던 유아가 몇 년 만에 다리가 길쭉한 십 대로 탈바꿈하는 것이다. 하지만 이것은 단순한 이미지에 불과한 것은 아니다. 이러한 변화는 상응하는 결과를 낳는다. 머리와 신체의 관계, 정신과 육체의 관계, 심지어 정신의 다양한 기능들 간의 관계 전체가 발달 과정 속에서 한 번도 아니고 여러 번 완전히 변한다. 출생 시에는 본능이 주도하고, 유아기에는 지각과 이동 활동이 주도한다. 그 후에 어린이 발달은 대체로 말 발달이 주를 차지한다. 이 역시 상응하는 결과를 낳는다. 특정 기능마다 발달의 최적기가 있고, 그 발달 최적기가 바로 발달의 다음 영역 혹은 근접발달영역ZPD이다.

1-25] 말을 예로 들어 봅시다. 말은 언제 발달할까요? 이번에도 어린이는 1세 반에서 3, 4, 5세 사이에 대개 기초적 형태의 모국어를 습득합니다. 말은 그 이전에 옹알이의 형태로 발달할까요? 그렇습니다. 말은

그 이후에 즉 5세 이후에도 발달할까요? 그렇습니다. 그러나 이 연령 전후 어디서도 말은 그렇게 빨리, 집중적으로 발달하지 않으며, 발달에서 가장 중심적 단계를 차지하지도 않습니다. 말이 발달의 중심이 되는 주요한 시기는 바로 이 연령기입니다.

다음 그래프가 보여 주는 것처럼, 음운론적으로 모든 주요 발음에는 비고츠키가 말하는 주요 발달 시기가 있다.

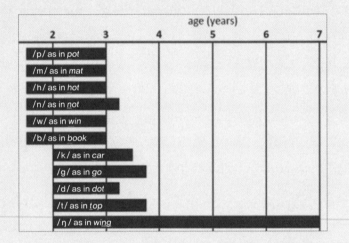

그러나 물론 발음이 언어 발달의 본질은 아니다. 글말은 발음과 완전히 무관하게 작동한다. 어린이의 관점에서 볼 때, 언어 발달의 핵심 열쇠는 어휘-문법이고 비고츠키가 말하는 주요 발달 시기는 어휘-문법에 대해서도 똑같이 적용된다.

연령	언어 발달
출생	소리
0~3개월	구별된 울음소리 - 아기는 다양한 상황에서 다양한 울음소리를 이용한다.
4~6개월	음성 놀이 - 목구멍으로 꼬르륵 소리 내기, 옹알이하기
7~12개월	자음과 모음의 사용을 포함하는 옹알이 같은 말, 첫 낱말들 - '마마', '멍멍'
1~2년	두 낱말 질문의 사용 - "멍멍 없어?", "엄마 와?"
2~3년	두세 낱말 발화, 속성 사용 - '커요', '무서워'

1-26] 따라서 각각의 기능마다 발달에 있어 그 자체에 유리한, 최적

의 시기가 있으며, 각 기능은 이 시기에 발달의 전면으로 나서며, 해당하는 발달 주기를 거친 후, 배경으로 물러나고 다른 기능이 전면에 등장한다는 것을 알 수 있습니다.

1-27] 따라서 발달의 불균등성은 다음과 같은 사실로 우리를 이끕니다. 즉 우리는 어린이가 지닌 특성들의 양적인 측면의 증가뿐 아니라 발달의 개별적인 측면들 간의 관계 또한 재구조화하는 발달에 대해 논의하고 있다는 것입니다. 그리고 이것은 모든 연령기에서 발달의 내용이 다른 연령기와는 다르다는 것을 확인해 줍니다. 한 연령 집단에서 어떤 기능들이 전면으로 나서면 다른 기능들은 주변으로 물러납니다. 뒤이은 연령에서는 주변부에 있었던 다른 특성들이 전면으로 부각되는 반면, 중심부에 있던 특성들은 주변부로 물러나는 것입니다.

1-28] 특히 더 기초적인 기능일수록 더 일찍 성숙한다는 법칙이 있습니다. 예를 들어 지각은 기억보다 먼저 발달합니다. 이것은 이해하기 쉽습니다. 왜냐하면 지각은 (기억의-K) 전제 조건이고, 더 기초적인 기능이기 때문입니다. 기억은 어린이가 지각할 수 있을 때에만 일어날 수 있습니다. 기억과 지각은 생각에 앞서 발달합니다. 혹, 여러분은 공간과 시간에 대한 지향성 중 어느 것이 더 빨리 발달한다고 생각합니까? 공간에 대한 지향성이 먼저 옵니다. 그리고 이것이 전제 조건이며 기초 기능입니다. 따라서 기능들이 나타나는 순서에는 규칙성이 있습니다. 어떤 기능은 일찍 성숙하고 어떤 것은 늦게 성숙한다, 어떤 기능은 성숙되기 위한 전제 조건으로 먼저 다른 기능을 요구한다, 등등. 따라서 이 불균등성, 즉 고르지 않은 발달 속도와 특정한 주기에서의 내용의 발달은 발달 주기 동안 개별적 측면들 간에 확립된 복잡하고 규칙적인 연결이 존재하도록 야기합니다. 어떤 기능은 먼저, 어떤 기능은 나중에 오지만, 이러한 기능들은 무작위적으로 나타나는 것이 아니라 상호 간 내적 연결의 법칙에 따라 나타납니다.

예를 들어, 20개월 된 어린이는 축구공을 아무렇게나 차며, 종종 공을 놓친다. 하지만 방향 감각을 잃고 넘어지는 경우는 드물다. 이러한 사실로부터 우리는 어린이의 공간적 지향성이 공에 대한 주의보다 더 발달되어 있다고 결론 내릴 수 있다. 비고츠키에 따르면 이것은 무작위적인 것이 아니라, 일반적인 발달의 법칙이다. 어린이들은 떨어져 있는 대상에 대한 조절 능력을 발달시키기 전에 신체의 고유 감각 기능을 먼저 발달시킨다. 따라서 어린이들이 굴러가고 있는 축구공에 대한 주의를 조절할 수 있게 되기에 앞서, 자신이 어디로 가고 있는지 어떻게 가야 하는지 알아내는 능력을 발달시킨다는 것은 합당하다. 그러나 어린이는 축구공 차기를 통해 기능들 간의 복잡한 상호-연결을 발달시킨다. 고유 감각, 공간 지향성, 협응, 원격 지각, 주의 기능들 간의 이러한 복잡한 상호-연결의 결과는 외적인 것이 아니라 내적인 것이라는 것을 납득할 수 있다. 주의 깊게 살펴보면, 어린이는 공을 향해 팔을 흔들면서 쫓아간다. 어린이가 단순히 달리기를 잘하기 위해서 팔 동작을 취하는 것이라고 생각할 수도 있지만, 어린이는 사실 그 공을 잡으려 하고 있으며, 심지어 손가락으로 공을 가리키고 있다는 것을 알 수 있다. 이것은 어린이가 달리는 데에는 전혀 도움이 되지 않으며, 심지어 넘어지게 할 수도 있다. 그 역할은 어린이가 주의를 집중하고 공을 쫓아 계속 달릴 수 있도록 돕는 것이다. 이런 식으로 그 기능들은 무작위적으로 발달하지 않으며, 상호 연결되어 있고, 궁극적으로 그 연결은 어린이의 외적 활동에서 비롯된 것이라 할지라도 내적인, 즉 심리적인 것이다.

1-29] 이제 우리는 첫 번째 법칙(어린이 발달의 주기적 특성)과 두 번째 법칙(불균형성, 즉 개별 측면의 불균등한 발달)을 통해 발달 과정이 매우 복잡한 구조, 매우 복잡한 조직, 매우 복잡한 시간적 전개를 가지고 있음을 밝혔습니다. 그렇다면 이 복잡한 구조, 복잡한 전개에 규칙성이 존재할까요? 분명히 규칙성은 존재합니다. 이들 법칙이 어떤 개별적 사례에 어떻게 적용되는지를 실천적 측면에서 이해하는 것은 중요할까요,

그렇지 않을까요? 물론 중요합니다. 그러므로 이러한 발달 법칙들을 연구하고, 다수의 실천적 과업을 해결하기 위해 이 법칙을 적용할 수 있는 과학은 반드시 존재해야만 합니다.

1-30] 나는 과학이 이 법칙들을 어떻게 연구하며 이러한 실천적 과업들을 어떻게 해결해 가는지 설명할 것입니다. 그에 앞서 나는 어린이 발달에 대한 두 가지 주요 특징, 두 가지 기본 법칙을 제시할 것입니다.

> 앞에서 비고츠키는 다음 법칙들을 제시했다.
> 1. 기능들 간의 관계에 변화를 일으키는 불균등하고 조합적인 기능 발달의 법칙(1-22)
> 2. 발달의 최적기로 이끄는 기능들 간의 관계 변화의 법칙(1-24)
> 3. 더 기초적인 기능이 더 일찍 발달하는 법칙(1-28)
>   비고츠키는 위의 세 가지 법칙에, 이제 두 개의 법칙을 덧붙인다.
> 4. 발달과 함께하는 역발달의 법칙(1-31)
> 5. 양질 전환의 법칙(1-34)

1-31] 어린이 발달의 한 가지 법칙은 진보적이고 전진적인 과정들뿐만 아니라, 초기 발달 단계에 어린이에게 내재되어 있던 특성과 자질의 소위 역발달 역시 항상 발견된다는 것입니다. 전형적으로 이 법칙은 다음과 같이 공식화됩니다. 어린이 발달에서는 모든 진화와 동시에 퇴화, 다시 말해 역발달이 존재한다는 것입니다. 역발달 과정들은 어린이의 진화 그 자체 속에 엮여 있는 것과 같습니다.

1-32] 예를 들어 봅시다. 말을 배우는 어린이는 옹알이를 멈춥니다. 단지 옹알이를 멈출 뿐 아니라 연구가 보여 주듯 말을 할 수 있는 어린이에게 옹알이를 똑같이 다시 해 보라고 하면, 본인이 하고 싶어도, 자신이 했던 옹알이를 그대로 다시 소리 내지 못합니다. 학업적 흥미와 학령기 어린이의 고유한 생각 형태를 발달시키는 어린이에게 있어서, 전 학령기의 흥미는 전 학령기에 고유한 사고 유형과 더불어 소멸됩니다.

이전에 번성하였던 전조들의 역발달이 일어납니다. 예를 들어 어린이의 성심리性心理 발달을 생각해 봅시다. 각 발달 단계마다 어린이는 특정한 조직, 나름의 특정한 성심리적 구조를 가집니다. 다음 발달 단계로 이행하면서 새로운 구조, 즉 유아의 새로운 성심리 구조가 나타날 뿐 아니라 이전 구조를 특징짓던 주요 특성들이 역발달을 겪게 됩니다.

> 한편으로 발달은 전진적이다. 어린이의 키는 줄지는 않으며, 어린이의 언어는 전반적으로 점점 더 복잡해지지 단순해지지는 않는다. 다른 한편 발달은 주기적이다. 어린이의 그리기에 대한 흥미는 점점 커지다가 사그라지며, 쓰기에 대한 흥미 또한 마찬가지이다. 퇴화는 발달의 주기적 측면의 한 예이다. 퇴화는 발달의 사회적 상황 속의 특정 행동 유도성이 특정 기능의 발달을 허용하여, 특정 기능이 특정 시기에 왕성해지며, 정점에 이르렀다가 소멸할 때 관찰된다. 여기서 비고츠키는 자신과 볼로시노프를 제외한, 루리야를 비롯한 당시 소비에트 심리학자들에게 매우 인기를 끌었던 프로이트주의를 겨냥하고 있는 듯하다. 비고츠키는 유아의 성심리 구조, 즉 어린 아기와 엄마의 피부 접촉에 의한 유대감은 소멸되어 어린이 자신의 몸에 대한 관심으로 대체된다고 말한다. 이것 역시 어린이가 청소년기에 이르면 다른 어린이의 몸에 흥미를 갖게 되면서 소멸되어 사라진다. 몇몇 경우에 오이디푸스 콤플렉스와 같은 특정 구조가 후속 발달 전체를 지배하게 될 수도 있지만, 이것은 다음에서 논의되는 유치증의 한 예에 불과할 것이다. 언어 습득에 있어 소위 '결정적 시기' 또한 퇴화 혹은 역발달의 산물로 설명될 수 있다. '결정적 시기'는 어린이가 좀 더 세밀하게 분화된 생각과 학습의 양식으로 이행하면서, 발달 초기 단계에는 작동했던 특정한 학습 양식(즉 언어 습득, 언어 사용, 상위 언어 학습이 동시에 일어나는 것—모국어 습득)이 쇠퇴하는 일반적인 경향의 일부인 것이다.

1-33] 물론 이것이 모든 전진은 항상 지나왔던 단계의 단순한 소멸과 연결된다는 식의 기계적인 의미로 이해되어서는 안 됩니다. 진화 과

정과 퇴화 과정 간에는 아주 밀접한 관계, 아주 밀접한 의존성이 있습니다. 전에 만연했던 많은 것들은 그냥 사라지지 않고 전환되어 새롭고 더 고등한 조직에 포섭되지만, 많은 것들은 말 그대로 소멸합니다. 유치증이라고 불리는, 아동 발달에서의 여러 가지 불규칙성, 발달 장애가 있습니다. 유치증инфантилизм은 러시아어로 문자 그대로 번역한다면 '어린이와 같음'을 뜻합니다. 그리고 이런 발달적 장애의 본질을 연구하면 사태는 실상, 퇴행 과정이 방해를 받아, 제때 소멸되지 않고, 정상적인 발달 시간에서라면 배경 국면으로 물러났어야 할 체계의 역발달을 어린이가 겪지 않는다는 사실을 알게 됩니다. 어린이는 그다음 연령기로 접어들어 성인기의 전형적인 징후를 보여 주지만, 어린이 조직의 이전 단계로부터 잔존하는 일부 개별 부분들, 즉 유치함의 전조가 더 나이 든 연령기의 체계 내에 남아 있는 것입니다.

1-34] 최종적으로, 여러분에게 아동학의 주제에 대한 좀 더 구체적이고, 좀 더 의미 있는 개념을 제공하기 위해 결론적으로 제시하고자 했던 마지막 발달 법칙이 있습니다. 이 마지막 법칙은 대개 어린이 발달에서 **변태 법칙**으로 공식화됩니다. 여러분은 한 형태가 다른 형태로 질적으로 변화하는 것을 변태라 부른다고 알고 있을 것입니다. 이 법칙은 어린이 발달의 특수성을 가리킵니다. 다시 말해 어린이 발달은 양적인 변화나 단순한 양적 축적에만 한정되지 않으며, 질적인 변화의 연쇄, 즉 질적 변형이라 할 수 있습니다. 예를 들어 어린이가 기다가 걷고, 옹알이를 하다가 말을 하며, 시각적 생각 형태에서 추상적인 언어적 생각 형태로 이동할 때, 이 모든 경우에 단순히 이전의 더 앞선 어린이의 기능들의 성장과 증가만이 존재하는 것이 아니라, 이 기능 속에서 나타나는 한 형태가 완전히 다른 모양으로 질적인 변형을 일으키는 것과 같습니다. 만약 여러분이 이 표현을 순전히 관습적인 은유로서만 이해한다면, 우리는 어린이 발달이 알이 애벌레로, 애벌레가 번데기로, 그리고

번데기가 나비로 변하는 것, 즉 어떤 동물들 특히 곤충의 개체발생에서 관찰할 수 있는 생물학적 변태와 비슷한 사례들로 가득 차 있다고 말할 수 있을 것입니다.

1-35] 이제 우리가 살펴본 발달 법칙에서 어떤 일반적인 결론을 이끌어 낼 수 있을 듯합니다. 내가 생각하기에 그 결과는 다음과 같이 공식화될 수 있을 것 같습니다. 첫째, 우리는 어린이 발달 과정이 단순히 개별 특성의 양적 성장 과정이 아님을 보았습니다. 그것은 성장이나 증가에 국한된 과정이 아닙니다.

1-36] 어린이 발달은 복잡한 과정입니다. 발달의 리듬, 발달의 불균형성으로 인해 이 과정은 발달의 측면들 사이의 관계, 유기체의 서로 다른 부분들 사이의 관계, 인격의 다양한 기능들 사이의 관계의 재구조화, 즉 궁극적으로 각각의 새로운 수준마다 어린이의 전체 인격, 전체 유기체의 변화를 이끄는 재구조화를 포함합니다.

러시아 원고에서는 리트미치노스치(ритмичности, 리듬)라는 단어 대신 치클리치노스치(цикличности, 주기)라는 단어를 쓰고 있다. 그러나 편집자는 각주에서 강의 필사본에 원래 사용된 단어는 '리듬'이었음을 밝히고 있다. 애석하게도 편집자는 '주기'라는 단어가 왜 더 나은지 설명하지 않고 있다. 그러므로 여기서 '리듬'이라는 단어를 쓴 이유를 설명하고자 한다. 앞에서 살펴보았듯이, 발달에 관한 비고츠키의 관점은 두 그래프적 도식, 즉 한편으로 선형적 전진과 다른 한편으로 주기적 또는 나선형 발달을 합쳐 놓은 것이다. 만일 이것을 단일한 '발달 노선'으로 통합하고자 한다면, 원이나 직선이 아니라 심장 박동이나 음악의 규칙적 리듬처럼 오실로스코프 상에 표현되는 사인 곡선(물결 모양)으로 그려야만 할 것이다.

이를테면, 발달이 선형적 전진 모형과 주기적 모형을 모두 합쳐진 리드미컬한 것임에 주목하자. 이는 발달에 왜 U자형 곡선이 존재하는지 또한 설명한다. 문법 발달의 예를 들면, 이는 'went'라고 말했던 어

선형적 발달   주기적 발달   사인 곡선 발달

린이가 갑자기 왜 'goed'라고 말하기 시작하고 과거 시제의 올바른 사용을 회복하는 데 오랜 시간이 걸리는지 설명한다. U자형 곡선은 비고츠키가 위의 **1-31~1-33**에서 묘사하였듯이 진보와 퇴화라는 정상적인 사인 곡선의 일부일 뿐이다.

1-37] 따라서 우리는 선행하는 전체 발달 경로에 의해 그 출현이 준비되기는 했으나 이전 발달 단계에서 존재하지 않았던 새로운 형태가 발달에서 나타나는 때에는 언제나, 어린이 발달 과정은 재구조화에만 한정되지 않을 뿐 아니라 질적 변화, 질적 변형 그리고 변태의 전체 연쇄를 포함한다고 말할 수 있습니다. 이제 우리는 오래전, 과학적 아동학이 존재하기 한참 전에 루소가 말한, 아직까지도 회자되고 있으며 그 어떤 아동학 연구라도 여전히 본질적인 출발점으로 삼아야 할 구절을 통해 표현된 것이 무엇인지 명확하게 알게 되었습니다. 루소는 다음과 같이 말했습니다. 어린이는 작은 어른이 아닐 뿐 아니라 어른과 다른 존재이다. 어린이가 덜 자랐고 덜 이성적이며 덜 발달되었기 때문이 아니라 다른 측면들, 즉 어린이는 신체와 인격의 구조 자체가 어른과 질적으로 다른 존재이기 때문이다. 따라서 어린이가 완전히 성장한 인간으로 변화하는 것은 처음에 주어진 작은 어른을 단순히 팽창시키는 것이 아니라 어린이가 성숙한 상태에 도달하기 위하여 거쳐야 하는 수많은 질적 변화의 경로를 따르는 것입니다. 루소가 작은 유아를 어른에 비교하여 한 말은 다양한 연령기의 어린이들에게도 적용될 수 있습니다. 따라서 어린이가 어른의 축소판이 아니듯 전 학령기 어린이는 작

은 학령기 어린이가 아니며, 유아는 작은 전 학령기 어린이가 아닙니다. 즉, 다시 말하지만 각 연령기 사이의 차이는 단순히 낮은 연령기에서 더 높은 수준에 속하는 특성의 발달에 크게 기여하는 특성을 발달시킨다는 데 있는 것이 아닙니다. 전 학령기, 학령기 등등은 어린이 발달에 있어서 모두 고유한 단계이며 이 각각의 단계에서 어린이는 각 연령기에 고유하며 다른 연령기들과는 각기 다른 법칙에 따라 살아가고 발달하는 질적으로 고유한 존재입니다.

루소는 높은 영아 사망률과 아동 발병률로 인해 성인으로 성장할 때까지 생존하는 학령기의 어린이가 절반도 안 된다고 추산했다. 그래서 루소는 교육은 그 자체로서 즐거운 것이 되어야 하며, 교육의 가장 실천적인 적용이라 할지라도 장래 직업을 위한 준비에 할애되어서는 안 된다고 주장했다. 이것은 종종 아동 중심 교육의 효시로 간주되기도 한다. 그렇지만 정확히 말하면 루소는 어린이가 작은 어른이 아니라고 한 것은 아니다. 루소가 실제로 말한 것은 아래와 같다.

"성인은 성인으로 고려되어야 하고, 어린이는 어린이로 고려되어야 한다. 그들 각각에게 자리를 정해 주고 그 속에 각각을 정착시키는 것, 인간의 조건에 따라 인간의 열정을 배열하는 것이 그의 행복을 위해 우리가 할 수 있는 전부이다."(Rousseau, 1762: p. 80)

비고츠키가 말한 것처럼, 이것은 매우 자주 인용되기는 하지만 직접 인용되는 경우는 거의 없다. 직접 인용될 경우 이 문장은 거의 대부분 완전히 맥락을 벗어나서 인용되기 때문에 루소가 '아동 중심 교육'을 옹호한 것처럼 들린다. 비고츠키 역시 모든 아동학 연구가 이 구절로부터 시작되어야 한다고 말하기 때문에, 우리는 이 문장이 사용된 전체 맥락을 고려하여 살펴보고자 한다. 루소는 로크에 대한 반론을 제기하고 있다. 로크는 오늘날 아동 중심 교육이라 불리는 것의 주창자였다. 로크는 어린이가 tabula rasa, 즉 빈 서판이라고 믿었고, 어린이를 교육하는 것은 대체로 어린이와의 추론을 통해, 이성의 법칙이 어린이의 빈 서판 위에 쓰이도록 하는 것이라고 믿었던 것으로 유명하다. 루소는 이것이 어리석은 것이라고 생각한다. 이성은 신체적으로 강건한 사람들끼리 물리적 해결이 어려울 때 필요해지는 것이다. 그렇지만 어린이는 약하고 의존적이라는 것이다. 루소는 다음과 같이 말한다.

"자연은 어린이가 어른이 되기까지 그대로 어린이로 있어 주길 바란다. 만약에 우리가 이 순서를 전도시키려 한다면 우리는 설익고 맛도 없으며 금방 썩어 버리는 속성 과일을 만드는 꼴이 될 것이다. 즉, 나이 어린 박사와 늙은 아이를 갖는 셈이 될 것이다. 어린이에게는 어린이 나름대로 보는 방법, 생각하는 방법, 느끼는 방법 등이 있다. 그런데 그 대신 우리 어른들이 사물을 보는 방법이나 생각하는 방법을 어린이에게 적응시키려고 하는 것보다 더 미련한 일도 없을 것이다. 그러나 나는 열 살짜리에게 판단력을 요구할 정도라면 차라리 어린이에게 5피에의 신장을 요구하는 편이 더 나을 것이라고 생각한다. 사실, 그런 나이 또래의 어린이에게 이성이 있어 봤자 무슨 소용이 있겠는가? 이성은 힘을 억제하는 제동기라 하겠는데, 어린이에게는 이 제동기가 필요없다."(『에밀』, 범우사, 97~98쪽)

그렇다면 어린이에게 어떤 제동기가 필요한가? 루소는 어린이가 복종할 필요가 있다고 말한다. 하지만 어린이가 복종해야만 하는 것은 권위가 아니다. 왜냐하면 권위는 자연적인 법칙이 아니기 때문이다. 어린이가 복종해야 하는 것은 힘이다.

"어린이로 하여금 단지 자기가 약하고 어른이 강하다는 것만 알게 해야 한다. 그래서 그의 상태와 그대의 상태의 차이에 의하여 그가 당신에게 복종치 않을 수 없게끔 해야 한다. 어린이는 이것을 알고 이것을 배우고 이것을 깨달아야만 한다. 그는 자만에 가득 찬 그의 머리 위에 자연이 인간에게 부과한 고된 멍에가 있다는 것을, 필연적으로 무거운 멍에가 있어서 모든 존재들은 이 멍에 밑에 머리를 숙여야 한다는 것을 일찍부터 깨달아야만 한다."(Rousseau, 1762: p. 99)

루소가 말하고자 하는 것은 어린이가 성인의 힘을 사회적 규칙이나 인간 이성에 토대한 것이 아니라 전적으로 자연적인 힘으로 이해해야

만 한다는 것이다. 보다시피 이것은 오늘날 우리가 알고 있는 아동 중
심 교육이 분명히 아니다.

Rousseau, J.-J.(1762/1978). *Emile*, or, *On Education*. New York:
Harper Collins.

1-38] 이제 우리는 어린이 발달을 이해하는 것과 관련된 몇 가지 통
상적인 이론적·방법론적 질문들에 대해 아주 간단히 살펴보려고 합니
다. 여러분은 어린이 발달에서 때때로 그 과정이 너무나 복잡하고 너무
나 섬세하게 조직되어 있으며, 매우 복잡한 구조와 복잡한 패턴을 드러
내기 때문에, 이 과정에 대한 이론적인 이해는 아동학의 서로 다른 영
역에서 통일을 이룬 적이 없다는 것을 잘 알 수 있을 것입니다. 여러분
도 알다시피, 생물학에서도 생명과 같은 기초적 개념에 대한 이해가 통
일되어 있지 않습니다.

비고츠키 당시 '생명'의 정의에 대한 주요 논쟁은 생명을 무생물과
완전히 구별된 것(생기론)으로 보는지, 아니면 발생적으로 연결된 것(기
계론)으로 보는지에 따라 양분되었다. DNA의 발견으로 인해 이 논쟁
은 기계론의 승리로 결론지어진 것으로 보인다. 그러나 비고츠키가 지
적하는 근본적인 이론적 문제는 여전히 남아 있다. 살아 있는 것과 살
아 있지 않은 것을 구별하기 위해 생물학자들이 사용하는 '생명'에 대
한 현재의 정의들은 모두 기술적記述的이다. 그 정의들은 항상성, 세포
조직, 신진대사, 성장, 자극에 대해 반응하거나 적응하는 능력, 생식 능
력과 같은 것들을 포함한다. 이러한 경험적 정의들은 단 하나의 공통
적 개념도 산출해 내지 못하며, 어떤 것이 살아 있고 어떤 것이 그렇
지 않은지에 대해 알려 주는 일반적인 검사는 없다. 예를 들어 프리온
(광우병·크로이츠펠트 야콥병 등의 유발 인자로 여겨지는 단백질 분자)과 바
이러스 모두 번식하지만 성장하지는 않는다. 심리학자들에게는 더욱
중요한 문제는 이러한 경험적 정의들은 상한선 또한 설정하지 않는다

는 것이다. 만일 공생 관계에 있는 조류藻類와 균류菌類로 이루어진 지의류地衣類를 둘이 아닌 하나의 생명 형태로 간주한다면, 매우 다양한 종류의 세포들로 구성된 인간은 어떻게 간주할 것인가? 만일 우리가 정신을 하나의 개별 유기체의 기능(특히, 뇌의 기능)으로 간주한다면, 사회는 어떻게 간주해야 할 것인가? 시간과 공간을 넘어 매우 다양한 사회들과 관련된 언어 전체는 어떻게 간주해야 할 것인가?

1-39] 따라서 생물학에서 생명 개념이 모든 부르주아의 과학적 생각을 두 진영―생기론과 기계론 진영―으로 나뉘게 만들었던 것과 마찬가지로, 우리는 어린이 발달 개념은 철학적이고 일반-이론적 관점에서 다루어져야 하는 기본 개념들 중 하나임을 알게 됩니다. 그리고 여기서 우리는 연구자들 사이에 어떤 합의도 발견하지 못합니다.

1-40] 어린이 발달의 본성에 대한 질문에 현재 과학이 제공하는 기본적인 방법론적 대답은 무엇이며, 아동학을 설립하거나 과거 설립에 기여했던 과학자들을 연구할 때 여러분이 마주하게 되는 것들은 무엇일까요?

1-41] 간결성과 명확성을 위해서, 현존하는 아동 발달에 관한 모든 이론들을 본질적으로 세 가지로 나눌 수 있을 것 같습니다.

1-42] 이 이론들 중 첫 번째는 전성설로 불립니다. 이것은 아마도 여러분이 태생학, 더 정확히는 태생학의 역사로부터 알고 있는 것과 이런저런 식으로 모두 연결되어 있습니다. 여러분이 알고 있듯이 전성설은 배아적 발달이 비롯되는 눈 또는 씨앗 속에, 발달의 최종 단계에서 나타나야 할 미래 모습 전체가 축소된 형태로 존재한다고 주장합니다. 그리고 이 작은 미세한 형태가 증가하고 발달되어 성숙된 형태에 상응하게 된다고 주장합니다. 전성설은 러시아어로 '앞선 형태의 출현'으로 번역됩니다. 이 관점에서 보면 과학적 태생학의 초기 단계에서는, 도토리가 뿌리, 가지, 잎 모두를 가진 미래의 참나무를 포함하고 있다고 믿

었으며, 발달은 오직 이 미세한 참나무가 거대한 참나무로 변하는 것일 뿐이라고 믿었음을 여러분은 알고 있습니다.

> 이 강의의 나머지 내내 비고츠키는 세 가지 이론들을 탐구한다. 전성설, 경험론, 발달론이 그것이다. 전성설이나 경험론 모두 핵심 문제, 즉 새로운 것이 어떻게 나타나는지를 설명할 수 없다. 그것은 어디로부터 오는가? 진정한 발달 이론이라면 이 질문에 답해야만 한다. 비고츠키의 학생들은 이 질문에 대한 비고츠키의 답을 이해하기 쉬웠을 것이다. 그들 모두는 러시아 혁명을 직접 경험하였고, 이 러시아 혁명은 발달 과정을 통해 새로움의 출현을 이해하는 데 토대가 될 수 있었기 때문이다. 러시아 혁명이 만들어 낸 새로움은 제정 러시아에 내재했던 것이 아니며 외국에서 도입된 것도 아니었다.

1-43] 마찬가지로(비록 이 관점에 대한 일부 옹호자들은 그것이 실험적으로 확증될 수 있다고 주장하기도 하지만, 이를 순수하게 사변적으로 이해했을 때), 인간의 배아는 미래의 인간을 완성된 형태로 포함하고 있지만, 싹 형태 속에 내재된 이 미세한 인간은 발달에서 배아적 발달을 거쳐 신생아로 변형된다고 주장됩니다. 태생학에서 이러한 어제의 이론들은 오래전에 이미 버려졌으며 오직 역사적인 의미만을 가지고 있을 뿐이지만, 아동학에서 이들은 여전히 실제적 의미를 가지고 있습니다. 수많은 진지하고 심지어 훌륭한 학자들조차도 이 관점을 고수하고 있는 것입니다.

1-44] 나는 여러분이 왜 이런 이론들이 태생학이 아닌 아동학에서 더 강한 둥지를 틀게 되었는지 그 이유를 이해할 것이라고 생각합니다. 실험적인 태생학이 발달함에 따라 이 이론의 불합리성, 즉 얼마나 사실과 모순되는지를 보여 주는 것이 매우 쉬웠기 때문입니다. 실험적 태생학은 그것이 환상적이고 사실에 부합하지 않는다는 것을 보여 주었습니다. 하지만 아동학에서는 이것을 보여 주기가 더 어렵습니다. 왜냐하

면 신생아는 실제로 겉으로 보기에는 거의 완성된 인간의 모습으로 우리 앞에 나타나기 때문입니다. 신생아의 신체 구조나 전체 기관의 유무로 판단한다면 아기는 마치 이미 완성된 인간처럼 보입니다. 오직 부족한 것은 성장한 인간에게 특유한 크기일 뿐입니다. 따라서 이 발달 이론* 혹은 후기-태생학적 발달 이론에서 전성설은 오랫동안 지속되어 왔고, 오늘도 여전히 존재하고 있는 것입니다.

> 실험적 태생학의 발달과 더불어 태아의 생물학적 발달에 대한 실험적 증거들이 누적되었다. 예를 들면 눈의 망막과 대뇌 피질의 형성은 태아기에서도 매우 후기에 나타난다. 따라서 전성설의 기본 가정들은 태생학에서 자연스럽게 폐기되었다.
>
> *러시아어 원고에는 이 문장에 "필사본에는 'виэмбрионального'가 포함되어 있다"는 편집자 각주가 포함되어 있다. 이는 속기사가 'в иэм-брионального', 즉 '태생학적(발달 이론)에서'를 의미한 것으로 보인다. 이는 태아기와 후기 태아기에서 어린이의 정신이 미리 형성된 방식으로 동일하게 발달한다는 생각을 표현한다.

1-45] 그것은 어떻게 나타날까요? 이 이론은 아동학에서 어떻게 나타날까요? 그것(전성설-K)은 모든 것, 즉 인간에서, 어린이에게서 발전되는 모든 것의 궁극적인 토대가 어떤 유전적인 기본적 싹으로 존재한다는 생각으로부터 생겨납니다. 개개의 속성이나 개개의 특징이, 어떤 식으로 해서든, 직접적으로든 간접적으로든, 크든 작든 어린이의 유전된 속성들 속에 저장된 어떤 싹들과 연결되어 있다는 것입니다. 이 이론은 이러한 싹들이 인간 발달을 특징짓는 모든 특성들을 발달시키는 소인을 포함하고 있다고 주장하며, 이 이론의 주요 대표자 중 하나가 설명하듯이, 발달이 이러한 싹의 발현, 수정, 결합 이상도 이하도 아니라고 주장합니다. 즉 모든 것이 이 싹 속에 맨 처음부터 갖추어져 있지만, 그것이 실현되느냐 마느냐 하는 것은 발달에 달려 있다는 것입니다. 만

약 어떤 것은 실현되는 반면 다른 것은 실현되지 않는다면, 그 그림은 모든 것이 실현되거나, 그 다른 것이 실현되고 어떤 것은 실현되지 않은 것과는 다를 것입니다. 후에 발달의 싹은, 이 연구자에 따르면, 그것들이 발현되는 조건에 따라 수정, 즉 변화됩니다. 싹들은 그것이 발현되는 환경에 따라, 약화되거나 강화되고, 더 유연해지거나 역으로 더 단단하고 더 튼튼해집니다.

> 여기서 지적되는 '연구자'는 게젤을 지칭하는 것으로 보인다. 비록 게젤은 일반적으로 전성설론자가 아니라 성숙론자로 알려졌지만 비고츠키의 지적은 타당하다. 만일 환경이 단지 어떤 것은 성숙시키고 다른 것들은 무시하는 역할을 한다고 믿는다면 우리는 두 입장의 가장 나쁜 점만을 취하게 된다. 즉 발생 초기에 태아에 존재하지 않았던 것은 발달의 최종 산물에도 없고, 어린이는 수동적인 환경의 노리개가 되어 환경을 변형시키는 능동적인 역할을 하지 못하게 되는 것이다.

1-46] 그리고 마침내 그것들은 발달의 경로 속에서 재조합될 것입니다. 예를 들어, 우리는 신생아들 중 누구는 미래에 최고의 공학자가 되고 누구는 유능한 타자 전문가가 되는 것이 유전적 소인에 의해 결정된다고 가정할 수 없습니다. 이것은 싹들의 조합에 달려 있습니다. 모든 활동은 특성들의 특정한 조합을 필요로 하기 때문입니다. 그러므로 특성들이 발달 속에서 어떻게 조합되는지에 따라, 어떤 어린이는 최고의 공학자가 되기도 하고, 다른 어린이—공학 면에서 부족한 어린이—는 재능이 부족한 다른 어린이보다 타자를 치는 데 더 유능해지기도 합니다. 따라서 이런 관점에서 보면, 모든 것은 초기의 경향 속에 내재되어 있으며, 발달 중에 일어나는 것은 이러한 경향들의 반복, 발현, 수정, 조합일 뿐입니다.

1-47] 전성설과 관련된 모든 이론이 그러하듯, 이 관점이 본질적으로 발달 과정이 부정될 수 있다고 말한다는 사실을 고려한다면, 나

는 이 관점이 지지될 수 없음을 입증하는 것은 쉽다고 생각합니다. 모든 사례가 처음부터 미리 주어져서, 초기부터 주어진 것들의 발현, 수정, 조합만이 일어날 뿐이라면, 발달의 과정을 다른 삶의 과정들로부터 구분 짓는 것이 도대체 무엇인지 물을 수 있을 것입니다. 이제 우리들 중 하나와 같은 성숙한 사람을 예로 들어 봅시다. 우리 성향들의 실현은 삶의 조건에 의존할까요, 그렇지 않을까요? 삶의 조건들이 우리의 특성을 수정하거나 변형할까요, 그렇지 않을까요? 성인으로서 우리는 활동 속에서 우리의 성향들을 조합할까요, 그렇지 않을까요? 그리하여 만일 발달을 이것으로 환원한다면 발달은 비발달이나 다른 어떤 상태와도 다르지 않을 것입니다.

1-48] 결국 다른 모든 과정들과 특정한 과정으로서의 발달을 구분할 수 있도록 해 주는 가장 본질적이고 가장 기본적인 것은 무엇일까요? 발달을 발달로 만드는, 발달에 기본적인 자질을 부여하는, 이것 없이는 발달이 발달이라 불릴 수 없게 만드는 하나의 주요 징후는 새로움 출현의 징후라는 데 여러분이 동의할 것이라고 생각합니다. 새로운 유형의 자질과 특징과 새로운 형태가 전혀 나타나지 않는 과정을 두고서는 당연히 진정한 의미의 발달에 대해 논할 수 없습니다.

1-49] 예를 들어 성운이 전체 체계에서 태양계와 같은 천체를 형성하는 우주적인 발달을 생각해 봅시다. 왜 우리는 이것을 발달이라고 부를까요? 왜냐하면 전에는 존재하지 않았던 전적으로 새로운 세계, 새로운 체계, 새로운 천체가 출현하기 때문입니다. 왜 우리는 지질학에서 대륙의 발달에 대해 이야기할까요? 왜냐하면 전에는 존재하지 않았던 많은 새로운 암석과 새로운 형성들의 발달이 있기 때문입니다. 왜 우리는 역사에서 인류의 역사적인 발달에 대해 말할까요? 왜냐하면 역사상 이전에는 결코 볼 수 없었던 새로운 형태의 인간 사회가 있기 때문입니다. 우리는 인류가 직면했던 모든 역사적 전환점 중 가장 거대한 지점에 우

리가 있다고 말할 수 있을 것입니다. 즉, 우리는 인류 역사상 선행했던 적이 없는 새로운 사회적 질서의 문턱에 와 있습니다. 이것은 무엇을 의미할까요? 역사적 과정은 발달적 역사라는 것을 뜻합니다. 즉, 이것은 새로운 것이 지속적으로 출현하는 과정이라는 것입니다. 이것으로만 우리는 발달에 대해 말할 수 있습니다.

1-50] 우리가 고려하고 있는 이론의 관점에서 볼 때, 발달 속에는 처음부터 주어진 것의 발현과 수정만이 존재합니다. 즉 다시 말해 그 이론의 관점에서 볼 때, 발달 속에서는 새로운 것이 아무것도 나타나지 않습니다. 만약 그렇다면, 명백히 이 이론은, 내가 말했듯이, 사실상, 그 어떤 발달도 모두 부정될 수 있다고 말하는 것이 됩니다. 그 이론에 의하면 어린이는 작은 성인입니다. 즉 다소 작은 정도로라도 앞으로 나타날 모든 것, 무엇보다도 성인을 내포하는 싹을 가진 존재라는 것입니다. 그리고 발달은 단지 싹의 정도가 적었다가 지금은 많아졌다는 사실로 이루어져 있습니다. 그 결과 이 이론은 필연적으로 발달 자체를 거부하게 만듭니다.

1-51] 이와 반대되며, 내가 볼 때는 똑같이 잘못된 또 다른 발달 이론은 발달을 그 내적 법칙이 아니라 환경에 의해 온전히 외적으로 결정되는 과정으로 간주합니다. 그러한 관점은 부르주아 과학에서 발달되었으며 소비에트 아동학에서 오랫동안 자리 잡아 왔습니다. 어린이가 수동적인 산물이라는 믿음은 환경이 어린이에게 미치는 특정한 영향으로 인해 생겨났습니다. 따라서 발달은 어린이가 주변 사람들과의 사회적 환경에서 마주치는 어떤 외적 특징들을 흡수하고 획득하며 동화하는 것일 뿐이라는 것입니다. 예를 들어 우리는 어린이의 말 발달이 어린이가 주변의 말을 듣고 그것을 모방함으로써 말하기를 시작하기 때문이라고 생각합니다. 어린이는 단지 말을 흡수하여 배운다는 것입니다. 질문은 어째서 어린이가 말을 1.5세에서 5세 사이에 배우는지, 그보

다 일찍 또는 더 늦게 배우지 않는가 하는 것입니다. 어째서 어린이는 이와 같이 특정한 단계를 거치면서 말을 배우는 것일까요? 어째서 어린이는 학생들이 학교에서 여느 수업을 받을 때와 같이 배우지 못하는 것일까요? 위의 이론은 이러한 질문 중 어느 것에도 답할 수 없습니다. 그러나 이 이론은 어린이를 이전과 같이 작은 어른으로 보는 관점(전성설) 대신 '빈 서판tabula rasa'으로 보는 관점을 발달시킵니다. 이 표현은 여러분도 아마 들어 보았을 것입니다. 구아동학, 구철학은 어린이가 '빈 서판tabula rasa'이라는 말로 이 관점을 표현하였습니다. 이는 말 그대로(로마인들은 빈 석판에 글을 썼습니다) 백지, 빈 칠판을 의미하며 그 위에는 아무것도 쓰여 있지 않고 여러분이 쓰는 대로 거기에 남아 있습니다. 즉, 어린이는 순수하게 수동적인 산물로서 스스로의 발달 경로를 결정지을 그 어떤 계기도 처음부터 전혀 지니고 있지 않다는 것입니다. 어린이는 단지 지각하는 기계이며, 발달 과정 내내 경험이라는 내용으로 채워지는 빈 그릇입니다. 어린이는 단순히 환경의 판박이라는 것입니다. 이 환경의 외적 경로를 통해 어린이는 자신이 주변 사람들에게서 관찰한 것을 습득하고 스스로에게 주입합니다.

> 비고츠키가 살았던 시대에 소비에트 아동학의 주된 경향은, 심지어 비고츠키 그룹에서도 대체적으로 사회적 행동주의의 한 형태였다. 소비에트 교육자들은 어린이는 평등하게 태어나지만, 부당하고 근원적으로 불공평한 사회 환경 때문에 불평등하게 된다고 믿었다. 어린이에게 평등하며 동등한 기회 환경을 제공해 준다면 그들은 다시 평등해질 것이다. 이런 관점은 파블로프와 베흐테레프의 연구에 의해 생리학에 토대를 둔 객관적인 행동주의 과학의 지위를 부여받았다. 그렇지만 비고츠키는 이것을 다소 짓궂게 부르주아적인 관점이라고 말한다. 이로써 비고츠키가 의미하는 바는 그것이 미국적이라는 것이다. 즉 이 관점을 통해 왓슨과 손다이크는 미국 교육이 (백인) 어린이들이 평등하게 발달하도록 동등하며 균등한 기회 환경을 제공하여 봉건제, 군주제의 부

정의와 유럽 사회의 일반적인 불평등이 제거된 '균등한 기회' 사회를 창조할 수 있다고 주장한다. 오늘날 근접발달영역은 사회적 환경의 내재화로 해석되기도 한다. 그러나 이것은 본질적으로 비고츠키가 피아제를 비판하는 바로 그 과정이다. 이 사회적 행동주의 관점이 심지어 진보적 교육 내에조차 남아 있다는 것은 이 관점이 얼마나 강력한지 보여 준다. 그러나 이 관점은 비고츠키가 다음과 이어지는 장에서 설명하고 있는 것처럼 비고츠키의 관점이 아니다. 첫째, 그런 관점은 발달의 내적 본질, 즉 발달이 본질상 내적인 갈등을 어떻게 야기하고 해결하는지 설명할 수 없다. 둘째, 그런 관점은 발달에서 어린이 자신의 능동적 역할을 설명할 수 없다. 셋째, 그런 관점은 사회적 환경에 적응하는 행동이 아닌 사회적 환경을 변형시키는 행동이 어떻게 생겨나는지 보여 주지 못한다. 말이 바로 그런 행동이며, 그것은 어린이의 삶에서 매우 이른 시기에 나타난다.

1-52] 만약 첫 번째 이론이 모든 발달을 처음부터 주어진 것이라고 가르치기 때문에 발달에 대한 부정으로 귀결된다면, 두 번째 이론 역시 발달에 대한 부정으로 귀결됩니다. 왜냐하면 이 이론은 발달을 어린이의 내적 운동 과정이 아닌 경험의 축적, 즉 환경적 영향의 단순한 반영으로 대체하기 때문입니다.

1-53] 보다시피 두 이론 모두 동일한 결과를 낳습니다. 두 이론은 본질적으로 말해서, 발달의 문제를 해결하는 것이 아니라 문제를 파기합니다. 앞서 말했듯이, 두 이론은 매듭을 푸는 것이 아니라 매듭을 잘라서 끊어 버립니다. 비록 하나는 어린이 속에서 모든 것을 발견하고 환경에 의한 영향을 모두 부정하고, 다른 하나는 환경 속에서 모든 것을 발견하고 어린이의 가치를 모두 부정함에도 불구하고, 두 이론은 결국 모두 똑같이 발달을 부정하게 됩니다. 즉 하나는 발달을 성향의 발현으로 대체하고, 다른 하나는 발달을 경험의 단순한 축적으로 대체합니다. 그러나 이미 말했듯이 양쪽 모두에, 일반적으로 발달이라면 반드

시 갖추어야 할 가장 중요한 것이 빠져 있음을 알게 됩니다. 양쪽 모두 발달의 근본은 새로움의 출현이라는 시사가 전혀 없습니다.

S. 채클린(2003)은 비고츠키의 근접발달영역ZPD에 대한 오늘날의 이해가 비고츠키의 것이 아닌 세 가지 가정을 포함하고 있음을 지적한다. 이 세 가지 가정은 일반화Generalization, 조력Assistance, 잠재성Potential의 첫 글자를 각각 따서 GAP이라고 요약할 수 있다. '일반화'는 모든 학습이 발달이며, 모든 것에 근접발달영역이 존재한다는 생각을 말한다. 그러나 비고츠키는 특정 계기에 특정 기능만이 발달을 구성한다고 믿었다(그리고 한 살 이후에는 이것들이 모두 말과 중심적 관계를 맺는다). '조력'은 어린이는 단지 환경 속에 이미 존재하는 도움을 반영할 뿐이라는 생각을 말하며, 이것은 경험주의와 위에서 비판된 사회적 행동주의 모형, J. 브루너와 같은 이들에 의해 서방 세계에서 유행한 ZPD에 대한 '비계' 모형에 상응한다. 이 문단에서 비고츠키가 겨누고 있는 것은 발달을 숨겨진 '잠재성'으로 바라보는 생각이다. 아마도 비고츠키는 예정설에 관한 G. 라이프니츠의 비판을 염두에 두었을 것이다. "이러한 힘을 신의 명령―과거에 단 한 번 내려진 명령일 뿐 사물에 아무런 영향을 미치지 못하고 사물 속에 그 자신의 흔적을 남기지도 못하는―에 부여하는 것은 철학자의 역할을 전적으로 포기하고 고르디우스의 매듭을 칼로 잘라 버리는 것과 마찬가지라는 사실을 파악하기 어렵게 만든다."『생각과 말』을 읽은 독자들은 '매듭을 자른다'는 표현이 낯설지 않을 것이다. 프리지아의 왕 고르디우스는 자신의 수레에 풀리지 않는 복잡한 매듭을 지어 성에 묶어 두었다. 그 매듭을 푸는 자가 프리지아와 아시아의 왕이 될 것이라는 신탁이 있었기 때문이다. 기원전 333년 아리스토텔레스의 유명한 제자 알렉산더 대왕은 프리지아에 도착해 자신의 검으로 그 매듭을 자르고 예언대로 프리지아와 아시아의 왕이 되었으나 33세에 요절하였다. 마찬가지로 전성설을 주장하는

> 이들은 문제를 설명하지만 그것은 유용하거나 영구적인 해결 방법이 아니다.

1-54] 그러므로 다른 저자들이 계속 다양하게 발전시켜 왔고, 첫 번째와 두 번째 이론들에서 빌려 온 흔한 오개념들이 아직 순수하게 정화되지 않은 세 번째 무리의 이론들이 있습니다. 이 세 번째 무리의 이론들은 진정 올바른 아동학, 즉 방법적으로 흠잡을 데 없는 발달 이론을 창조하는 기본 선상에 놓여 있습니다.

1-55] 이 세 번째 무리의 이론들에 대해 가장 기본이 되는 것이 무엇인지는 앞의 두 무리에 대한 비판에 집중하는 동안 제가 몇 번 언급했던 것입니다. 이 세 번째 무리의 이론들의 기저에는 어린이 발달이 인간됨, 즉 인격이 발현되거나 드러나는 과정이며, 발달의 모든 앞선 과정을 통해서 준비되는 새로운 특성, 새로운 자질, 새로운 속성과 새로운 형성들이 지속적으로 발현되는 경로라는 개념이 깔려 있습니다. 그러나 이 특성들은 완결된 형태로 더 작고 더 소박한 크기로 이전 발달 단계 안에 포함되어 있는 것이 아닙니다.

1-56] 나는 첫 번째와 두 번째 이론들이 발달을 부정하는 것으로 귀결되었음을 보여 주려고 시도하였습니다. 왜냐하면 그 이론들은 발달에서 어떻게 새로운 것의 출현이 가능한지 설명할 수도 없고 설명하길 바라지도 않기 때문입니다. 세 번째 무리의 이론들의 근본적 핵심을 구성하는 것이 바로 이 새로운 것의 출현이라는 개념입니다.

1-57] 따라서 이 세 번째 이론에 따르면, 발달은 모든 인간적 속성을 지닌 인간 형성 과정이며, 인간 특유의 새로운 자질, 새로운 특성, 새로운 형성의 출현을 포함하는 각 단계의 경로를 따라 수행되는 과정이며, 이 모든 새로운 특질, 새로운 특성, 새로운 자질은 하늘에서 떨어진 것이 아니라 이전 발달 시기를 통해 준비되는 것입니다. 역사적 과

정 속에서 사회주의의 출현은 앞선 자본주의의 모든 발달과 해체의 역사에 의해 준비된 것이며, 그래서 바로 여기에 도달한 것입니다. 그러나 동시에 우리는 사회주의가 자본주의적 형태 속에 이미 포함되어 있었다고 말할 수는 없습니다. 여기서 우리는 특정한 연령 단계에서 발생하는 새로운 속성들이 이미 완결된 형태로 포함되어 있는 것이 아니라 발달의 전 과정에 의해 준비되는 것이라는 사실을 다루는 것입니다.

> 비고츠키의 학생들에게 이 비유는 매우 분명하다. 자본주의는 러시아의 근대성을 창조했다. 자본주의는 러시아에 시장 경제를 도입하여 경제적으로 농촌과 도시를 연결시키고, 독일로부터 거대한 공장을 도입했다. 그러나 자본주의가 러시아 혁명에 의해 창조된 새로운 소유 형태를 가져온 것은 아니다. 또한 자본주의는 후에 소비에트 권력이 된 새로운 형태의 노동자 계급을 조직하지도 않았다. 반대로 자본주의는 이러한 새로운 소유 형태와 새로운 사회적 조직 형태를 억압하기 위해 할 수 있는 모든 것을 다했다. 자본주의는 농민들에게 토지를 제공하지 못했고, 노동자에게 민주적 권리를 제공하지 못했으며, 대신 외국에 군사적 도발을 일으켰다. 이러한 자본주의의 한계가 결국 자본주의의 전복을 초래했다. 그러나 오늘날에는 유아기의 발달과 같은 예를 통해 비고츠키가 설명하고자 하는 바를 더 쉽게 이해할 수 있을 것이다. 즉 유아기(0~1세)는 걸음마 시기를 준비한다. 기는 과정을 통해 팔다리의 근육을 튼튼히 하며, 옹알이를 통해 말 기관을 통제할 수 있게 된다. 그러나 기어가는 것은 배아적 형태로 걷기를 포함하는 것은 아니며 옹알이는 배아적 형태의 문법이나 어휘를 포함하는 것이 아니다. 반대로 어린이의 기어가기와 옹알이가 가지는 객관적 한계가 어린이가 걸음마 시기의 신형성, 즉 걷기와 말을 향한 첫걸음을 내딛도록 만든다.

1-58] 따라서 세 번째 이론의 관점에서 볼 때, 발달은 새로운 자질의 출현에 의해 성취되는 인간 형성 과정 즉 인격 형성 과정이며, 그

새로운 인간 고유의 형성물은 이전의 모든 발달에 의해 준비된 것이지만, 초기 단계에서 완결된 형태로 포함되어 있던 것이 아닙니다.

1-59] 우리의 이해를 과학적으로 올바로 정의하기 위해서 꼭 필요한 두 가지 생각을 염두에 두는 것이 중요합니다. 첫째, 발달에는 무언가 새로운 것이 나타난다는 생각입니다. 발달은 단순히 사전에 구성된 과정이 아닙니다. 바로 이것이 첫 번째 이론, 즉 전성 발달 이론과 우리의 이해를 구별해 주는 것입니다. 그러나 새롭게 생겨나는 것은 하늘에서 떨어지는 것이 아니며, 선행 경로에 필연적이고 논리적인 발달이 존재함을 말하는 것, 즉 새로운 발달과 이전 과정과의 관계의 필연성을 지적하는 것은 중요합니다. 그러므로 첫 번째 이론을 버리면서 그것을 전적으로 폐기할 수는 없습니다. 이 이론에도 진실이 있기 때문입니다. 즉 다음 발달 단계는 과거와의 소통이며, 그 과거는 현재와 미래의 발생에 즉각적인 영향을 끼친다는 것입니다. (둘째-K) 우리는 새로운 발달 속에서 인간에게 고유한 특성과 형성이 발달의 법칙하에 일어난다는 생각, 즉 밖으로부터 도입되는 것도 아니요, 어린이와 상관없이 갑자기 하늘에서 떨어진 것도 아니고, 특정 시기에 그 출현을 지시하는 어떤 생명력에 의해 창조되는 것이 아니라는 생각과, 그 출현은 발달의 선先역사적 단계에 의해 주의 깊게 준비되어야만 한다는 생각을 덧붙입니다. 이 두 번째 생각 또한 보존되고 결합되어야만 합니다.

1-60] 나는 단 하나의 목적, 즉 아동학의 주제에 대한 좀 더 본질적인 이해의 구성을 위해 이 특징들을 매우 추상적인 방법으로 설명하였습니다. 나는 어린이 발달이 다수의 매우 복잡한 규칙성을 지닌 복합적 과정이며 이 규칙성에 대한 연구가 우리 과학의 주제임을 보여 주고자 하였습니다.

1-61] 아동학의 실제 과업들과 기법들에 관해서는 어린이에 대해 임상적으로 분석하면서 이야기할 것입니다. 거기서 우리는 아동학 자료

가 어떻게 어린이의 발달 분석에 적용되는지 알게 될 것입니다. 이론들에 대한 구체적 분석, 특히 후자의 이론에 대한 분석은 다음의 두 강의에서 이루어질 것입니다. 거기서 우리는 아동학의 방법론, 즉 아동학이 어떻게 어린이 발달, 환경과 유전에 관해 연구하는지 논의할 것입니다. 즉 발달에 대한 유전적 경향의 영향을 결정하는 구체적 법칙이 무엇인지, 어린이 발달에서 환경의 진정한 역할은 무엇인지에 대해서 논의할 것입니다. 그런 연후에 나는 이 모든 것들이 좀 더 명확해지고 구체화될 것이라고 생각합니다.

비고츠키는 이 강좌를 '입문용'이라고 소개한다. 이는 이 강좌를 통해 다음 강좌인 연령과 위기를 논의할 발판을 마련하겠다는 의미이다. 또한 비고츠키는 1강을 '도입 강의'라고 말하는데, 이는 1강을 통해 주제를 규정하고, 발달의 기본 법칙을 제시하며, 발달에 대한 당시의 세 가지 이론들을 비교하겠다는 의미이다. 이는 아동학의 연구 측면들, 즉 후속 강의들에서 다루게 될 연구 방법, 서로 연결된 유전과 환경의 역할, 그리고 심리학과 내분비계, 신경계의 상호 연결된 역할에 대한 논의의 토대를 마련한다.

비고츠키는 세 개의 일반적 주제 영역, 즉 정의(1-1~1-5), 법칙(1-6~1-37), 이론(1-38~1-61)을 제시한다. 본 미주 역시 이러한 구분에 따라 강의 내용을 정리하므로, 각 부분의 분량이 균등하지 않음을 독자들이 양지하기 바란다.

I. **정의** 비고츠키는 그의 목적이 연구 대상을 규정하고 그 연구 방법의 밑그림을 그리는 것이라고 말한다. 연구 대상을 규정하는 첫 시도로 그는 '아동학'이라는 말이 글자 그대로 '어린이에 대한 과학'을 의미한다는 것을 상기시킨다. 그러나 아동기 질병, 아동 교육, 심지어는 아동 심리에 관한 과학도 이미 존재하고 있었기 때문에, 비고츠키는 '어린이에 대한 과학'이라는 정의를 좀 더 상세히 밝힐 필요가 있음을 지적한다. 따라서 그는 아동학의 연구 대상이 어린이의 발달임을 천명한다. 그런 후 그는 발달이 무엇인지 질문하고, 몇 가지 법칙들이 발달에 대한 궁금증을 풀어 줄 것이라고 약속한다 (1-1~1-5).

II. **법칙** 비고츠키는 발달의 네 가지 근본 법칙을 제시한다. 비고츠키는 원래 법률을 전공하였고 기하학적 증명법을 철학에 도입한 스피노자의 영향을 받았으므로 발달의 규칙성을 가리킬 때 '법칙', '명제', '따름 정리'와 같은 용어를 이용한다(1-6~1-37).

A. 비고츠키의 첫 번째 법칙은 발달이 시간적인 측면에서 처음, 중간, 끝 등의 계기들로 구분될 수 있지만 이 계기들은 복잡한 비선형적 방식으로 연결되어 있고, 시계, 달력, 어린이의 '여권 연령'에 상응하지 않는다는 것이다(1-6). 그는 생리학적 사례와 심리학적 사례를 통해 이를 설명한다. 어린이의 체중 증가는 정비례 직선을 그리지 않는다. 체중은 학령기보다 출생 후 첫 달에 훨씬 더 집중적으로 증가한다(1-7~1-9). 말 습득 역시 마찬가지이다. 평균적으로 최초의 자발적 발화는 2세 무렵에 나타나지만 그 시기는 어린이 개인에 따른 편차가 심하다(1-10~1-11). 이어서 비고츠키는 연구 방법과 관련된 두 가지 질문을 제기한다.

1. 아동학자들은 발달이 앞서거나 뒤처진다는 것을 무엇을 기준으로 판단할 수 있을까? 비고츠키는 의사들이 '여권 연령'에 따른 어린이의 표준 체중을 확립한 것과 같이 통계적 자료를 이용하여 어린이의 표준적 언어 습득 기준을 확립할 수 있을 것이라고 주장한다(1-12~1-15).

2. 발달은 선형적인 방식으로 일어나지 않는다. 그렇다면 그것은 어떻게 일어날까? 비고츠키는 발달이 주기적인 방식으로 일어난다고 답한다. 즉 발달의 속도는 단순하게 증가하는 직선이나 곡선이 아닌 사인 곡선 혹은 지그재그 형태로 표현될 수 있다는 것이다. 바로 이 때문에 발달의 시기들은 각자 서로 다른 기간을 갖게 된다. 예컨대 유아기는 전 학령기의 4분의 1도 안 된다(1-16~1-18).

B. 비고츠키의 두 번째 발달 법칙은 다양한 발달 측면들 사이의 비율과 관계의 변화와 관련이 있다. 비고츠키는 신체적·심리적 발달 어디에서도 비율과 관계가 일정하지 않다고 주장한다. 모든 시기에 있어 신체적·정신적 발달을 막론하고, 발달의 한 측면이 다른 측면에 비해 더 빨리 발달한다는 것이다(1-19~1-20). 비고츠키는 이 법칙을 두 개의 '따름 정리'로 구분하여 설명한다.

1. 첫 번째 따름 정리는 불균형성이다. 생리적 기관이나 체계, 심리적 기능이나 체계와 같은 서로 다른 측면들이 다른 비율로 변화하므로, 전체 비율은 일정하게 유지되지 않는다. 신체 구조와 인격 구조 모두 시간에 따라 변화한다(1-21~1-22).

2. 두 번째 따름 정리는 집중성이다. 어떤 측면은 다른 측면보다 빨리 성장하므로 각각의 측면들은 최적의 발달 시기를 갖는다. 비고츠키는 이 따름 정리를 생리적 발달과 심리적 발달에서 발견되는 두 사례를 이용하여 설명한다. 첫째 사례는 걷기이다. 어린이의 걷기 능력은 생후 1년간 결정적으로 발달한다. 둘째 사례는 말이다. 어린이의 언어 능력은 1세 반에서 5세에 걸쳐 결정적으로 발달한다(1-23~1-25).

비고츠키는 어떤 발달 측면은 다른 발달을 위한 전제 조건이라고 결론 내린다. 예컨대 어린이는 시간 지향성을 획득하기 이전에 공간 지향성을 획득해야 한다. 자신이 달려가는 속도를 판단하기 위해서는 거리를 먼저 판단할 수 있어야 하는 것이다. 이와 유사하게, 어린이는 기억을 발달시키기 이전에 지각의 속성을 익혀야 한다. 대상의 이미지를 기억하기 이전에 대상물이 어떻게 생겼는지 파악할 수 있어야 하는 것이다. 이는 발달이 어떤 논리적 순서를 내포하고 있음을 시사한다. 비고츠키는 이러한 발달의 규칙성 혹은 법칙을 이해하는 것이 교수-학습에서 커다란 실천적 중요성을 가질 것이라고 말한다(1-26~1-29).

C. 비고츠키의 세 번째 발달 법칙은 진화와 퇴화의 짜임과 관련이 있다. 후에 비고츠키는 이를 역 의존성이라고 칭한다. 즉, 비율이 역전되어 (예컨대 기어가기, 옹알이와 같은) 한 기능이 쇠퇴하고 (걷기, 말하기와 같은) 다른 기능이 득세하는 것이다. 퇴보가 일어나지 않는다면 이전 단계를 특징짓는 특성들은 유치증처럼 잔존한다고 비고츠키는 말한다(1-30~1-33).

D. 비고츠키의 네 번째 발달 법칙은 질적 변형, 즉 변태와 관련이 있다. 예컨대, 어린이의 걷기 능력은 기는 능력의 선형적 성장으로 설명할 수 없으며, 말하기 능력은 옹알이의 양적 성장으로 설명할 수 없다. 이것은, 비유적으로, 번데기가 나비가 되는 것이라고 말할 수 있다. 좀 더 직접적으로 말하면 기능의 변화에 따라 형태의 변화가 일어나는 것이다. 비고츠키는 마지막 법칙인 변태를 이용하여 이전의 세 가지 법칙을 요약한다. 발달은 시간에 따라 불균등하게 전개되는 복잡한 과정으로 흥망성쇠를 모두 포함하며 단지 양적 변화가 아닌 질적 변형으로 완결된다. 비고츠키는 루소를 인용하여 어린이가 작은 어른이 아닌 것과 마찬가지로, 학령기 어린이는 축소된 청소년이 아니며 전 학령기 어린이는 키 작은 학령기 어린이가 아니라는 점을 상기시킨다(1-34~1-37).

III. **이론** 주제를 규정하고 네 가지 기본 법칙을 공식화한 후 비고츠키는 이론적 일반화에 초점을 맞춘다. 이는 그가 이 강좌 전반에 걸쳐 추구하는 일이다. 비고츠키는 세 가지 이론을 먼저 펼쳐 놓는다. 그것은 전성설(1-42~1-50), 외부 결정설(1-51~1-53) 그리고 두 측면에서 새롭게 떠오르는 일군의 이론들이다. 이 새로운 이론은 먼저 방법론적인 측면에서 기존의 두 이론들에 대한 부정으로부터 생겨나며, 내용적인 측면에서는 유기체 내에도, 유기체 밖의 환경에도 내재하지 않는 신형성의 출현을 상정한다. 비고츠키는 오직 세 번째 이론이 아동학의 전망을 밝힐 수 있다고 주장한다.

A. 첫 번째 이론은 태생학 역사의 초기 단계에 상응한다. 그것은 인간의 영혼이 태아에게 이미 사전에 형성되어 있다는 믿음에 기초한다(촘스키의 전통적인 구조주의 문법은 인간 언어의 문법이 이미 출생 시에 형성되어 있다고 주장하며 데카르트의 태생학에 명백히 의존한다). 비고츠키는 이러한 종류의 이론은 태생학보다는 식물학에 더욱 가깝다고 지적한다. 실제로, 동물의 본질적 특성을 그 운동성에서 찾는다면, 이러한 성질이 자궁 내에서 이미 형성되었다고 말하기는 불가능하다. 비고츠키는 과학적 태생학에서는 이미 폐기된 이론이 어떻게 아동학에서는 그토록 강력하게 남아 있는지 묻는다. 신생아는 출생시에 완전한 인간의 모습을 갖추고 태어나지만 (1-44) 어린이의 모든 능력(문서를 작성하거나 다리를 설계하는 능력 등)이 신체적 외양과 마찬가지로 경향성의 형태로 처음부터 존재한다는 생각은 어린이의 신체적 기관의 특성을 그의 심리적 가능성으로 과잉 일반화한 결과라고 비고츠키는 지적한다. 비고츠키는 발달이 특성의 변형과 활동 경향성의 조합으로 환원될 수 있다면 발달과 비발달적 생명 과정 사이에는 본질적으로 차이가 없다고 주장한다. 예컨대 학령기 어린이의 지적 발달과 그의 머리카락 길이의 자람이 본질적으로 차이가 없다는 것이다. 그러나 비고츠키는 사실 이 둘은 본질적으로 다르다고 말한다. 지적 발달은 완전히 새로운 어떤 것, 어린이 내부에도 그리고 환경에도 존재하지 않았던 완전히 새로운 것의 출현을 포함한다(1-48).
B. 두 번째 이론은 발달이 본질적으로 이미 환경에 존재하며 오직 어린이에 의해 내

면화되기만 하면 된다는 입장을 취한다(언어 학습을 '입력'에 기초하여 설명하는 이론들은 로크의 경험주의에 명백히 의존한다). 비고츠키는 이러한 경험주의적 믿음이 부르주아 아동학(예컨대 서방에서 소위 비고츠키 이론으로 해석되고 있는 개인적 '비계 설정' 이론)과 소비에트 아동학(예컨대 사회적 행동주의) 모두에서 얼마나 득세하고 있는지 지적한다. 그러나 그는 곧 이러한 이론들이 그가 이미 제기한 질문 즉 '대부분의 어린이들이 편차는 있지만 2세 무렵에 최초로 독립적인 문법적 술어를 습득하는 것처럼 보이는 것은 어째서인가'와 같은 기본적인 질문에도 답하지 못한다고 지적한다. 만일 모든 것이 환경 내에서 이미 준비되어 어린이에게 활용 가능한 상태로 동등하게 존재한다면 어째서 언어 습득은 그토록 오래 걸리며, 그토록 불균등하게 일어나는 것일까? 비고츠키는 두 이론 모두 발달의 본질적인 특성, 즉 신형성을 설명하지 못한다고 결론짓는다(1-53).

C. 세 번째 이론은 인류 발생론이라고 부를 수 있을 것이다. 즉, 이는 오직 인간에서만 발견되는 신형성의 출현을 설명하고자 하는 이론들이다. 비고츠키는 러시아 혁명과 내전을 겪은 학생들을 대상으로 가르치고 있었기 때문에, 이를 소비에트 연합의 형성에 비유하여 설명한다. 소비에트 연합은 (비록 그 출현이 러시아의 자본주의 발달에 의해 준비된 것이기는 하지만) 차르 통치 체제에 내재한 것도 아니고 (비록 그것이 의심의 여지 없이 외부 사건, 심지어는 독일로부터 유입된 근대 자본에 의해 가능해지기는 했지만) 결코 갑자기 하늘에서 떨어진 것도 아니었다. 비고츠키는 발달 이론의 토대로서 유일하게 '방법론적 결점이 없는' 이 세 번째 이론에서 첫 번째와 두 번째 이론의 진정한 통찰이 보존된다고 결론 내린다. 한편으로, 자연스럽게 펼쳐지는 것처럼 보이는 발달의 모든 단계는 사실 그 직전 단계와 대립한다. 다른 한편으로, 인간 고유의 새로운 발달의 특성 또한 환경으로부터 주어진 것이 아니라 환경의 요소들과 대립한다. 마찬가지로 과학으로서의 아동학이 성장하고 아동 발달의 과학으로 분화하기 위해서는 역사적으로 선행한 이론과 동시대의 이론 모두에 맞서야 한다(1-54~1-61).

아동학 연구 방법의 특징

니콜라 푸생(Nicholas Poussin, 1594~1665), 「솔로몬의 재판」.
2강에서 비고츠키는 발달에 대한 연구는 전체론적이고 임상적이며 비교-발생적이어야
한다고 주장한다. 어린이는 교체 가능한 부분으로 이루어진 대상이 아니다.

2-1] 지난 시간에 우리는 아동학의 주제에 대해 말했습니다. 아동학은 어린이 발달 연구와 관계가 있으며 어린이 발달에는 다수의 매우 기본적인 규칙성을 드러내는 복잡한 과정이 존재함을 발견했습니다.

2-2] 두 번째 시간에는 실제로 각각의 경우에, 특히 전반적 발달 장애인 경우에 이 법칙들이 어떻게 발현되는지, 그리고 아동학적 진단이 어떻게 각 경우에 이 어린이 발달의 법칙을 식별하는지, 어떻게 이 법칙들이 전복되고 훼손되며 왜곡되는지 살펴볼 기회를 가졌습니다.

'두 번째 시간'은 주 강의에 동반되는 개별 지도나 실습 시간을 지칭한다. 이 수업은 학생들이 환자에 대한 관찰을 통해 배운 것을 확인하게 해 주는 임상 수업이었을 것이다. 이 경우 비고츠키는 '유치증' 즉 정지된 발달의 사례를 소개한 것으로 보인다. 그러나 필사본에는 임상 조사에 대한 어떤 기록도 남아 있지 않으며, 우리는 주 강의 필사본만 가지고 있다.

2-3] 지금부터 나는 아동학의 방법에 관해 말하고자 합니다. '방법'은 그리스어로 '길'을 뜻하는 낱말을 번역한 것입니다. 방법이라는 말은 비유적으로 어떤 사실을 연구하거나 조사하는 길을 의미합니다. 즉 그것은 특정한 분야의 과학적 법칙들을 이해하도록 이끌어 주는 앎의 길입니다. 그러나 물론 모든 과학이 특정한 연구 대상을 갖는 것처

럼 각 대상을 연구하기 위해서는 특정한 방법이 필요합니다. 방법은 길이고 수단입니다. 따라서 이것은 이 길이, 이 분야에서의 과학이 추구하는 목적에 달려 있음을 의미합니다. 그리고 만일 모든 과학이 자신만의 대상과 고유한 목표를 갖는다면, 모든 과학이 그 자체의 특유한 연구 방법과 고유한 연구 경로를 발달시킨다는 점은 분명합니다. 그리고 이런 의미에서 우리는 자신만의 고유한 대상 없는 어떤 과학도 존재하지 않듯 자신만의 고유한 방법 없는 과학 역시 존재하지 않는다고 말할 수 있을 것입니다. 이 방법의 특성은 언제나 과학의 대상의 본성에 의해 결정됩니다. 그러므로 만약 어린이의 발달을 특징짓는 몇 단어만 배운다 하더라도, 우리는 아동학의 방법을 구별해 주는 것이 무엇이고, 가장 중요하며 실제적인 차이가 무엇인지에 관한 설명으로 나아갈 수 있습니다.

2-4] 아동학적 방법의 **첫 번째** 두드러진 특성은, 흔히 말하는 것처럼, 그것이 발달을 연구하는 **전체론적 방법**이라는 사실에 있는 것으로 보입니다. 그것은 유기체나 어린이 인격의 어떤 한 측면만을 다루는 것이 아니라, 일반적으로 인격과 유기체의 모든 측면을 포괄합니다. 그러므로 사람들은 오랫동안 아동학적 방법이 전체론적 방법이라고 주장해 왔습니다.

2-5] 그러나 아동학에서 이 전체론적 방법이 어떠한 것인지에 대해서는 불명료한 경우가 매우 흔합니다. 아동학에서 전체론적 방법이 의미하는 것이 무엇인지 명확히 밝힌다면, 우리는 각각의 사례에 대한 과학적, 실천적 연구들의 기본적 연구 기법들을 모두 이해하게 될 것입니다.

2-6] 첫째로 전체론적 방법이 종합적인 방법을 뜻하는 것은 아니라는 것이 언급되어야만 합니다. 이를테면, 우리가 모든 측면에서 따로따로 하나를 연구하고, 또 다른 것을 연구하고, 이어서 세 번째 것을 연

구한다면, 즉 모든 특징을 연구한다고 해도, 그것은 여전히 전체론적 방법이라 할 수 없을 것입니다. 그것은 종합적인 방법일 뿐입니다. 그리고 보통 그런 종합적인 연구는 단일 과학 분야만 다루지는 않습니다. 게다가 이런 종합적인 연구를 하게 되는 것은 대체로 이론적인 목적이 아니라 순전히 실용적이고 기술적인 목적만을 위해서입니다. 그래서 우리는 여러 과학으로부터 자료를 결합해야 합니다. 하지만 아동학의 방법이 오직 다른 과학 분야로부터 자료를 모으고 체계화하는 것뿐이라면, 아동학은 물론 특정한 과학이 될 수 없을 것입니다.

> 비고츠키는 모든 것을 포함하는, 종합적 접근법과 전체적 접근법을 대비하고 있다. 종합적 방법은 다학문적이며 실제적 문제 해결을 지향한다. 반면 전체적 방법은 특정 대상에 한정되며 그 대상에 대한 전체적 이해를 지향한다. 응용언어학과 같은 다학문적 분야는 접근법에 있어서 매우 경험적, 종합적, 상향적(부분에서 전체로 향하는)인 특징을 갖는다. 반면 아동학과 같은 전체적인 방법은 이론적, 분석적, 하향적(전체에서 부분을 향하는) 경향이 있다. 인류학과 사회학을 예로 들어 보자. 투른발트나 레비-브륄, 마가렛 미드와 같은 인류학자나 민속학자들은 현장 연구를 통해 연구 대상인 사회의 각 측면(언어, 경제, 종교, 문학)에 차례로 접근하여 종합적 기술을 시도한다. 마르크스, 뒤르켐, 베버와 같은 사회학자들은 그와 같이 종합적 방법으로 기술하려고 하지 않고, 사회를 이루는 각 측면을 일관된 전체로 이론화하고 분석하려 노력한다. 아동학은 발달을 전체로써 이론화하고 분석하려 노력한다.

2-7] 둘째로 전체론적 접근은 분석을 배제하는 방법이 아니라는 것을 언급할 필요가 있습니다. 복잡한 전체를 낱낱의 요소들과 계기 발생 요인들로 분해하는 방식, 즉 분석에 전혀 의존하지 않는 방식으로 진행할 수 있었던 과학은 존재하지 않습니다. 따라서 사람들이 전체론적 방법에 관해 이야기할 때, 거듭 말하지만, 그 방법이 모든 분석적 고

찰의 가능성을 배제한 채 요약하고, 일반화하는 것이라고 생각할 필요
는 없습니다.

2-8] 긍정적인 정의로 볼 때 아동학 연구의 전체론적 방법이 무엇이
되어야 하는지 밝히는 가장 쉬운 방법은, 한편으로는, 일반적으로 과학
전반에 그리고 구체적으로는 어린이 발달의 연구에 적용되는 두 개의
주요 분석 방법을 취해서 각각을 서로 대비시키는 것으로 보입니다.

> 이 원고의 2001년 러시아어판 편집자인 코로타예바는 이 문단 맨
> 앞에 "이 모든 정의는 부정적이다"라는 문장을 삽입하고, 각주에서
> '비고츠키가 여기에서 의미하는 바는 정의가 부정을 통해 부정적으
> 로 주어진다는 것'이라고 덧붙였다. 우리는 원고의 원래 상태를 보존
> 하기 위해 원고에 추가된 모든 내용을 제거하고, 편집자의 주석을 따
> 로 분리하여 별도로 제시한다. 그러나 코로타예바가 비고츠키의 방법
> 이 단순한 부정이 아니라 역사적 지양을 포함하는 것임을 지적한 것
> 은 옳다. 비고츠키는 항상 역사적이다. 지난 장에서 우리는 발달에 대
> 한 환경론적 설명이 생득론적 설명에 반대하여 나타났음을 확인하였
> 다. 이와 유사하게 그는 전체론이라는 개념이 종합론과 같은 또 다른
> 개념에 반대하여 나타났음을 인식하였다. 단순히 차이를 분리하여 놓
> 고, 타협점을 찾거나 절충하여 조합하는 것을 그가 신뢰하지 않은 것
> 은 바로 이런 이유 때문이다. 개념들이 반대되는 것은 그럴 만한 역사
> 적 이유가 있기 때문이며, 그 차이점들은 투쟁을 통하지 않고서는 극
> 복될 수 없다. 그러나 비고츠키가 언제나 역사적 관점을 취하기 때문
> 에, 단순히 부정적이기만 한 것은 아니다. 역사는 단순히 잇따른 부정
> 들로 구성되는 것이 아니다. 지난 장에서 우리는 비고츠키가 생득론에
> 긍정적 내용(현재가 어떤 식으로든 과거에 의해 마련된다는 개념)이 있음을
> 인식하고 있다는 것을 보았다. 유사하게 환경론에도 발달이 발달하는
> 유기체의 내부에 이미 존재하는 것이 아니라 어떤 새로운 구조의 출현
> 을 포함한다는 긍정적인 내용이 있었다. 따라서 비고츠키는 단순히 종
> 합론을 부정하고 분석을 부정함으로써 전체론의 긍정적 정의를 도출
> 할 수는 없음을 분명히 인식한다. 오히려 전체론의 적용 가능한 긍정

적 정의는 대상의 다양한 측면을 포함해야만 하고 또한 분석을 포함해야만 한다. 그렇다면 어떤 측면들이 반드시 포함되어야 하며, 어떤 종류의 분석이 전체론적 분석인가? 이에 대한 비고츠키의 설명이 다음에 이어진다.

2-9] 이 두 분석 경로의 첫 번째는 요소로의 분해라고 부를 수 있을 것입니다. 이것은 복잡한 전체가 분석 과정을 통해 그것을 형성하는 요소들로, 즉 그것의 근본적, 기본적 부분들이라 할 수 있는 것으로 분해되는 것입니다. 그러한 방법의 전형적인 한 예는 어떤 화합물을 구성 원소로 분해하는 화학적 분석에서 찾을 수 있습니다. 그러나 동일한 분석 방법들이 모든 과학 분야, 특히 아동 발달 연구에서도 보입니다. 만일 아동 발달에서 예컨대 말과 같은 복잡한 형성에 관심을 가진다면―말은 생리적 측면과 심리적 측면을 가지고 있습니다―그리고 바로 여기서, 만약 우리가 말의 생리학, 즉 발성 기관 해부학 자체 또는 말의 심리학 자체를 연구하는 것을 과업으로 삼는다면, 우리는 물을 그것의 구성 원소들로 분해하는 화학자와 매우 비슷한 일을 수행하게 될 것입니다. 우리는 말의 각 측면을 독립적인 요소로 취한 후, 요소 자체를 조사하게 될 것입니다.

2-10] 분석에 대한 또 다른 접근법은 전체적인 복합 단위로의 분해 또는 분석 방법이라 부를 수 있는 것입니다. 이것은 무슨 의미일까요? 요소들이 속해 있는 전체와 비교할 때 요소를 특징짓는 것은 무엇일까요? 이러한 요소들로 구성된 전체와 비교해 볼 때, 요소는 그 속에 전체가 본래 가지고 있는 어떤 특성도 지니지 않는다는 것으로 특징지어질 수 있다고 생각합니다. 예를 들어, 내가 만약 왜 물이 불을 끄는지 또는 왜 어떤 물체는 물에 뜨고 어떤 물체는 가라앉는지 설명하고 싶다면, 나는 물이 산소와 수소로 이루어져 있으며 물의 화학식은 H_2O이기

때문이라고 대답할 수 없습니다. 왜냐하면 내가 물을 수소와 산소로 환원하자마자 물의 고유한 모든 특성은 이러한 요소들과 함께 사라지기 때문입니다. 그것들은 물일 때에만 물의 속성을 지닙니다. 그러나 산소는 연소를 돕고, 수소는 스스로 타는 성질이 있으므로 불을 끄는 물의 속성은 사라져 산소와 수소의 속성의 합으로는 설명할 수 없습니다. 이는 다음을 의미합니다. 요소로의 분해를 이용하는 분석의 가장 큰 특징은 그것이 전체가 본래 가지고 있는 특성을 포함하지 않는 부분들로의 분할을 유발하며, 이러한 이유로 이 분석은 복잡한 전체가 본래 가지고 있는 고유한 특성을 설명할 가능성을 배제한다는 것입니다. 나는 물의 구성 요소들과 불의 관계를 통해서 물이 불을 끄는 이유를 설명할 수 없습니다. 그러므로 엄격히 말하면 우리는, 전체의 특성이라는 관점에서 볼 때, 이 분석이 진정한 의미의 분석이 아니라 분석의 반대라고 말할 수 있습니다. 왜냐하면 그것은 복잡한 전체를 별개의 필수적 요소들로 나눌 수 없으며, 이 복잡한 전체의 모든 특성들을 하나의 공통 이유로 돌리기 때문입니다.

마지막 문장에 나오는 '요소'는 아마도 '단위'라고 썼으면 더 좋았을 것이다. 그것이 비고츠키의 실수인지 필사한 사람의 실수인지는 분명하지 않다. 누구의 실수이든, 비고츠키의 생각은 분명하다. 그것은 각각의 과학이 그 연구 대상에 알맞은 방법을 지녀야 하는 이유를 논할 때 비고츠키가 지적했던 것과 사실상 동일한 것이다. 각각의 방법은 설명하고자 하는 속성에 알맞은 분석 단위를 지녀야 한다는 것이다. 여기서 비고츠키의 논리는 화학적인 동시에 수학적이다. 비고츠키가 사용하는 러시아 낱말 라즐로제니야(разложения, '분해' 또는 '전개')는 두 가지 방식으로 모두 이해될 수 있다. 우리는 물 분자를 수소와 산소로 '분해'한다고 생각함으로써, 요소와 단위의 구분을 화학적으로 이해할 수 있다. 물의 다양한 속성들이 요소들의 속성으로 여겨진다. 즉 가장 작은 부분의 속성들이 가장 큰 전체의 속성들을 설명하는 데 이용된다. 비고츠키가 지적하듯이, 이것은 분자 구조, 화학적 불활성, 전기적 특성과 같은 보편적 특성을 설명해 주지만, 불을 끄는 것과 같은 특정한 속성을 설명하지 못한다. 그러나 우리는 또한 숫자를 인수로 '전개'(소인수 분해나 인수 분해)한다고 생각함으로써, 비고츠키의 구분을 수학적으로 이해할 수 있다. 예를 들어 숫자 12는 2×6이나 3×4 또는 2×2×3과 같은 소인수로 전개될 수 있다. 12의 다양한 속성들은 이러한 인수들로 설명될 수 있다. 예를 들어 소인수는 짝수 속성은 설명하지만 12가 144의 제곱근이라는 사실 등과 같은 다른 속성은 설명하지 못한다.

2-11] 물이 수소와 산소로 이루어져 있다고 말할 때, 이는 물이 불을 끄는 성질에만 해당하는 것일까요, 아니면 물의 다른 모든 속성에 해당하는 것일까요? 물론 이는 물의 모든 속성에 해당됩니다. 이는 바다와 빗방울에 즉 모든 물에 일반적으로 해당됩니다. 이는 요소로 전개하는 분석이 모든 전체 속성에 전반적으로 해당되는 지식만을 제공할 수 있다는 것을 의미합니다. 그러한 분석은 일반적인 물의 성질을 설명할 수 있을지 모르지만, 우리가 분석을 통해 얻고자 하는 것, 즉 그 성질을 구분하고 이들을 설명하며 각 성질들 사이의 관계를 드러내는 것은 할 수 없습니다. 이는 본질적으로 이 분석이 물의 속성을 연구하는 관점에서 볼 때 적절한 의미에서의 분석이 아니라는 것을 의미합니다.

2-12] 만약 이것이 분명하다면, 복잡한 전체를 단위로 분석한다는 것이 무엇인지를 설명하는 것이 쉬운 일이 될 것입니다. 왜냐하면 이는 완전히 상반된 두 가지 특성으로 특징지어지기 때문입니다. 요소로의 분석은 요소가 전체의 고유한 속성을 포함하지 않는다는 사실로 특징지어지지만, 단위는 적어도 전체의 고유한 모든 기초적 속성들을 적어도 초보적 형태로나마 포함하고 있는 전체의 한 부분이라는 사실로 특징지어집니다.

2-13] 말하자면, 화학자에게 물은 수소와 산소로 구성되는 반면, 물리학자는 물 분자, 물 내부의 분자 운동을 다루어야 합니다. 다시 말해 물을 구성하는 요소가 아닌 물 입자를 유지하는 가장 작은 입자를 다루어야만 합니다. 그러므로 물리학자는 물의 분자적 특성을 통해 물을 하나의 물질로 구분해 주는 다양한 개별적 특성과 이 물질이 겪는 다양한 변화를 분석, 해체하면서 개별적 특징과 속성 사이의 연결을 설명하고 밝혀냅니다.

2-14] 만일 우리가 유기체의 어떤 생화학적 공식을 취한다면, 그것은 요소로 분해하는 분석이 될 것입니다. 그러나 우리가 생명, 즉 유기체의 살아 있는 세포의 생리학을 연구한다면, 이것은 단위가 될 것입니다. 왜냐하면 살아 있는 세포는 전체 유기체에 고유한 기본 속성을 지니고 있기 때문입니다. 그것은 근본적으로 살아 있는 세포입니다. 즉 태어나고, 자라고, 생득적으로 신진대사를 하며, 죽고, 변화하고, 병에 걸리기도 합니다. 다시 말하자면 세포에서 우리는 요소가 아닌 단위를 다루고 있습니다.

2-15] 단위의 첫 번째 속성은 분석이 전체에 고유한 특성을 상실하지 않은, 전체의 부분을 분리한다는 데 있습니다. 복잡한 실체를 취하여 그것을 분석을 통해 개개의 부분들—실제적이든 추상적이든 상관없이—로 분해한다고 상상해 봅시다. 그러면 전체에 고유한 기본 속성들을 여전히 유지하고 있는 부분을 얻는 데 있어서 어떤 분할의 한계에 이르게 됩니다. 예를 들면, 물 분자는 물의 기본 속성들을 포함하고 있고, 살아 있는 세포는 모든 생명체 즉 모든 유기체의 어떤 기본적 속성들을 포함하고 있습니다. 세포와 그것의 생명을 이해하게 해 주며, 이러한 세포들의 조직들을 구성하게 해 주고, 이러한 조직들로부터 기관을 구축하게 해 주는 분석, 또는 물 분자의 연구, 분자 간의 장력과 물 속에서의 분자 운동의 연구로 이끄는 분석 방법은 전체의 고유한 속성

들을 잃지 않으며, 전체에 내재한 모든 기본적 속성들을 포함하고 있지만, 고도로 단순화된 형태로 그것들을 포함하고 있는 물의 부분들을 결과적으로 제공합니다. 예를 들면, 세포의 영양 작용과 인간 유기체의 영양 작용은 비교될 수 없지만, 세포 속 영양 작용에는 여전히 생명의 기본적 요소가 존재합니다. 이것이 두 유형의 분석을 구별해 주는 첫 번째 기본적인 차이입니다.

2-16] 나는 아동학 분야에서 둘 사이의 극명한 대조를 보여 주는 구체적인 실제 사례를 제시할 것입니다.

2-17] 이 분석의 두 번째 특질은, 단위로의 분해 방법을 사용하는 분석은 화학적 분석에서와 같은 일반화가 아니라는 것입니다. 이 분석은 현상의 모든 본성에 적용되지 않고, 대신에 복잡한 전체의 개별적 측면들을 설명해 주는 분석, 분해가 될 수 있습니다. 따라서 그것은 진정한 의미의 분석입니다. 예를 들어 전체로서 인간 유기체의 생명 현상이 아니라, 이를테면 인간 유기체의 특정 기능, 즉 영양 작용에 대해 알고 싶다고 합시다. 이를 위해 무엇에 의지해야 할까요? 전체로서의 유기체를 분석해야 할까요? 아니면 유기체적 활동의 특정 측면을 분석해야 할까요? 특정 기관과 특정 체계입니다. 이번에는 내가 생명 활동의 다른 측면을 설명하고 싶다고 합시다. 나는 다른 측면의 분석에 의지해야 합니다. 이러한 분석은 나를 태평양과 빗방울 모두에 똑같이 적용되는 물의 화학식 같은 것으로 인도하지 않습니다. 이러한 분석은 어떤 경우에는 소화를, 다른 경우에는 (혈액-K) 순환을 설명하는 사실로 인도합니다. 즉 어떤 경우에는 물이 불을 끄는 이유를, 다른 경우에는 어떤 물체가 물에 뜨거나 가라앉는 이유 등을 설명합니다. 따라서 이러한 분석이야말로 실제 분석입니다. 그것은 주어진 전체 속에 내재된 기본 속성을 지닌 가장 단순한 형태를 연구하게 해 줍니다. 우리는 몇몇 구체적 사례로 넘어갈 것이며, 이는 분명해질 것입니다.

2-4에서 비고츠키는 한 번에 한 측면을 연구하는 것이 전체론적 분석과 같은 것이 아니라고 말하는 듯하다. 그런데 여기서는 반대로 전체론적 분석을 수행하기 위해서는 한 번에 현상의 한 측면을 연구하는 것이 필수적이라고 주장하고 있다. 그러나 실제에서는 이 둘 사이에 어떤 모순도 없다. 만일 유기체를 복잡하게 분화된 구조로 분해한다면, 어떤 하나의 구조도 전체의 기능적 속성을 갖지 못함을 발견할 것이다. 그것이 바로 복잡하게 분화된 구조의 의미이다. 그러나 만일 기능을 살펴본다면, 정말로 특정한 개별 체계를 꽤 의미 있게 조사할 수 있음을 발견한다. 예를 들면 소화 기능의 연구는 소화 체계에 대한 상당한 지식을 요구하지만, 순환 체계의 지식은 부차적이고, 생식 체계의 지식은 큰 상관이 없다. 마찬가지로, 영양 작용의 분석은 칼로리와 같은 단위를 사용하는 신진대사의 분석을 함축할 수도 있지만, 헤모글로빈과 같은 단위를 사용하는 호흡 작용의 상세한 분석이 반드시 필요한 것은 아니다. 만일 'run(뛰어)'이라는 구조를 두 개의 자음과 한 개의 모음으로 나눈다면, 우리는 말이 공통적으로 지니는 요소들을 얻게 되지만, 차를 피하라고 외칠 때 느껴지는 위급함을 초보적인 형태로나마 포함하는 단위를 얻지는 못하게 된다. 만일 'run(뛰어)!'이라는 의사소통적 기능을 소리 내기(크고 떨어지는 억양), 어법(명령문), 의미(명령)로 분해한다면, 개개의 측면들이 전체 기능에 어떻게 기여하는지 쉽게 알 수 있다. 하지만 분석의 단위는 낱말의 의미이지 소리나 어법 자체가 아니다. 기능적(임상적) 분석과 구조 자체의 분석 사이의 이러한 구분은 어떤 '보편적인' 분석 단위(예를 들어 '매개된 활동', Wertsch, 1985)가 존재하는 것이 아니라, 어린이의 언어적 사고 발달을 설명하는 것과 같은 특정한 분석 과업에 알맞은 특정한 분석 단위만이 존재한다는 것을 함축한다. 비고츠키가 첫 강의에서 확립했듯이, 아동학은 어린이 자체에 대한 구조적 분석도 아니고 어린이 학습 자체에 대한 구조적 분석도 아니다. 그것은 아동 발달에 대한 기능적 분석이다.

2-18] 아동학에서 발달이 두 요인, 즉 유전과 환경에 달려 있다는 생각은 매우 오랫동안 지배적이었습니다. 이에 대해서는 누구도 이

의를 제기하지 않을 것입니다. 모든 발달의 화학식은, 말하자면 유전과 환경이 될 것입니다. 이는 사실일까요? 내가 볼 때 이는 부인할 수 없는 사실입니다. 이는 모든 발달 일반에 적용될까요? 그렇습니다. 이는 마치 화학식이 물 전체에 적용되는 것과 마찬가지입니다. 발달과 발달의 각 계기들을 유전 요소와 환경 요소로 분해하는 것에서 유래하는 분석을 적용하려 하면, 우리는 물이 수소와 산소로 이루어져 있다는 사실로부터 물의 특정한 성질, 즉 불을 끄는 성질을 설명하려 했을 때 당면하게 된 것과 동일한 상황에 빠지게 됩니다. 그러한 요소들은 전체로서의 발달에 고유한 성질을 이미 포함하지 않는다는 사실에 마주치게 되기 때문입니다. 어린이의 말을 예로 들어 봅시다. 이를 어떻게 설명할까요? 말에 대해서는 언제나 두 개의 관점 즉 생득론과 경험론이 있습니다. 생득론은 말이 유전적으로 타고난 선천적 기능이라고 합니다. 경험론은 그것이 경험으로부터 생겨난다고 합니다. 생득론자들은 다음과 같이 말했습니다. 뇌의 언어 영역이 손상된 아기를 최고의 언어 환경에 놓아 둔다 하여도 말은 시작되지 않을 것이다. 따라서 말은 유전적 단초로부터 발달되는 것이다. 경험론자들은 다음과 같이 말했습니다. 뇌의 언어 영역이 발달된 아기를 농아들 사이에 둔다면 말은 결코 나타나지 않을 것이다. 따라서 말은 환경으로부터, 경험으로부터 발달되는 것이다. 공간 지각과 관련해서 그리고 발달의 거의 모든 측면에 관련해서 이와 동일한 논쟁들이 있어 왔습니다. 처음에 과학은 오직 이러한 대립들만을 보았습니다.

2-19] 과학이 그렇게 교착 상태에 빠지게 되면 생득론과 경험론을 화해시키고자 하는 그런 어떤 움직임이 들려오기 시작합니다. 어린이의 말은 한편으로는 유전적 단초로부터 발달하며, 다른 한편으로는 환경의 영향하에서 발달합니다. 이것이 사실인가요? 분명히 사실입니다. 그러나 그것은 말에 적용되는 만큼이나 전체로서 모든 발달에 강력하게

적용됩니다. 따라서 우리가 일반적인 발달에 대해 말하는 한 우리는 꽤 만족스러울 수 있습니다. 왜냐하면 발달이 유전과 환경에 의해 결정된 다는 원칙만 이해하면 되기 때문입니다.

2-20] 그러나 발달의 어느 구체적 측면을, 예컨대 말을 유전적 단초 와 환경적 영향의 조합으로 설명하고자 하는 순간, 우리는 결코 그것을 분해할 수 없습니다. 왜냐하면 유전적 단초 내에 말 자체의 출현이 꼭 포함되는 것은 아니기 때문입니다. 어린이는 환경과 맺는 관계의 외부 에서 말을 전혀 필요로 하지 않습니다.

> 말을 발달시키기 위해, 어린이는 입술과 혀와 유전적 자질을 지닌 뇌가 필요하다. 그러나 어린이는 또한 사회적 환경으로부터 의사소통 의 욕구를 가져야 한다. 두 가지 모두 필수적이며, 어느 하나만으로는 충분하지 않다. 어린이들은 한 번도 들어 본 적이 없는 말을 할 수 있 다. 이는 유전적 자질의 일부일 수 없다. 어린이가 말하는 것은 언어와 세대마다 다르기 때문이다. 그러나 그것은 환경의 일부일 수도 없다. 이미 환경 속에 존재한다면 들어 본 적이 없는 것이 아니기 때문이다. 이어서 비고츠키는 유전과 환경 모두를 가지고도 말의 출현을 설명할 수 없는 이유를 설명한다.

2-21] 그 후에 어린이의 말은 두 영향의 융합, 다시 말해 교차나 통 합으로부터 발달한다고 상상되기 시작합니다. 그것은 다시 한 번 어린 이 발달에서 모든 현상들이 다음 두 가지 요소, 즉 한편으로 유전, 다 른 한편으로 환경의 융합으로 설명될 수 있는 것으로 그려집니다. 그러 나 사실 이 질문들에 대한 연구는 필연적으로 요소로 분해하는 모든 분석적 접근을 폐기하도록 이끌었습니다. 왜, 어떻게 그렇게 되는 것일 까요?

> 이런 관점에서 볼 때 W. 스턴에 의해 확립된 어린이 발달에서 융합

의 원리는 새로운 시각으로 묘사될 수 있을 것이다. 이 원칙에 따라 스턴은 어린이의 자연적, 유기체적 발달 노선이 환경적인 조건에의 노출 노선과 교차, 일치, 수렴한다는 기본 명제를 이해하며, 하나의 전체로서의 실제 어린이 발달 과정과 그 각각의 모든 단계들이 바로 이런 노선들의 융합이나 일치에 기인한다고 생각한다. 이 원칙은 너무 일반적으로 공식화되었고, 사실상 설명을 위한 어떤 수단도 주지 않는다. 즉, 그것은 융합이나 일치의 과정이 정확하게 무엇으로 구성되는지, 이런 두 노선 간의 어떤 종류의 만남이 발생되는지, 그런 만남에서 무엇이 발생하는지 깊이 드러내지 않는다. 본질적으로 이 원칙은 무효하며 아무것도 말해 주지 않는다. 그것은 스턴이 했던 것처럼 우리가 설명 원칙으로 그것을 제시하기 시작하는 순간 그 유효성을 잃게 된다. 사실, 자궁 속 어린이의 발달, 젖 먹기, 읽기 학습, 관념 형성—이 모든 것은 내적으로 주어진 것과 외적 조건이 융합된 결과이다. 그렇지만 과학적 연구의 과업은 언제나 바로 어떤 종류의 만남이 있는가, 각각의 경우에 발생하고 있는 과정이 무엇인가, 각각의 요인들의 역할이 무엇인가, 그들의 상호작용으로부터 무엇이 획득되는가와 같은 질문에 대답하는 것이다. 결국 환경과 유기체 간에 존재하는 가장 중요한 관계 유형을 고찰하는 것이 과학적 이론의 과업이다(『역사와 발달』 II권 13-31).

2-22] 무엇보다도, 이 방법은 연구에서 결실을 맺을 수 없었습니다. 말은 유전과 환경의 영향*으로부터 발달합니다. 하지만 똑같은 것이 어린이의 모든 다른 속성들에도 적용됩니다. 성장 또한 환경과 유전의 영향에 달려 있고, 어린이의 몸무게 또한 이것에 달려 있습니다. 어린이의 놀이와 활동 역시 이것에 달려 있습니다. 그리고 우리가 아동 발달의 어떤 측면을 취하건 간에, 그것은 언제나 유전과 환경에 달려 있음이 드러날 것입니다. 이것은 발달에 관한 모든 질문들이 오직 한 대답만을 가지고 있음을 의미합니다. 즉 이것이 유전과 환경에 달려 있다는 것입니다. 우리는 여기서는 환경이 주가 되고 유전이 덜하지만 저기서는 유

전이 주가 되고 환경이 덜 영향을 끼친다고 말할 수 있습니다. 그리고 우리는 이 분석을 통해서는 이보다 더 가치 있는 것을 말할 수 없을 것입니다.

> *코로타예바는 '영향влияния' 대신 '상호작용взаимодействия'이라는 낱말을 사용했다. 만약 유전과 환경이 상호작용한다면, 그 사이에서는 새로운 것이 생겨날 것이며 분석 역시 결실을 맺을 것이고, 그 분석은 특정한 발달 사례를 유전과 환경 간의 고정 비율로 환원하지 못할 것이다. 하지만 비고츠키는 유전적 요인과 환경적 요인의 단순합으로 말 발달을 분석하는 것의 무용성을 강조하고 있다. 따라서 우리는 코로타예바가 사용한 '상호작용'이라는 낱말 대신에 원문 필사본에 사용된 '영향'이라는 낱말을 사용한다.

2-23] 이를테면 우리는 말 발달을 연구하는 데 있어서 어떤 다른 방법으로 분석에 접근할 수 있을까요? 그것은 다음과 같은 방식으로 가능할 것입니다. 말은 환경과 유전에 의존하는 매우 복잡한 전체입니다. 하지만 이것은 말에만 해당되는 속성이 아닙니다. 그것은 어린이 발달의 모든 측면에 고유한 속성입니다.

2-24] 어린이의 말 발달을 어떻게 분석할 수 있을까요? 나는 먼저 어린이의 말에는 요소가 아닌 단위를 나타내는 개별적인 계기들이 있다는 것으로부터 시작해야 한다고 생각합니다. 다시 말해 마치 세포가 유기체 자체에 내재된 어떤 형태의 일차적 속성을 그 자체로 유지하는 것처럼, 말 자체에 고유한 어떤 특정한 속성을 모종의 일차적 형태로 여전히 유지하고 있는 계기들을 가지고 있다는 것입니다.

2-25] 구체적인 예로 말의 음성적 측면을 살펴봅시다. 여러분은 아마 옛 언어학자들이 말의 음성적 측면을 어떻게 연구했는지 알고 있을 것입니다. 그것은 말을 형성하는 소리의 관점에서 연구되었습니다.* 각각의 낱말이 말을 형성하는 개별의 소리로 이루어져 있다고 상상해 봅

시다. 이것은 사실일까요 아닐까요? 물론 이것은 사실입니다. 그러나 말이 개별 소리, 개별 문자로, 즉 요소로 구성되는 것이 사실이라면, 온갖 대답하기 어려운 질문들이 생겨납니다. 첫 질문은 다음과 같습니다. 말이 개별 소리로 이루어진다면, 그에 따라 어린이의 말에서 음성적 측면이 어떻게 발달하는지 조사하기 위해 우리는 그것을 개별 소리들로 분해하여 어린이가 언제 a, б, в, г(a, b, v, g-K) 등의 말소리들을 구별하기 시작하는지 추적해야 합니다. 그러나 'a' 소리, 'б' 소리 등은 인간 말소리에 고유한 그 어떤 특징도 포함하고 있지 않습니다. 이러한 소리들은 앵무새나, 아직 말을 시작하지 않은 아기도 낼 수 있기 때문입니다. 그렇다면 우리는 소리의 속성, 즉 이러한 소리들을 만드는 조음과 조음 운동에 의존하는 음향적·물리적·생리적 현상만을 조사하는 것입니다.

*코로타예바는 "소리가 연구되었다"라는 말을 사용하고, 각주에 다음과 같이 밝혀 놓았다. "필사본에는 '그것은 소리의 관점에서 연구되었다'라고 나와 있다." 우리는 본문에서 필사본의 표현을 그대로 사용했다.

2-26] 그렇다면 자연에서 찾을 수 있는 소리와 인간의 말소리를 구별해 주는 것은 무엇일까요? 인간의 말소리는 자연에서 찾을 수 있는 다른 어떤 소리와도 다릅니다. 즉, 인간의 말소리는 우리가 특정 의미를 전달하는 소리입니다. 또한 말의 단위는 소리 자체가 아닌 의미화된 소리, 즉 가치를 전달하는 특징을 가지고 있는 소리입니다. 동일한 초당 진동수, 동일 지속 시간, 한마디로 동일한 물리적 속성을 지닌, 자연 속의 다른 소리들과 우리가 말하는 낱말의 소리 간의 차이는 무엇일까요? 사람의 말소리는 특정한 의미를 전달한다는 것에서 차이가 있습니다. 이런 이유로 현대의 연구는 말의 단위가 단지 소리가 아닌 의미화된 소리라는 것을 인식해 왔습니다. 말에 대한 최근 연구에서 이 의

미화된 소리는 소위 음소фонема라고 불립니다. 즉, 그것은 더 이상 분해되지 않는 결합된 소리이자, 인간의 말에 내재하는 기본적 특성을 잃지 않은 때로는 하나의 그리고 때로는 조합된 소리로, 이는 바로 인간의 소리입니다.

어린이들은 종종 동물들이 소리를 낼 때 말을 한다고 상상한다. 비슷하게, 비네 또는 리보와 같은 비고츠키 시대의 심리학자들은 사람들이 동물의 의사소통을 이해할 수 없는 유일한 이유는 사람들이 동물들의 어휘나 문법을 모르기 때문이라고 믿었다. 반면에 비트겐슈타인은 비록 사자가 말을 할 수 있다 하더라도, 즉 만일 사람들이 사자와 언어 코드를 공유하여 사자가 사람들의 언어를 사용하거나 사람들이 사자의 언어를 사용한다 할지라도, 사람들은 사자가 말하는 것을 이해할 수 없을 것이라고 주장한다. 왜냐하면 사람들은 사자가 말하는 경험의 종류를 이해하지 못하기 때문이다. 인간의 소리와 사자의 으르렁거림 사이에 어떤 명확한 객관적인 차이가 존재하는 것인가 아니면 우리가 인간이기 때문에 인간의 소리는 우리에게만 이해될 수 있는 것인가? 비고츠키는 인간 소리가 상징화, 즉 이해한 것을 전달하기 위해 소리를 사용하는 것이라고 말한다. 오늘날 우리는 말 자체만으로는 이해를 위한 충분조건이 되지 못하며, 이해되기 위해서는 다른 조건들에 의존해야만 한다고 말할 것이다. 이러한 사회적·문화적 조건들은 완벽하게 객관적이지만, 자연 속에서는 발견되지 않는 것들이다. 이것에서 보듯이, 언어는 실제로 돈과 같다. 돈은 주관적인 것이 아니다. 단지 자신이 부자라고 느끼기 때문에 부자가 되지는 않는다. 칸트가 지적하였듯이 가상의 100달러 지폐와 실제 지폐 사이에는 커다란 차이가 있다. 돈은 완벽하게 객관적인 관계이다. 그래서 돈을 돈으로 만드는 관계는 언제나 돈 외부에서 발견되지, 돈 그 자체나 돈 소유자의 정신 속에서 분명 발견되지는 않는다. 그럼에도 돈은 자연 속에서 발견되는 관계가 아니다. 언어가 인간 고유의 것인 것처럼 돈도 인간 고유의 관계에서 비롯된 것이다.

위 문단에서 비고츠키는 '음소фонема'라는 용어를 사용하는데, 오늘날 우리는 이것을 '형태소'라고 부른다. 형태소는 의미를 전달하는 가장 작은 언어 단위인 반면, 음소는 단순히 하나의 형태소를 다른 형태소와 구별해 주는 소리의 차이이다. 예를 들어 '내'와 '배'에서 /ㄴ/과 /ㅂ/은 음소적으로 구별된다. 그러나 '아이'와 '아이들'은 '들'이라는 형태소에 의해 의미가 달라진다.

2-27] 간단한 예를 들어 보겠습니다. 'ум(지혜, 두뇌-K)'과 'отцу(아버지에게-K)'라는 두 개의 낱말을 살펴봅시다. 우리는 한 낱말의 시작 부분과 또 다른 낱말의 끝부분에 있는 똑같은 소리 'у('우'-K)'를 봅니다. 이 소리들의 물리적 속성, 즉 조음 속성과 생리적 속성이라는 면에서 이들은 완벽히 동일합니다. 이 둘은 똑같은 소리입니다. 그러나 하나는 음소, 즉 말의 단위입니다. 왜 그럴까요? 여러분에게 묻겠습니다. 'отц-у'의 끝에 있는 'у' 소리는 무언가를 상징합니까? 'отцу'는 무언가를 의미합니다. 그렇지요? 'ум'의 'у' 소리는 그 자체로 무언가를 상징합니까? 아닙니다. 이것은 우리가 한쪽에서는 음소를 다루고 있는 반면, 다른 쪽에서는 그냥 소리를 다루고 있음을 의미합니다. 만약 낱말을 'у'와 'м'과 같은 낱소리로 나눈다면, 모든 낱말은 단지 서로 다른 소리들의 무작위적인 조합일 뿐입니다. 그런데 만약 말을 이렇게(отец+у-K) 'у' 소리로 쪼갠다면, 그 소리가 인간 말의 기본적 속성, 즉 상징 기능을 포함하고 있음을 알 수 있습니다. 물론 이는 매우 배아적인 형태입니다. 왜냐하면 그 소리 자체는 어떤 대상이나 대상을 향한 태도를 의미하는 것이 아니라, 오히려 개별적인 특징이 아닌 'отцу(아버지에게-K)'의 의미와 'отца(아버지의-K)'나 'отцом(아버지로서-K)' 혹은 'об отце(아버지에 대해-K)' 등의 의미와 비교 구별하는 매우 불분명한 기능이기 때문입니다. 그러나 이것은 음소이며 단위입니다. 그리고 우리의 분석이 보여 주었듯이, 한편으로 인간의 말은 고도로 발달된 것이며, 다른 한편으로

그 발달된 형태는 소리가 아닌 음소로, 다시 말해 기본적인 기능 즉 상징 기능을 수행하는 소리로 건설되는 것입니다.

> 러시아어에는 격이 있다. 물론 영어('he'는 주격, 'him'은 목적격, 'his'는 소유격)나 우리말('이/가'는 주격을, '을/를'은 목적격을 나타낸다)도 마찬가지이다. 러시아어는 어미변화를 통해 여섯 개의 격을 표현한다.
>
> 〈6격〉
>
> **주격** отéц 예: Мой отéц рабóтает в бáнке(나의 아버지는 은행에서 일하신다).
>
> **생격** отцá 예: У неё нет отцá(그녀는 아버지가 없다).
>
> **여격** отцý 예: Я дам отцу(나는 아버지께 드린다).
>
> **대격** отцá 예: В наслéдство от отцá мне остáлась квартира отц-óв(아버지로부터의 유산으로 내게는 아버지의 아파트가 남아 있다).
>
> **조격** отцóм 예: Дима Билáн стал отцóм(지마 빌란은 아버지가 되었다).
>
> **전치격** отцé 예: Он дорожит пáмятью о своём отцé(그는 자신의 아버지에 대한 기억을 가지고 있다).
>
> 비고츠키는 예시로 다섯 개의 격을 들고 있지만, 주된 사례는 단일 형태소인 'ум(지혜, 두뇌)'과 대비되는 'отцý(아버지에게)'이다. отцý는 отéц의 여격이다.

2-28] 말에 대한 분석은 이와 어떻게 다를까요? 그것은(음향적 언어 분석은-K) 각 요소가 전체에 고유한 속성을 잃어버릴 때까지 요소로 분해하는 것으로 보입니다. 그러나 이것은(형태소 분석은-K) 전체에 고유한 특성들의 어떤 일차적 형태를 여전히 유지하는 단위로의 분해입니다. 인간 말 발달의 역사는 지금까지 우리가, 예컨대 말 발달을 개별 소리의 측면에서만 연구해 왔음을 드러냅니다. 이로써 어린이의 말이 어떻게 발달하는지 이해할 수 있을까요? 연구들은 왜 어린이가 한 낱말은 말하지만 다른 낱말은 말하지 않는지, 왜 어린이가 어떤 글자나

소리는 일찍 말하고 다른 소리는 훨씬 나중에 말하기 시작하는지를 이런 방식으로는 절대 이해할 수 없다는 것을 보여 줍니다. 그리고 가장 중요하게도, 만일 이 모든 낱말들이 개별 소리들의 무작위적인 조합으로 구성된다고 한다면, 우리는 어린이들이 어떻게 두세 살에 모국어의 기본적인 음성적 요소들을 배우는지를 절대 이해할 수 없을 것입니다. 그러나 어린이들은 교수나 특별한 반복 없이도, 말하자면 구조적으로 낱말들을 배웁니다.

19세기 후반과 20세기 초반, 소쉬르와 같은 언어학자와 스위트와 같은 음성학자들은 문법 연구와 문헌학에서 벗어났다. 국제 음성 문자 IPA는 언어의 미세한 말소리를 비교할 수 있게 해 주었고, '말의 과학'은 그 자체로는 의미를 전달하지 못하는 최소 음성 단위(예컨대 '내'가 아닌 'ㄴ' 소리)에 대한 연구와 동의어가 되었다. 언어가 언어의 외부 세계를 이해하기 위한 조건을 지칭하는 것이 아니라, 언어들 사이를 서로 지칭하고 규정하는 단위라는 관점은 점차 구조주의, 후기 구조주의, 그 후 최종적으로 자크 데리다의 연구로 해체주의가 되었다. 그러나 비고츠키는 이미 구조 자체의 분석에 염증을 느끼고 있었다. 여기서 그는 이러한 접근은 발달을 설명할 수 없다고 말한다. 반면 이로 인해 우리는 해결할 수 없는 '플라톤 문제'에 당도하게 된다. 즉 소리가 낱말 없이 무의미하고, 낱말이 문장 없이 무의미하다면, 어린이는 모든 것을 배우기 전까지는 아무것도 배울 수 없으리라는 것이다(예컨대 어린이는 다른 모든 소리를 배우기 전에는 어떤 소리도 배울 수 없다). 어린이가 '구조적으로' 배운다고 한 비고츠키의 말은, 어린이가 배우는 것이 낱말 없는 소리라거나 문장 없는 낱말이 아니라, 소리, 문법, 의미를 모두 함께 포함하는 전체 형태(게슈탈트), 구조적 단위라는 것이다. 이것은 비고츠키가 1970년대 초에 와서야 M. A. K. 할러데이에 의해 수행된 어린이 초기 언어에 대한 체계-기능적 분석을 예언한 것이나 다름없다. 어린이의 원시언어protolanguage와 모국어의 소리 체계 간에 매우 큰 차이가 있을지라도, 그 둘 사이에 의미의 연속성이 존재한다는 것을 할러데이는 보여 주었다. 어린이의 기초적 의미 체계는, 심지어 그 어린이가 어른의 낱말과 문장을 배우기 전이라고 할지라도, 먼저 개인 사이에서 확립되고, 그런 다음 개인 내적으로 확립된다. 어린이의 모국어는 사실 어린이의 입장에서 보면 제2언어인 셈이다.

2-29] 구체적 예를 들어 봅시다. 여러분도 알겠지만 'p'(/r/-K) 소리는 유아의 옹알이에서 매우 일찍 출현합니다. 스턴은 'əp'와 'pp'(/er/와 /rr/-K) 소리가 유아 옹알이에서 거의 맨 처음에 형성된다고 믿습니다. 하지만 그럼에도 불구하고 여러분은 'p' 소리가 어린이 말에서 훨씬 나중에 나타난다는 것을 알고 있습니다. 따라서 어린이는 옹알이에서 'p' 소리를 매우 이른 시기에 숙달하는 것처럼 보이지만, 말문을 떼고 그 소리를 말하기까지는 3, 4년, 심지어 5년까지 걸립니다. 'p' 소리는 오랜 시간 동안 숙달되어 왔지만, 소리가 아니라 그 소리의 의미론적 기능 때문에 어린이가 어려워하는 음소들과 연결되어 있음이 드러납니다. 또한 'y'(/u/-K)와 'a'(/a/-K) 소리를 내는 어린이가 아직 'отцу(아버지에게-K)'와 'отца(아버지의-K)'를 구별하지 못하는 일도 발생합니다. 왜 그 어린이는 'я дам отцу(나는 아버지에게 준다-K)'라고 정확하게 말할 수 없을까요? 그것은 그가 아직 'y(/u/-K)' 소리를 말할 수 없기 때문이 아니라, 오히려 그 소리의 기능에 아직 도달하지 않았기 때문입니다. 같은 현상이 'p' 소리에 대해서도 나타납니다. 어린이는 'p' 소리를 매우 일찍 말할 수 있지만, 이것이 러시아어의 일부로서 매우 복잡한 의미 기능을 수행하기 때문에, 옹알이에서 먼저 나타나고 어린이의 말소리에서는 나중에서야 비로소 나타납니다. 나는 단지 아동 발달의 한 측면, 즉 말을 예로 들었습니다. 말 중에서도 단지 하나의 계기, 즉 말하는 능력을 발달시키는 발성적 측면만을 예로 들었습니다. 그리고 물론 여기서 내가 분석에 의존하였음을 우리는 압니다. 나는 발달에서 말 발달을,

말에서 발성적 측면을 선별하였고, 발성적 측면에서 그것을 특정 단위로 분해하려고 노력하였습니다. 분석은 바로 그런 것입니다. 그러나 이 분석은 일반적으로 인간의 말소리에 고유한 속성, 즉 의미 속성을 보유하는 한계까지 우리를 인도합니다.

> 스턴 부부는 /r/ 발음이 자기 자녀들의 옹알이에서 처음으로 발견되는 소리들 중의 하나라고 말한다(Stern, W. and Stern, C.(1907). Die Kindersprache: Eine Psychologische Und Sprachtheoretische Untersuchung. Leipzig: Verlag von Johann Ambrosius Barth, p. 183). 그들이 물론 러시아어 습득에 대해 논의한 것은 아니다. 비고츠키는 /r/ 소리가 어린이가 아직 배우지 못한 복잡한 의미론적 기능과 연관되어 있다고 말하는데, 그는 아마도 при(pri~), пре(pre~), пере(pere~)와 같은 접두사, 즉 러시아어의 복잡한 형태론을 염두에 두고 있는 듯이 보인다.

2-30] 이것은 무엇을 의미할까요? 두 번째 예를 들어 봅시다. 이것은 환경에 대한 연구입니다. 나는 여러분이, 환경의 각 요소가 가지는 의미는 그 요소가 어린이들과 어떤 관계를 맺는지에 달려 있다는 데 동의할 것이라고 생각합니다. 예를 들어 어린이 주변의 성인들은 어린이가 6개월이든 1년 6개월이든 똑같은 빈도와 양으로 말합니다. 발화는 동일하고 변하지 않지만, 그 발화는 아이가 생후 6개월일 때와 생후 1년 6개월일 때 동일한 의미를 가질까요? 다른 의미를 갖습니다. 이것은 각 환경 요소의 영향은 해당 요소가 무엇을 포함하고 있느냐가 아니라, 이 요소가 어린이와 어떤 관계를 맺고 있느냐에 달려 있음을 의미합니다. 동일한 환경 요소의 의미는, 그것이 어린이들과 어떤 관계를 맺고 있는가에 따라 달라질 것입니다. 주위 사람들의 말은 변하지 않을 것입니다. 그것은 어린이가 한 살 때건 세 살 때건 동일할 것이지만, 발달에 대한 중요성은 변할 것입니다.

2-31] 이제, 말이 얼마나 자주 나타나는지 그리고 말이 무엇에 의

해 결정되는지를 주제로 정하여 연구를 시작한다고 가정해 봅시다. 말은 어린이마다 다르게 발달합니다. 어떤 어린이는 일찍 수월하게 말하기 시작하며, 어떤 어린이는 더디고 어렵게 말하기 시작합니다. 어떤 어린이는 발달이 뒤처지는 반면 어떤 어린이는 앞서 나아갑니다. 그 이유를 설명하고자 할 때 우리는 어린이의 말 발달이 무엇보다 먼저 환경에 의존하기 때문이라고 말합니다. 환경이 언어적으로 풍부하다면, 어린이가 많은 말을 듣는다면, 이 어린이는 말을 빠르게 발달시킬 수 있는 기회를 갖게 될 것입니다. 만일 환경이 언어적으로 빈곤하다면, 어린이가 듣는 말이 적다면, 이 어린이는 잘 발달하지 못할 것입니다. 즉, 이는 **첫째**, 말이 언어적 환경에 의존하며 **둘째**, 어린이의 정신에 의존한다는 것을 의미합니다. 어린이가 똑똑하고 재치가 있으며 기억력이 우수하다면 더 잘 동화할 것이고, 만일 그가 둔하고 더디며 제약을 받고 있다면 잘 동화하지 못할 것입니다. 사람들은 언어 발달을 이 두 개의 요인으로 설명하고자 하였으며, 이 두 요인 모두는 요소로 분해되었습니다. 하루 혹은 한 시간 동안 어린이가 듣는 낱말의 수를 계산함으로써, 이것이 어린이 언어 발달의 차이를 실제로 설명할 수 있는지 밝히고자 노력하였습니다. 그 결과는 전혀 그렇지 않다는 것이었습니다. 왜냐하면 (말 발달의-K) 결정적 계기는 환경 자체도 정신 자체도 아닌 말, 즉 환경의 말이 어린이 자신의 말과 맺는 관계이기 때문입니다. 예컨대 어린이가 적극적으로 말을 하고 타인들과 즐겁게 의사소통을 하며 말에 대한 필요를 느끼는 경우와, 타인에게 적대적이고 내성적이며 한마디 한마디가 그에게 괴로운 경우는 서로 다릅니다. 따라서 핵심적인 것은 요소가 아닌 단위, 즉 환경적 계기와 어린이 자신의 특성 사이의 관계라는 것이 다시 한 번 판명됩니다. 그러한 단위를 찾을 수 있다면 그 단위는 그 속에 전체로서의 말 발달에 고유한 것, 즉 환경적 계기와, 어린이 스스로의 특성 내에 근원을 두고 있는 계기인 인격적 계기 사이의 관계를 보존하고 있을 것입니다.

2-32] 그것이 단위의 방법을 이용하는 연구가 우리로 하여금 관계를 연구하고 단위를 연구하도록 이끄는 이유입니다. 그 단위는 요소로 분해되지 않으며 요소들 간의 관계, 즉 특정한 사례의 발달에서 가장 중요한 관계를 가장 단순한 형태로 보존합니다.

2-33] 여러분이 내 강의 중 이 부분의 수업을 이해하기 어려워하는 것은 내가 이 방법을 추상적으로 강의했기 때문이고, 따라서 다음의 환경과 유전의 문제를 고찰해 보면 여러분은 아동학 고유의 분석 용어를 좀 더 분명히 이해하게 될 것이며, 아동학에서의 유전 연구가 유전학이나 생물학의 유전 연구와 어떻게 다른지, 환경에 대한 아동학적 연구가 위생학에서의 환경 연구와 어떻게 다른지 발견하게 될 것이라고 생각합니다. 우리는 각각의 과학이 유전과 환경을 연구하는 데 있어 서로 다른 방법을 사용하는 한 각 분야마다 연구 과제가 다르다는 것을 압니다. 반면 유전과 환경 연구에 있어서 아동학은 내가 말하는 방법, 즉 단위로의 분해 방법을 적용합니다. 예를 들어 유전과 환경에 대한 위생학적 연구와 유전학적 연구는 요소로의 분해라는 분석적 방법을 사용합니다. 이것이 이들 과학의 목표를 만족시킵니다. 따라서 우리가 다음에 환경과 유전에 관해 구체적으로 배우게 될 때, 추상적으로 다루었어야만 했던 우리 방법 특유의 첫 번째 특징이 처음으로 분명해질 것이라고 생각합니다.

2-34] 그러나 지금은 아동학적 방법을 특징짓는 두 번째 특징에 대해 더 설명하고자 합니다. 이것은 훨씬 단순하고 여러분에게 이미 친숙한 다른 방법의 원칙들과 연결되어 있기 때문에 훨씬 더 쉽게 이해될 것입니다.

2-35] 아동학적 연구 방법의 두 번째 특징은, 이 방법이 가장 넓은 의미로 볼 때 임상적 방법이라는 것입니다. 교육학이 임상적 연구

방법을 사용한다고 말할 때 이것이 의미하는 바를 설명하고자 한다면, 한편으로 가장 쉬운 방법은 아동학의 이 방법과 상응하는 진료소의 방법을 비교하는 것입니다. 그것들은 상당히 유사합니다. 다른 한편으로 우리는 증상적 방법과 임상적 방법을 대비시킬 것입니다.

2-36] 여러분은 임상적 방법이 발달하기 이전에 의학은 증상적 의료법에 지배되었음을 알고 있을 것입니다. 즉, 연구 대상은 질병이 아니라 그 증상, 전조, 외적 징후였던 것입니다. 질병은 이러한 증상에 따라 모아져 분류되었습니다. 하나의 증상, 예컨대 기침 증상을 보이는 환자들은 동일한 질병을 가지는 것으로, 두통과 같은 다른 증상을 가지는 환자들은 또 다른 질병을 가지는 것으로 취급되었습니다. 유사하게, 모든 과학은 진정한 과학적 발달이 일어나기 전에는, 징후의 연구에 토대를 둔 순수하게 경험적인 방법에 지배됩니다. 따라서 모든 과학은 증상적 연구, 즉 외적 징후에 대한 경험적 연구라는 경로를 거칩니다. 예를 들어 다윈 이전의 식물학과 동물학에서 식물과 동물은 외양에 따라, 즉 잎의 형태, 꽃의 색깔 등에 따라 분류되었지만, 다윈 이후에는 공통 기원, 유전적 특징을 토대로 분류되었습니다. 그러한 특징을 형성하도록 이끈 과정이 알려졌기 때문입니다.

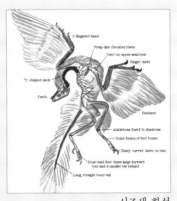

진화에 대한 '임상적' 이해는 계속 진화한다. 새 같은 공룡인 '시조새'는 다윈의 『종의 기원』이 출판된 지 2년 만에 발견되었으며, 다윈 자신이 조류는 공룡에서 진화했을 것이라고 생각했다. 그러나 도마뱀 같은 다리와 머리를 갖고 있다는 징후에 근거하여, 시조새는 결국 공룡으로 분류되었다. 공룡은 오늘날 살아 있는 동족이 없는 것으로 간주되었

시조새 화석

다. 진화에 대해 징후적으로 접근하지 않는 현대 분기학分岐學은 공룡에 대해 가르치는 방식에 큰 차이를 초래했다. 1980년대 이래로 우리는 현생 조류가 공룡 시대에는 존재하지 않았으며, 공룡은 백악기 말에 완전히 멸종된 것이 아니라는 것을 확신하게 되었다. 공룡의 일부는 여전히 조류의 형태로 우리와 함께 존재하고 있다. 미국의 일부 교사들은 매년 추수 감사절에 모래 박스에 칠면조 뼈대를 숨겨 놓고 유치원 학생들에게 이를 발굴하도록 함으로써 이러한 내용을 가르친다.

2-37] 이와 유사하게, 증상 의학을 대체한 임상 의학의 의학적 우세함은, 임상 의학이 외적 증상 그 자체가 아니라 이런 증상을 초래한 과정에 대한 연구, 이런 증상 이면에 놓인 과정에 대한 연구를 하게 된다는 사실에서 반영됩니다. 따라서 동일한 증상을 보이는 환자들이 서로 다른 과정을 겪을 수 있으며, 동일한 과정을 겪는 환자들이 서로 다른 증상을 보일 수 있다는 것이 분명해졌습니다. 즉 외적 징후에 대한 연구로부터, 이런 외적 징후 뒤에 놓여 있으면서 외적 징후의 존재와 출현의 원인이 되는 과정에 대한 연구로 이동할 수 있는 가능성이 열리게 되었습니다.

2-38] 이것은 아동학에서도 마찬가지였습니다. 처음에 아동학은 증상적 연구였습니다. 아동학은 어린이의 발달, 즉 어린이의 정신 발달과 말 발달의 외적 전조들을 연구했으며, 특정한 전조들이 어린이의 특정 나이에 나타난다고 말했습니다. 아동학 역시 다른 증상적 과학과 마찬가지로 현저히 기술적이었고, 그런 일들이 일어나는 이유를 설명하지 못했습니다. 심지어 소비에트 아동학 연구자 중에는 아동학 자체를 연령별 증상의 과학, 즉 특정한 연령기를 구분해 주는 특성들의 집합에 관한 과학으로 정의한 사람도 있었습니다. 그러나 여러분은 전조나 증상을 연구하는 것이 과학에 있어 보다 일반적인 과업의 일부를 구성할 뿐임을 매우 잘 알 것입니다. 과학은 이러한 전조들 뒤에 무엇이

있는지를 인식하기 위해 전조를 연구합니다. 이를테면 임상학의 경우 병리적 과정을 연구하고, 아동학의 경우는 발달 과정을 연구합니다. 이 것은 (임상적 방법을-K) 아동학의 방법에 적용한다면, 어린이 발달에 대한 연구와 관찰에서 밝힌 모든 특징들 중에서 우리는 오직 발달의 징후가 되는 것들만을 취하여 해석함으로써 이러한 징후들의 원인이 되는 발달 과정을 얻어야 한다는 것을 의미합니다.

2-39] 따라서 아동학이 어린이 발달 연구에서 임상적 방법을 사용한다고 말할 때 의미하는 바는 다음과 같습니다. 그것은 어린이 발달에서 목격되는 모든 외적 징후들에 접근함에 있어, 이 징후들을 초래한 발달 과정이 어떻게 전개되었는지 어떻게 수행되었는지를 추적하도록 해 주는 전조로서만 다룹니다.

2-40] 예를 들어, 여러분은 지난 시간을 통해 어린이의 정신 발달을 정의하는 방식에 이미 친숙해졌습니다. 우리는 여권상 연령이 6세이지만 정신 발달에서는 9세거나 12세인 어린이를 알고 있습니다. 우리는 그가 정신 발달에서 4살 정도 앞서 있음을 압니다. 그렇다면 아동학적 진단은 무엇입니까? 이것이 아동학적 연구 과업을 결론짓습니까? 아닙니다. 우리는 오직 무엇이 일어났는지 기술했을 뿐입니다. 아동 발달의 과정에서 무엇이 수행되었고 무엇이 정신에서 3살이 아닌 12살의 특성을 찾을 수 있는 사실로 이끌었는지 명확히 할 때에만 우리는 그것이 왜 일어나는지 알게 될 것입니다. 이것은 많은 이유에서 발생할 수 있습니다.

앞에서 비고츠키는 '정신적 진보' 자체가 아동학 연구의 대상인 발달의 기저에 놓인 과정이 아니라 단지 증상에 지나지 않음을 지적한 바 있다. 여기서 비고츠키는 9~12세의 수준을 보여 주는 6세 어린이의 발달이 4년을 앞선 것이라고 다소 모호하게 언급한다. 비고츠키가 언급하는 수행 수준은 정신 연령 검사, 즉 비네-시몬 검사를 말하는 것이다. 이 검사는 심리 발달의 증상만을 보여 줄 뿐 기저에 놓인 과정은 보여 주지 못한다. 어린이의 수행 수준이 동일 연령의 다른 어린이들과 비교되어 나타날 뿐, 설명되지는 않기 때문이다(IQ검사에 대한 비고츠키의 날카로운 지적은 『역사와 발달』 II권 14장 참조). 그러나 왜 비고츠키는 '9세 또는 12세'와 '6세' 사이에 '4살'의 차이가 있다고 말했을까? 여기에도 그럴 만한 이유가 있다. 비고츠키는 비네-시몬 검사에서 같은 정신 연령을 가진 어린이들이 유도 질문과 해결 힌트, 또는 시범이 제시될 때 매우 다른 수행 수준을 보인다는 것을 알고 있었다(이것은 현재 잘 알려진 근접발달영역에 대한 정의이다). 따라서 여기서 모호하게 제시된 연령 간 차이는 오히려 증상에 바탕을 둔 측정의 허술함을 적절하게 반영한 것이라고 할 수 있다.

2-41] 우리는 종종 자신의 연령 이상의 재능을 지닌 어린이들을 만납니다. 나는 우리 수업 중 한 번, 이러한 어린이 몇몇을 보여드릴 것입니다. 그 어린이가 자신의 연령을 넘어 발달한 것은 결과라고 여러분은 말할 것입니다. 질문은 그 원인이 무엇이냐는 것입니다. 어떤 어린이의 경우 이것은 소위 급속 발달이라는 것에 의해 일어난 것처럼 보입니다. 다시 말해 이 어린이들은 단지 매우 빠른 속도로 발달 경로를 따라간 것입니다. 어떤 어린이가 8살에 도달할 것을, 다른 어린이는 6살에 도달할 수도 있습니다. 그 어린이는 벌써 그것을 터득한 것입니다. 그러나 이 급속 발달은 뒤이어 감속을 수반할 수도 있고, 그렇지 않을 수도 있습니다. 그러나 감속이 뒤따르지 않더라도, 그 자체가 진정한 영재아를 암시하는 것은 아닙니다.

이 책의 주요 주제는 어린이가 작은 어른이 아니라는 것이다. 비고츠키는 어린이가 단순히 어른의 특징을 축소된 형태로 지니는 것이 아니라는 것을 말하고자 한다. 어린이는 자신만의 특징을 지니고 있으며, 이 특징들은 어른의 그것과 질적으로 다르다. 이 특징들은 어른의 특징을 위한 방편을 예비하지만, 그것은 종종 부정적인 방식으로 일어난다. 예를 들어 기기는 걷기를, 옹알이는 말하기를, 복합체는 진개념을 예비하지만 직접적으로는 아니다. 기기는 그것이 더 이상 적합하지 않게 됨으로써 걷기를 예비하고, 옹알이는 전복됨으로써 말을 예비하며, 복합체는 혁명적 재구조화를 통해서 개념을 예비한다. 그러나 여기서 비고츠키는 병리적 발달의 예, 즉 어떤 의미에서는 바로 그 작은 어른인 이른바 '신동'을 논의하고 있다. 이를 통해 그는 급속 발달과 탁월한 발달을 주의 깊게 구분한다. 급속 발달은 개체발생적 측면에서 상대적으로 빠른 발달을 의미하고, 탁월한 발달은 사회발생적 측면에서 상대적으로 앞서 나아가는 발달을 의미하는 것으로 생각할 수 있다. 예컨대, 조숙하지만 상대적으로 평범한 음악가였던 윌리 페레로(『상상과 창조』 1-4-19)처럼 음악이나 회화를 어린 나이에 시작하는 것과, 예술 발달이나 과학 발달의 최전방에 위치하게 되는 것은 별개이다. 셰익스피어는 거의 서른이 될 때까지 중요한 작품을 쓰지 못하였으며, 비고츠키 자신도 대학을 졸업하기 전까지는 심리학 연구를 시작하지 않았다.

2-42] 그와 같은 급속한 아동 발달의 전형적인 극단적인 사례는, 필시 여러분도 들어 본 바 있는 '신동Wunderkind'입니다. 신동이란 매우 이른 연령에 음악, 예술, 수학 등에서 어떤 뛰어난 능력으로 우리를 놀라게 하는 어린이를 말합니다.

2-43] 그러나 신동은 급속한 발달을 겪은 평범한 어린이일 뿐입니다. 다섯 살 어린이가 다섯 살일 뿐인데 열아홉 살이나 스무 살 청년이나 어른이 되어야 알아낼 수 있는 수학적인 지식을 보여 줄 때 우리는 놀라게 됩니다. 무엇이 놀라운 것일까요? 우리를 놀라게 하는 것은 수학적인 능력 그 자체에 있는 것이 아니라, 그렇게 어린 아이가 그것을 알아냈다는 것입니다. 이런 이유로, 대부분의 '신동'은 결국 보통 사람이 되거나 심지어 평균 이하의 사람이 되는 경우도 있습니다. 뛰어난 음악

가, 뛰어난 수학자, 뛰어난 미술가가 될 것이라고 촉망받은 수많은 신동들은 단지 평균적인 음악가, 평균적인 수학자, 평균적인 화가가 될 뿐만 아니라 많은 경우에는 실제로 평균 수준에도 못 미치게 됩니다. 왜냐하면 이런 급속한 발달 그 자체는 좋은 결실을 맺지 못하는 발달의 병적인 형태, 비정상적 발달의 한 표현이기 때문입니다. 독일 작곡가 리스트는 신동의 특징을 아주 재치 있는 경구로 표현했는데, 신동—이는 미래가 전적으로 과거에 놓여 있는 어린이, 즉 아주 일찍 자기 미래의 길을 따라 달렸지만 현재적 의미에서는 미래가 없는 어린이라고 말했습니다.

우리는 비고츠키가 하나의 단락을 예증하는 것보다 다음 단락을 전망하는 것으로 끝맺는 경우를 종종 본다. 물론, 이 단락에서 비고츠키가 입증하고자 하는 요점에 대한 예시로 리스트가 어떤 면에서 빈약하다는 것은 분명하다. 첫째, 프란츠 리스트(1811~1886)는 독일인이 아니라 헝가리인이었다. 둘째, 그는 모차르트 같은 천재가 아니었다. 일고여덟 살이 될 때까지 그는 피아노 연주를 시작하지 못했다. 그리고 최고의 작품은 그의 인생 후반기에 나온다. 그는 칠십 대까지 음악을 가르치고 작곡을 했다. 셋째, 매우 재능 있고 훌륭한 교사로서 많은 후학을 배출함으로써 음악에서 그의 영향력은 사후에도 지속되었다(그는 미래 세대에 대한 기여라고 생각해서 레슨비를 받지 않았다). 이런 분명한 이유로, 리스트는 신동과 사회발생적으로 그다음 단계를 가능하게 하는 진정한 혁신적 재능을 구별하게 해 주는 매우 훌륭한 사례이다. 예를 들어, 리스트는 광대한 오케스트라 작품을 편곡하여 단 하나의 악기, 즉 피아노만으로 연주 가능하게 만듦으로써 녹음기가 없던 시대에 대중음악을 가능하게 만들었다. 그는 오늘날까지 지속되는 음악 분야 최초의 숭배 대상이었다. 그는 또한 고전 음악과 근대 음악 간의 가교 역할을 했던 낭만주의 장르의 교향시를 고안했다.

유럽을 휩쓸고 그의 20대와 30대를 슈퍼스타로 만들었던 '리스토마니아'의 초기 1837년의 리스트 초상

2-44] 그러나 훨씬 높은 연령에서 전형적으로 나타나는 정신 발달을 이른 나이에 보여 주는 어린이들도 있습니다. 진정한 미래의 영재들, 진정한 미래의 천재들이라는 점에서 이들은 다른 어린이들과 다릅니다.

2-45] 따라서 두 발달 형태의 징후는 동일하지만, 미래의 천재 어린이와 미래의 신동 즉, (일찍 개화하지만 열매를 맺지 못하는-K) 수꽃을 구분할 필요가 있습니다. 이는 어떻게 가능할까요? 징후들은 동일합니다. IQ(정신 연령과 여권상 연령의 비율)가 1.9인 한 어린이가 있습니다. 이 어린이는 10세이지만 19세의 수준으로 수행합니다. 그리고 다른 어린이도 같은 IQ를 나타냅니다. 그러나 하나는 미래의 신동이고 다른 하나는 미래의 천재입니다. 이 차이를 어떻게 구별할 수 있을까요? 유사한 두 징후의 모습을 구분할 필요가 있을 때 이용하는 것과 똑같은 방법을 이용하면 됩니다. 차별적인 징후를 찾는 것입니다. 우리는 다음과 같이 말합니다. "이러한 특징에 따르면 두 어린이들은 유사해. 우리는 두 어린이를 구분해 주는 서로 다른 특징을 찾을 필요가 있어." 특히 이 어린이에게는 다음과 같은 일반적인 특징이 존재합니다. 급속하게 발달한 어린이, 극단적인 경우로 신동은 더 높은 연령의 전형적인 징후를 보여 주지만, 진정한 재능, 천재성, 영재성을 타고난 어린이는 자기 연령의 전형적인 징후를 보여 주되, 다만 포괄적이고 풍부하며 순수하고 완벽한 발달을 보여 줍니다. 그렇게 말해도 된다면, 신동은 발달의 징후가 연령에 앞서 나타난다는 특징을 가진다고 할 수 있습니다. 그러나 진정한 영재성을 타고난 어린이의 발달은 그 연령에 해당하는 특징이 우세하게 나타나되, 현저히 풍부하고 창조적인 생생한 경험적인 특징을 드러낸다고 할 수 있습니다.

2-46] 여러분에게 구체적 사례를 제시하겠습니다. 연구 중에 우리는 우연히 한 어린 수학 천재를 만났습니다. 이 소년의 나이는 8년 10개월이었습니다. 그 어린이는 그때 다양한 분야의 고등 수학을 터득하고 있

었습니다. 이 어린이를 조사해 보면, 여러분은 그 어린이가 20살 학생이나 25살 조교나 30살 먹은 수학 강사의 성숙한 정신을 갖고 있다는 인상을 받지는 않을 것입니다. 인상적인 것은, 그 어린이의 정신 속에 있는 고등 수학과 관련된 것은 모든 9세가 지니고 있는 특질일 뿐이며, 단지 천재의 한계까지 도달한 9세 정신의 특질일 뿐이라는 것입니다. 이것은 성인 천재가 그의 특별한 경험에서 우리들과 구별되는 방식이며, 90세 노인이 30세 성인과 구별되는 방식이 아닙니다. 그것은 30세 성인의 전형적 특징이 천재의 경계까지 도달하는 방식입니다.

다시 말해서, 30세 천재가 평범한 30세와 다른 것과 마찬가지로, 9세 천재는 평범한 9세와 다른 것이지, 평범한 30세가 평범한 90세와 구별되는 방식으로 다른 것은 아니다. 비고츠키는 단순히 어떻게 어린이가 자신의 환경에서 어른들처럼 행동하게 되는지가 아니라, 어떻게 세상에 새로움이 출현하게 되는지를 알고자 한다. 이 질문은 창조, 발명, 심지어 도덕적 책임의 문제의 핵심이다. 비고츠키는 신동은 그저 급속한 발달을 이룬 사람이라고 말한다. 신동은 어른보다 더 많이 아는 것이 아니며 단지 더 일찍 배워 아는 것뿐이다. 다른 모든 조건이 같다면, 신동은 일반 성인의 수준에 도달하여 멈출 것이다. 왜냐하면 신동은 어떤 환경에서 다른 사람들이 하고 있는 것을 단지 잘할 뿐이며, 급속 발달을 가능하게 하는 좋은 환경을 가지고 있을 뿐이기 때문이다. 반대로, 어린 천재는 급속히 발달한 사람이 아니다. 사실 아인슈타인과 같은 많은 어린 천재들은 꽤 늦게 발달을 이룬 사람들이었다. 어린 천재는 그 나이 또래의 어린이들이 하는 것을 한다. 이런 이유로, 어린 천재는 작은 어른처럼 행동하지 않는다.

2-47] 예를 들어, 대략 다섯 살이나 네 살인 한 소년이 분수를 공통분모로 통분하는 방법을 발견했습니다. 그는 어머니가 아버지에게 4분의 3에서 3분의 1을 빼면 얼마가 남느냐고 묻는 소리를 들었습니다. 그 소년은 분수를 빼는 법을 아무에게도 배우지 않았음에도 불구하고, 그

답을 계산하여 대답하였습니다. 질문을 들었을 때, 스스로 공통분모로 통분하는 방법을 발견했던 것으로 보였습니다. 그 자신의 정신이 이 정도까지 나아간 것입니다. 만약 여러분이 이러한 일이 이 연령의 모든 어린이에게 가능한지 그리고 만약 그 어린이들이 분수 뺄셈 조작을 설명하는 것이 가능한지 나에게 묻는다면, (레만/레빈의-K) 실험은 이것이 가능함을 보여 주었습니다. 그러나 이 어린이는 혼자 힘으로 계산 방법을 발견했습니다. 그런 여러 가지 징후에 대해 알게 되었을 때, 우리는 급속하게 발달한 어린이와는 완전히 다른 유형의 발달, 즉 진정한 천재 어린이를 발견했음을 확신할 수 있을 것입니다.

> 예를 들어, 한 5세 어린이가 다른 또래들처럼 손가락을 사용해 더하거나 빼기를 할 수 있다고 가정해 보자. 그런데 이 5세 어린이는 엄마가 사과를 6조각으로 자른 후 다시 이를 12조각으로 자르는 것을 관찰하면서, 만일 손가락 하나를 사과 하나로 생각할 수 있다면, 손가락 하나를 12조각으로 자른 사과 조각 하나로 생각할 수도 있다는 놀라운 통찰력을 갖게 된다. 이 어린이는 손가락을 사용해 3/4 - 1/3 = 9/12 - 4/12 = 5/12와 같은 계산을 할 수 있게 된다. 이는 물론 성인이 문제를 해결하는 방식은 아니다. 이것은 작은 어른이 아닌 한 어린이로서 창조한 것이다.
>
> 필사본에서 원래 '레반'이라는 표현이 포함되어 있다고 코로타예바는 각주에 밝히고 있다. 코로타예바는 '레반'을 '레만'으로 바꾸었다. 비고츠키가 인용하는 레만의 연구는 다음의 저서로 보인다. Lehmann, J.(1891), Ein Wunderkind: Erzählung aus der Neuzeit(『신동: 현대 시대의 이야기』). 그러나 속기사는 비고츠키가 K. 레빈이나 R. 레비나의 실험을 언급하고 있다고 생각했을 수도 있다. 비고츠키 시대에는 청각 장애 교육자인 G. 레만도 있었다(『비고츠키 영어판 선집』 II권, 325쪽 참조).

2-48] 나는 아동학이 단지 징후들 자체만을 연구하는 것이 아니라, 그 징후들 뒤에 숨어 있는 발달 과정에 대한 연구에 접근하기 위

해 징후 연구를 이용한다는 것을 보여 주기 위해 이러한 사례들을 제시합니다. 따라서 그것은 발달 과정을 분리된 단계들로 분류하고 이를 또다시 개별 측면들에 이르기까지 분류합니다. 이런 의미에서 아동학의 방법은 임상적 방법으로 명명될 수 있고 그래야 합니다. 즉, 발달 과정의 특정한 징후로부터 그 과정 자체의 성질, 즉 본질과 본성에 대한 연구로 나아가는 방법인 것입니다.

2-49] 아동학적 방법을 규정짓는 세 번째 특징은 아동학적 방법의 비교-발생적 특성이라고 불리는 것입니다.

2-50] 모든 임상적 학문 분야가 반드시 발생적 방법을 이용하여 대상을 조사하는 것은 아닙니다. 오히려, 많은 임상적 학문 분야는 다른 방법을 이용합니다. 그러나 발달을 연구하는 아동학은 본질상 비교-발생적 방법을 이용하지 않을 수 없습니다.

2-51] 이는 무엇을 의미할까요? 어떤 발달 과정을 조사할 때 우리는 어떻게 진행할 수 있을까요? 예컨대 배아적 발달 경로를 직접 관찰할 수 있을까요? 수정의 순간부터 출생에 이르기까지 배아가 자궁 내에서 거치는 경로를 직접 추적할 수 있을까요? 물론 그렇지 않습니다. 그럼 이 경로를 연구하기 위해서 무엇을 할까요? 우리는 태아를 대상으로 비교 연구법을 이용하여 첫째 주, 둘째 주, 셋째 주, 넷째 주 등등의 단면에 어떤 일이 일어났는지 연구합니다. 즉 발달의 개별 지점을 택하여 그들을 서로 비교함으로써 무엇이 있었고 무엇이 일어났는지 알아보는 것입니다. 이런 식으로 우리는 어린이가 어디에서 어디로 가는지, 어떤 이유로, 어떤 기간 동안 발달의 한 지점에서 다른 지점에 어떻게 도달했는지, 그리고 그 사이에 어떠한 일이 일어났는지에 대한 관념을 구성합니다. 완전히 동일한 방식으로 아동학은 연령별 단면을 비교하는 방법을 사용합니다.

2-52] 어린이의 정신 발달, 기억 발달, 혹은 어린이의 성장을 생생하

게 관찰할 수 있을까요? 그럴 수 없습니다. 우리는 단지 현재와 이후 6개월, 또 다음 6개월, 그리고 또 다음 6개월 후의 어린이 정신 발달을 비교할 수 있을 뿐이고, 8살에는 이러이러한 특징들이 있고, 12살에는 저러저러한 특징이 있음을 알게 됩니다. 이 어린이가 1.5세(8.5세-K), 9세, 9.5세를 지나왔음은 분명합니다. 따라서 나는 8세부터 12세에 이르기까지 이 어린이가 취한 경로를 봅니다. 다시 말해, 나는 서로 다른 연령 단계에서의 발달의 그림을 비교합니다. 이 비교는 우리가 아동 발달의 특성과 경로에 대한 지식을 얻는 근본적 방법입니다. 그러나 비교함에 있어 무작위 순서가 아니라 오로지 발생적 순서에 따라 수행하였기 때문에 나는 비교-발생적 방법을 취하고 있는 것입니다. 예를 들어, 우리는 임상에서 질병들을 서로 비교할 때 비교 방법을 사용합니다. 이 것이 비교-발생적 방법입니까? 아닙니다. 왜냐하면 거기서는 질병 과정의 다양한 형태들이 그것들 간에 서로 비교되었지만, 여기서 나는 어린이들 간의 상이한 발달 형태들을 서로 비교할 뿐 아니라—그것도 하지만, 중요한 형태에 있어서는 한 어린이가 지니는 상이한 발달 단계들을 비교하기 때문입니다. 따라서 나의 비교 대상은 어린이 발달의 상이한 단계들입니다. 이런 의미에서 우리는 아동학이 연구에 비교-발생적 방법을 도입한다고 말합니다. 그것은 서로 비교 가능한 다른 연령 단계에서의 발달의 횡단면들을 보여 주며, 그것들을 서로 비교함으로써, 어린이 발달 경로를 상상하기 위하여 비교 방법을 사용합니다.

필사본에 오류가 있는 것으로 보인다. 비고츠키가 의미한 것은 1.5세가 아니라 8.5세인 듯하다. 아동학은 한편으로 전체론적이다. 즉 다양한 발달 유형들을 포함해야만 하고, 그것들을 서로 비교해야만 한다. 다른 한편으로 아동학은 발생적이다. 즉 어린이와 어린이 그 자신을 비교하는 것이다. 전체론적 방법의 한 예는 비고츠키가 영재와 급속 발달된 어린이(2-54)를 비교한 것이고, 발생적 방법의 예는 자기중심적 말에 관한 피아제의 데이터를 비고츠키가 재분석한 방법이다. 그는 동일한 어린이에게서 타인을 향한 말과 자신을 향한 말을 추출하여 단일한 발달의 서로 다른 계기들을 비교하였다. 여기서 비고츠키가 논의하듯이 이런 종류의 발생적 비교는 근본적이다. 이 발생적 비교 없이 발달의 다른 유형들을 비교하는 것은 가능하지 않다. 왜냐하면 발생적 비교만이 발달이 실제 일어났음을 입증할 수 있기 때문이다.

2-53] 구체적인 예를 들어서 이것을 설명해 보겠습니다. 예를 들어 여권상 연령이 0세인 출생 직후의 어린이는 말을 하지 못하며, 말이 없는 존재라는 것을 나는 알고 있습니다. 6세에 어린이는 말을 발달시키고 모국어의 기초를 정확하게 습득합니다. 이제 나는 이런 말 발달의 경로를 연구하려고 합니다. 이를 위해서 나는 1세, 1.2세, 2세, 2.5세에 무엇이 일어나는지 조사합니다. 이를 통해 나는, 예를 들어 약 3개월 된 어린이가 가리키는 몸짓을 나타내며 이것이 말하기와 연결되어 있다는 것을 알게 됩니다. 또한 6개월 무렵이나 약간 더 이른 시기에 불분명한 옹알이가 나타나게 되고 곧이어 첫 낱말이 출현합니다. 그는 분절된 낱말들을 말하기 시작합니다. 2세 무렵에는 두 단어로 된 표현을 하게 됩니다. 이것이 밝혀 주는 바는 무엇일까요? 새로운 것과 오래되어 사라지는 것을 비교함으로써 나는 발달의 전체적인 그림을 얻습니다. 나는 어린이가 어떻게 말 없는 존재에서 말이 발달한 존재가 되는지 단순하게 서술하는 것이 아닙니다. 즉, 나는 어린이가 어떤 경로에 따라 울고 옹알이를 하게 되는지, 그리고 이 옹알이가 사라졌을 때 다음에 오는 것이 무엇인지, 하나가 다른 것에 의존하여 차례로 나타나는 것이 무엇인지, 이러한 방식으로 어떤 규칙성에 따라서 어린이가 말을 하게 되는지를 압니다. 어린이의 말을 다양한 연령 수준에서 비교함으로써, 매번 무엇이 사라지고 무엇이 새롭게 나타났으며, 새롭게 나타난 것이 어떻게 이전에 존재했던 것에 의존하는지를 알게 됩니다. 그리고 이런 단면들

을 비교하는 방법을 이용하고, 발생적 비교의 경로를 취함으로써, 나는 어린이 발달의 경로를 추적할 기회를 얻습니다.

2-54] 아동학에서 사용된 비교 방법은 또 다른 측면을 갖습니다. 이는 다른 모든 임상적 학문 분야에서 사용되는 의미와 같습니다. 즉 어린이를 그 자신과 비교하는 것이 아니라 서로 다른 발달 유형을 가진 어린이들을 비교하는 것입니다. 이것 또한 비교 방법일 것입니다. 예를 들어 오늘 임상적 방법의 사례를 들었을 때, 나는 영재나 천재 어린이가 급속히 발달한 어린이와 다르게 발달한다는 것을 보여 주고자 했던 것입니다. 나는 어린이를 그 자신과 비교하는 것이 아니라 다른 어린이와 비교하였습니다. 이 또한 하나의 기법입니다. 그러나 이것은 아동학의 전형적인 어떤 것도 포함하지 않으며, 임상적 방법을 사용하는 모든 과학에 고유한 것입니다. 임상적 방법을 사용하고 직접 관찰될 수 없고 증상 외부에 나타나지 않는 어떤 과정을 연구하는 모든 과학은 좋든 싫든 이런 과정들이 갖는 흐름의 상이한 형태들을 반드시 구별해야만 합니다. 따라서 이런 종류의 비교, 비교 방법의 이런 사용 방법은 이례적이고 아동학에 특정한 것이 아닙니다. 다만 비교-발생적 방법을 연령에 적용하는 것은, 이미 말했듯이 아동학의 고유한 특징입니다.

비고츠키는 관찰 불가능한 것을 이해하기 위해서 관찰 가능한 과정을 사용하는 모든 임상적 과학은 비교 방법을 포함한다고 말한다. 예를 들어 알츠하이머병을 앓는 환자에게서 관찰 가능한 언어 능력 손상을 이해하기 위해서, 사후에 부검을 하기 전까지는 뇌 내부의 반점과 단백질이 엉킨 것들을 직접 관찰할 수는 없다. 하지만 정상인과 환자를 비교하거나, 같은 환자의 한 달 전, 1년 전, 10년 전 언어 능력을 비교할 수 있다. 둘 다 비교 방법이지만, 후자만이 비교-발생적 방법이라고 할 수 있다. 만약 윌리 페레로처럼 '급속 발달'의 사례를 취해서 이를 리스트와 같은 음악 천재의 발달과 비교한다면 이것은 분명 비교 연구이다. 만약 음악 천재를 평범한 사람과 비교하거나, 심지어 '급속 발달(영어를 영어로 가르치는 등의 특정한 교육적 처치를 받은 실험 집단)'과 '일반적 발달(교육적 처치를 받지 않은 통제 집단)'과 비교하는 것도 비교 연구 방법의 사례이다. 이 모두가 비교 연구의 유형이다. 하지만 이들은 비교-발생적 방법은 아니다. 우리는 이들을 전체론적인 것이라고 부를 수 없다. 왜냐하면 실험 집단과 통제 집단 사이의 비교가 개인 전체가 아니라 단일 특징에 초점을 맞추어 설계되었기 때문이다. 우리는 이들을 발달적이라고 부를 수도 없다. 왜냐하면 그 어린이들 모두를 동일한 수준에 있다고 간주하기 때문이다. 따라서 비고츠키는 이런 연구를 아동학이라고 생각하지 않는다. 사실 이런 연구는 비고츠키가 병리학적이라고 생각했던 '급속 발달'을 목적으로 하는 경우가 많기 때문이다.

2-55] 이제 내가 말한 것을 요약하겠습니다. 나는 이미 여러분에게 아동학을 포함한 모든 과학은 자신만의 특정한 연구 목적을 가져야만 하며, 따라서 이 목적을 연구하기 위한 자신만의 방법 또는 길을 가져야만 하고 이 길이란 특정 과학에서 연구되는 목적의 특징들에 의해 결정됨을 말했습니다. 아동학 주제의 본질 때문에 아동학은, 내가 여러분에게 설명하려고 노력했듯이, 세 가지 기본적인 계기에 의해 특징지어지는 자신만의 특수한 방법을 발달시켜 왔습니다. 아동학적 방법의 첫번째 특징은 이 방법이 아동에 대한 전체적인 연구이며, 전체적 연구는 종합적 연구 혹은 분석을 배제하는 연구와 같이 이해되어서는 안 되며, 오히려 요소로의 분해 방법이 아니라 단위로의 분해 방법을 사용하는 특정한 유형의 분석이라는 사실입니다. 이것이 오늘 강의의 가장 어려운 부분이었고, 아동학에서 이 단위로의 분해 방법을 구체화해 주는 유전과 환경에 관한 입장을 고찰하게 될 다음 강의에서 이것이 더 이해하기 쉽고 더 구체적이 되길 기대합니다. 그리고 같은 대상들을 다른

방법으로 연구하는 여느 과학들처럼, 이 두 분석 유형 간의 차이점이 더 분명해질 것입니다.

2-56] 아동학적 방법의 두 번째 특징은, 다양한 연령의 증상들 뒤에 숨어 있는 발달 과정을 연구한다는 의미에서, 임상적이라는 데 있습니다.

2-57] 세 번째 특징은, 그것이 상이한 연령 단계에 있는 어린이 발달의 특징을 연구하고 이러한 상이한 연령 단계들을 가능한 촘촘한 시간 간격으로 비교하는 비교−발생적 방법이라는 것이며, 이는 어린이가 발달상 한 단계에서 다른 단계로 넘어가는 경로를 명확하게 말할 수 있도록 해 줍니다.

2-58] 이 세 가지 주요 특징들이 아동학 연구 방법론을 특징짓습니다. 세미나와 실습을 통해 우리는 각각의 다양한 연구 방법론적 기법을 탐색할 것입니다. 이러한 기법은 매우 다양합니다. 여기에는 어린이의 신체적·정신적 발달에 대한 연구 기법, 정신 발달의 각 기능과 각 측면에 대한 연구 기법, 어린이 말에 대한 연구 기법, 어린이 연구 방법의 기법 등이 포함됩니다. 그러나 이들은 아직 방법론이 아니라 방법일 뿐입니다. 즉, 이러저러한 방법론을 시행하는 특정한 기법 체계일 뿐인 것입니다. 그러나 이러한 방법을 올바르게 적용하는 것은 오직, 내가 오늘 말했던 그 방법론의 원칙을 이해할 때에만 가능합니다. 왜냐하면, 아동학에서의 모든 방법은 우리로 하여금 증상만을 알게 해 줄 뿐이지만 오직 이러한 증상을 해석함으로써만 우리는 진정한 의미에서 발달에 대한 진단에 이를 수 있기 때문입니다.

●아동학 연구 방법의 특징

비고츠키는 이번 강의를 다시 정의(2-3~2-5)로 시작한 후, 아동학적 연구 방법의 세 가지 변별적 특징을 전체론(2-4~2-33), 임상적 방법(2-34~2-48), 비교-발생적 방법(2-49~2-54)으로 제시한다. 그리고 마지막에 강의를 요약한다.

이 책은 비고츠키의 처음이자 마지막 말이라고 할 수 있다. 한편으로, 이 강의는 보통 교육을 잘 마쳤으나 실질적으로 심리학이나 생리학 혹은 교육학에 대한 지식이 전혀 없는 학생들을 위해 마련된 입문 강좌이다. 다른 한편으로, 이 강의는 비고츠키 생애의 마지막 시기에 이루어졌으며, 그런 이유로 그의 가장 진전된 생각을 가장 성숙한 형태로 포함하고 있다.

비고츠키가 강의 중에 몇 번에 걸쳐 자신의 논의의 추상성에 대해 사과하는 것처럼 보이는 것은 이런 이유 때문이다. 그러나 사실 이 강의는 비고츠키의 대표작 『생각과 말』 1장에 나오는 단위로의 분석에 대한 방법론적 논의를 매우 단순하고 읽기 쉬운 형태로 포함하고 있다.

I. **정의** 1강에서 비고츠키는 정의를 내리고 네 가지 법칙을 제시한 후, 발달의 본질과 관련 있는 세 가지 이론에 대해 논의하였다. 강의 후 학생들은 또한 비고츠키의 임상 실습을 관찰할 기회를 가졌다. 즉 첫 번째 강의 후 비고츠키는 학생들에게 1강에서 언급된 발달 장애들(예컨대 1-30~1-33에 나오는 유치증)에 대해 직접 익숙해질 기회를 제공한 것으로 보인다. 비고츠키는 '방법론'을, 그리스어로부터 글자 그대로 번역하여, '길'이나 '경로'로 정의하면서 강의를 시작한다(2-3). 비고츠키는 학생들에게 모든 과학이 그 자신의 고유한 연구 대상을 지니며, 그 연구 대상의 본성에 따라 우리가 따라가야 할 연구 경로가 필연적으로 결정됨을 상기시킨다(2-1~2-3).

II. **특징** 비고츠키는 이제 발달의 전체론적, 임상적, 시간적 본성으로부터 비롯되는 아동학적 방법의 세 가지 기본 특징을 소개한다(2-4~2-55).

A. 비고츠키는 아동학이 전체론적 방법이라 말한다. 그것은 어린이 인격이나 신체의 어느 한 특정한 측면이 아니라 일반적으로 모든 측면들과 관련된다(2-4).
   1. 비고츠키는 전체론을, 연구하는 현상의 측면들을 하나씩 차례로 철저히 조사하는 '종합적 방법'과 대조한다. 그러한 종합적 방법은 결코 한 분야의 모든 측면을 감당할 수 없으며, 흔히 한정된 실천적 문제(예컨대 영양학의 식단이나 위생학의 청결 문제)에 함몰되고, 매우 다양한 과학 분야에서 나온 자료들에 의존하게

된다(2-6).

2. 비고츠키는 또한 전체론을, 일반화만하고 분석을 회피하는 방법과 대조한다. 그러나 비고츠키는 현재 과학에는 상이한 형태의 분석이 적용되고 있다고 말한다. 설명하고자 하는 속성을 포함하지 않는 요소로 분해하는 방법(2-9)과, 설명 대상의 속성을 포함하는 단위로의 분석(2-10)이 그것이다. 예를 들어, 물을 수소와 산소로 분해하는 것은 불을 끌 수 없는 요소들을 낳는다(수소는 잘 타고 산소는 연소를 돕기 때문이다). 그러나 물을 분자와 분자 결합으로 분석하면 불을 끌 수 있다(물 분자는 안정되고 상대적으로 불활성 분자이기 때문이다). 세포의 신진대사 또한, 고도로 추상적이고 단순화된 형태로, 전체로서 인간의 신진대사에서 볼 수 있는 것과 동일한 속성들을 많이 포함한다(2-15). 비고츠키는 그러한 단위로의 분석이 대상의 고유한 기능을 드러낸다는 것에 주목한다(2-17). 예를 들어, 말 습득을 요소들로 환원하면, 환경(문화)과 유전(생물학)의 역할만 따로 남게 된다. 그러나 비고츠키는 이러한 개별적 역할은 결코 말에만 국한되는 것이 아님을 지적한다(2-18~2-22). 반대로 어린이의 말을 비고츠키가 '음소'(오늘날에는 형태소라 부른다)라고 부르는 것으로 분해하면, 의미의 속성을 포함하는 고도로 단순한 형태의 단위들을 얻게 된다(2-25~2-29). 환경에 대한 어린이의 관계가 변함에 따라 발달하는 것이 바로 이 의미 속성이기 때문에, 어떤 식으로든 의미에 대해 설명하는 것은 피할 수 없어 보인다(2-30). 마지막으로 말을 이런 식으로 분석하면 언제나 단위란, 환경이나 유전의 한 요소라기보다는 환경의 계기들과 유전의 계기들 간의 관계라는 것을 발견하게 된다는 데 비고츠키는 주목한다(2-31).

B. 비고츠키는 아동학이 임상적 방법이라고 말한다. 아동학의 방법이 단지 환자들을 진단하는 방법과 유사하기 때문이 아니라, 아동학은 발달의 표현형적 증상이 아닌 발달의 기저에 놓여 있는 원인, 즉 발생형에 관심을 갖기 때문이다(2-36~2-39). 예를 들어, 단순한 시험만으로는 급속 발달을 겪고 있는 어린이(2-40~2-43)와 장래에 예술과 과학에서 독창적인 기여를 만들어 낼 수 있는 천재적인 어린이(2-44) 간의 차이를 밝혀내지 못한다. 비고츠키는 후자의 어린이가 대개 삶에 대한 유별나게 성숙한 태도를 지니는 것이 아니며, 오히려 매우 풍부하고 창조적으로 자신의 연령에 맞는 특징을 지닌다고 말한다. 성인 천재가 너무 빨리 늙어 버린 노인이 아닌 것처럼, 뛰어난 어린이는 단순히 조숙한 어린이가 아니다(2-46). 비고츠키는 여느 5세 어린이가 얻을 수 있는 경험을 이용하여 분수 뺄셈 방법을 스스로 발견한 어린이를 인용한다(2-47). 비고츠키는 아동학이 발달의 외적 증상이 아닌 발달의 내적 원인을 연구해야 한다는 결론을 내린다(2-48).

C. 비고츠키는 아동학이 비교-발생적 방법이라고 말한다. 정신이나 기억의 발달 또는 어린이의 신체적 성장조차도 직접적으로 관찰할 수는 없기 때문에, 아동학자는 다양한 발달의 계기들을 관찰하고 비교함으로써, 중간 과정의 본성을 추론해 낸다(2-51). 비고츠키는 다양한 환자들의 다양한 질병을 공시적으로 비교하는 것

과 한 어린이의 발달을 통시적으로 관찰하는 것을 대조한다. 동일한 어린이의 다양한 발달 단계를 비교함으로써, 무엇이 발달했는지 훨씬 더 잘 이해할 수 있다(2-52). 비고츠키는 다시 한 번 말의 예를 이용하여 이를 보여 준다(2-53). 마지막으로, 비고츠키는 앞에서 급속히 발달한 어린이와, 매우 풍부하고 창조적인 경험을 가졌지만 그 밖에는 매우 전형적으로 발달한 어린이를 비교할 때, 같은 어린이를 통시적으로 관찰하기보다는 다른 어린이들을 공시적으로 관찰했음을 지적한다. 이 또한 아동학적 방법이지만, 같은 어린이를 통시적으로 관찰하는 것과는 달리, 아동학에만 고유한 방법은 아니다(2-54).

III. **요약** 비고츠키는 이제 강의를 요약한다. 아동학적 방법은 전체의 고유한 특성이자 연구 대상의 특성을 보존하는 단위를 사용한다는 점에서 전체론적이며, 표현형적 과정보다 발생형적 과정을 연구한다는 점에서 임상적이며, 다양한 연령 단계의 어린이를 연구한다는 점에서 비교-발생적이다(2-55~2-58).

제3강
유전과 환경에 관한 아동학의 입장

작자 미상, 「4세 쌍둥이 자매의 초상」(1654).
3강에서 비고츠키는 유전이 발달에 미치는 역할을 연구하는 방법 중 하나로
쌍생아 비교 연구법을 제시한다.

3

3-1] 오늘 나는 환경과 유전에 관한 아동학의 입장을 말하고자 합니다. 그리고 이번에는 지난번보다 훨씬 더 구체적으로 여러분에게 아동학적 연구 방법의 특수성을 보여 줄 수 있게 되기를 바랍니다.

3-2] 어린이 발달이 필연적으로 유전 및 환경과 밀접한 형태로 일어난다는 것을 여러분도 아마 잘 알고 있을 것이며 어떤 증거도 필요하지 않을 것이 상당히 분명합니다. 그러나 아동학이 유전에서 무엇을 연구하고, 환경에서 무엇을 연구하며, 그리고 어떻게 이 둘을 연구하는지 밝히는 것은 가장 흥미진진한 것입니다.

3-3] 우리는 유전으로부터 시작합니다. 내가 지난 시간에 말한 바와 같이 아동학은 유전 법칙 자체를 연구하는 것이 아니라, 말하자면 임상 의사처럼 발달에서의 유전의 역할을 연구합니다. 임상 의사 역시 유전 법칙 자체를 연구하는 것이 아니라, 말하자면 이러한 법칙이 특정 질환의 유전에 어떻게 연관되는지를 연구합니다. 마찬가지로 교육자는 유전 법칙에 따라 전달되는 요인들이, 어떤 형태로 유전 자체의 발달에 영향을 미치는지 조사합니다. 유전적 특질의 전달 법칙은 유전학과 일반 생물학이 연구합니다.

3-4] 그리고 이것은 우리에게 매우 중요한 의미를 가집니다. 아동학에서 유전의 문제는 일반 생물학이나 유전학에서와는 다르게 제기됩

니다.

3-5] 나는 유전의 문제를 유전학에서 아동학으로 가져올 때 변화하는 네 가지 계기에 여러분이 주목하길 바랍니다.

네 가지 계기는 다음과 같이 요약될 수 있다.

유전학	아동학
단순한 특징	복잡한 특징(3-6~7)
유전에만 의존하는 특징	환경과의 상호작용을 포함하는 특징(3-8~9)
구별 짓는(개별적) 특징	다양성 속에서 통합을 보여 주는 구분되지만 연결된 특징 (3-10~12)
정적이고 미리 형성된 특징	역동적이고 변화하는 특징(3-13~14)

3-6] 첫째, 유전 법칙 자체를 연구하는 유전학에서 우리는 주로 개별적인 단순 특징들의 유전에 관심이 있으며, 유전적 조건을 최대한으로 보여 주는 특징, 예컨대 눈동자의 색과 같은 특징들을 조사하려 합니다. 따라서 유전학에서 우리는 주로 이러한 단순한 특징들을 다루게 됩니다.

3-7] 어린이의 삶, 발달이라는 관점에서 볼 때, 이 특징들은 그 자체로 중요할까요? 우리는 밝은 파란색 눈을 가진 어린이가 어두운 색깔의 눈을 가진 어린이와 다르게 발달하고, 그들의 운명이 상당히 다르게 나타날 것이라고 기대할 수 있을까요? 물론 아닙니다. 물론 이 특징들은 그 자체로는 비본질적이고 중요하지 않습니다. 그러나 그들은 유전의 증상이라는 점에서 중요합니다. 예컨대, 어두운 색 눈과 밝은 색 눈이 어떻게 전해지는지 연구하면서 유전학은 이러한 단순한 특징들의 유전이 어떤 법칙에 따라 일어나는지 확립합니다. 그러나 이런 특징들은 아동학자들이 관심을 가지고 있는 것에 대해서는 거의 알려 주는 바가 없습니다. 즉 유전이 발달에 어떻게 영향을 미치는지 거의 알려 주지 않습니다. 따라서 아동학자들은 주로 눈이나 머리 색과 같은 단순 특징이 아니라, 발달에 따라 변화하는, 발달 속에서 생겨나는 복

잡한 특징들을 다룹니다. 왜냐하면 오직 이 특징들과의 관계 속에서만 발달에서 유전이 맡은 역할을 확립할 수 있기 때문입니다.

3-8] 둘째, 유전의 문제가 일반적 유전학으로부터 아동학으로 이행될 때 변하는 것은 유전학에서는 눈 색깔과 같은 순수하게 유전적인 특징에 대한 연구에 관심을 가졌다는 것입니다. 유전학은 환경에 최소한으로 의존하는 특징들에 관심을 가지며, 따라서 특징이 유전에 의해 큰 영향을 받으면 받을수록, 그 특징의 결정에 비유전적이고 환경적인 영향이 덜 섞일수록, 유전학은 그 학문이 흥미를 갖는 결론을 더 순수한 형태로 얻을 수 있습니다.

3-9] 역으로 아동학은 환경의 영향을 받지 않는 순수한 유전적 특징이 아니라, 오히려 그 발달에 있어 환경과 유전의 결합된 영향에 의해 영향을 받는 특징에 관심이 있습니다. 왜냐하면 주어진 특징을 정의함에 있어 유전적 요소와 환경적 영향이 포함될 때에만, 유전의 영향이 다른 것과 비교하여 어떤 역할, 어떤 의미, 어떤 비중을 갖는지 발견하기를 기대할 수 있기 때문입니다. 이런 방식으로, 유전의 문제를 연구하는 교육자는 순수한 유전이 아니라 대개 혼합된 기원을 갖는 특징들을 다루게 됩니다. 이것이 두 번째입니다.

3-10] 최종적으로(셋째로-K), 유전학은, 원하든 원치 않든, 일반적 특징이 아닌 인간 종에 존재하는 차이점을 구분해 주는 특징을 연구해야 합니다. 예를 들면, 유전학은 사람들 간의 눈 색깔이 서로 다르기 때문에 다양한 눈 색깔을 연구합니다. 그러나 여기에서 유전은 나와 다른 사람을 구분해 주는 특징뿐 아니라 내가 다른 사람들과 공통으로 가지고 있는 특징도 유발시킵니다. 예를 들면, 나의 눈은 어두운 색깔입니다. 이것은 차별화하는 특징, 즉 나와 밝은 색의 눈을 가지고 있는 사람을 구별해 주는 눈 색깔에 있어서 차이점입니다. 그러나 내 눈의 구조, 이것 또한 유전적 구조에 의해 조건화됩니다. 그리고 여기서 유전학은

유전적 특징의 유전 법칙을 순수한 형태로 연구해야 하기 때문에, 주로 차별적 특징, 상이한 특징을 연구하며, 인간 공통의 유전적 특징은 비교적 덜 연구하게 됩니다.

3-11] 아동학자는 한 어린이를 다른 어린이와 구별해 주는 다양한 특징에도 관심이 있지만, 또한 인간이 유전적으로 타고난 성향들이 어떻게 모든 어린이들을 특정한 발달 유형으로 이끄는지에도 관심이 있습니다.

3-12] 예를 들어, 유전학은 말 발달을 어떻게 연구할까요? 유전학은 한 어린이의 말을 다른 어린이의 말과 구분해 주는 개별적 특성들과 차이점에 관심이 있습니다. 그러나 아동학에서 최우선의 문제는 일반적으로 모든 어린이의 말 발달이라는 의미에서 무엇이 유전적인 요인인지, 이러한 요인들이 어린이 말 발달에서 환경적 계기와 함께 어떤 역할을 수행하는지 알아보는 것입니다. 이는 아동학이 차별적인 각각의 차이점보다 일반적인 인간의 유전적 특성에 더욱 관심이 있음을 의미합니다.

3-13] 끝으로(넷째로-K), 유전학은 유전 연구에 있어서 보통 발달의 아주 초기부터 형성되고, 정적이고 변화가 적으며 그 발달 동안 갑작스럽게 재구조화되지 않는 미리 형성된 특징들을 다룹니다. 왜 그럴까요? 그것은 유전학이 유전 법칙을 드러내는 특징과 증상을 연구하고 싶어 하기 때문입니다. 그렇기 때문에 일생 동안 변하지 않는 안정적이면서도 영구적인 특징을 취해야만 합니다. 만약 발달에 따라 변하는 특징을 취하게 되면, 당연히 순수한 유전 법칙을 식별해 내기는 매우 어려울 것입니다.

3-14] 아동학자들은 어린이 발달에 미치는 유전의 영향에도 관심을 갖지만, 역동적인 특징, 즉 어린이 발달과 무관하게 놓이는 특징이 아니라 어린이 발달 경로에서 나타나는 특징들에 가장 큰 관심을

갖습니다.

3-15] 그리고 아동학과 유전학에서 유전에 대한 문제 설정 방식에 있어서 이러한 네 가지 차이점은 모두 이 두 과학의 서로 다른 과업에서 기인한 것입니다. 유전학은 유전 법칙 자체를 연구합니다. 따라서 유전학은 순수한 특징을 순수한 형태로 요구하며, 최대한 안정적이고 변하지 않는 특징을 요구합니다. 아동학은 발달에서 유전의 역할을 연구합니다. 따라서 아동학은, 안정적이지 않고 그 자체가 어린이 발달 과정에서 변화하는 혼합된 특징을 필요로 합니다.

3-16] 이로부터 발달 과정에서의 유전의 영향이나 역할에 대한 접근법이 도출됩니다. 유전학에서 피어슨의 공식에 따르면 유전은 친족 관련 정도와 유사성 정도 간의 상관관계입니다. 두 명의 연구 대상이 혈연적으로 더 가깝고, 주어진 어떤 특징이 더 유사할수록, 그 특징이 더 유전에 기인한다는 것입니다. 그러나 아동학에서 이 공식은 잘못된 것입니다. 우리는 어린이 발달에서 유전이 친족 관련 정도와 유사성 정도 간의 상관관계라고 말할 수 있을까요? 예를 들어 한 어린이가 성격적으로, 신념적으로, 기호와 취향이 그의 아버지와 매우 비슷하다고 합시다. 이 닮은 정도를 90%라고 가정해 봅시다. 완전한 일치는 100%라고 할 수 있을 것입니다. 이 유사성을 90%라고 가정해 봅시다. 여기서 친족 관계 정도는 가장 가까운 100%라고 합시다. 그렇다면 우리는 아버지와 아들의 닮음 정도에서 유사성들이 필연적으로 유전적 요인들로 인해 야기된다고 말할 수 있을까요? 저는 아니라고 생각합니다. 결국 이는 아버지가 유전적 요인이 아닌 환경적 요인에 의해 아들에게 영향을 끼쳤기 때문일 수도 있습니다. 많은 오해를 불러일으킨 간단한 연구를 소개하겠습니다. 독일에서 피터스는 마을 학교에서 4세대에 걸쳐 학령기 어린이들의 점수에 대해서 연구했으며 좋은 점수를 받은 증조부, 조부, 아버지와 아들 사이와 나쁜 점수를 받은 증조부, 조부, 아버지와 아

들 사이에 높은 상관관계가 있음을 발견했습니다. 그는 이로부터 학교에서 잘하고 좋은 점수를 받는 능력은, 피어슨의 공식에 따라, 유전적으로 조건화된다고 결론 내립니다. 왜일까요? 연구에 의하면 가까운 친족들 간의 좋은 점수와 나쁜 점수 사이의 상관관계가 연구된 어린이들 사이의 상관관계보다 높게 나타나기 때문입니다. 그러나 우리는 아동학적 관점으로 이 연구를 접근할 필요가 있으며 이 추론이 틀렸음을 알게 됩니다. 왜일까요? 무엇이 학교에서 좋은 점수를 받도록 만드는 것일까요? 온갖 조건이 필요합니다. 만일 여러분이 부유한 농가를 조사한다면—피터스는 주로 독일 농부들, 농촌 사람을 연구했습니다—상당한 수입을 가진 부유한 농부의 자녀들이, 다른 조건들이 동일하다고 할 때, 부유하지 않고 가난한 농부의 자녀들보다 학교에서 더 잘할 수 있는 기회를 갖지 않았을까요? 물론 그렇습니다. 증조부, 조부, 아버지가 글을 읽고 쓸 수 있었다는 바로 그 사실이 손자로 하여금 글을 읽고 쓸 수 있는 조건을 만든 것은 아닐까요? 물론 그렇습니다. 매우 복잡하고 처음부터 정해지지 않은 발달의 특징들, 유전적 계기와 환경적 계기 모두를 포함하는 특징들을 다루는 경우에는, 유사성 자체와 친족 관계 정도에 따른 일치성이 그 특징들의 유전적이거나 비유전적 본성에 대해 아무것도 말해 줄 수 없는 것으로 보입니다.

> 비고츠키가 이 강의들을 할 무렵은 심리학 발달의 암흑기였다. 히틀러가 독일에서 집권하면서 비고츠키가 한때 존경했던 심리학자들(N. 아흐, F. 크뤼거, E. 슈프랑거)은 새로운 인종 심리학을 내놓았으며 그 이론들은 훗날 유대인과 정신 장애인 학살을 뒷받침하는 데 사용되었다. 비고츠키가 유전학에서 인간 공통의 유산을 주장하고, 인류를 구분하는 것이 아니라 하나로 묶는 유전적 특성을 강조하며, 아동학자들에게 유의미한 문제를 제기하지 못하는 특징들 중 하나로서 유대 혈통임을 드러내는 자신의 어두운 색의 눈동자를 예로 든 것은 그의 입장이 무엇이었는지를 잘 보여 준다.

*W. 피터스(Wilhelm Peters, 1880~1963)는 1904년
W. 분트의 지도 아래 색 지각에 관한 박사 논문을
완성하였다. 이후 피터스는 뷔르츠부르크 학파에
합류하였으며, 위 문단에서 비고츠키가 인용한 학
교 성적의 상관관계에 관한 저술을 1915년에 출판
하였다. 피터스는 아마도 그 저술에 대한 비고츠
키의 비판에 동의했을 것이다. 피터스는 지능이 유
전에 의해 결정되는 것이 아니라, 유전과 환경의 상호작용을 포함하고
있다고 주장했다. 마르크스나 멘델스존과 같은 많은 독일의 지성인들
과 마찬가지로 피터스는 유대인 가정에서 태어났으며, 기독교로 개종
하였다. 이는 그가 나치 집권 기간 동안 직업을 잃었음을 의미한다. 피
터스는 런던으로 갔다가 이스탄불을 거쳐, 전쟁이 끝난 후 뷔르츠부
르크로 돌아온다. 그곳에서 그는 불우한 학생들의 학습을 위해 노력
했다.

*K. 피어슨(Karl Pearson, 1857~1936)
은 영국의 수학자로서 근대적 통계 분석
을 개발했으며 피어슨 상관계수는 그의
이름을 딴 것이다. 그는 다윈의 사촌이
자 우생학자인 F. 갈톤을 만나기 전까지
는 피터스와 마찬가지로 사회주의자였다.
피어슨은 갈톤이 '진정한' 다윈이라고 믿
었으며, 갈톤의 영웅적 전기를 집필하는
데 남은 생을 바쳤다. 갈톤의 영향을 받
은 피어슨은 극도의 인종주의자가 되었다.

피어슨(좌)과 갈톤(우)

그는 "획득된 특성은 유전되지 않기 때문에 오직 유전적 특성만이 안
정적이며, '열등한 종족'을 교육하는 것은 매 세대마다 똑같은 일을 되
풀이해야 하기 때문에 시간 낭비이다"라고 말했다. 피어슨은 '북방계'
백인이 다른 민족보다 험난한 기후에서 살아남음으로써 더 우월해졌
으며, 다른 인종을 말살함으로써 결국 세계를 정화시킬 것이라고 주장
했다(피어슨에 따르면 유대인의 열등함은 남방계 조상으로부터 뻗어 나온 것

이다). 피어슨과 달리 비고츠키와 아동학자들은 인종 간의 유전적 차이가 크지 않음을 강조하며, 오늘날 우리는 비고츠키와 아동학자들이 훨씬 더 과학적이었음을 안다. R. 르원틴은 바로 피어슨 기법을 사용하여 '인종'에는 생물적 토대가 전혀 없음을, 즉 인종 내 신체 유전적 다양성이 인종 간의 유전적 다양성보다 더 크다는 것을 보여 주었다.

3-17] 두 번째 연구를 고려해 봅시다. 독일에서 청소년 범죄를 연구했던 빌러는 부모의 범죄와 자녀의 범죄 사이에 실질적이고 높은 상관관계가 있음을 발견했습니다. 부모가 범법자였던 경우, 즉 부모 둘 다 얼마간 감옥에서 복역했거나 둘 중 하나가 복역한 경우, 감옥에서 전혀 복역하지 않은 부모들의 집단에 비해 현저히 많은 자녀들이 범죄를 저질렀습니다. 이에 대해 빌러는 다시 한 번 피어슨의 공식에 따라 추론합니다. 일단 범죄 여부에 대해 부모와 자녀 간에 유사점이 있고, 이 유사점이 친족 관계 정도와 밀접한 관련이 있다면, 이는 사람을 감옥으로 이끄는 성향들이 유전되고, 유전에 의해 결정된다는 것을 의미합니다. 다시 한 번, 우리는 여기서 복잡하고 역동적이며 혼합된 특성들에 대해 적용된 이러한 추론이 틀렸음을 보게 됩니다. 어떻게 그럴까요? 그것은 감옥에 두 부모가 있다는 사실이 자녀 역시 범죄를 저지르도록 조장할 수 있기 때문입니다. 그 자녀는 노숙자가 되거나 배를 곯게 될 수 있고, 그러한 부모의 사례가 자녀에게 부정적인 방식으로 작용할 수 있을 것입니다. 결국, 아버지와 어머니가 범죄를 저지르도록 내몰았던 사회적 특성의 원인들이, 자녀에게도 똑같이 적용될 수 있을 것입니다. 이것은 이 모든 사례들에 피어슨의 공식이 사용될 경우, 그것이 잘못된 결론을 이끈다는 것을 의미합니다.

3-18] 결론적으로, 유전 문제는 아동학과 유전학에서 매우 다른 입장을 가지며, 유전을 정의하는 피어슨의 일반 공식을 아동학에서

연구되는 복잡한 특징의 유전에 적용하면 잘못된 것임이 드러난다고 말할 수 있습니다.

3-19] 나는 여러분에게 현대 아동학이 아동 발달에 있어서 유전과 그 역할을 연구할 수 있게 해 주는 기본적 방법 중 하나인 쌍생아 비교 연구법에 대해 말씀드리겠습니다. 여러분은 때때로 쌍생아가 태어난 다는 것을 알고 있습니다. 여러분도 아마 들어 보았겠지만 쌍생아에는 두 유형이 있습니다. 한 유형은 일란성 쌍생아라 불리며, 다른 유형은 이란성 쌍생아라 불립니다. 그 차이는 다음과 같습니다. 어떨 때는 두 어린이가 같은 수정란에서 발생하여 태어나고, 어떨 때는 두 어린이가 두 개의 다른 수정란에서 발생하여 태어납니다. 나는 두 어린이들 사이에 어떤 차이점이 존재하는지 여러분이 이해하리라 생각합니다. 일란성 쌍생아는 동일한 유전 형질을 가집니다. 이들은 세상에서 유전 형질이 완전히 똑같은 유일한 존재들입니다. 어떤 연구자가 표현했듯이, 그들의 유전 형질은 우리 신체의 오른쪽 반과 왼쪽 반의 유전 형질만큼이나 똑 같습니다. 왜 그럴까요? 그 이유는 그들이 하나의 수정란에서, 즉 동일한 아버지, 어머니 세포로부터 발생했기 때문입니다. 이는 일란성 쌍생아의 유전 요소가 완전히 동일하다는 것을 의미합니다.

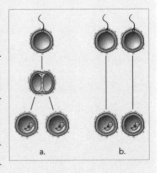

일란성 쌍생아는 하나의 수정란이 세포 분열 과정에서 둘로 분열되어, 각각이 태아로 자라는 경우이다. 일란성 쌍생아 (a)는 부모로부터 동일한 유전자를 물려 받았기 때문에, 유전 형질이 완전히 똑같다. 이란성 쌍생아(b)는 우연히 두 개의 난자가 배란된 후, 각각의 난자가 다른 정자와 수정되어, 별개의 두 수정란이 각각 태아로 자라는 경우이다. 이란성 쌍생아는 함께 임신되어 태어난다는 것 이외에는 여느 형제 자매의 경우와 같다.

3-20] 두 개의 수정란에서 발달한 이란성 쌍생아의 경우 그들의 유전 형질은 똑같지 않으며, 이들은 형제자매들이 서로 다르고 형과 아우, 언니와 동생이 다른 것처럼 둘이 서로 다릅니다.

3-21] 이제 이 일란성 쌍생아와 이란성 쌍생아들을 연구하고 이들을 다음과 같은 방법으로 비교한다고 상상해 봅시다. 나는 어떤 특성과 함께, 이를테면 말 발달을 연구합니다. 나는 일란성 쌍생아에서 이 둘을 연구합니다. 나한테 네 명의 아이가 있는데 한 쌍은 일란성 쌍생아이고 다른 한 쌍은 이란성 쌍생아라고 상상해 봅시다. 나는 그들의 음악적 능력과 말을 연구합니다. 어떻게 각각의 쌍이 가지는 유사성을 확립할 수 있을까요? 나는 음악적 능력이 일란성 쌍생아에서는 어떻게 발달하고 이란성 쌍생아에서는 어떻게 발달하는지 연구할 것입니다. 만일 그 발달이 완전히 똑같다면 나는 일치도가 100%라고 말할 것입니다. 만일 그 발달이 반 정도만 유사하다면 일치도가 50%라고 말할 것입니다.

3-22] 나는 쌍생아의 음악적 능력에 대해 연구했고, 일란성 쌍생아는 유사성 계수가 0.93이라는 숫자로 표현될 수 있는 반면에 이란성 쌍생아는 유사성 계수가 0.67이라는 숫자로 표현될 수 있음을 알아냈습니다. 만약 일란성 쌍생아 사이에 완벽한 일치가 존재한다면 유사성 계수는 1이 될 것입니다. 만약 전혀 일치하지 않는다면 그 계수는 0이 될 것입니다. 하지만 내가 100명의 어린이들을 연구했을 때, 93개의 사례에서 완벽하게 일치하여, 유사성 계수는 0.93으로 나타난 반면, 이란성 쌍생아의 계수는 겨우 0.67로 나타났습니다.

> 비고츠키는 1930년대 초 모스크바 의료-유전 연구소에서 K. J. 홀징거와 C. 버트의 연구를 토대로 실시된 일란성 쌍생아와 이란성 쌍생아에 대한 일련의 실험을 언급하고 있다. 이 실험들에 대해서는 A. R. 루리야의 자서전 『*The Making of Mind*』(제5장 쌍생아의 정신 발달)에서

상세히 살펴볼 수 있다. 루리야와 레온티에프는 소비에트 전역의 쌍생아들을 대상으로 레온티에프의 낱말 기억 과업과 다양한 형태의 모형 만들기 과업을 포함한 일련의 실험을 실시하였다.

Luria, A. R.(1979). *The Making of Mind: A personal account of Soviet psychology.* Cambridge and London: Harvard University Press.

그러나 이 문단에서 비고츠키가 지칭하는 실험은 훨씬 단순했던 것으로 보인다. 비고츠키는 100쌍의 쌍생아를 대상으로 그들의 음악적 재능에 대한 면담을 실시한 것으로 보인다. 만일 쌍생아 둘이 모두 음악적 재능을 가지고 있다고 응답했다면 이는 100% 일치로, 둘 중 하나만이 긍정적인 대답을 했다면 0% 일치로 평가되었다. 이러한 검사는 상당히 조야해 보인다. 제시된 일치도가 한 쌍생아의 개별 점수 간의 일치도인지 모집단 전체 중 완벽히 일치하는 사례의 백분율인지 혼동하기 쉽다. 그러나 이런 방법은 여전히 사용되고 있다. 예를 들면 1991년 이래로 최소한 여덟 건의 쌍생아 대상 연구에서 이와 동일한 방법이 동성애가 유전적으로 결정되는지 확인하기 위해 사용되었다. 두 개의 연구를 제외한 모든 연구가 일란성 쌍생아의 성적 지향성 일치도가 이란성 쌍생아보다 훨씬 높음을 보여 주었다. 다른 연구들도 이와 유사한 자기-보고 방법을 사용하여 다양한 인격적 특징을 보여 주었다. 예를 들어 다음 표에서 로흘린은 출생 시 분리되어 서로 다른 두 가정에서 양육된 쌍생아들이 나타내는 '일치도'의 정도를 보여 준다.

쌍생아 연구: '다섯 가지 주요 특징'

로흘린(1992)

특징	일란성	이란성
신경증	0.48	0.28
외향성	0.48	0.24
상냥함	0.46	0.28
양심성	0.45	0.28
개방성	0.51	0.28

3-23] 나는 한 쌍생아들 간의 말과 다른 쌍생아들 간의 말을 비교했습니다. 일란성 쌍생아의 말은 0.96이라는 유사성 계수를 나타내는 반면, 이란성 쌍생아는 0.89라는 유사성 계수를 보였습니다.

3-24] 자, 이제 이것이 무엇을 의미하는지 들여다봅시다. 이 데이터에 근거하여 저는 여러분에게 묻고 싶습니다. 내가 연구해 온 두 가지 특성들—말과 음악적 능력—중에 어느 것이 더 유전에 기인할까요? 나는 다음과 같이 추론합니다. 일란성 쌍생아와 이란성 쌍생아의 차이점은 무엇일까요? 일란성 쌍생아는 유전 형질이 동일하다는 것을 의미합니다. 일란성 쌍생아와 이란성 쌍생아의 환경적 발달 조건을 생각한다면, 자궁 내에서의 그들의 발달은 동일하며 모체 내에서 동시에 발달했고, 둘 다 그들의 어머니와 관련하여 신체적·정신적으로 동일한 건강 상태를 가졌고, 같은 임신 기간을 가집니다. 그들은 동일한 조건하에서 태어나고 생활합니다. 보통 내가 나중에 이야기할 몇몇 경우를 제외하고는 쌍생아의 발달 조건들은 한 가정 내의 두 형제들의 삶처럼 동일하며, 게다가 그들은 쌍생아로 동시에 태어나고 대개 함께 생활하기 때문에 더욱 동일합니다. 그러므로 이란성 쌍생아도 일란성 쌍생아와 마찬가지로 유사한 환경에서 자란다면, 어떤 점에서 일란성 쌍생아와 이란성 쌍생아가 다른지 묻게 됩니다. 전자는 유전적으로 동일하지만, 후자는 유전적으로 동일하지 않습니다.

3-25] 나는 이렇게 생각합니다. 만일 나의 특징이 유전에 의존한다면, 이는 일란성 쌍생아와 이란성 쌍생아 사이의 유사성에 매우 큰 차이가 있어야만 한다는 것을 의미합니다. 왜냐하면 만일 그 특징이 유전에 의존하는데, 여기서는 유전 형질이 동일한 반면 저기서는 다르다면, 동일한 유전 형질일 때의 이 특징의 유사성이 그렇지 않은 쪽에서의 유사성보다 훨씬 더 커야만 하기 때문입니다. 일란성 쌍생아와 이란성 쌍생아에서 각각의 쌍생아의 환경적 조건들은 대체로 같지만, 유전 형

질은 일란성 쌍생아에서는 동일한 반면 이란성 쌍생아에서는 그렇지 않습니다.

3-26] 두 어린이는 한 개의 수정란에서 태어납니다. 만약 유전에 가장 많이 영향을 받는 특징을 연구한다면 이 특징의 유사도는 이란성 쌍생아보다 일란성 쌍생아에서 더 크게 나타날 것입니다. 왜냐하면 일란성 쌍생아는 동일한 유전 형질을 갖기 때문입니다. 내가 연구하는 특징이 유전에 의존한다는 것은 여기에 더 큰 유사성을 보인다는 것을 의미합니다. 반면, 이란성 쌍생아의 유전 형질이 동일하지 않다는 것은 유사성이 더 작다는 것을 의미합니다. 이는 어떤 특징의 유전적 의존성의 정도가 일란성과 이란성 쌍생아 사이의 유사성 계수의 차이에 의해 결정된다는 것을 의미합니다. 유사성 계수의 차이가 크면 클수록, 즉 이란성보다 일란성에서 더 큰 유사성이 있으면 있을수록, 그 특징이 유전에 기인하는 정도가 더 크다는 것입니다.

3-27] 사례들을 살펴봅시다. 어떤 특성 A에 대해 일란성 쌍생아와 이란성 쌍생아 각각이 0.3이라는 유사도를 보인다고 가정합시다. 이것은 무엇을 의미할까요? 이들이 동일한 유전 형질을 가지고 저들은 동일하지 않은 유전 형질을 가진다는 사실이 영향을 준 걸까요? 이 사실이 유사성 계수에 어떤 영향을 미친 걸까요? 그렇지 않습니다. 이 둘 모두 0.30입니다. 따라서 유전은 아무 영향을 미치지 않았습니다. 그 둘 사이에 어떤 차이도 없다면, 그 특징은 유전적으로 결정된 것이 아닙니다. 만일 또 다른 특징 B가 일란성 쌍생아에서 0.93의 유사성을 보이고 이란성 쌍생아에서는 0.13을 보인다고 상상해 봅시다. 예를 들어 이것은 목소리의 음색과 관련이 있습니다. 물론 이것은 유전에 기인하는 특징입니다. 왜 그럴까요? 왜냐하면 환경적 조건들은 둘 다 동일한데, 유사성은 여기서는 최소이고 저기서는 최대이기 때문입니다. 왜 여기에 이러한 유사성이 나타나는 것일까요? 유전적으로 동일하기 때문입니다. 따라

서 ОБ(однояйцевыми близнецами, 일란성 쌍생아-K)의 유사성 계수와 ДБ(двуяйцевыми близнецами, 이란성 쌍생아-K)의 유사성 계수 사이의 차이가 더 클수록 그 특징은 유전에 더 기인한 것입니다.

3-28] 자, 다시 우리의 예로 돌아가 보면, 어느 것이 더 유전에 기인한 것인지 알게 될 것입니다. 음악적 재능일까요, 아니면 말 발달일까요? 그것은 바로 음악적 재능입니다. 왜냐하면 여기(음악적 재능-K)에서는 0.93과 0.67의 차이이고, 저기(말 발달-K)에서는 0.96과 0.89의 차이입니다. 그러므로 유사성 계수 값 자체가 아니라 이 유사성 계수들의 차이가 얼마나 큰지가 중요합니다. 예를 들어, 나는 ОБ에서 0.17을, ДБ에서는 0.20을 보이는 한 특징을 취할 수 있고, 이 특징은 ОБ에서 0.96을 나타낸 말 발달 특징보다 더 유전에 의존한다는 것입니다. 이는 중요한 차이입니다.

> 0.17과 0.20의 차이는 0.03밖에 되지 않는다. 이는 말에서의 유사성 계수 차이인 0.07보다 더 작다. 3-22와 3-23에서 비고츠키는 다음의 수치를 제시한 바 있다.
>
> | 쌍생아 유형 | 말에서의 유사성 (상관계수) | 음악적 능력에서의 유사성 (상관계수) |
> |---|---|---|
> | 일란성 | 0.96 | 0.93 |
> | 이란성 | 0.89 | 0.67 |
> | 차이 | 0.07 | 0.26 |
>
> 일란성 쌍생아와 이란성 쌍생아 사이에서 유사성 계수의 차이가 클수록 그 특징은 더 유전에 기인한다고 말한 바 있다. 그런데 여기서 제시되는 가상의 수치에서 유사성의 차이는 말의 경우에서보다 더 작음에도 불구하고 비고츠키는 왜 이 특징이 더 유전에 기인한다고 말하는가? 이 가상의 수치가 쌍생아의 유형과 관계없이 매우 비슷하다는 점에 주목하자. 다시 말해서 이 특징을 두고 쌍생아들을 비교하면 그들이 일란성이든 이란성이든 그들 간의 유사성이 매우 낮다는 것이다. 이는 이 특징이 쌍생아들 사이의 높은 유사성 계수를 보이는 말의

경우만큼 그렇게 중요한 변인이 아니라는 점을 시사한다. 일란성 쌍생아 한 쌍과 이란성 쌍생아 한 쌍이 바다에 가서 수영을 배우는 상황을 상상해 보자. 일란성 쌍생아들 중 하나는 누워서 뜨는 법을 배우지만, 다른 하나는 그만 코에 물이 들어가서 수영 배우기를 포기한다. 이란성 쌍생아의 경우 하나는 튜브를 타고 놀다가 금세 개헤엄을 배우지만, 다른 하나는 물속에서 노는 것이 추워서 밖에 나와 운다. 이 경우 각 쌍생아들 간의 유사성은 매우 낮지만 일란성 쌍생아와 이란성 쌍생아 간의 유사성은 크다. 물론 이는 복잡한 문화적 행동 발달의 초기에만, 그것도 신체적 측면에 기반을 둔 발달에만 적용된다. 우리는 어떤 문화적 특징도 단일 변인으로 측정 가능하다고 가정할 수 없다. 쌍생아 수영 능력을 측정하고자 하는 경우, 물 친화력뿐 아니라 속도도 고려해야 한다. 한 측면이 다른 측면보다 더욱 유전에 의존하리라고 쉽게 상상할 수 있다. 수영은 연습을 통해 많이 향상되는 기능이기도 하다. 쌍생아 중 하나는 어릴 때 물에서 노는 것을 좋아하여 수영을 많이 배우고, 또 다른 하나는 오히려 나이가 든 후에 더 많이 배워 더 잘하게 될 수도 있을 것이다. 끝으로 같은 수영이라 하더라도 개헤엄이나 물에 뜨는 능력은 더 원시적이고 본능적인 반면, 접영 기능은 고도의 훈련을 거쳐야만 획득된다. 비고츠키는 이 문제에 대해 3-40~3-44에서 좀 더 상세히 논의한다.

3-29] 이것이 분명하다면, 여러분은 발달에서 유전과 그 역할에 대한 연구의 기저로 아동학에서 사용된 방법의 토대와 특징 자체를 그릴 수 있을 것입니다. 일란성 쌍생아와 이란성 쌍생아를 조사합니다. 단순화시켜서 한 쌍을 예로 들지만, 통계를 위해서는, 입증을 위해서는 두 쌍이 아니라, 백 쌍 혹은 수백 쌍을 양쪽 모두 검사할 수 있습니다.

3-30] 왜 많은 쌍이 필요할까요? 무작위적 특징들을 제거하기 위해서입니다. 환경 면에서 동일하게 양육받지 못한 쌍생아들이 있습니다. 그중 한 사례가 모스크바에서 쌍생아 연구로 출간되었습니다. 거기

서 한 어머니는 그 쌍생아들이 유아 때부터 완전히 동일한 조건에서 살았다고 주장했습니다. 즉 똑같은 것을 먹고 똑같이 목욕을 했으며 똑같은 관심을 받았다는 것입니다. 그러나 면담 과정에서, 그녀가 언제나 한 아이를 먼저 먹이고 다른 아이를 그다음에 먹였으며, 한 아이를 먼저 씻기고 다른 아이는 더러운 물에서 그다음에 씻겼다는 것이 밝혀졌습니다. 따라서 위생 상태와 영양 상태가 같지 않다는 것이 드러났습니다. 그리고 한 아이는 어쨌든 더 성공적이고 더 사랑받는다고 느끼고, 한 아이는 외적 조건에서 최악을 피했을 뿐이라는 차이가 생깁니다. 따라서 이러한 상황을 보완하기 위해, 우리는 OБ와 ДБ 모두에 대한 방대한 자료를 취합니다. 이 방대한 자료는 우리에게 확고하고 통계적으로 타당한 결론을 제공합니다. 어떤 복잡한 특징, 예컨대 말 발달이나 음악적 능력 발달 또는 어린이의 정신 발달에 대한 자료를 수합해서 OБ와 ДБ에 대한 유사성 계수를 구한다면, 어떤 특징들은 차이가 더 나고, 어떤 특징들은 덜 난다는 것이 드러납니다. 여기와 저기 사이의 차이가 덜 나는 특징은, 다른 조건이 동일하다면, 유전에 덜 기인하는 것입니다. 차이가 큰 특징일수록, 다른 모든 조건이 동일하다면, 유전에 더 많이 기인하는 것입니다. 일란성 쌍생아와 이란성 쌍생아로 복잡한 특징들을 연구하는 방법은, 유전뿐만이 아니라 환경에 의해서도 결정되는 복잡한 역동적 특징들의 형성과 발달에 대한 유전의 영향을 연구할 가능성을 제공합니다.

　　복잡한 역동적 특징이란 무엇이며, 단순하고 미리 형성된 특징과 어떻게 다른가? 말이나 음악적 능력과 같은 특징들은 복합적이다. 그 특징들은 유전적인 부분과 환경적인 부분으로 이루어져 있다. 또한 그 특징들은 역동적이다. 그 특징들은 부분적으로라도 환경적이기 때문에, 어린이의 연령에 따라 환경의 영향으로 변화한다. 심지어 그 어린이의 환경이 동일하게 유지될지라도, 그 환경에 대해 어린이가 갖는 관계는 변한다. 반면에 목소리의 음역이나 눈 색은 단순한 특징이다. 그 특징들은 불연속 값(예를 들어 소프라노, 알토, 테너, 바리톤, 베이스 또는 파랑색, 녹색, 회색, 갈색)을 갖는 단일한 일변수 함수로 구성되어 있다. 또한 그 특징들이 변한다 해도 이러한 변화의 대부분은 사전에 결정되어 있고 환경에 독립적임을 볼 수 있다. 예를 들어 어린이의 목소리는 사춘기에 변화하며, 보이 소프라노가 자신의 목소리를 보존하려면 거세를 해야만 한다. 다음 그림을 보자. 왼쪽에는 훈련을 받지 않은 아마추어의 음역대가 표시되어 있으며, 오른쪽에는 고도로 훈련을 받은 프로 가수의 음역대가 표시되어 있다. 여기서 우리는 노래를 부르는 능력이 복합적임을 볼 수 있다. 노래를 부르는 능력은 주로 유전에 의해 결정되는 음역대와 함께, 훈련을 통해 변화가 가능한 훨씬 넓은 영역을 포함한다. 따라서 노래를 부르는 능력은 목소리의 음역보다는 음악적 능력에 가깝다.

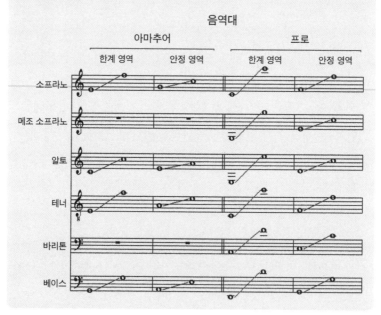

3-31] 이제 나는 일란성 쌍생아와 이란성 쌍생아의 비교 연구법을 통해 알게 되는, 발달에서 유전이 하는 역할에 대한 연구 결과를 간단

히 제시하고자 합니다.

3-32] 첫째, 어린이 심리와 연관된 발달의 특징, 즉 발달 과정에서 생겨나며 유전적 요인과 환경적 요인에 의해 조건화되는 복잡한 특징과 인간의 의식적 인격 발달과 연관된 특징을 고찰한다면, 가장 단순하고 가장 원시적인 기초 기능에서의 차이가 고등 기능에서보다 더 크다는 것이 드러납니다. 이것이 일차적이고 주된 결과일 것입니다. 예컨대, 어린이 운동 기능을 택하여 일란성 쌍생아와 이란성 쌍생아의 운동 기관과 운동 기능의 발달을 연구하면, 더 기초적인 운동 기능을 조사할수록, 즉 본성상 가장 기초적인 운동 행위와 더 가까울수록 일란성 쌍생아와 이란성 쌍생아 사이의 차이점이 큽니다. 그리고 이 차이가 크면 클수록 이는 더욱 유전에 기인합니다. 보통 정신-운동 행위라 불리는 고등한 운동 형태, 즉 고등한 두뇌 영역과 연관된 의지적 운동 형태나 어떤 식으로든 심리나 인간 의식과 연결된 운동을 조사하면, 그 차이는 작을 것입니다. 즉, 이 기능들은 유전의 영향을 덜 받는 것입니다.

3-33] 따라서 이런 연구들을 토대로 도출되는 첫째 법칙은 다른 조건들이 동일하다면(즉, 균일한 기능들을 선택한다면) 기능이 기초적이면 기초적일수록 ОБ와 ДБ 간의 유사성 계수의 차이가 더 크다는 것을 보여 줍니다. 기능이 더 고등하면 고등할수록—거듭 말하지만 다른 것들은 동일하다면(만약 균일한 기능을 선택했을 때)—그 차이는 더 작아집니다. 이런 식으로 기초 기능들은 이를테면 발달의 시작과 후속 발달을 위한 배경을 형성한다고 말할 수 있습니다. 그리고 다른 조건들이 동일하다면 그 기능들은 더 복잡하고 고등한 기능들과 비교했을 때, 발달상 상대적으로 늦게 나타나는 기능들보다 유전에 기인하는 정도가 더 크다고 말할 수 있습니다.

3-34] 두 번째 법칙이 이를 다소 설명합니다. 우리가 많은 기능들 즉 A, B, C, D, H 등의 많은 특징을 가지고 있다고 상상해 봅시다. 이제

나는 더 이상 일란성 쌍생아와 이란성 쌍생아의 수치를 따로 구분하여 적지 않고 그들 사이의 차이만을 적겠습니다. 차이가 클수록 그것은 더 유전에 의해 결정됩니다.

비고츠키는 일련의 다른 기능들을 보여 주기 위해 러시아 문자가 아닌 로마 문자를 쓰고 있다(A=눈 색깔, B=음역, C=음색, D=음감, …… H=음악성). 비고츠키가 문자에서 왜 'E, F, G'를 빠뜨렸는지는 확실하지 않지만, 실수로 보이지는 않는다. 왜냐하면 다음 문단에서 비고츠키는 이와 같은 일을 반복하며 'I'와 'J' 또한 빠뜨리기 때문이다. 그는 다음 문단에서 절대 음감과 같이 단순하고 비역동적인 기능(균일하고, 불변하며, 가르칠 수 없는 기능)으로부터 음악성과 같이 복잡하고 역동적인 기능(많은 능력들의 상호작용이자, 계속해서 변하고, 가르칠 수 있는 기능)으로의 커다란 도약이 분명히 존재한다고 말한다. 아마도 비고츠키는 여기서 약간의 농담을 하고 있는 듯하다. 빠진 문자들은 저차적 기능에서 고등 기능으로 나아갈 때 기능들의 유전 결정성에서의 '간극'을 나타낸다.

3-35] 여기서 최대 차이에서 시작한다고 가정해 봅시다. 최대 차이는 0.60입니다. 만일 일련의 기능들을 취할지라도, 기능A: 0.60, 기능B: 0.55, 기능C: 0.50, 기능D: 0.45, 기능H: 0.40, 기능K: 0.35, 기능L: 0.30 등과 같이 그 차이가 일정하게 감소하는 것을 결코 발견할 수는 없을 것입니다. 연구자들은 맨 위에 가장 유전적으로 조건화된 기능들이 있고 맨 아래에는 최소한으로 유전의 영향을 받는 기능들이 있으며, 그 사이에 유전적 조건부의 순서로 기능들이 규칙적으로 정렬되어 있는 사다리와 같은 것을 오랫동안 모색해 왔습니다. 연구자들은 그러한 것을 발견할 수 있다고 믿었습니다. 그러나 그러한 일련의 기능들을 찾는 것은 불가능하다고 판명되었습니다. 만일 어린이의 인간적 발달의 발현을 거의 완전히 포괄하는 일련의 기능들을 취한다면, 한 무리의 기능들과 다른 무리의 기능들을 나누는 예리하게 단절된 어떤 경계가 언제나

존재할 것입니다. 그래서 두 무리의 기능들 사이에는 어떤 균일한 이행이 없고, 이와 유사하게, 같은 무리의 기능들 내에서도 이미 도약과 같은 것이 존재합니다. 만일 한 무리 내의 차이가 60과 45 사이처럼 수십으로 표현된다면, 다른 무리의 차이는 10보다 작은 단위로 표현될 것입니다. 그러므로 유전적 결정성은 여러 기능들을 거치면서 일정하고 점진적으로 감소하는 것이 아닙니다. 그리고 이러한 모든 기능들을 함께 연구할 때, 우리는 기능들의 전체 범위를 두 부분으로 분할하는 단절된 경계를 발견하게 됩니다.

비고츠키가 말한 A=0.60은 일란성 쌍생아의 유사성 계수나 이란성 쌍생아의 유사성 계수가 아니라, 일란성 쌍생아의 유사성 계수와 이란성 쌍생아의 유사성 계수의 차이를 가리킨다. 즉 간단히 식으로 표현하자면 ОБ-ДБ=0.60이라고 나타낼 수 있을 것이다. 예를 들어 어떤 특징에 대해 이란성 쌍생아가 30%의 일치도를 나타내고 일란성 쌍생아가 90%를 나타낸다면 이들의 유사성 계수의 차이는 0.60이고, 이 특징은 눈 색깔이나 음색처럼 대체로 유전적일 것이다. 이어서 비고츠키는 f(x)=ОБ(x)-ДБ(x)라고 할 때 f(A)=0.60, f(B)=0.55, f(C)=0.50, f(D)=0.45처럼 점점 줄어드는 일련의 함수 값들을 상상한다. 보다시피 함수 값은 점점 작아지고, 유전 의존성은 점차 감소한다. 그러나 비고츠키는 그러한 점차적인 감소가 가능하지 않다고 말한다. 즉 미리 형성된 단일한 일변수적 기능과 복잡하고 다변수적인 역동적 기능 사이의 간극은 질적이고 혁명적인 것이지, 양적이고 점진적인 것이 아니다. 특히 우리 시대의 인간의 문화적 진보는 산술적이 아니라 기하급수적이다. 이 사실은 식량 확보, 위생, 아동 교육과 같은 문명 능력의 폭발적 증가를 보아도 쉽게 알 수 있다. 부모라면 인간 발달이 비선형적이라는 것을 눈과 귀로 목격했을 것이다. 영아는 대체로 음색을 이용하여 부모와 의사소통한다. 유아는 음색에 거의 의지하지 않고 대신 어휘와 문법을 사용한다. 유전적인 전자에서 전혀 유전적이지 않은 후자로의 이행은 점진적인 것이 아니다. 그것은 18개월, 혹은 24개월 만에 갑자기 일어난다.

3-36] 이 두 종류의 기능이 무엇인지 자문한다면, 다음과 같은 사실이 드러날 것입니다. 즉 그 차이가 극적으로 크고 인상적인 숫자로 표현된 무리에서 우리가 다루는 것은 인류 형성 과정에서 나타난 주로 생물적 진화의 산물로 간주되는 저차적이고 기초적인 기능들이며, 단절된 경계선과 특징들의 반대쪽에 위치하면서 그 차이가 인상적인 큰 숫자가 아닌 상당히 작은 숫자로 표현되는 두 번째 무리에서 우리가 이야기하는 것은 인간 고유의 고등 기능이라는 것입니다. 기존 연구를 토대로 가정할 수 있듯이, 이것은 인간의 역사적 발달의 산물, 즉 역사라는 발달 과정의 기간 동안 인간이 이룩한 업적입니다. 따라서 이 단절된 경계는 상이한 기능들이 그 개체발생적 발달에 있어서 누구는 많고 누구는 적게 양적으로 차이 나는 유전적 성향을 가진다는 것을 보여줄 뿐 아니라, 고등 기능의 무리가 유전에 대하여 저차적 기능의 무리와는 완전히 질적으로 다른 태도를 취하고 있음을 보여 주는 예리한 한 계선입니다. 이것은 점진적이고 단계적인 이행이 아니라 단절된 경계가 존재한다는 사실에서 반영되며, 따라서 이 간극에 대한 최적의 척도는 각각의 기능 무리에 따라 서로 다릅니다. 각각의 무리는 그 속에 많든 적든 자신만의 차이들을 가지고 있습니다. 그러나 두 무리의 기능들 간에는 점차적 이행이 아니라 단절된 경계가 존재합니다. 이것은 인간의 역사적 발달의 산물인 고등 기능이 대체로 진화적 발달 과정의 산물인 기능들과는 유전에 대해서 다른 측면에 서 있음을 보여줍니다.

3-37] 내가 지금까지 여러분에게 자세히 설명했던 두 법칙으로부터, 우리는 이론적·실천적으로 중요한 결론을 이끌어 낼 수 있고 그래야만 합니다.

3-38] 우리는 첫 번째 법칙으로부터 어떤 결론을 끌어낼 수 있을까요? 여러분이 기억하고 있다면, 내가 설명한 첫 번째 법칙은, 다른 모든 조건이 동일할 때, 고등 기능들 간의 차이가 기초 기능들 간의 차이

보다 더 작다는 것입니다. 이는 어떤 기능 발달의 경로가 길면 길수록 (고등 기능이란 무엇인가요? 그것은 발달에서 늦게 출현하고, 더 긴 경로를 거쳐 완성됨을 의미합니다), 그것은 유전에 의한 직접적 영향을 덜 받는다는 즉 직접적으로 받지 않는다는 말이 됩니다. 어떤 기능의 발달 경로가 짧으면 짧을수록, 그것은 직접적으로 유전으로부터 더 큰 영향을 받습니다. 눈 색깔을 예로 든다면, 이 특징은 인간 발달에서 긴 경로를 필요로 할까요? 짧은 경로면 됩니다. 따라서 그것은 유전에 의해 최대로 조건지어집니다. 인간의 고등 기능들, 예컨대 성격, 윤리적 신념, 세계관 등을 예로 든다면, 어떤 기능을 성취하는 경로가 길면 길수록, 다른 조건이 동일할 때, 그것은 유전에 덜 직접적으로 기인한다는 것입니다. 이는 발달이 유전적 경향을 단순히 실현하거나 수정하거나 결합시키는 것이 아니라, 발달은 그러한 경향들에 새로운 것을 가져온다는 것을 의미합니다. 말했듯이 발달은 유전적 경향의 실현이며, 발달 과정에서 새로운 것이 생겨납니다. 그것은 바로 특정한 유전적 영향을 통해 굴절된 것입니다.

3-39] 두 번째 법칙, 즉 기능들은 두 부분으로 날카롭게 나뉘며, 모든 기능들 사이에, 유전적 결정성이라는 의미에서 점진성 혹은 점차적 연속성이 존재하지 않는다는 법칙으로부터 우리는 다음과 같이 공식화될 수 있는 결론을 도출해야 합니다. 유전적 경향성은 저차적 기능과 고등 기능에 있어 근본적으로 다릅니다. 저차적 기능에서는 유전적 경향성이 이 기능의 발달을 위한 어느 정도 직접적인 원인이 된다면, 고등 기능에서는 필요조건이 될 뿐 그 발달을 결정하는 계기의 역할을 하지 않습니다. 두 번째 법칙은 점진적 이행이 존재하지 않는다고 말합니다. 이로부터 우리는 어떤 기능들은 다른 것에 비해 단순히 덜 (유전적으로-K) 유발된 것은 아니라는 결론을 도출할 수 있을 것입니다. 모든 저차적 기능에 대해서 그것이 유전과 상이한 관계에 있다고 즉, 유전적

경향성이 생명과 맺는 관계는 고등 기능과 맺는 관계와 원칙적으로 다르다고 말할 수 있을 것입니다. 그렇다면 어떻게 다른 관계에 있는 것일까요? 저차적 기능에 대하여 유전은 그 특성상 그리고 기능의 운명상 다소간 직접적 영향의 관계인 반면, 고등 기능에 대하여 유전은 오히려 전제 조건의 관계를 갖습니다. 즉 고등 기능이 발달하기 위해 필요하지만 유전적 경향성 자체는 전제 조건에 지나지 않습니다.

> 비고츠키는 저차적 기능이 유전에 완전히 의존한다고 말한다. 이것은 활동이 근본적으로 해부학적 기능이며 발달한 신체 기관 없이는 그 기관이 하는 기능을 기대할 수 없다는 제닝스의 원리이다(『역사와 발달』 1권 1-114, 2-58, 2-185 참조). 적충류는 섬모가 있기 때문에 수영을 할 수 있는 것이며, 인간은 날개가 없기 때문에 날 수 없는 것이다. 그러나 제닝스의 원리는 고등 기능에는 적용할 수 없으며, 거기에는 긍정적 이유와 부정적 이유가 모두 있다. 부정적으로 말해서 고등 기능(말, 생각) 발달에 있어서 기관(성대, 두뇌)은 필요하지만 충분하지 않다. 긍정적으로는 고등 기능들이 즉각적이지 않기 때문에, 유전적 경향으로부터 독립적이면서 완전히 새로운 기능들이 나타날 수 있다. 결국 우리는 날개가 없음에도 불구하고 날 수 있는 것이다.

3-40] 그러나 가장 복잡하고, 어렵고, 중요하며, 관심을 끄는 법칙은 세 번째 법칙입니다. 만약 우리가 그것을 받아들일 수 있다면 토대는 완성될 것입니다. 나는 구체적인 사례를 들어 그것을 설명하고 그런 다음 일반적인 관점을 취할 것입니다. 간단한 사례를 살펴봅시다. 내가 일란성 쌍생아와 이란성 쌍생아 내의 특징을 연구하여, 유사성 계수 간의 차이가 0.37이라는 숫자로 표현되는 것을 발견했다고 상상해 봅시다. 이것은 그 특징이 유전에 의해 크게 조건화된다—큰 차이가 있다는 것을 의미합니다. 그런데 만약 그것을 3세 어린이를 대상으로 연구하고, 이 어린이들이 7세나 13세가 되어서 다시 연구를 하면 어떤 일이

일어날까요? 그 차이가 똑같이 유지되지 않음을 알게 됩니다. 그 차이는 7세에서 0.29, 13세에서는 0.27이 될 것입니다. 이 차이는 연령에 따라 일정하거나 안정적이며 불변하는 것이 아닙니다. 즉, 연령에 따라 변한다는 것입니다. 이것은 사실입니다.

3-41] 이제 이것이 무엇을 의미하는지 스스로에게 질문해 봅시다. 첫눈에는 이해할 수 없는 것처럼 보입니다. 우리는 그 차이가 유전적 결정성의 척도라는 데 동의했습니다. 같은 특성에 관해서 여기서는 차이가 더 크고 저기서는 더 작습니다. 따라서 그 특성의 유전적 결정성이 변한 것입니다. 그러나 3세에서 13세 사이에 어린이의 유전 형질이 변할 수 있을까요? 당연히 그렇지 않습니다. 어떤 유전 형질도 3세에서 13세 사이에 바뀌지 않습니다. 그렇다면 무슨 일이 일어난 걸까요? 발달에서 유전의 역할이 변했을 수 있습니다. 유전적 영향의 비율이 변할 수 있다는 것입니다.

3-42] 만일 이것이 확실하다면, 우리의 관심을 불러일으키는 법칙을 일반적 형태로 만들어 낼 수 있습니다. 우리는 그것을 다음과 같은 방식으로 설명할 수 있습니다. 즉 동일한 기능에 대한 ОБ와 ДБ의 유사성 계수가 아동 발달의 연령대를 거치면서 일정하거나 안정적으로 유지되지 않고 연령대를 거치면서 이행 과정에서 변하며, 결과적으로 ОБ와 ДБ 간의 계수들의 간극이 변한다는 것입니다. 어떻게 이 간극이 변할 수 있을까요? 그 간극은 (산술적-K) 차입니다. 감수나 피감수가 변할 때에만 그 차가 변할 수 있습니다. 이 법칙으로부터 어떤 결론을 도출할 수 있을까요? 우리가 처음에 말했듯, 만일 실제로 발달이 유전적 경향들 안에 완성된 형태로 포함되어 있지 않았던 어떤 새로운 것의 출현이라면, 연령대를 거쳐 발달하는 동안 유전 형질은 변하지 않지만 유전적 영향의 비율은 발달하는 동안 변할 수 있다는 것을 도출할 수 있습니다.

환경Environment의 영향을 f(E), 유전Heredity의 영향을 f(H)라고 하자. 유전적 영향에 대한 환경적 영향의 비율을 f(E)/f(H)라고 표현할 수 있다. 비고츠키는 f(E)/f(H)의 값이 상수가 아니며 변한다고 말한다. 그러나 이는 (눈동자의 색이 태양 빛에 많이 노출되어 더 어두워지는 식으로) 단순히 환경의 영향이 증대되기 때문이 아니다. 반대로 앞으로 보게 될 바와 같이 발달 과정에서 실제로 유전의 영향력이 더 커지는 경우가 종종 있다. 그러한 현상으로 비고츠키가 드는 사례는 성적 성숙이며, 암 유전자 발현 역시 연령 증가에 따라 커지는 유전적 영향의 다른 예이다. 비고츠키는 '어떤 새로운 것—타고난 것도 아니고 환경에서 주어진 것도 아닌 것으로 발달 과정에서 출현하는 어떤 새로운 심리적 형성물'이 존재한다고 말한다. 이는 x[f(E)/f(H)]로 표현될 수 있다. 이 신형성물 x는 각 연령 수준에 따라 변화한다. 우선은 비고츠키는 이를 '무언가 새로운 것'이라고 모호하게 지칭한다.

3-43] 따라서, 말하자면 발달 과정에서 새로운 것이 발생했을 때, 유전적 영향의 역할은 비율에 있어서 상대적으로 작아지고 감소될 수 있을 것입니다. 따라서 발달의 무게 중심이 유전적 영향의 상대적 중요성에 따라 지속적으로 변하게 됩니다. 눈 색깔은 유전에 기인합니다. 예를 들어 내가 어떤 유전 법칙에 따라 어느 조상으로부터 어두운 색의 눈을 물려받았다고 합시다. 이 눈 색깔이 연령 발달에 따라 바뀔까요? 아닙니다. 그러나 유전적 경향성은 그 자체로 변하지 않지만 그것이 차지하는 비중은 발달 과정에서 고등 기능과 맺는 관계에 따라 변한다는 것이 드러납니다. 특징들이 발달하는 곳마다, 기존의 특징 속에서 의심의 여지 없이 새로운 것이 발생한다는 것을 알 수 있습니다. 그리고 이 새로운 발달의 정도에 따라, 한때 증폭되어 전면에 위치했던 유전적 영향의 비중은 약화되고 후면으로 후퇴합니다. (유전적 영향이 감소하는 예를 들면서) 방금 내가 말한 것은, 발달에서 보이는 이 차이가 문제의 한 측면이라는 것입니다. 그러나 이 간극이 항상 초기 연령에는 최

대였다가, 중간 연령 때 좀 줄어들고, 후기 연령 때는 최소가 된다고 생각하지는 마십시오. 때때로 우리는 간극이 초기 유년기에는 매우 작았다가 1[?]세*(10대-K)에는 매우 커지는 정반대되는 현상을 다루어야 합니다. 예를 들어 성심리적 기질의 측면에서 볼 때, ОБ와 ДБ의 차이는 초기 연령대에서는 특히 작았다가, 사춘기에 생식 기관과 인간 성심리 총체가 충분히 전개되어 성숙했을 때 이 특징들에서 유전적 영향은 특별히 강력해진다고 말할 수 있을 것입니다. 따라서 유전적 영향의 비중은 연령에 따라 감소할 수도 있지만, 연령에 따라 증가할 수도 있고, 감소했다가 다시 증가하거나 그 반대일 수도 있는 것입니다. 따라서 모든 기능에 있어 연령에 따라 그 비중이 필연적으로 증가하거나 감소한다는 단일한 법칙은 존재하지 않습니다.

*코로타예바는 이 문단의 맨 끝에 "사본에 따르면"이라는 주석을 적어놓았다. 이는 본문에 나오는 1[?]세의 의미가 이 맥락에서 불분명하다는 것이다. 하지만 뒤이어 나오는 내용을 보면 그 의미는 분명해진다. 본문의 숫자 1 뒤에 나오는 '세歲'를 뜻하는 러시아 낱말лет은 언제나 5보다 더 큰 수에 사용된다. 사춘기에 이를 때까지 성심리의 유전적 요소가 증가한다는 발견은 아주 타당하다. 예를 들어 우리는 어린이의 성이 사춘기 이전에는 환경에 매우 민감하다고 생각한다. 그것이 바로 우리가 어린이들이 성 학대에 취약하다고 생각하고 '첫사랑'을 결정적으로 중요하게 여기는 이유이다. 일단 어린이가 사춘기를 겪게 되면, 성에 있어서 '유전적' 요소가 강력하게 느껴진다. 그러나 널리 퍼진 이 믿음이 전적으로 옳은 것은 아니다. 심지어 여기에도 유전이나 환경으로 환원될 수 없는 어떤 신형성이 존재할 수 있다. 물론 신형성은 경험적으로 규정된 것이므로, 19세가 되었다고 어린이의 자유 의지가 자동적으로 생긴다고 말할 수는 없다. 만일 어린이의 성심리에서 결정적인 역할을 수행하는 많은 과도기적 현상들 중의 하나를 선택해야 한다면, 우리는 유전에 의해 주어지지 않고 환경에 의해 정해지지도 않은, 완전히 개인적이면서도 100퍼센트 사회적인 그리고 어린이의

통제하에 있으면서도 어린이의 통제하에 있지 않은 우정과 같은 것을
조사할 수도 있다.

3-44] 마지막으로 쌍생아 연구에서 얻어졌으며, 또한 어린이 발달에
서 유전의 역할을 특징짓는 네 번째 명제 즉 네 번째 결과가 있습니다.
이 연구들은 모든 연령의 모든 발달 국면에 동일하게 적용되는, 전체
발달 과정에서 유전적 영향에 대한 포괄적 정의는 존재할 수 없다는
것을 발견했습니다. 우리는 어떤 특징들은 그 유전적 결정성의 관점에
서 보았을 때 어떤 비중을 가지고, 다른 특징들은 다른 비중을 가짐을
보았습니다. 어떤 발달 측면은 유전과 많은 관련이 있고, 어떤 발달 측
면은 덜 관련이 있습니다. 어떤 연령에서 더 직접적으로 유전의 영향을
받는 동일한 특징이 다른 연령에서는 덜 직접적으로 영향을 받을 것입
니다. 따라서 발달 과정에서 유전의 역할을 포괄적으로 표현하고 정의
할 수 있는 어떤 일반적 공식도, 어떤 일반적 규칙도 존재하지 않습니
다. 이 유전적 영향은 각각의 측면과 개별적 발달에 따라 즉 이러한 측
면 각각의 개별 발달 연령에 따라 뚜렷하게 구분됩니다.

3-45] 이것이 바로 발달 과정에서 변화하는 복잡하고, 변화무쌍
하며 역동적인 특징들을 다룰 때 아동학자들이 발달의 다양한 측면
들을 유전에 기인하는 것과 환경에 의해 결정되는 것으로 구분하지
못하는 이유입니다. 문제는 이보다 훨씬 더 복잡합니다. 발달 경로에
서 유전이 개별 발달의 측면에 미치는 영향에 대한 각각의 연구와,
유전이 다양한 연령 수준에서 동일한 발달의 측면에 미치는 영향에
대한 각각의 연구가 요구됩니다.

3-46] 나는 아직 쌍생아 연구에서 도출된 마지막 두 명제와 관련해
서 매우 간략히 언급할 것이 있습니다. 내가 지금까지 개략적으로 설명
한 것과 더불어, 이 두 명제는 어린이 발달에서 유전의 역할에 대한 일

반적 입장의 근본적이고 중요한 내용을 충분히 설명할 것입니다.

3-47] 이 명제들 중 첫 번째는 ОБ와 ДБ 간의 유사성 계수의 차이는 상이한 특성의 유전에서보다 보편적 특성의 유전에서 더 작음을 보여 줍니다. 물론 이는 다른 조건들이 동일할 때, 즉 우리가 균일한 혹은 비교 가능한 특성을 취했을 때의 경우입니다. 예를 들어 내 눈의 특성에 대해서 생각해 봅시다. 여러분이 내 눈의 모든 특징을 열거했을 때, 다른 사람들과는 다른 내 눈의 상이한 특성도 있고, 모든 인간의 눈이 가지는 공통된 특성들도 있을 것임을 쉽게 이해할 수 있다고 생각합니다. 따라서 다른 조건들이 동일할 때, 유사한 특징을 취한다면, 인류 보편적 특징들의 발달에 대한 연구에서는 그 차이가 작게 나타나지만 사람에 따라 변화하는 상이한 특성에 관한 연구에서는 그 차이가 더 크게 나타납니다. 이어서 살펴볼 것처럼, 이 법칙은 어린이의 신체 발달에 관한 입장, 즉 일반적인 성장 법칙과 상이한 체질 유형에 속하는 어린이의 성장을 특징짓는 체질 유형의 특성에 대한 연구에 매우 광범위하게 적용됩니다.

> 앞에서 비고츠키는 ОБ와 ДБ의 차이가 클수록 유전 가능성이 큰 반면, 말과 같은 특징은 그 차이가 작다고 주장했다. 그러나 여기서 비고츠키는 유사한 특징(예컨대 눈과 관계있는 특징)을 취한다면, 우리가 어떤 특징은 보편적이지만(예컨대 안구의 둥근 모양이나 보는 능력) 어떤 특징은 다양함을(예컨대 홍채의 색깔이나 난시) 발견할 것이라고 말한다. 그리고 나서 비고츠키는 보편적 특징의 경우 ОБ와 ДБ의 차이가 매우 작은 반면 눈 색과 같은 다양한 특징에서는 그 차이가 더 클 것이라고 말한다. 물론 이는 안구의 모양이 유전에 기인하지 않음을 의미하지는 않는다. 그것은 상대적으로 적은 유전적 변형이 존재한다는 것을 의미할 뿐이다(수영을 배우는 네 명의 쌍생아들에 대한 이전 예에서, 수영을 못하는 것이 유전적임에도 쌍생아 간에 상대적으로 적은 변형이 나타난 것처럼). 두 유형의 쌍생아 모두 둥근 안구를 가진다(두 쌍의 쌍생아 모두 수영을

매우 잘할 수 없었던 것처럼). 비고츠키가 지적하듯이, 쌍생아 유형 간에 변형이 거의 없는 보편적 특징과 더 많은 변형이 존재하는 상이한 특징 간의 구분은, 보편적 성장 법칙(예컨대 어린이에게 필요한 최소 열량 섭취량)이 존재하지만, 또한 유전적으로 비만이거나 유전적으로 작은 체격을 가진 어린이들에게 특정한 법칙들도 존재함을 암시한다.

3-48] 그리고 마지막으로, 흔히 제시되는 마지막 입장은 본질적으로 우리가 앞서 얘기했던 것에 대한 요약입니다. 우리는 상관계수의 차이를 주어진 특징의 유전적 결정성에 대한 징후로 생각합니다. 발달의 특징에 있어서 이 차이는 결코 0이 될 수 없으며, 100이 될 수도 없음이 드러납니다. 이것은 무슨 뜻일까요? 만약 그 차이가 0이라면 이것은 이 특징의 발달에서 유전이 어떤 역할도 하지 않는다는 것을 뜻합니다. 만약 그 차이가 100이라면 이것은 한 쌍만이 이 값을 가진다는 것을 뜻합니다. 만약 우리가 유전학이 다루는, 말하자면 눈 색깔처럼 단순한 특징을 취한다면 상관계수의 차이가 0과 같거나 100과 같다는 것을 알게 됩니다. 그런데 만약 우리가 아동학이 다루는, 말하자면 발달과 연관되어 있고 발달의 역사를 지닌 특징을 취한다면 그것은 결코 0과 같을 수도 없고 100과 같을 수도 없을 것입니다. 이것은 항상 차이가 존재한다는 것을 의미합니다. 최상층 즉 우리가 연구한 것 중 가장 고등한 기능에 작더라도 일단 차이가 존재한다면, 이는 유전이 이 특정한 경우에는 비교적 작은 부분만을 차지하지만 그럼에도 발달에 관련되어 있다는 것을 의미합니다. 이 구성 요소의 역할은 결코 절대적으로 0으로 줄어들지 않습니다. 그리고 역으로 이 차이는 100이 되지도 않습니다. 즉 발달의 어떤 특징도 순수한 유전적 특징으로서 순수하게 유전에 의해서만 결정되지는 않는다는 것입니다. 다시 말해 환경이 항상 발달에 관여한다는 것입니다. 결과적으로 발달은 항

상 유전적 측면과 환경적 측면을 통합적으로 가지고 있습니다. 사실 이 통합성은 다양합니다. 유전적 영향의 역할이나 비중이 어떤 기능과 관련해서는 다른 기능보다 더 크고, 어떤 연령과 관련해서는 다른 연령 보다 더 작다는 것을 보았습니다. 결론적으로 이 통합성은 불균등한 통합성입니다. 여전히 유전의 비율이 아무리 작을지라도 0으로 떨어지는 일은 없으며, 어린이 발달에서 환경의 비율이 0으로 떨어져 그 차이가 100이 되는 일 또한 절대 없습니다. 그러므로 모든 발달 특징들 속에는 항상 유전적 영향의 요소와 환경적 영향의 요소들이 분명히 포함되어 있습니다. 즉 발달은 항상 역동적인 과정으로 유전과 환경적 영향의 통합체로 나타납니다. 그러나 그 통합체는 일정하거나 안정적이지 않으며 단번에 주어지거나 포괄적으로 규정되지 않는, 분화되고 고유하게 구성되며 매번 구체적인 연구를 해야만 하는 변화하는 통합체입니다. 그리고 어느 누구도 순수하게 유전적이거나 순수하게 환경적인 방식에 따라 진행되는 발달의 측면을 관찰했던 적은 없습니다. 즉 두 요인—외적인 두 개의 힘—환경과 유전을 결합함으로써 발달을 추동하는 기계적인 조합으로 이루어진 발달은 결코 존재한 적이 없습니다.

3-49] 오늘 우리가 아동학에서의 유전 연구와 유전학에서의 유전 연구 간의 차이를 발견했듯이, 다음 시간에 우리는 환경에 관한 입장을 논의하고 분명히 할 것이며, 아동학에서 환경의 연구와 예를 들어, 위생학에서 환경의 연구 간의 차이를 밝혀낼 것입니다. 그런 다음 우리는 아동학적 연구 방법의 본질에 관한 지난번 대화에 대하여 어떤 특정한 결론들을 도출할 수 있을 것입니다.

● 유전과 환경에 관한 아동학의 입장

앞의 두 강의에서 밝혔듯이 어린이의 발달은 전체적이다. 비고츠키가 이렇게 말한 것은 어린이 발달이 단순히 전체 몸이 성장한다거나 전체 마음이 성장한다는 뜻이 아니다. 그 반대로, 1강에서 말했듯이, 상이한 부분들이 매우 다른 비율로 성장한다. 이 말은 발달이 성장뿐 아니라 복잡한 전체로의 분화 또한 포함하며, 기능적·구조적으로 매우 다른 산물들이 어떻게 함께 작용하는지 이해할 때에만 비로소 발달을 이해할 수 있다는 것을 의미한다. 3, 4강에서 비고츠키는 어린이의 매우 다른 두 자질, 즉 생물적 유전과 문화적 환경이 어떻게 함께 작용하는지를 보여 주고자 한다. 3강에서 비고츠키는 유전적 자질에 초점을 맞추지만, 이는 그것을 부각시키기 위함이 아니라 사회문화적 자질과 구분하기 위함이다. 이러한 의도는 발달의 두 측면을 구별하고 있는 강의 제목에도 잘 반영되어 있다.

이 강의는 다른 두 강의와 마찬가지로 세 부분으로 나눌 수 있을 것이다. 도입부에서 비고츠키는 아동학의 유전 연구가 다른 영역의 유전 연구 및 유전 그 자체에 대한 연구와 어떻게 다른지 네 가지로 보여 준다(3-1~3-18). 이어서 비고츠키는 쌍생아 비교 연구 방법을 통해 유전에 의존하는 특성이 환경에 의존하는 특성과 어떻게 다를 수 있는지를 보여 준다(3-19~3-30). 끝으로 비고츠키는 이 결과를 네 개의 명제 혹은 법칙으로 일반화한다. 첫째, 기초적 기능이 유전에 더 크게 의존한다. 둘째, 유전 기반 기능으로부터 문화 기반 기능으로의 이행은 불연속적이다. 셋째, 유전에의 의존성은 발달 과정에서 변화할 수 있다. 넷째, 발달에서 유전의 역할을 영구히 규정하는 일반적 법칙은 없다. 마지막 두 법칙을 자세히 설명하면서 비고츠키는 한편으로는 사람에 따라 차이가 나타나지 않는 일반적 특성들(예컨대 눈동자의 색깔과 달리 눈의 구조는 사람마다 별 차이가 없다)이 존재함을 지적한다. 다른 한편으로 사람에 따라 차이가 나타나는 특성들의 경우에는 그 특성이 순전히 유전적이라거나 순전히 환경적이라고 말할 수 없으며, 그 특성을 유전과 환경의 기계적인 조합으로 고정적인 비율에 따라 설명할 수도 없음을 비고츠키는 지적한다(3-31~3-49).

I. **도입** 비고츠키는 이 강의에는 앞 장에서 간략하게 제시된 전체적이고 임상적인 비교-발생적 방법의 구체적 사례들이 담겨 있다고 말한다. 이 말은 유전을 환경과 연관하여 연구하고, 증상적이 아니라 임상적으로 다루며, 비교 연구 방법을 사용하겠다는 뜻이다. 이는 유전에 대한 아동학적 접근을 다른 일반적인 생물학적 접근과 다음 네 가지 점에서 차별화한다(3-1~3-5).

A. 일반적인 생물학적 접근에서 유전학자는 단순한 변이 특성(콩 줄기의 키 혹은 꽃의 색)에 관심이 있다. 대개 이들이 유전 법칙(예컨대, 멘델의 우열의 법칙)을 순수한 형태로 반영하기 때문이다. 반대로 아동학자는 유전 기제가 다른 기제와 상호작용하는 복합적 특성에 관심이 있다(3-6~3-7).

B. 일반적인 생물학적 접근에서 유전학자는 유전에 최대로 의존하는 특성(눈동자 색깔 등)에 관심이 있다. 반대로 아동학자는 유전과 환경적 요인의 상호작용이 관찰되는 혼합 특성(지각 등)에 주로 관심이 있다(3-8~3-9).

C. 일반적인 생물학적 접근에서 유전학자는 서로 다른 어린이들이 가지고 있는 공통점(눈의 구조)이 아니라 어린이들을 첨예하게 구별하는 특성(눈동자 색깔)에 관심이 있다. 반대로 아동학자는 모든 어린이의 발달에 기여하는 공통된 특성에 주로 관심이 있다(3-10~3-12).

D. 일반적인 생물학적 접근에서 유전학자는 대체로 시간에 따라 변하지 않는 특성에 관심이 있다. 반대로 아동학자는 학교 성적이나 청소년 비행처럼 세대에 따라 달라지는 특성에 주로 관심이 있다. 비고츠키는 학교 성적과 청소년 비행이 가족 내에서는 크게 다르지 않고 가족 간에서는 다르다는 것을 보여 주는 독일의 연구들이 잘못 해석되었음을 지적한다. 즉 학교 성적이나 청소년 비행이 가족 내에서 비슷한 것은 단지 유전적 요인이 아니라 환경적 요인 때문일 수 있다는 것이다. 이는 이 두 요인을 어떻게 분리할 수 있는지에 대한 질문을 불러일으킨다(3-13~3-18).

II. **쌍생아에 대한 비교-발생적 연구** 여기서 비고츠키는 일란성 쌍생아와 이란성 쌍생아 비교 연구 방법을 제시하고, 이 방법을 적용하여 말 습득과 음악성 중에서 어느 것이 더 유전적인지 검토한다.

A. 비고츠키는 일란성 쌍생아와 이란성 쌍생아의 핵심적 차이를 설명하면서, 전자가 유전적 구성이 완전히 동일한 반면 후자는 보통의 형제나 남매와 다를 바 없다고 말한다. 문제는 서로 다른 유형의 쌍생아들이 주어진 특성이 대하여 어떤 차이를 보이는지 그 차이를 수량화하는 것이다(3-19~3-20).

B. 비고츠키는 다음과 같은 실험을 제안한다. 일란성 쌍생아와 이란성 쌍생아에게 말 능력 검사와 음악적 능력 검사를 실시하고(불행히도 이 실험의 내용은 기술되어 있지 않다), 쌍생아들의 상관계수(이 경우에는 일치도)를 따로따로 계산한다. 그런 다음, 말 능력 검사에서 나타난 일란성 쌍생아의 상관계수(0.96)와 이란성 쌍생아의 상관계수(0.89)의 차이(0.07)와 음악성 검사에서 나타난 일란성 쌍생아의 상관계수(0.93)와 이란성 쌍생아의 상관계수(0.67)의 차이(0.26)를 비교한다. 그 차이는 음악적 능력에서 더 크다는 것이 드러난다(3-21~3-24).

C. 이것은 음악적 능력보다 말이 유전의 영향을 덜 받는다는 것을 의미한다고 비고츠키는 설명한다. 만일 말의 중요한 핵심 요소가 유전이라면, 유전적으로 동일한 일란성 쌍생아와 유전적으로 동일하지 않은 이란성 쌍생아 간의 상관계수 차이가

더 클 것이다. 그러나 실제로 그 차이는 음악적 능력의 경우보다 작게 나타났으며, 따라서 비고츠키는 음악적 능력이 더 유전에 의존적이라고 가정한다(3-25~3-28).

D. 독일 연구 결과의 해석을 훼손시킨 가족 내 비유전적 영향의 문제가 여기서는 확실히 변수로 고려된다. 왜냐하면 일란성 쌍생아는 유전적 변수가 없고 비유전적 변수만을 가지는 반면, 이란성 쌍생아는 두 형태의 변수를 모두 가지기 때문이다. 그러나 비고츠키는 실제로 차별적인 대우를 받는 쌍생아들이 있을 수 있으며, 이것이 유전적 변수로 오인될 수 있으므로 많은 쌍을 연구하는 것이 여전히 필요하다고 말한다(3-29~3-30).

III. **결과** 비고츠키에 의하면 이제 남은 일은 결과를 법칙이나 '명제'로 일반화하는 것이다. 그는 이를 귀납적으로 행한다. 즉 각각의 사례의 결과를 추상적이고 논리적인 형태로 논의하고, 그런 다음 명제를 '공식화'한다. 이러한 절차는 이 강의 전반에 걸쳐 이루어진다.

A. 첫 번째 결과는, 보다 기초적인 저차적 기능의 경우 일란성 쌍생아의 유사성 계수와 이란성 쌍생아의 유사성 계수가 큰 차이를 보이고, 고등한 문화적 기능의 경우 작은 차이를 보인다는 것이다. 말이 음악적 능력에 앞서 진화했다고 믿었던 J. 라모와, 음악적 능력이 말에 앞서 진화했다고 믿었던 J. 루소의 논쟁에 대해 비고츠키는 루소의 손을 들어준 셈이다. 비고츠키는 저차적 기능이 사회발생적으로 나중에 출현하는 고등 기능의 토대를 형성한다고 결론을 맺는다(3-31~3-33).

B. 두 번째 결과는, 만약 다수의 기능을 공시적으로 조사하여 그 기능들을 유전 의존 정도에 따라 순서대로 줄을 세운다면 똑같은 간격으로 세우는 것은 불가능하다는 것이다(3-34~3-37). 쌍생아 유형에 따른 상관계수의 차이가 한 무리의 기능 (저차적 기초 기능)들에서는 더 크고, 다른 무리의 기능(고등한 문화 역사적 기능)들에서는 상당히 작다는 것이 드러난다. 이로부터 비고츠키는 두 가지 결론을 이끌어낸다.

1. 저차적 기능(눈동자 색)은 비매개적이고 매우 짧은 발달 경로를 거친다. 환경이 이 기능을 변화시키기에 충분한 시간과 여지가 허용되지 않는다. 반대로 고등 기능(읽기 능력)은 매개(문해력)를 필요로 하고 따라서 변화가 일어나거나 새로운 것이 출현할 수 있는 상당한 시간과 여지가 주어진다(3-38).

2. 유전 자체와 발달의 관계는 저차적 기능이냐 고등 기능이냐에 따라 달라진다. 저차적 기능의 경우 유전은 어느 정도 발달의 직접적인 원인이다. 그러나 고등 기능의 경우 유전은 단지 전제 조건에 불과하다(3-39).

C. 세 번째 결과는, 만약 우리가 동일한 기능을 통시적으로 즉 어린이 삶의 서로 다른 계기들마다 조사한다면 알 수 있듯이, 유전적 결정성이 시기에 따라 변한다는 것이다. 이런 이상해 보이는 결론이 단지 시간에 따른 환경의 영향력의 증가로 인해 도출되는 것은 아니다. 환경의 영향은 실제로 시간에 따라 감소할 수도 있기

때문이다. 예컨대 성심리처럼 시간에 따라 유전적 성향이 점점 강렬해지는 기능들이 존재한다(3-40~3-42).

D. 이것은 모든 시기, 모든 특성들에 있어 유전의 역할을 규정하는 일반적 법칙은 있을 수 없다는 네 번째 결과로 비고츠키를 이끈다. 유전의 역할의 차이는 특성들 간에 공시적으로 나타날 뿐 아니라, 환경의 힘이 차느냐 지느냐에 따라 단일한 특성 내에서 통시적으로도 나타난다(3-43~3-45). 비고츠키는 마지막 두 결과에서 이끌어 낸 두 개의 '따름 정리'로 결론을 맺는다.

1. 쌍생아 비교 연구 방법은 모든 어린이가 공통으로 가진 특성이 아니라 어린이에 따라 달라질 수 있는 특성에만 적용된다. (눈동자 색이 똑같은) 일란성 쌍생아들 간의 눈동자 색 유사성 계수와 (눈동자 색이 다를 수도 있는) 이란성 쌍생아들 간의 눈동자 색 유사성 계수 사이에 차이가 있음은 손쉽게 관찰할 수 있을 것이다. 요컨대, 이 때 차이가 크다는 것은 해당 특성이 유전적이라는 의미이다. 그러나 눈의 구조와 같은 특성의 경우, 유사성 계수의 차이가 없다고 해서 유전적이 아니라는 결론을 내릴 수 없는 것은 분명하다. 마찬가지로 일란성 쌍생아와 이란성 쌍생아의 체형적 특성이나 피부색의 경우, 유사성 계수의 차이가 거의 없다고 해서 유전과 무관하다고 결론 내릴 수는 없다(3-47).

2. 아동학은 복합적으로 나타나는 특성에 관심이 있기에, 어떤 특성이 환경적 요소 없이 전적으로 유전적이거나, 유전적 요소 없이 전적으로 환경적인 경우는 있을 수 없다. 또한 발달은 유전과 환경의 고정된 관계를 나타내는 기계적 공식에 따라 계산될 수도 없다. 왜냐하면, 성장의 다른 측면과 마찬가지로, 분화가 그런 것을 불가능하게 만들기 때문이다. 비고츠키는 다음 강의에서 이 문제의 또 다른 측면, 즉 환경을 다룰 것을 약속한다(3-48~3-49).

아동학에서 환경의 문제

아우구스토 볼피니(Augusto Volpini, 1832~1911), 「몽상」.
비고츠키는 발달 이론들이 어린이와 환경의 관계를 마치 새와 새장의 관계와 같이
간주했다고 지적한다. 일부 발달 이론들은 새에 초점을 맞추었고 다른 이론들은
새장에 초점을 맞추었다. 그러나 새와는 달리 어린이는 환경으로부터의 영향을 선별하며
심지어 환경에 영향을 미치기도 한다. 따라서 아동학은 어린이와 환경을
개별적으로 연구하는 것이 아니라 그들의 상호 관계를 연구해야 한다.

4-1] 오늘 우리 강의의 주제는 아동학에서 환경의 문제입니다. 유전의 문제를 이야기하면서 우리는 아동학이 자신만의 특별한 관점으로 유전을 연구하며, 유전 법칙 그 자체가 아니라 오히려 어린이 발달에서 유전이 수행하는 역할에 관심이 있다는 것을 보았습니다. 환경에 있어서도 이와 마찬가지입니다. 아동학은 환경 그 자체를 연구하지 않습니다. 그것은 다른 과학들의 주제입니다. 우리는 아동학과 가장 가까운 과학들 중에서, 질병이나 건강 보존과의 관계라는 측면에서 환경을 일차적으로 연구하는 과학으로 위생학을 언급할 수 있을 것입니다.

4-2] 아동학자는 유전 문제에서와 같이 환경과 환경의 구성 법칙이 아니라, 어린이 발달에서의 환경의 역할과 의미, 환경의 측면들, 환경의 효과를 연구합니다. 따라서 유전 문제에서와 같이, 지금 당장 우리는 제일 먼저 몇 개의 기본 법칙들, 즉 어린이 발달에서 환경의 의미나 역할을 특징짓는 일부 개념을 명료화해야 합니다.

> 우리는 아동학자가 유전을 그 자체로 연구하지 않는다는 것을 기억한다. 유전 그 자체를 목적으로 연구하는 사람들은 발달에 있어서 주변적인 특성(예컨대 인종적 차이)에 초점을 맞춘다. 이와 마찬가지로 아동학자는 환경 또한 그 자체로 연구하지 않는다고 비고츠키는 말한다. 환경 그 자체를 목적으로 연구하는 사람들 또한 발달에 부차적인 문

제(예컨대 계급 차이)에 초점을 맞출 것이다. 물론, 인종적 차이와 계급 차이 둘 다 아동학자에게 흥미롭다. 그러나 생물학적 성장과 달리, 심리적 발달은 능동적 과정이다. 따라서 유전과 환경 둘 다 그것들이 어린이에게 갖는 역할과 의미를 통해 매개된다. 환경은 주로 어떤 '측면들'이 발달에 관여하는가의 문제로 보인다. 즉 특정 연령에서 어떤 영역, 어떤 측면, 어떤 요인이 중요한 것으로 선별되느냐 하는 것이다. 예를 들면, 비록 어린이들이 거의 출생 직후부터 환경으로부터 입말을 중요하게 선택하는 듯 보일지라도, 그들은 아직 말의 어법이나 의미에 주의를 기울이지는 못한다. 비슷하게도, 이야기책을 보는 전 학령기 어린이는 문자보다 그림에 훨씬 더 관심을 보일 것이다. 비고츠키가 이 장에서 탐구하는 예에서, 어머니의 알코올 중독은 세 명의 다른 어린이들에 의해 세 가지 다른 방식으로 경험된다. 이 사례는 성인이 어린이의 환경에서 필수적이라고 선별하는 것들 중 그 어느 것도 고정되고 불변하는 것으로 여겨질 수 없음을 의미한다고 비고츠키는 설명한다. 물리적으로 동일한 환경이라 할지라도, 환경은 어린이마다 매우 다른 의미를 지니며, 이러한 이유로 환경은 절대적으로 간주될 수 없고 어린이의 주의, 기억, 이해와 관련하여 상대적으로 선택된다.

4-3] 먼저 우리가 이미 짧게 언급했듯이, 어린이 발달에서 환경의 역할을 올바로 이해하기 위해서는, 이렇게 말할 수 있다면, 언제나 절대적 척도가 아닌 상대적 척도로 환경에 접근해야 한다는 것으로부터 시작하고자 합니다. 이 경우 환경은 어린이 발달을 가장 명확하고 객관적으로 결정짓는 두드러지는 특징이나 특성을 포함하고 있다는 이유로 발달의 상황으로 간주되어서는 안 됩니다. 환경은 언제나 주어진 발달 단계에서 어린이와 환경 사이에 어떠한 본질적 관계가 존재하는지 바라보는 관점에서 접근되어야 합니다. 이는 오늘날 아동학에서 자주 접하게 되는 다음과 같은 일반적 법칙으로 진술될 수 있을 것입니다. 우리는 환경의 절대적 지표로부터 벗어나 상대적 지표로, 즉 동일하지만 어

린이와 관련하여 취해진 지표로 나아가야 합니다.

4-4] 이 생각을 지지하는 두 가지 이유가 있습니다. 첫째는 온갖 종류의 환경적 계기의 역할이 연령 수준에 따라 다르다는 것입니다. 예를 들어, 말 환경은 어린이가 생후 6개월일 때나, 1년 6개월일 때, 그리고 3년 6개월일 때 모두 완전히 동일할 수 있습니다. 즉 어린이가 듣는 낱말의 수, 말의 문화적, 어휘적, 문법적, 문체적 특성이 동일할 수 있습니다. 그러나 발달 내내 변하지 않는 이 요인이 어린이가 말을 이해할 때, 말을 전혀 이해하지 못할 때, 그리고 말을 막 이해하기 시작하는 과도적 시기에 있을 때 각기 다른 의미를 가진다는 것을 우리 모두는 이해할 것입니다.

4-5] 이것은 어린이와 환경 간의 관계를 알 때에만 어린이 발달에서 환경의 역할을 설명할 수 있음을 의미합니다.

4-6] 우선, 가장 직접적인 의미에서 환경은 어린이마다 연령 수준에 따라 다릅니다. 어떤 저자들은 어린이의 발달이 환경의 점진적 확장으로 이루어진다고 말합니다. 출생 전 어린이는 어머니의 자궁을 환경으로 가지고 있고, 세상으로 나온 어린이 또한 매우 작은 공간을 직접적 환경으로 가집니다. 알려져 있듯이, 처음에 신생아에게는 원거리 세계는 존재하지 않습니다. 신생아에게는 자신과 직접적으로 연결된 세계, 즉 그의 신체적 현상 및 대상과 관련된 주변의 좁은 공간과 통합된 세계만이 존재할 뿐입니다. 이 어린이는 점차 원거리 세계를 발달시키기 시작합니다. 그러나 처음에는 그것 역시 방이나 가까운 뜰, 혹은 거리와 같은 매우 작은 세계입니다. 걸음마와 더불어 어린이는 자신과 주변 사람들 사이에 점점 더 새로운 관계의 가능성을 만들어 가면서 주변 환경을 확장합니다. 그러나 후에는 문화화가 각 연령 단계의 어린이들에게, 즉 초기유년기에는 보육학교에서, 전 학령기에는 유치원에서 그리고 학령기에는 학교에서 특정한 환경을 창조한다는 사실로 인해 환

경이 변합니다. 각 연령기는 특정한 형태로 고유한 어린이 환경 조직을 가집니다. 따라서 환경은 특히 외적 의미에서 볼 때 어린이 연령기마다 변합니다.

4-7] 그러나 이것이 다는 아닙니다. 환경이 거의 변하지 않은 채 남아 있는 때조차도, 어린이가 발달 과정에서 변한다는 사실 자체가 다음의 상황을 이끕니다. 즉, 이 환경의 계기가 겉보기에는 변하지 않은 채 남아 있는 것으로 보이지만 (실제로는-K) 변하며, 특정한 연령기에서 하나의 의미를 가지며 하나의 역할을 하는 동일한 환경적 계기가 2년 뒤에는 어린이가 변하기 때문에 다른 의미를 가지고 다른 역할을 하기 시작하는 것입니다. 이는 어린이와 이 환경적 계기 간의 관계가 변했음을 의미합니다.

> 비고츠키는 어째서 특정한 환경적 계기의 의미가 1년이나 10년이 아닌, 2년 후에 변화한다고 했을까? 1~3세경의 초기 아동기의 극적인 말 변화를 포착하기에 2년이라는 간격은 너무 길다(할러데이는 6주를 추천한다). 이 문단에서 비고츠키는 초등학교 어린이들을 염두에 두고 있는 듯하다. 초등학생의 문법 체계는 초기 아동기보다 훨씬 느리게 변화한다. 또한 의미상의 중요한 변화는 2년 정도의 간격으로 일어나는 듯하다. 예를 들어 2학년과 달리 4학년 어린이들은 '놀이', '승리', '패배' 같은 단어들에서 새로운 의미들을 발견하고, 추상적인 놀이 규칙들을 훨씬 더 잘 이해하며, 보다 경쟁적일 수 있을 것이다. 또한 이런 4학년과는 달리, 6학년 어린이들은 '친구'나 '소년', '소녀' 같은 단순한 낱말 속에서 완전히 새로운 의미를 발견할 것이다. 무엇보다도 어린이의 자발적 주의가 크게 변화한다. 4학년들은 영어 선생님의 "Look!", "Listen!"이라는 말에 2학년보다 훨씬 오래 잘 따르지만, 6학년은 따르는 것처럼 보일 때조차 언제든 의식적으로 주의를 전환할 준비가 되어 있는 것이다.

4-8] 우리는 어린이들을 조사하면서 보았던 그러한 예들에 관하여, 다음과 같이 더 엄밀하고 정확하게 말할 수 있습니다. 즉, 어린이의 심

리적 발달, 의식적인 인격 발달에 대한 환경의 영향을 결정하는 본질적 계기가 되는 것은 정서적 경험переживание입니다. 어떤 상황에 대한 정서적 경험, 환경의 어떤 부분에 대한 정서적 경험은 그 어린이에게 있어 이러한 상황이나 환경이 어떤 영향을 미치는지 결정합니다. 따라서 어떤 계기가 미래 발달 경로에 어떻게 영향을 미칠 것인지를 결정하는 것은, 어린이와 무관하게 취해진 이런저런 계기 자체가 아니라 어린이의 정서적 경험을 통해 굴절된 계기입니다.

> 반 데 비어와 발시너는 프루트의 번역(『*Vygotsky Reader*』, 1994)에 다음과 같은 주석을 붙인다. "러시아어 낱말 페리지바니переживание는 동일한 객관적 상황이 각각의 어린이들에게 다른 방식으로 해석되고 지각되며 경험된다는 생각을 표현한다. '정서적 경험'(여기서 쓰인 말로, 페리지바니의 정서적 의미만을 나타낸다)이나 '해석'(지나치게 이성적 측면만을 부각시킨다) 모두가 이 명사에 대한 온전히 적절한 번역은 아니다. 그 의미는 독일어 동사 'erleben'('Erlebnis', 'erlebte Wirklichkeit'와 비교)과 밀접한 관련이 있다." 이는 페리지바니가 의미하지 않는 것에 대해서는 상세히 설명하지만 정작 그것이 무엇을 뜻하는지에 대한 설명을 이해하려면 상당한 독일어 실력을 요한다(Erleben은 경험하다, 체험하다, 체득하다라는 뜻을 가진 독일어 동사이다). 그럼에도 반 데 비어와 발시너는 올바른 출발점에서 시작한다. 그들은 비고츠키가 동일한 경험의 의미가 발달의 과정에서 변화한다는 생각을 나타내고 있음을 우리에게 상기시킨다. 이는 초기 유년기에 '페리지바니'가 '느껴진 경험' 혹은 '직관상적, 있는 그대로 지각되거나 기억된 경험'과 같은 것을 의미하는 반면, 후기 유년기에는 '숙고된 경험' 혹은 '인지적, 관념적으로 생각되고 반성된 경험'을 의미할 수 있다는 것을 나타낸다. 성인에게 있어서 그것은 워즈워스가 '평온 속에서 명상된 경험experience meditated upon in tranquility'이라고 말한 것과 같은 것을 의미할 것이다. 예를 들어 아주 어릴 때 물에 빠진 경험은 훗날 전혀 기억하지 못하겠지만 좀 더 큰 후에 물에 빠진 경험은 익사의 공포와 연관될 것이다. 그러나 훨씬

큰 어린이는 그러한 경험을 무용담처럼 신나게 이야기할 것이다. 아주 어린 아이들이 재난을 겪는 경우 대체로, 특정 상황과 연관된 즐거운 감각만을 기억하는 경우가 흔하다. 실제로 아주 어린 시절에 엄청난 사상자를 낸 지진으로부터 대피한 것을 즐거운 야영의 추억으로 기억하는 사람도 있다.

비고츠키는 왜 '굴절된'이라는 용어를 썼을까? 우리는 레닌의 초창기 철학 연구서인 『유물론과 경험비판론』(1909)에서 의식은 물질적 환경을 '반영한다'는 생각에 기반을 둔 의식에 대한 상당히 단순한 이론을 접한다. 이것은 의식 자체가 인간의 존재를 결정하는 것이 아니라, 인간의 사회적 존재가 의식을 결정한다는 생각을 단순화하여 나타낸 것이다. 예를 들어 만일 여러분이 가난하고 굶주렸다면, 의식이 굶주림에 끼치는 영향보다는 굶주림이 의식에 끼치는 영향이 종국에는 훨씬 더 클 것이다. 1930년대까지 러시아에서는 레닌의 철학 노트들(선집 38권)이 많이 읽혀지고 논의되었다. 여기서 레닌은 초창기 자신의 단순한 인식론을 수정하게 된다. 의식이 결코 환경적 조건들의 단순한 반영이거나 재생산이 아니라는 것 즉 의식은 감정을 통해, 그리고 인식을 통해 '굴절된'(구부려진, 변형된, 꼬인) 것임을 인식한다(과학적 개념의 형성에서 상상이 하는 역할에 대해 밝히는 이 구절은 『생각과 말』 2장에서도 인용된다).

볼로시노프는 다음과 같은 예로 경험의 굴절을 설명한다. 농부들은 시시때때로 가뭄과 홍수를 겪기 때문에 식량이 떨어졌을 경우 그들은, 일용급을 받는 근로자들이 갑자기 직장에서 쫓겨났을 때보다 더 담담하게 반응하리라는 것이다. 1930년대 러시아는 오늘날의 북한처럼 굶주림에 허덕이는 곳이었는데, 하루 종일 행복하게 놀다가 따뜻한 식사가 기다리는 집으로 갈 수 있는 어린이가 느끼는 배고픔과 하루 종일 음식을 찾아 헤매도 먹을 것을 전혀 찾을 수 없는 어린이가 느끼는 배고픔이 매우 다른 것임을 비고츠키는 너무나 잘 알고 있었다. 열심히 찾아보면 스스로 먹을 것을 찾을 수 있는 시골에서 어린이가 겪는 배고픔은 도시에서 구걸을 해야만 하는 어린이의 배고픔과는 매우 다르게 느껴진다. 물론 각각의 경우에 어린이의 의식이 어린이의 활동을 직접적으로 반영한다고 말하기는 어렵다. 그러나 다양한 형태의 사회적 존재와 다양한 형태의 의식을 구별할 때면 우리는 언제나 그 둘의 관계가 일방적 반영이 아닌 상호 굴절에 더 가까움을 발견하게 된다.

4-9] 우리의 임상 연구 사례에서 간단한 예를 생각해 봅시다.

4-10] 동일한 가정에서 자란 세 명의 어린이가 있습니다. 세 명의 어린이에게 주어진 가정의 외적 환경은 모두 동일했습니다. 상황의 본질은 매우 단순했습니다. 어머니가 술을 마셨으며 그 결과 여러 가지 신경성 심리 장애들을 앓고 있는 것이 분명했습니다. 이 어린이들에게는 매우 심각한 일들이 일어납니다. 이 어머니는 술에 취하여 아이를 창문 밖으로 던지려고 하기도 했으며, 종종 아이들을 때리거나 바닥에 내동댕이치곤 합니다. 요컨대 이 어린이들은 이런 상황으로 인해 두려움과 공포의 상태에서 살고 있습니다.

4-11] 그 세 명의 어린이가 우리에게 보내졌습니다. 이 각각의 어린이는 동일한 상황에서 비롯된 완전히 다른 발달 장애의 모습을 보여 줍니다. 동일한 조건이 세 어린이들에게 완전히 다른 모습을 초래합니다.

4-12] 우리는 이 경우 어린아이들에게서 가장 흔히 나타나는 모습을 막내에게서 발견합니다. 이 어린이는 일련의 신경증적 증상, 즉 방어적 증상으로 이것에 반응합니다. 그는 자신에게 일어나고 있는 일에 대한 공포에 압도당합니다. 그 결과 그는 공포를 키워 가고, 야뇨증이 나타나고, 말을 더듬게 되고, 때로는 완전히 침묵하며 목소리를 내지 못하기도 합니다. 달리 말해, 그는 이 상황에 완전히 압도되어 완전히 무기력하게 반응합니다.

4-13] 둘째 아이의 경우 내적 갈등이라 불리는 매우 고통스러운 상

태(우리가 어린이들 중 한 명을 검사했을 때 발견한 사례)가 전개됩니다. 이 상태는 어린이가 어머니와 적대적 애정관계—여러분은 이에 대해 이야기한 것을 기억할 것입니다—즉 양가적 관계를 형성하는 경우에 흔히 나타납니다. 어린이에게 어머니는 한편으로 무한한 애정의 대상이고, 다른 한편으로 어린이가 느끼는 모든 공포와 가장 힘든 상황의 원천입니다. 독일 학자들은 어린이가 겪는 이런 복잡한 감정을 'Mutter-Hexkomplex', 즉 '엄마-마녀 콤플렉스'라고 부르며, 여기서 엄마에 대한 사랑과 마녀에 대한 공포가 공존합니다. 우리에게 왔을 때 이 둘째 아이는 매우 명백한 갈등, 어머니에 대한 긍정적이고 부정적인 태도에서 상충하는 내적 모순, 어머니에 대한 극심한 애착과 엄청난 미움을 보였으며, 매우 모순적인 행동을 수반하였습니다. 그 어린이는 당장 집으로 돌아가고 싶어 하면서도 막상 집에 간다는 얘기를 들으면 공포를 드러냈습니다.

4-14] 마지막으로, 세 번째 경우인 맏이는 처음에는 전혀 예상하지 못한 모습을 보였습니다. 그 어린이는 둔하고 어리석고 매우 소심해 보였지만, 그럼에도 나이에 비해 이른 모종의 성숙함, 진지함, 배려의 특징을 보여 주었습니다. 그는 이미 자신이 처한 상황을 알고 있었습니다. 그는 엄마가 아프다는 것을 알고 있었으며, 엄마를 불쌍하게 생각했습니다. 그는 엄마가 발작을 일으킬 때 어린 동생들이 위험에 처하게 되는 것을 보아 왔습니다. 그리고 이 때문에 그는 특수한 역할을 맡게 되었습니다. 그는 엄마를 진정시켜야 했으며, 엄마가 어린 동생들에게 해를 끼치지 못하도록 감시하고, 어린 동생들을 돌봐야 했습니다. 그는 이미 나머지 가족을 돌보아야만 하는 가장이었습니다. 결과적으로 그의 발달 과정 전체가 극적으로 변했습니다. 그는 자신의 나이에 맞게 보통의 단순한 살아 있는 흥미를 갖고 활발하게 활동하는 활기찬 어린이가 아니었습니다. 그는 발달 과정에서 극적으로 변화한 다른 유형의 어린이

였습니다.

4-15] 그리고 여러분이 그러한 예를 고려할 때―구체적 자료를 다루는 모든 연구들이 그러한 예들로 가득합니다―동일한 환경적 상황과 동일한 사건이 서로 다른 연령 수준에 있는 다른 사람들에게 영향을 미쳐 그들의 발달에 서로 다른 영향을 미침을 쉽게 볼 수 있습니다.

4-16] 무엇이 동일한 환경 조건에서 서로 다른 세 명의 어린이에게 서로 다른 영향을 주는 결과를 초래할까요? 그것은 각각의 어린이가 이 사건과 맺는 관계가 다르기 때문입니다. 혹은, 각각의 어린이가 이 상황을 정서적으로 다르게 경험했기 때문이라고 말할 수도 있습니다. 한 어린이는 그 경험을 자신을 무력한 상태로 빠뜨리는 무의미하고 이해할 수 없는 공포로 경험합니다. 다른 어린이는 그것을 의미 있는 경험, 즉 심한 애정과 극한 공포, 증오, 분노의 충돌로 경험합니다. 세 번째 어린이는 그것을 10세나 11세에서나 가능할 법한 정도로 경험합니다. 즉 그는 다른 모든 일을 제쳐 두어야만 하는 가족의 불행으로 경험하여 어떻게든 아픈 엄마와 동생들을 도와 이 불행을 줄이려고 하는 것입니다. 그러므로 동일한 상황에 대한 서로 다른 세 가지 정서적 경험에 따라, 그 상황이 어린이들의 발달에 미치는 영향이 달라짐이 드러납니다.

4-17] 이 사례를 통해, 나는 아동학이 다른 과학들과는 달리 환경을 어린이와 무관하게 그 자체로 연구하는 것이 아니라 환경이 어린이의 발달에서 갖는 역할과 영향을 연구한다면, 그것은 언제나 어린이에게 미치는 환경의 영향을 굴절시키는 프리즘을 찾을 수 있게 해 주어야 한다는 생각을 명료화하고자 했을 뿐입니다. 다시 말해, 그것은 어린이와 환경 사이에 존재하는 관계, 어린이의 정서적 경험으로 인도할 수 있도록 해 주어야 한다는 것입니다. 즉, 어린이가 어떻게 환경을 의식하고 해석하며 주어진 사건과 정서적으로 관계를 맺는지를 알게

해 주어야 한다는 것입니다. 이것은 말하자면, 어린이 성격 발달, 어린이의 심리적 발달 등에 미치는 환경의 역할과 영향을 결정하는 프리즘입니다.

4-18] 나는 이 사례와 연관된 하나의 부가적인 계기로 여러분의 주의를 끌고자 합니다. 만약 과학적 방법에 대해 말했던 것을 기억한다면, 나는 과학에서 요소로 분해하는 분석을 복잡한 전체 단위로 환원하는 분석으로 대체해야 한다는 생각을 옹호하고자 했습니다. 게다가 요소와는 반대로, 단위가 전체에 내재한 속성들을 잃지 않으면서도 그러한 속성들을 가장 단순한 형태로 보유하고 있는 분석의 산물임을 나타낸다고 말했습니다.

4-19] 나는 오늘 환경에 대한 이론의 구체적 사례로 심리학 연구에서 사용되는 몇 가지 단위들을 보여 주고자 합니다. 그러한 단위의 예는 정서적 경험переживание입니다. 정서적 경험은 한편으로는 정서적으로 경험되는 환경—정서적 경험은 언제나 그 사람에게 있어 외적인 무언가와 관련되어 있습니다—과 다른 한편으로는 내가 환경을 어떻게 정서적으로 경험하는지를, 분해할 수 없는 방식으로 나타내는 단위입니다. 다시 말해 모든 인격의 특징과 모든 환경의 특징이 정서적 경험에 표상되어 특정 인격과 관련성을 갖고 있는 환경으로부터 추출된 모든 계기, 특정 사건과 관련성을 갖고 있는 인격으로부터 추출된 모든 특성 요인과 구성 요인이 나타납니다. 따라서 정서적 경험 속에서 우리는 항상 그 속에 나타나는 인격의 특성과 상황의 특성들의 분해 불가능한 통합체를 다룹니다. 이런 이유로 어린이 발달에서 환경이 하는 역할을 연구할 때 우리의 분석을 정서적 경험이라는 관점에서 수행하는 것은 방법론적 이점이 있습니다. 이는 내가 이미 전에 말한 바와 같이, 어린이의 정서적 경험이 특정 상황과의 관계를 규정하는 데 관련된 어린이의 모든 성격적 특성을 취하기 때문입니다. 예를 들어 나의 인

격을 구성하는 모든 종류의 특성들이 모두 동등하게 관여할까요? 당연히 그렇지 않습니다. 어떤 상황에서는 나의 구성 특성 중 하나가 일차적 역할을 수행하고, 다른 상황에서는 첫 번째 경우에서 전혀 나타나지 않았던 다른 구성 특성이 일차적 역할을 수행합니다. 우리에게 중요한 것은 어린이의 구성 특성 자체를 아는 것이 아니라, 이러한 구성 특성들 중 어떤 것이 어린이와 특정 상황의 관계를 결정하는 데 있어 결정적 역할을 하고 다른 상황에서는 다른 구성 특성이 그러한 역할을 담당했다는 것을 아는 것입니다.

본문에 나오는 인격의 '구성 특성'이 의미하는 바는 무엇일까? '구성конституциональные'이라는 말에는 기질이라는 의미도 포함되어 있으며, 이는 마치 어떤 사람들은 기질적으로 긍정적이며 다른 이들은 부정적이라고 생각하는 것으로 보일 수도 있다. 이는 사실 슈프랑거를 비롯한 당대의 여러 독일 심리학자들의 생각이기도 하다. 그러나 앞에서 비고츠키가 언급한 세 명의 어린이들은 단순히 세 가지의 상이한 '기질'을 가지고 있었던 것이 아니다. 막내는 처음부터 무기력했던 것이 아니고, 둘째는 기질적으로 엄마-마녀 콤플렉스를 쉽게 가지게 된 것도 아니며, 맏이는 고정된 인격적 특성으로 인해 '엄마'와 '술취한 엄마'를 구분할 수 있게 된 것도 아니다. 비고츠키는 어린이의 인격 구성 특성이 만들어지는 것이라고 말한다. 이 특성들은 수년간의 정서적 경험과 이어진 수년간의 숙고된 경험이 유전 위에 켜켜이 쌓여 만들어진 침전물인 것이다. 이 경험들은 처음에는 직접적 지각과 감각에 지배를 받으며 숙고의 요인은 매우 미미하다. 후에 이 경험은 숙고뿐 아니라 굴절을 그리고 무엇보다도 선택을 포함하게 된다. 어린이는 환경에서 어떤 것에 초점을 맞추고 어떤 것은 무시할지 선택하는 것이다. 이 경우 어린이의 경험에서 유전이 차지하는 부분은 매우 미미하다. 어떤 경험을 겪었느냐가 아니라 어떤 경험을 했느냐의 문제가 된 것이다. 비고츠키가 정서적 경험을 인격 발달의 구성단위라고 한 이유가 여기에 있다. 『생각과 말』이나 『도구와 기호』 그리고 심지어 『역사와 발달』과 마찬가지로 정서적 경험은 인격을 구성한다. 그러나 정서적 경험은 또한 외부 환경(어린이가 보고, 행동하고, 영향을 미칠 수 있는)과 발달하는 어린이 내부 유기체(신경계, 뇌, 심리적 기능)에 대해 조금 상이한 관계를 맺는 두 가지 요소로 이루어져 있다. 낱말의 의미가 생각과 사회적 접촉의 측면을 모두 가지고 있듯이, 정서적 경험은 하나의 단위 속에 두 가지의 측면을 가지고 있다. 그것은 환경 속에 체험되는 동시에 유기체 내에서 경험된다.

4-20] 따라서 특정한 상황과의 관계를 결정하는 역할을 하고 그것을 정서적으로 경험하도록 해 주는 특성들이 식별됩니다. 내가 어떤 구성 특성을 지닌다고 합시다. 나는 분명히 그것을 특정한 방식으로 경험할 것입니다. 내가 만약 다른 특성을 지닌다면, 나는 분명히 그것을 다른 방식으로 경험할 것입니다. 그러므로 사람들의 구성 특성에 관해 말하는 데 있어서 우리는 쉽게 흥분하고, 사교적이고, 활달한 사람과 정서적으로 활기 없고, 내성적이고, 둔한 사람을 구별합니다. 반대되는 구성 특성을 지닌 두 사람이 있다면, 동일한 사건이라도 그들 각각에게 상이한 정서적 경험을 야기할 것은 분명합니다. 그 결과 인간의 구성 특성, 즉 어린이의 일반적인 인격 특질은 마치 정서적 경험에 따라 동원되고, 축적되어, 특정한 정서적 경험에 의해 결정화結晶化되는 것과 같습니다. 그러나 동시에 이 정서적 경험은 어린이가 사건을 정서적으로 경험하는 방식을 결정하는 어린이의 인격 특성들의 총체일 뿐 아니라, 어린이에 의해 상이하게 정서적으로 경험되는 다양한 사건들입니다. 엄마가 알코올 중독이거나 정신적 장애가 있는 것 즉 아이를 돌보는 사람이 정신적 장애를 가진 것은, 아빠나 이웃이 알코올 중독인 것과는 다릅니다. 이는 구체적 상황으로 영향을 끼치는 환경이 또한 언제나 특정한 정서적 경험으로 나타난다는 것을 의미합니다. 우리가 정서적 경험을 환경적 계기와 인격적 계기의 통합체로 간주하는 것은 이러

한 이유 때문입니다. 이러한 이유로 정서적 경험은 성격 발달 법칙을 분석하는 데 있어, 어린이 심리 발달에서 환경의 역할과 영향을 연구하도록 해 주는 개념이 됩니다.

'군대를 동원하다'에서와 같이 글자 그대로 '동원된'이라는 뜻을 나타내는 '모빌리주유쨔мобилизуются'의 비유적 사용에 주목해 보자. 그러나 이 경우에 어린이는 관련된 심리적 특징들을 '동원하고' 있다. 이 특징들은 마치 병사들이 군대에서 역할에 따라 동원되듯이, 어린이가 겪은 경험과 역량에 따라 '동원된다.' 이혼하게 된 부모를 둔 5세, 7세의 두 형제를 상상해 보자. 동생에게 부모의 이혼은 더 이상 집안에서 부모가 싸우는 모습을 보지 않아도 됨을 의미하므로 동생은 안도한다. 그 어린이는 부모의 다툼에 대한 혐오를 '동원하고' 있다. 반대로 형에게 부모의 이혼은 부모 중 한 명이나 심지어 동생과의 이별을 의미하므로 형은 불안해한다. 한 어린이는 다소 낙관적인 인격 특성을 동원하고 다른 어린이는 좀 더 비관적인 인격 특성을 동원한다. 그러한 특성들은 스스로를 강화시키기도 한다. 낙관적 어린이는 사건에 대해 시종일관 낙관론을 선택하고, 비관적 어린이는 줄곧 비관론을 선택함으로써 그러한 인격적 특성들이 강화되는 것이다. 이러한 인격적 특성들은 어린이가 갖고 있는 자질인 동시에 언제나 환경과 관련되어 동원된다.

4-21] 어린이와 환경 사이에 존재하는 관계를 연구함에 있어, 아동학이 어린이 발달에서 환경의 역할을 구체적으로 어떻게 연구하는지를 설명하는 데 마찬가지로 도움이 되는 또 다른 예를 들어 보겠습니다. 나는 환경에서 발생하는 특정한 사건이나 상황이, 어린이가 그것의 뜻과 의미를 이해하는지에 따라 어린이에게 다른 영향을 미칠 것이라는 데 여러분이 동의할 것이라고 생각합니다. 예를 들어 가족 중 누군가가 죽었다고 합시다. 죽음이 무엇인지 아는 어린이는, 어떤 일이 생긴 것인지 전혀 모르는 어린이와 다르게 반응할 것이 분명합니다. 또는 부모가

이혼한 가족이 있다고 합시다. 우리는 종종 이것을 가족 내 양육의 어려움과 관련된 계기로 이해하게 됩니다. 거듭 말해, 무엇이 일어나고 있는지, 사건의 의미를 이해하는 어린이는 이해하지 못하는 어린이와 다르게 반응할 것입니다.

4-22] 간단하게 다음과 같이 표현할 수 있습니다. 어린이 발달에 대한 환경의 영향은, 다른 어떤 점들보다도, 환경에서 어떤 일이 벌어지고 있는지를 이해하고, 인식하고, 감지하는 정도에 따라 측정되어야만 합니다. 만일 서로 다른 어린이들이 상이한 의식을 갖는다고 한다면, 이것은 하나의 동일한 사건이 완전히 다른 의미를 갖게 된다는 뜻입니다. 우리는 불행한 사건이 종종 어린이에게 즐거운 의미를 갖는 것을 보게 됩니다. 그 어린이는 사건 자체의 의미를 파악한 것이 아니라, 조용히 말썽을 피우지 않게 하려고 금지된 일이 허용되거나 사탕을 받았을 수도 있습니다. 이 때문에 어머니가 걸린 중병은 어린이에게는 뭔가 생일을 맞은 소년처럼 즐겁고 기쁜 사건으로 인식될 것입니다. 전체 핵심은 이런저런 상황에서 그 영향력이 상황 그 자체의 내용뿐 아니라 어린이가 그 상황을 이해하거나 감지하는 방식에 달려 있다는 것입니다.

4-23] 정신 지체아, 특히 심각한 정신 지체아를 대할 때 우리는 종종 그들이 충분히 이해하지 못하며, 이것이 만일 그들이 정상이었다면 극심한 고통을 겪었을 그러한 상황으로부터 그들을 보호하여 구출해 준다는 것을 관찰하게 됩니다. 여러분도 알다시피, 기형인 어린이에게서 그런 상황이 자주 발생합니다. 얼마 전에 우리 진료실에서도 그런 일이 일어났습니다. 즉 아주 기형적인 어린이에게 말입니다. 다른 어린이들이 그 어린이를 괴롭혔습니다. 그 어린이는 자신이 심한 기형을 가짐을 알았고 그것에 대해 언급하기도 했습니다. 정상적인 지능을 지닌 어린이였다면 그런 상황은 유년기 트라우마의 무한한 원천이 되었을 것입니

다. 왜냐하면 그 어린이는 지속적으로 모든 곳에서 자신의 기형, 즉 자기를 비웃고 괴롭히고 경멸하고, 함께 놀기를 거부하는 어린이들과 자신이 다르다는 사실과 마주치게 되며, 그 어린이가 마주치게 되는 지속적인 굴욕감은 대체로 어린이에게 모종의 심각한 정서적 경험, 신경증, 기능 장애나 모종의 정신 장애를 초래하기 때문입니다. 이 장애들은 정서적 경험에서 야기됩니다. 그렇지만 내가 말했던 그 어린이에게는 그런 일이 전혀 일어나지 않았습니다. 그 어린이는 괴롭힘과 굴욕을 당하여, 사실 극도로 힘든 상황에 처하였지만 이는 마치 거위에게 물 붓기 (개구리 낯에 물 뿌리기-K)와 같은 것이었습니다. 그 어린이는 이것을 일반화할 수 없기 때문입니다. 그가 괴롭힘을 당할 때마다 그는 불쾌해하지만, 열등감을 느끼고, 굴욕감을 느끼고, 자존심에 상처를 받는, 정상 어린이에게 나타나는 그런 일반화가 일어나지 않습니다. 왜냐하면 그 어린이는 일어난 일에 대한 뜻과 의미를 이해하지 못하기 때문입니다.

4-24] 정신 지체아에게서 발견되는, 특정 사건이나 상황을 이해하지 못하는 분별력의 결여가, 다른 어린이들이라면 겪었을 질환이나 병리적 반응과 발달 장애로부터 어떻게 이들을 보호하는지 보여 주는 아주 놀라운 예가 여기에 있습니다.

4-25] 그래서 무슨 일이 일어났을까요? 그 환경 속에는 정상 어린이라면 트라우마나 장애를 초래할 만한 상황이 존재합니다. 그런데 우리 어린이는 그렇게 되지 않았습니다. 왜일까요? 그렇습니다. 이 어린이가 충분히 이해하지 못했기 때문입니다. 그리고 내가 병리학적 사례로서 제시한 일이 사실상 모든 연령에서 일어납니다. 하나의 동일한 상황이라도, 그것이 어린이가 한 살일 때 벌어지거나, 세 살, 일곱 살, 혹은 열세 살 때 벌어진다면, 그 중요성은 다를 것입니다. 하나의 동일한 사건이 서로 다른 어린이들에게 닥친다면 그 사건은 각각의 정신 속에 상당히 다르게 반영되며, 각각의 어린이가 그 사건에 대해 느끼는 의미

는 완전히 다릅니다.

4-26] 이와 관련하여 다소 복잡하지만 개념 발달에 미치는 환경의 영향을 이해하는 데 매우 중요한 한 가지 흥미로운 것이 있습니다. 그 개념은 우리 낱말이 나타내는 의미와 관련이 있습니다. 물론 여러분은 우리가 주변 사람들과 주로 말을 통해 의사소통한다는 것을 알고 있습니다. 이는 기본적 수단 중 하나로, 이것의 도움을 통해 어린이들은 주변 사람들과 심리적인 접촉을 유지합니다. 말에 대한 연구는 어린이의 낱말 의미가 우리의 낱말 의미와 일치하지 않음을, 즉 서로 다른 연령 단계에 있는 어린이의 낱말 의미가 상이한 구조를 가지고 있음을 보여주었습니다. 이제 이것에 대해 예시들을 통해 설명하고자 합니다.

4-27] 먼저 낱말의 의미란 무엇인지 자문해 봅시다. 심리학적 관점에서 볼 때 낱말의 의미란 언제나 일반화라고 말한다면, 여러분이 동의할 것이라 생각합니다. 아무 낱말이나 들어 봅시다. '거리', '사람', '날씨' 같은 낱말을 보면, 이 낱말들은 하나의 대상을 지칭하는 것이 아니라 특정 부류나 특정 대상의 무리를 지칭합니다. 심리학적 관점에서 볼 때 의미는 언제나 일반화입니다. 이는 우리에게 분명합니다. 이것이 첫 번째 명제입니다.

비고츠키는 심리학적 관점에서 볼 때 낱말은 언제나 일반화라고 말한다. 이것은 특히 동사를 생각해 보면 분명해진다. 모든 언어에는 고유명사와 보통명사가 존재하지만, '고유' 동사라는 것은 존재하지 않는다. 즉 '결코 다시 반복되지 않는 단 하나의 특정한 행동'을 가리키는 동사는 존재하지 않는 것이다. 비록 우리의 행동 자체는 시간의 흐름 속에 두 번 다시 똑같이 반복되지 않는 특정한 것일지라도, 그 행동을 가리키는 동사는 유사한 일군의 행동들을 일반화한 것이다. 따라서 모든 동사는 일반화된 '보통' 동사이다. 이것은 명사에 대해서도 마찬가지이다. '데이비드 켈로그'와 같은 고유명사조차도 일반화이다. 세상에는 수많은 '켈로그'들이 존재하며, '데이비드'는 영어권 남자에게 매우 혼한 이름이다. 또한 사람이 유아기, 유년기, 청년기, 성인기에 같은 이름을 쓴다는 개념도 총체적 일반화이다. 인간의 경험이 인간의 어휘보다 훨씬 풍부하다는 사실 자체가 모든 낱말이 일반화여야만 한다는 것을 가리킨다.

4-28] 이러한 일반화는 어린이에게서 우리와는 다르게 구성됩니다. 결국 어린이는 스스로 자신의 언어를 발명하는 것이 아니라, 우리의 언어와 우리 언어에서 낱말들이 갖는 의미를 배우면서 기존의 사물에 부여된 이미 만들어진 낱말을 발견합니다. 따라서 어린이는 이러한 낱말들로 우리가 가리키는 대상을 지칭합니다. 어린이가 '날씨' 혹은 '사람'이라고 말할 때, 어린이는 동일한 사물 즉 여러분과 내가 마음속에 생각하는 것과 같은 대상을 지칭하지만, 어린이는 이러한 사물들을 우리와는 다른 방식, 다른 생각 작용을 통해 일반화합니다. 어린이는 우리가 개념이라고 부르는 고차적 일반화를 할 수 없으며, 어린이에게 일반화는 좀 더 구체적이고, 시각-도식적 특성을 가집니다. 초기 발달 단계에 있는 어린이의 이러한 일반화는 가족의 성姓으로 표현되는 일반화를 떠올리게 한다고 말할 수 있습니다. 우리에게 성姓은 어떠한 한 사람을 의미하는 게 아니라 사람들의 무리를 의미합니다. 그러나 어떻게 이 무리의 사람들이 하나의 성姓씨 아래에서 일반화될까요? 이들은 실제 친족 관계에 근거하여 일반화됩니다. 즉 특정 범주와 같은 논리적 관계가 아닌 이 사람들 간의 실제 관계에 토대하여 일반화됩니다. 나는 각 사람에 대해 누가 페트로프인지 이바노프인지 말할 수 없습니다. 만일 그가 페트로프나 이바노프의 아들이라는 것을 알게 되면, 즉 그와 다른 사람들과의 실제 관계를 알게 되면, 나는 그가 어느 가족의 일원인지를 알게 됩니다. 연구는, 우리가 가족의 성으로 일반화를 구성하는 것과 같은 방식으로 전 학령기 어린이가 온갖 종류의 대상에 대한 일

반화를 구성하는 것을 보여 줍니다. 다시 말해 어린이는 낱말을 가지고 우리가 가리키는 동일한 대상을 가리키지만, 어린이는 이 대상들을 다른 방식으로 즉 좀 더 구체적이고, 좀 더 시각-도식적이며, 좀 더 실제적인 방식으로 일반화합니다.

본문에 나오는 '연구'란 아마도 『생각과 말』 5장에서 상세히 기술된, 개념 형성에 관한 사하로프의 연구를 지칭하고 있는 것으로 보인다. 그 연구에서 사하로프는 어린이들이 논리적 관계(높이, 지름 등)에 따르는 것이 아니라 구체적, 시각-도식적, 객관적 유사성에 근거하여 블록들을 무리 짓는다는 것을 발견했다. 삼각형을 보면, 우리는 한눈에 그것이 삼각형임을 알 수 있다. 그러나 그것을 보지 않고도 면이나 각의 개수 또는 모든 내각의 크기와 합을 알면, 그것이 삼각형임을 알 수 있다. 똑같은 것이 어느 정도 모든 개념에 적용될 수 있다. '포유류', '국가', '수소'와 같은 낱말에 있어서 그 소속 여부를 결정하는 것은 경험적 기술이 아니라, 일반적·추상적·논리적 정의이다. 사람에 대해서는 이것이 불가능하다. 사람과 이름의 관계는 확실히 일반화이지만, 논리적 일반화는 아니다. 대신 다른 종류의 경험적 사실(출생, 결혼, 입양)에 근거하고 있다. 비고츠키는 사람의 이름은 동질의 추상적(이상화된) 관계에 토대한 개념이 아니라, 특정한 무리의 실제 사람들에 관한 구체적이고 사실적인 일반화라고 말한다. 그러나 비고츠키는 왜 어린이의 일반화가 시각-도식적наглядный 특성을 갖는다고 말하는가? 다음 강의에서 보게 되듯이, 정서적 지각은 초기 유년기에 매우 중요한 기능이다. 어린이의 주의는 물론이고 기억조차도 시각에 관한 느낌과 소리에 관한 느낌에 강하게 끌리며, 이러한 지향성은 필연적으로 어린이의 최초의 일반화에 영향을 끼친다. 어린이나 외국어 환경에 있는 사람들이 지각에 많이 의존하는 경향이 있는 반면, 성인이나 모국어 사용자는 낱말 의미에 많이 의존하기 때문에 얼굴 표정이나 목소리의 미묘한 차이에 덜 주목하는 경향이 있다. 어린이가 '사람'이라는 낱말을 일반화하는 방식을 생각해 보자. 사람은 어른, 아이, 여자, 남자 모두를 포함하는 개념이지만 어린이에게 이것은 전혀 명백하지 않다. 어린이에게 '넌 사람이니?'라고 묻는다면, '아니요. 나는 아가예요'라고 대답할 것이다. 우리가 말할 수 있는 것은, 어린이의 일반화의 토대는 '할아버지 생신에 모인 사람들'이라는 것이다. 이런 의미에서 어린이의 일반화는 진정으로 시각-도식적이다.

4-29] 이 때문에 어린이는 우리의 일반화와는 다르며, 이는 어린이가 우리와는 똑같지 않은 방식으로 현실을 해석하고 자기 주변에서 발생하는 사건을 이해한다는 잘 알려진 사실로 우리를 이끕니다. 어른이 특정한 사건이 가진 충분한 의미를 어린이에게 언제나 전달할 수 있는 것은 아닙니다. 어린이는 부분적으로 이해하지만 끝까지 이해하는 것은 아닙니다. 어린이는 사건의 한쪽만 이해하고 다른 쪽은 이해하지 못합니다. 즉 어린이는 이해를 하지만 자기 자신의 방식대로 이해를 합니다. 설명된 사실들로부터 일부만을 취하여 자신의 방식으로 재처리하고 변형시키는 것입니다. 따라서 결과적으로 서로 다른 발달 단계에 속한 어린이는 성인의 생각과 완전히 일치하는 대답을 가질 수 없습니다. 그리고 이는 다른 발달 단계에 있는 어린이는 동일한 정도로 일반화하지 않으며, 결과적으로 자기 주변의 현실과 환경을 다른 방식으로 해석하며 상상한다는 것을 의미합니다. 따라서 어린이 생각 발달 자체와 어린이 일반화 발달 자체 또한 어린이가 처한 환경의 영향과 연결되어 있습니다.

4-30] 그러므로 어린이는 여러 해를 거치면서 점점 더 잘 이해하기 시작합니다. 예전에는 이해하지 못했던 것을 지금은 이해할 수 있습니다. 가족에게 있었던 특정한 사건들의 영향이 지금은 변했을까요? 네, 그렇습니다. 전에는 중립적이었던 특정 사건들의 영향이 지금은 어린이 발달에서 근본적 계기들의 역할을 수행합니다. 이것은 어린이의 생각 즉 어린이의 낱말 의미의 발달 자체가, 환경과 각각의 발달 과정 사이

에 존재할 수 있는 새로운 관계를 규정한다는 것을 의미합니다.

4-31] 지금까지 논의된 것을 요약하자면, 다음과 같이 말할 수 있을 것입니다. 아동학은, 이미 말했듯이, 절대적 척도로서 환경 자체가 아니라 어린이 발달에 대한 환경의 역할과 영향을 연구합니다. 왜냐하면, 발달에 대한 환경의 역할을 연구함에 있어서 가장 중요한 것은 어린이와 주어진 환경적 상황의 관계, 다양한 구체적 예들의 도움으로 밝혀질 수 있는 관계이기 때문입니다. 이미 말했듯이 가족이 처한 동일한 상황이 어린이 발달에 세 가지 서로 다른 영향을 미칠 수 있습니다. 환경은 어린이 발달에 연령별로 다른 영향을 미칩니다. 왜냐하면 어린이가 변하고, 어린이가 그 상황과 맺는 관계가 변하기 때문입니다. 환경은, 말했다시피, 어린이의 정서적 경험을 통해 이러한 영향력을 발휘합니다. 다시 말해, 어린이가 환경 속의 이런저런 상황과 이런저런 계기에서 자신만의 내적 관계를 어떻게 발달시키는지에 달려 있는 것입니다. 환경은 그것에 대한 어린이의 이해 정도에 따라 이런저런 발달을 결정합니다. 우리는 발달의 모든 측면이 (환경에 영향을 미쳐-K), 환경이 이 발달에 어떻게 영향을 미치는지 결정함을 드러내는 수많은 다른 계기들을 보일 수 있습니다. 즉 언제나 핵심은 환경과 어린이의 관계이며 환경 자체나 어린이 자체가 아닙니다.

4-32] 우리는 환경이, 상황의 발달과 관련하여, 불변하고 영원한 것으로 간주될 수 없으며 변하기 쉽고 역동적인 것으로 이해되어야 한다는 결론에 도달하였습니다. 바로 환경, 상황이 어떤 식으로든 어린이에게 영향을 미치며 그의 발달을 인도합니다. 그러나 어린이와 그의 발달은 변화하고 달라집니다. 그러나 어린이만 변하는 것이 아니라 그와 환경의 관계도 변하고, 이 환경은 바로 이 어린이에게 새로운 영향을 미치기 시작합니다. 이와 같이 환경에 대한 역동적이고 상대적인 이해─이것은 아동학에서 환경에 대해 말할 때 도출해야 하는 가장 중요한

사실입니다. 그러나 이것은 그 자체로는 충분히 구체적이지 않습니다. 글쎄요. 우리는 환경과의 관계를 이해하는 것이 중요하며, 관계가 변화하면 환경도 다르게 영향을 미친다는 데 동의합니다. 그러나 이 모두는 가장 중요한 것, 즉 어린이 발달과 관련하여 환경이 가지는 기본적인 역할이 무엇인지를 아직 말해 주지 않습니다. 이제 나는 이 질문에 대답하고자 합니다.

4-33] 무엇보다 첫째로 우리는 유전에 대한 연구에서 마주쳤던 것과 같은 것을 환경에 대한 연구에서 다시 만나게 됩니다. 여러분은 유전이 발달의 모든 측면에 미치는 영향에 대한 어떤 요약적 정의가 있지도 않고 있을 수도 없다고 우리가 말한 것과, 또한 기본적으로 동일한 유전 법칙 자체가 아닌 유전이 발달에 미치는 영향을 연구하려면, 유전이 상이한 발달 측면과 맺는 관계를 분별해야 한다고 말한 것을 기억할 것입니다. 나는 쌍생아 연구의 결과에서 유전이 기초적 심리기능에서 수행했던 것과 같은 역할을 고등심리기능에서 수행하지 않았음을 보이고자 했음을 여러분이 기억하기 바랍니다. 따라서 유전은 상이한 발달 측면과 관련하여 분별되어야 합니다.

4-34] 동일한 것이, 환경에도 완전히 똑같이 적용됩니다. 그런 예는 성장 발달 과정에 미치는 환경의 영향 또는 어린이의 논리적 사고 발달 과정에 미치는 환경의 영향에서 볼 수 있습니다. 여전히 작용하는 일반 법칙 외에, 그와 같이 환경과 여기(성장-K)나 저기(논리적 사고-K)서 특정한 발달의 측면이 맺는 관계가 동일한 영향을 끼친다고 기대하기는 분명 어렵습니다. 이 일반 법칙 이외에는 환경이 동일한 영향을 가지며 이 영향이 발달의 모든 측면과 관련하여 동일한 형태로 나타나기를 기대하기는 어려웠습니다. 정말로 그렇습니다. 우리는, 환경에 대한 역동적인 이해와 더불어, 발달의 상이한 측면들이 환경과 맺는 관계가 서로 다름을 이해하기 시작합니다. 이 때문에 우리는 예컨대 환경이 어

린이의 성장에 미치는 영향과, 환경이 개별 부분과 유기체 체계의 성장에 미치는 영향을 구분해서 연구해야 하며, 환경이 예컨대 어린이의 지각과 운동 기능에 미치는 영향과, 환경이 심리적 기능의 발달에 미치는 영향 등등을 구분해서 연구해야 합니다.

4-35] 환경에 관한 일반적 입장을 설명할 때 가장 알맞은 것은, 한편으로 협소한 발달 측면이 아니라 대체로 발달에서 중심적이고 본질적인 측면을 선택하고, (다른 한편으로-K) 환경의 영향이 최대한 드러나는 발달 측면을 선택하는 것입니다.

4-36] 어린이 인격의 발달, 어린이 의식의 발달, 어린이와 그를 둘러싼 현실과의 관계의 발달에 관해 생각해 봅시다. 그리고 무엇이 어린이의 인격, 의식, 현실과의 관계 발달에서 환경의 고유한 역할을 구성하는지 살펴봅시다.

4-37] 만일 인간 인격에 고유한, 인간 발달의 역사적 시기에 진화한 모든 특성을 살펴본다면 우리는 매우 단순한 결론에 이르게 됩니다. 즉 여기에는 그 어떤 일반적인 발달에서도 볼 수 없는, 아동 발달에 고유한, 환경과 어린이 발달 사이의 관계가 존재한다는 것입니다.

4-38] 어린이의 인격의 발달과, 어린이가 갖는 인간 고유의 특성에 대해 말할 때 다루게 되는 환경과 발달 사이의 이 고유한 관계는 무엇일까요? 내 생각에 이 고유성은 다음에 있습니다. 어린이 발달의 끝에서, 발달의 결과에서 드러나야 하는 것이 이미 환경에서 처음부터 존재한다는 것입니다. 그리고 그것은 처음부터 환경에서 존재할 뿐 아니라 어린이 발달의 첫걸음에 영향을 미칩니다. 예시를 통해 이를 명확히 하겠습니다.

4-39] 여기 이제 막 말을 시작한 어린이가 있습니다. 그 어린이는 말을 숙달하기 시작한 어린이들이 대개 그렇듯이 낱낱의 낱말로 말합니다. 하지만 완전히 발달한 말, 즉 발달의 마지막에서야 비로소 어린이

에게 출현할 말이 이 어린이의 환경 속에 이미 존재할까요? 존재합니다. 어린이는 한 단어로 말하지만, 그 엄마는 어린이에게 더 많은 낱말을 가지고 문법적·통사적으로 완벽한 형태로, 물론 어린이에게 맞게 제한된 형태로 말합니다. 그러나 그럼에도 우리는 어떤 경우라도 엄마가 이미 완전히 발달된 형태의 말을 이용하여 말한다고 할 수 있을 것입니다. 우리는 어린이 발달의 마지막에 출현할 이 발달된 형태를, 현재 아동학에서 관습적으로 그러하듯, 최종적 혹은 이상적 형태라 부르도록 합시다. 그것은 발달의 마지막에 출현하는 모습이라는 의미에서 이상적이며, 어린이 발달의 마지막에 그 결과로서 출현해야만 한다는 의미에서 최종적입니다. 그리고 우리는 어린이의 말 형태를 시초적 형태나 초보적 형태라 부를 것입니다. 어린이 발달의 가장 큰 특징은 이 발달이 환경과의 상호작용이라는 조건하에서 일어난다는 것입니다. 발달의 마지막에 출현해야 할 이상적 형태, 최종적 형태가 그 환경 속에 존재하고 처음부터 어린이와 접촉할 뿐 아니라, 시초적 형태 즉 어린이 발달의 첫걸음과 실제로 상호작용하고 실제 영향을 미칩니다. 즉 발달의 맨 마지막에 출현해야 할 것이, 어떤 식으로든 그 발달의 맨 첫걸음을 형성하고 영향을 미칩니다.

4-40] 동일한 일이 다른 모든 것에도 일어납니다. 예컨대 어린이의 양적 개념, 산술적 사고는 어떻게 발달할까요? 잘 알려져 있듯이, 초기에, 즉 학령기 이전에 어린이의 양적 개념은 아직 매우 제한적이고 모호합니다. 그러나 어린이 산술적 사고의 이러한 초기 형태들은 성인의 이미 발달된 산술적 사고, 즉 거듭 말하건대, 최종적 형태와 접촉합니다. 이 최종 형태는 어린이 발달 전체의 결과로서 나타나야 하는 것으로, 어린이 발달의 초기마다 이미 존재하며, 존재할 뿐 아니라 그 형태의 발달로 나아가는 길에서 어린이가 내딛는 첫걸음을 실제로 규정하고 안내하는 것입니다.

4-41] 어린이 발달에서 이것이 얼마나 독특하고 흉내 낼 수 없는 고유한 조건을 창조하는지를 명확하게 하기 위해 다음과 같이 질문하겠습니다. 여러분은 예컨대 생물학적 진화에서 이것을 상상할 수 있을까요? 오직 발달의 결과로 나타나는 이상적 형태, 고등 형태가, 오직 저차적이고 매우 기초적 형태만을 포함하는 초기에 이미 존재하고, 이러한 초보적 발달 형태가 이 최종 형태의 직접적 영향하에 발달하는 식으로 진화가 일어나는 것을 상상할 수 있습니까? 물론 상상할 수 없습니다.

> 비고츠키는 학생들에게 개체발생이 계통발생(이 문단)과 사회발생(다음 문단) 모두와 얼마나 다른지를 보여 주고자 한다. 이를 밝히기 위해서 그는 학생들에게 상상할 수 없는 것을 상상하도록 하고 있다. 즉 인간 존재와 같이 충분히 발달된 생명 형태가 단세포 동물과 대면하여 이를 인간의 방향으로 진화하도록 유도하는 진화, 미래의 인간이 원시인과 대면하여 어떻게 살아야 하는지를 보여 줌으로써 나타나는 사회적 진보(다음 문단)를 상상해야 한다. 비고츠키는 발달을 통해 처음에는 존재하지 않았던 결과물이 생겨나야 한다고 이 책 및 『역사와 발달』(5-19)에서 주장해 왔다. 이는 최종의 발달 산물이 처음부터 어린이에게 주어지는 아동 발달(개체발생)은 진정한 발달이 아니라는 의미일까? 그렇지 않다. 아동 발달은 진정한 발달이다. 비록 그 시작과 끝이 직접 만나며, 심지어 끝이 시작을 이끌기도 하지만, 끝은 언제나 처음부터 결정되어 있는 것은 아니다. 개체발생은 계통발생 과정에 의해 완전히 형성된 유전적 자질을 가진 신체에서 일어나는 것은 사실이다. 계통발생이 먼저 일어났으므로, 개체발생은 계통발생을 단순히 반복하거나 계승해 나갈 수 없다. 개체발생은 문화적 수단, 즉 사회발생의 산물을 통해 유전 위에 세워져야 한다. 개체발생은 또한 사회발생을 반복하지 않는다. 비고츠키는 다음 문단에서 이에 대해 논의한다.

4-42] 심지어 우리는 사회의 역사적 발달의 영역에서, 인간 경제와 사회의 시초적 형태가 존재하던 시기에 이미 고등 형태, 이를테면 공산

주의 경제와 사회가 존재했다고, 그리고 이 형태가 실제로 인간의 역사적 발달의 첫 번째 발걸음을 인도했다고 상상할 수 있을까요? 그러한 일은 상상할 수조차 없습니다.

4-43] 인간 발달과 관련하여, 가장 원시적인 인류가 지구에 막 나타났을 때 이러한 시초적 형태와 미래의 고등한 인간이 동시에 존재했으며, 이 이상적 형태가 어떤 식으로든 최초의 인간이 내딛는 첫걸음에 직접적으로 영향을 미쳤으리라고 상상이나 할 수 있을까요? 그러한 것은 상상할 수 없습니다. 이와 같이, 알려진 발달의 유형 중 어느 것도 결코 그와 같이, 최초의 형태가 구성되는 바로 그 순간에 최고의, 가장 이상적인, 발달의 끝에서야 나타나는 형태가 이미 자리를 잡고서 어린이가 그의 시초적 혹은 원시적 형태의 발달에서 내딛는 첫걸음과 직접 상호작용하는 식으로 진행된 바는 없습니다. 여기에 다른 유형의 발달과 대조하여 아동 발달이 가지는 최고의 고유성이 있습니다. 이러한 상황은 다른 유형의 발달에서는 찾을 수도 없고, 있지도 않습니다.

4-44] 이것은 무엇을 의미합니까? 이것으로부터 우리는, 어린이 발달에서 환경의 고유한 역할을 직접적으로 설명할 수 있는, 매우 중요한 결론을 도출할 수 있으리라 생각합니다. 예컨대 말의 이러한 이상적 혹은 최종적 형태의 발달이 어떻게 어린이에게 일어날까요? 우리는 발달의 맨 처음에 있는 어린이가 시초적인 형태만을 습득함을 보았습니다. 즉 예를 들면, 말의 영역에서 어린이는 낱낱의 낱말들만을 발화함을 보았습니다. 그러나 이러한 개개의 낱말들은 발달의 끝에서 어린이에게 출현해만 하는 이상적 형태를 이미 획득한 어머니와 어린이 사이에서 일어나는 대화의 일부분입니다. 생후 1세 또는 1세 반경의 어린이가 이러한 이상적인 형태를 숙달할 수 있을까요? 즉 그것을 단순히 동화하고, 단순히 모방할 수 있을까요? 어린이는 그렇게 할 수 없습니다. 그럼에도 불구하고, 이 연령의 어린이는 첫 번째 단계에서 마지막 단계로 옮

겨 가면서 이러한 원래 형태를 최종 형태로 점점 더 조정해 나갈 수 있을까요? 네. 연구는 이것이 바로 실제로 일어나는 일임을 보여 줍니다.

4-45] 따라서 이것은 환경이, 인격 발달 특히 인간 특성의 발달이라는 의미에서의 어린이 발달에 기여한다는 것을 의미하며, 환경이 발달의 발전소로 기여한다는 것, 즉 여기서 환경이 발달의 배경이 아니라 발달의 원천 역할을 한다는 것을 의미합니다.

4-46] 이는 무엇을 의미할까요? 우선, 매우 단순한 의미가 있습니다. 만일 환경이 적합한 이상적 형태를 가지고 있지 않고, 모종의 이유로 이들 특수 조건들—내가 방금 말한 조건들—에서 벗어나서 어린이 발달이 진행된다면 즉 상호작용할 최종 형태가 존재하지 않는다면, 그 적합한 형태는 어린이에게서 충분히 발달되지 않는다는 것입니다.

4-47] 청각 장애인 사이에서, 즉 귀가 들리지 않는 부모와 친척들 사이에서 성장하고 있는 어린이를 상상해 봅시다. 그 어린이에게서 말이 발달할까요? 아닙니다. 옹알이는 발달할까요? 그렇습니다. 귀가 먼 어린이들도 옹알이가 발달합니다. 이는 옹알이가 어느 정도 직접적으로 유전적 경향에 기인하는 기능에 속한다는 것을 의미합니다. 그러나 그러한 어린이들에서 말은 전혀 발달하지 않을 것입니다. 말을 발달시키려면, 어린이의 시초적 형태와 상호작용하면서 말 발달을 이끌었을 이상적 형태가 환경 속에 존재할 필요가 있습니다.

4-48] 첫째, 이것은 환경이 이런 뜻에서 어린이의 모든 고유한 인간 특성의 근원이 된다는 의미이며, 환경에 적합한 이상적 형태가 존재하지 않는다면 어린이는 적합한 활동들, 적합한 특성들, 적합한 자질들을 발달시킬 수 없다는 의미입니다.

4-49] 둘째, 이상적인 형태가 존재하지 않는 환경, 즉 어린이의 발달이 지금 내가 말한 법칙에 따르지 않는 경우 다시 말해 최종 형태가 없어서 초보적 형태와 상호작용하지 않는 상황에 처했지만, 다른 어린이

와 함께 환경 속에서, 즉 그의 또래와 저차적, 시초적 형태가 존재하는 환경 속에서 발달하는 어린이를 상상해 봅시다. 이 어린이는 적합한 활동들, 적합한 자질들을 발달시킬까요? 연구는 어린이가 발달시키지만, 매우 특이한 방식으로 발달시킴을 보여 줍니다. 즉, 어린이들은 언제나 매우 느리게, 매우 특이하게 발달하며 적합한 이상적 형태가 존재하는 환경에 있었다면 성취했을 수준에 결코 도달하지 못함을 보여 줍니다.

4-50] 두 개의 사례를 들어 봅시다. 첫째는 다음과 같습니다. 청각 장애아를 살펴보면 이 어린이에게 있어서 말 발달은, 가족 중에 청각 장애아가 하나뿐인지 아니면 다른 청각 장애아와 함께 발달하는지에 따라 두 개의 상이한 노선을 따라 진행된다는 것이 드러납니다. 연구는 청각 장애아들이 그들만의 독창적 언어, 몸짓, 흉내 내기 언어를 매우 풍부하게 발달시킨다는 것을 보여 줍니다. 어린이에게서는 또 다른, 자신만의 언어가 발달됩니다. 어린이들은 자기들끼리 협력하여, 공동체 안에서 언어를 만듭니다. 그러나 우리는 이러한 모방 언어의 발달을 이상적인 형태와 상호작용하면서 발달시키는 어린이의 말 발달과 견줄 수 있을까요? 물론 그럴 수 없습니다. 이는 환경에 이상적인 형태가 없이 시초적 형태들이 서로 상호작용하는 경우 발달은 보통 극도로 제한되고 피폐하며 위축된 특성을 갖는다는 것을 의미합니다.

> 비고츠키는 초기 저술에서 정상인 부모 밑에서 자란 청각 장애아는 입 모양을 읽을 수 있고 심지어 말도 할 수 있을 것이라고 말했다. 이는 어린이가 선천적으로 청각 장애를 지니지 않은 경우에만 적용되는 일이다. 그러나 수화를 모르는 정상인 부모 밑에서 자란 두 명의 청각 장애아들이 그들만의 언어를 만들 것이라는 비고츠키의 말은 사실이며, 이 언어는 진정한 수화가 아니라는 것 또한 사실이다. 실제로, 청각 장애아 중 3분의 1 정도만이 집에서 부모와 수화를 배울 수 있는데, 이는 대부분 이미 수화를 할 줄 아는 청각 장애 부모 밑에서 태어난 청각 장애아들의 경우이다. 부모가 수화를 하지 못하는 청각 장애

아들은 수화를 학교에서 배워야 한다. 비고츠키는 어린이의 신체적 장애와 그로 인한 사회적 귀결을 매우 주의 깊게 구분한다. 어떤 의미에서 '능력이 결여되어 있다'는 의미의 disabled라는 낱말은 잘못된 것이다. 비고츠키는 그 어린이가 '능력이 결여되었다disabled'고 말하지 않고 '능력을 갖기 이전에 있다pre-abled'고 말할 것이다. 첫째로 어린이의 신체적 손상을 극복할 기술이 아직 개발되지 않았으며, 둘째로 우리의 문화적 도구와 기호는 표준적 정신생리학에만 맞추어 발달되었기 때문이다. 의술의 도움으로 신체적 손상을 극복하는 것이 언제나 쉬운 것은 아니다. 그러나 점자나 수화와 같은 비표준적 정신생리학에 맞는 문화적 도구와 기호를 발달시키는 것은 그에 비해 쉽다. 나아가 진보적 사회가 비표준적 정신생리학에 고착된 오명을 극복하는 것은 쉽다. 사실, 적어도 기술적 관점에서 보았을 때, 어려운 것은 사람들이 정말로 자신의 자연적·표준적 외모를 혐오하는 사회를 창조하는 것이며, 상업적으로 강요된 미美의 표준에 맞추기 위해 하이힐을 신고 얼굴을 성형하기 위해 전력을 다하도록 하는 것이다. 그러나 바로 그러한 일이 우리 사회에서 일어나고 있다.

4-51] 이제 다른 예를 살펴봅시다. 여러분은 아마 보육원의 어린이들이 가정에서 교육을 받는 어린이들보다 문화화의 의미에서 많은 이점을 지닌다는 말을 들어 본 적이 있을 것입니다. 이른 나이에 이미 그 어린이들은 자립, 자기 관리, 규율에 익숙합니다. 그러나 동시에 보육원에는 가정보다 교육과 연관된 많은 불리한 측면이 존재하며, 그 불리한 측면들 중 하나는 이 연령에 대해 연구하는 모든 사람들의 중요한 관심 대상인, 뒤늦은 말 발달입니다. 대개 가정에서 자라는 보육 연령의 어린이는 보육원에서 적절한 문화화를 받는 어린이보다 말이 더 일찍, 풍부하게, 잘 발달합니다. 왜 그럴까요? 엄마나, 유모 같은 대리인이 있는 가정의 어린이는 항상 말을 들으며, 무엇인가 요구받으며, 언제나 이상적인 말 형태와 상호작용 과정 속에 있다는 단순한 이유에 주목합시다.

본문에서 언급된 '보육원'은 일하는 엄마들을 위한 오늘날의 어린이 집 같은 것이 아니다. 여기서 보육원은 고아원 또는 집 없는 아이들의 수용 시설이나 결핵과 같은 만성적이고 치명적인 질병에 걸린 어린이들의 보호 시설, 혹은 비행 청소년 보호 시설 따위를 일컫는다. 비고츠키가 말하는 임상적 연구란 종종 이들 보육원 어린이를 대상으로 한 자신의 연구를 가리키는 것이다. 이것이 바로 그가 보육원에서의 양육을 가정에서의 양육과 비교하는 이유이다. 또한 비고츠키가 **4-53**에서 말하는 '많은 연구 자료들'은 이들 시설에서 얻은 키, 몸무게, 언어 능력, 실생활 기능과 같은 자료들이다.

4-52] 그러나 보육원에는 적지 않은 아이들이 있는데 돌보는 사람은 오직 한 명뿐입니다. 따라서 이러한 이상적 형태에 직접적으로 노출되는 기회는 훨씬 적게 됩니다. 그러나 이 어린이들은 서로서로 말할 수 있습니다. 그러나 그들은 말을 잘하지도 못하고 많이 하지도 못하며, 그들 자신의 대화는 그들을 발달로 이끄는 풍부한 원천이 되지 못합니다. 고등한 인간 고유의 특성들의 발달이 순조롭게 잘 일어나기 위해서는, 이러한 이상적 최종적 형태가, 만일 이렇게 표현하는 것이 가능하다면, 맨 처음부터 어린이 발달을 이끄는 것이 분명히 필요합니다.

4-53] 어린이가 보육원과 같은 어린이들의 무리 속에서 자랄 때 그의 말 발달이 빈곤한 것은 이 때문입니다. 그리고 보육원과 가정에서 신체적으로 건강하고 바람직한 조건 아래 성장하는 3세 어린이들을 비교하는 많은 연구 자료들을 비교해 보면, 평균 가정환경의 어린이가 언어 발달 측면에서 보육원 어린이보다 상위인 반면, 동시에 독립성, 규율, 자기관리 측면 등의 많은 관계에서는 보육원 어린이가 가정에서 양육된 어린이보다 월등함을 알 수 있습니다.

4-54] 또 다른 간단한 사례, 가상의 사례를 살펴봅시다. 어린이가 성인의 이상적 형태와의 상호작용 없이, 즉 학교나 유치원이 아닌, 이미

발달된 산술적 생각이 존재하지 않는 환경에서 양에 대한 이해와 산술적 생각을 발달시킨다고 상상해 봅시다. 여러분은 어떻게 생각하십니까? 어린이가 그 자신만의 산술적 생각을 발달시킬 수 있을까요? 아닙니다. 심지어 그들 중 정신 능력이 탁월하게 타고난 어린이들이 있다고 하더라도 그것은 불가능할 것입니다. 그들의 발달은 여전히 제한적이고 매우 협소할 것입니다.

4-55] 이런 식으로 이 모든 사례들을 통해 우리는 다음과 같은 결론을 도출할 수 있습니다. 어떤 외적 혹은 내적인 영향으로 인해 환경에 존재하는 최종적 형태와 어린이가 가지고 있는 초보적 형태의 상호작용이 방해받는 경우, 어린이의 발달은 매우 제한되며, 어린이에게는 적절한 활동 형태와 적절한 특성의 어느 정도 완전한 저발달이 나타나게 됩니다.

'어느 정도 완전한 저발달'이란 무슨 의미일까? 리우데자네이루의 거리 어린이들에 대한 연구를 살펴보자. 이 어린이들은 교통 혼잡 시간에 차가 막히는 틈을 이용하여 운전자들에게 사탕을 팔아 생계를 꾸린다. 그들은 그들 나름의 계산 체계를 발달시키는데, 어떤 어린이의 계산 과정에는 산술이 전혀 포함되지 않기도 한다. 운전자가 그들에게 특정한 크기와 색깔의 지폐를 주면 그들은 특정한 크기와 색의 사탕 갑을(때로는 특정한 크기의 동전과 함께) 내미는 것이다. 그러나 어떤 어린이들은 다양한 크기의 사탕 갑들을 한 번에 팔 수도 있으며 심지어 거래 횟수를 기반으로 잔돈을 계산할 수도 있다. 예컨대 20크루제이루를 받으면 10크루제이루를 받았을 때 주는 거스름돈을 두 번 주는 식이다. 이 경우 저발달이 완성되었다고 할 수는 없지만, 비고츠키와 같이 저발달이 어느 정도 완성되었다고는 말할 수 있다. 사탕 갑과 지폐의 크기와 색깔을 1대1로 대응시키는 경우 저발달이 심한 경우이며, 큰 사탕 갑이 작은 사탕 갑의 두 배에 해당되고, 20크루제이루는 10크루제이루짜리 거래를 두 번 하는 것이라는 계산을 할 수 있는 경우 저발달이 덜한 경우라고 할 수 있기 때문이다. 이 두 경우 모두 학교 산

술을 배운 어린이에 비하면 저발달된 것이지만 그 정도가 같은 것은
아니다. 이처럼 저발달은 언제나 어느 정도 완전하다. 그리고 발달 역
시도 마찬가지이다.

4-56] 이 상호작용은 다양한 이유들로 방해받을 수 있습니다. 그 이
유는 외적일—어린이는 들을 수 있지만 듣지도 말하지도 못하는 부모
와 생활합니다—수도 있고, 내적일—말할 수 있는 부모와 살지만 그 어
린이는 듣지 못합니다—수도 있습니다. 두 경우 모두 결과는 동일합니
다. 그 어린이는 초보적 발달 형태와 이상적 발달 형태 간의 상호작용
으로부터 배제되며 모든 발달은 틀어집니다.

4-57] 나는 이상적 형태와 초보적 형태 간의 상호작용에 관한 이러
한 주장과 내가 인용한 이러한 사례들이, 내가 처음에 여러분에게 말했
던 생각, 다시 말해 **환경은 고등한 인간 고유의 특성과 활동 형태와
관련하여 발달의 원천으로 작용한다는 생각**, 즉 환경과의 상호작용은
어린이에게 이러한 특성이 일어나는 원천이라는 생각을 설명한다고 생
각합니다. 만일 환경과의 이러한 상호작용이 방해받으면, 어린이의 성향
자체에 내재된 힘만으로는 결코 적절한 특성들이 출현할 수 없습니다.

4-58] 나는 이제 오직 이것의 이론적 의미를 몇 마디로 평가하고,
만일 아동학의 관점이 아니라 우리에게 일반적으로 알려진 발달과 인
간 본성에 대한 관점으로 표현한다면, 여러분에게 충분히 설득력 있고
분명하게 나타날 입장을 설명하고자 합니다.

4-59] 내가 여러분에게 설명한 이 법칙의 의미는 무엇일까요? 그것
은 인간은 사회적 존재이며, 사회와의 상호작용 없이 혼자 힘으로는
인류 전체의 체계적 발달의 결과로 발달해 온 특성과 특질을 절대
발달시킬 수 없다는 매우 단순한 것을 의미합니다.

4-60] 나와 여러분에게서 말은 어떻게 발달했을까요? 우리는 스스

로 말을 창조하지 않았습니다. 인류는 역사적 발달의 전체 경로를 통해 말을 창조하였습니다. 나의 발달은 다음과 같이 이루어집니다. 나는 나의 발달 경로 전반에 걸쳐 나 자신의 고유한 역사적 발달 법칙을 따라, 그리고 이상적인 말 형태와의 상호작용 과정을 통해 이 말을 숙달했습니다. 그러나 내가 청각 장애아들이 처한 환경에서, 즉 나 혼자서 언어를 창조해야 하는 환경에서 자랐다면 어떤 일이 일어날까요? 나는 인류 발달을 통해 확립된 형태를 이용하지 못했을 것입니다. 나는 그리 멀리 나아가지 못했을 것입니다. 나는 가장 원시적이고 기초적이며 제한된 영역의 말을 만들었을 것입니다. 이는 사실 인류는 본성상 이미 사회적이며, 그들의 발달은 다른 무엇보다도 역사적 발달의 과정에서 인류가 형성한 활동과 의식 형태를 숙달하는 것으로 이루어졌다는 것을 의미합니다. 이는 본질적으로 이상적 형태와 초보적 형태 간의 상호작용의 토대입니다.

4-61] 환경은 무엇보다도 그 속에 우리가 역사적으로 발달된 인간의 속성과 특성을 찾을 수 있다는 의미에서, 이러한 인간 고유의 속성과 특질 발달의 원천입니다. 그것들은 인간의 유전적·유기적 조직 때문에 사람이 타고난 것이지만, 그것들이 각 개인 속에 존재하게 되는 것은 각 개인은 특정한 사회적 집단의 일원이고, 특정한 역사적 시기에 특정한 역사적 조건하에서 살아가는 특정한 역사적 단위라는 사실 덕분입니다. 그 결과 어린이에서 이러한 인간 고유의 속성과 특질 중 일부의 발달은, 인간의 역사적 발달의 이전 과정에 의해 다소 즉각적으로 조건화된 다른 속성과 특질들과는 다소 다른 방식으로 일어납니다. 그 환경 속에는 발달의 마지막에 출현할, 인류에 의해 성취된 이러한 이상적인 발달된 형태가 존재합니다. 이러한 이상적 형태들은 어린이가 초보적 형태를 숙달하는 과정에서 내딛는 제일 첫걸음부터 어린이에게 영향을 미칩니다. 그리고 발달 과정에서 어린이는, 처음에는 환경과의

외적인 상호작용의 형태로 존재했던 것을 스스로에게 전용하여 자신의 내적 속성으로 만듭니다.

노래 부르기와 말하기를 생각해 보자. 노래 부르기와 말하기 같은 인간 고유의 특질과 속성은 인간의 역사적 발달 과정에 의해 매우 다르게 조건화된다. 겉보기에는 모두 억양과 리듬, 어휘와 문법을 지니는 등 상당히 유사해 보이는 이 두 특질은 사실 매우 다른 방식으로 발달한다. 노래 부르기는 역사적 경험에 의해 매우 즉각적이고 직접적으로 조건화된다. 사람들이 노래 부르는 방식은 거의 모든 세대에 따라 다르다. 100년 전 사람들이 노래 부르던 방식은 오늘날 노래 부르는 방식과는 매우 다르다. 말하기는 역사적 경험에 의해 덜 즉각적이고 덜 직접적으로 조건화되는데, 그것은 말하기가 매우 개인적이고 심리적이며 개인적 통제하에 있기 때문이다. 100년 전 사람들이 말하던 방식은 오늘날 우리가 말하는 방식과 그렇게 다르지 않다. 가르칠 때 우리는 여러 면에서 두 특질 간의 차이를 볼 수 있다. 노래를 가르칠 때 우리는 주로 따라 할 것을 요구하지만, 말을 가르칠 때는 대답을 요구하는 경우가 많다. 의사들도 그 차이를 관찰할 수 있다. 경동맥에 소디움 아미탈을 주입하거나 뇌졸중에 의해 좌뇌가 마비된 사람들은 여전히 노래를 부를 수 있지만, 말을 하지는 못한다.

4-62] 나는 단지 아동 발달에 환경이 미치는 영향의 법칙을 설명함으로써 마무리하고자 합니다. 이는 환경이 발달의 원천이라는 말의 의미를 설명해 줄 것입니다. 어린이 발달의 과정에서 (우리는 이것을 어린이의 심리적 발달에 관해 이야기할 때 자세히 논의할 것입니다) 연구자들은 하나의 기본 법칙을 만납니다. 나는 이것을 일반적 용어로 공식화하고 단 하나의 예를 통해 설명하고자 합니다.

4-63] 이 법칙에 따르면 어린이의 고등심리기능, 인간에게 고유한 특성들은 처음에는 타인과의 협동이라는 형태로 어린이의 집단적 행동 형태 속에서 나타나고, 나중에서야 비로소 어린이 자신의 내적,

개인적 기능이 됩니다.

4-64] 여러분에게 이것을 명확히 설명해 줄 한 사례를 들겠습니다. 여러분은 말이 처음에 사람들 간의 의사소통 수단으로 나타났다는 것을 알고 있습니다. 말을 사용하여, 어린이는 자기 주변 사람들과 대화를 나눌 수 있고 그 주변 사람들도 어린이와 대화할 수 있습니다. 그러나 이제 우리들 각각을 살펴봅시다. 여러분은 우리들 각자 안에게 내적 말이라 불리는 무언가가 존재하며, 낱말을 통해 조용히 생각을 공식화해 주는 이 내적 말은 우리의 생각에서 매우 중요한 역할을 수행한다는 것을 알고 있습니다. 이 역할이 매우 커서 적지 않은 연구자들이, 사실 잘못된 것이지만, 심지어 말의 과정과 생각의 과정을 동일시했습니다. 그러나 사실 우리 각자의 내적 말은 우리가 가진 가장 중요한 기능들 중 하나입니다. 어떤 장애가 이 인간의 내적 말을 방해한다면, 이는 생각 전체의 심각한 장애를 초래합니다.

4-65] 우리들 각각이 가지고 있는 이 내적 말은 어디서 온 것일까요? 연구는 내적 말이 외적 말로부터 출현했음을 드러냅니다. 처음에 어린이에게 말은 사람들 사이의 사회적 접촉 수단이며, 그 자체에 사회적인 기능과 사회적 역할을 나타냅니다. 그러나 점차 어린이는 이 말을 스스로에게, 자신의 내적 과정에 적용하는 것을 배웁니다. 말은 타인과의 의사소통 수단뿐 아니라 어린이 자신의 내적 생각 수단이 됩니다. 그리하여 말은 더 이상 우리가 타인과 의사소통할 때 큰 소리로 사용하던 그러한 말이 아니라 내적이고 조용한 침묵의 말이 됩니다. 그러나 생각 수단으로서의 이러한 말은 어디서 오는 것일까요? 의사소통의 수단으로서의 말로부터 옵니다. 어린이와 사람들 사이에 수행되었던 외적 활동 속에 가장 중요한 내적 기능 중 하나가 존재했으며, 이것 없이는 인간의 생각 자체가 존재할 수 없었을 것입니다. 이 사례는 환경을 발달의 원천으로 이해하는 것과 관련된 일반적인 입장을 설명해 줍

니다. 환경 속에 이상적인 형태 혹은 최종적인 형태가 존재하여 어린이의 초기 형태와 상호작용하며, 그 결과 이는 어린이 자신의 내적 특성, 그 자신의 특질, 그 자신의 기능, 그 자신의 인격이 되는 모종의 활동 형태를 이끕니다.

●아동학에서 환경의 문제

비고츠키가 2강에서 아동학의 방법이 전체적이고, 임상적이며, 비교-발생적이라고 말한 것을 기억할 것이다. 그는 3강에서 비교의 방법을 사용하였다. 먼저 유전의 역할을 보여 주기 위해 쌍생아들을 비발생적으로 비교하였고, 그다음에는 서로 다른 발달 계기에서 하나의 특징이 변화하는 것을 보여 주기 위해 발생적으로 비교하였다. 이 강에서 비고츠키는 설명되어야 하는 속성을 단순한 형태로 보유하는 분석 단위들에 대한 다양한 예시들(페리지바니переживание, 뜻, 의미)을 제시함으로써 전체론과 임상적 방법에 초점을 맞추고 있다.

표면적으로 이 강의는 3강과 매우 달라 보인다. 도입에서 주제를 아동학적으로 연구하는 것과 주제 자체를 연구하는 것 사이의 차이점을 논의하지도 않았고, 주제(환경)의 영향을 순수한 형태로 양적, 통계적으로 추출하려는 시도가 나타나지 않으며, 공식화된 법칙으로 결론을 제시하지도 않았다. 이러한 표면적 차이 이면에는 이 강의가 실제로는 유전에 대한 강의(3강)와 한 쌍을 이룬다는 것을 보여 주는 심오한 유사점이 있다. 두 강의 모두 연구로부터 일반화함으로써 귀납적으로 진행되고, 주제의 역할을 확립하기 위해 통시적 변이와 공시적 변이를 비교한다. 그리고 두 강의 모두 통시적 변이 때문에 주제의 역할을 일반적으로 요약하는 것이 불가능하며, 따라서 이 역할은 연령에 따라 변화되어야 하고, 인간 고유의 특징들은 그렇지 않은 특징들과는 환경에 대하여 다른 관계를 지닌다고 결론짓는다.

이러한 유사점들을 강조하기 위해 우리는 앞 강의에서 한 것처럼 이 강의를 세 영역으로 나눈다. 비고츠키는 도입에서 발달 과정을 추적하도록 해 주는 지표는 절대적 지표가 아니라 '상대적' 지표라는 점을 지적한다. 이를 통해 그가 의미하고자 하는 것은 분석 단위가 유기체 그 자체도, 환경도 아니며 그 둘 사이의 관계라는 것이다. 이것은 A. 블런든이 '주관성의 반경radius of subjectivity'이라고 불렀던 것, 혹은 우리가 '상호작용의 영역'이라 부른 것이다(4-1~4-8). 그런 다음 비고츠키는 이러한 '반경' 혹은 '영역'을 측정하는 데 사용될 수 있는 몇 가지 분석 단위들, 즉 페리지바니(정서적 경험), 뜻, 의미, 특히 진개념의 의미에 대해 논의한다(4-9~4-37). 비고츠키는 결론에서 어린이 발달이 계통발생(자연주의자의 주장처럼)이나 사회발생(경험주의자의 주장처럼)과 '평행'하거나 '반복'한다는 생각을 거부한다. 대신에 그는 환경 속에 발달의 최종 형태가 존재하고 그것이 발달에 다소 직접적인 영향을 주기 때문에, 개체발생에서 환경의 역할이 특별하다고 주장한다. 비고츠키는 이를 『어린이 자기행동숙달의 역사와 발달』 5장(5-59)에서 처음으로 발생적 법칙의 형태로 공식화한 바 있다. 즉 고등심리기능은 처음에는 사람 사이에 존재하며 후에야 그들 속에 내재화된다(4-38~4-64).

I. **도입** 상대적 지표들 비고츠키는 아동학이 유전 자체를 위해 유전을 연구하지 않듯, (어린이 건강과 관련하여 환경을 다루는 위생학과는 달리) 아동학은 오직 어린이 발달에 관련하여 환경을 다룬다고 말하면서 시작한다. 이는 필연적으로 발달의 '지표'가 상대적임을 의미한다. 즉 순수한 환경 지향적 지표 (예를 들면 사회-경제적 지위)가 지니는 일종의 객관적 가치를 갖지 못한다는 것이다(4-1~4-3). 비고츠키는 이 생각을 지지하기 위해 두 가지 논의를 제시한다(4-4~4-8).

   A. 동일한 환경적 요소(말 등)라 하더라도 서로 다른 발달의 계기에서 매우 다른 가치를 가질 것이다. 예를 들어 어린이 환경에서 성인의 말은 유아기와 청소년기 사이에 크게 변하지 않지만, 어린이가 대화에 참여하는 능력은 완전히 변하고, 주변 세상에 영향을 미치는 어린이의 능력과 그 환경에 의해 영향을 받는 범위도 따라서 변화한다. 그러므로 어린이의 행동반경은 발달과 함께 변화한다(4-4~4-6).
   B. 발달의 계기에 따라 중요한 요소가 달라진다. 예를 들어 학교에 입학한 어린이에게 교실 수업은 완전히 새로운 요소이다. 심지어 말 자체 속의 중요한 계기도 시각-도식적 이미지로부터 개념을 사용하는 추상적 사고로 결정적으로 이동한다. 어린이 자체가 발달하면서 변화한다(4-7~4-8).

II. **임상적 사례와 분석 단위들** 이 부분에서 비고츠키는 다양한 연령에서 다양한 심리적 문제와 대면하는 어린이를 관찰함으로써, 이러한 상대적 지표들의 여러 가지 사례를 제시한다. 분석 단위 자체가 '정서적 경험'에서 '뜻', '의미'로 발달하는 것에 주목하자(4-9~4-38).

   A. 비고츠키는 동일한 가정환경, 즉 자식을 때리는 알코올 중독 어머니를 둔 세 명의 어린이들에 대한 임상적 단면을 관찰한다. 막내는 압도당하여 대개 말을 잃거나 더듬게 된다(4-12). 둘째는 엄마를 사랑하는 동시에 공포를 느끼는 극단적 양가감정에 고통받는다(4-13). 반면 첫째는 나이에 비해 이른 성숙을 보인다. 그는 학교나 놀이에 관심을 등진 채 (그리고 결과적으로 활기가 없는 모습을 보이며) 가족을 책임진다(4-14). 이러한 방식으로 비고츠키는, 다양한 빛의 스펙트럼을 보여 주는 프리즘과 같이, 동일한 환경이 다양한 경험을 낳는다는 것을 보여 준다(4-15~4-17). 이제 비고츠키는, 비록 고도로 단순한 형태이기는 하지만, 전체로서의 심리 현상이 지닌 속성을 보유하는 여러 가지 분석 단위들을 펼쳐 보인다(4-18).
   B. 첫 번째 분석 단위는 '정서적 경험', 즉 나에게 어떤 일이 일어났는지에 대한 느낌이다(4-19). 낱말이 외적 소리와 내적 의미를 둘 다 포함하는 것처럼, 정서적 경험도 경험자의 외적인 경험과 경험자의 인격적 특성을 동시에 포함해야만 한다. 이러한 이유로 비고츠키는 정서적 경험을 환경과 인격의 통합체로 간주했다(4-20). 비고츠키는 어린이가 '뜻'이나 '의미'를 이해하지 못하는 몇 가지 사례를 제시한다. 어린이는 어머니의 임종에서 사탕을 받아 즐거워하기도 하고(4-22), 정신지체

아는 다른 어린이들에게 비웃음을 받은 경험을 일반화하지 못하거나, 그러한 경험을 자신의 장애와 관련짓지 못하므로 열등감을 겪지도 않는다(4-23~4-25).

C. 두 번째 분석 단위는 낱말 의미이다. 여기서 특히 우리는 동일한 말이 서로 다른 발달 단계에서 마음에 얼마나 다르게 반영되는지 볼 수 있다(4-26). 비고츠키에 따르면 어린아이들은 '길', '사람', '날씨'와 같은 낱말 의미가 모든 길, 모든 사람, 모든 날씨에 똑같이 적용될 수 있는 단일한, 동질의, 논리적 관계를 기반으로 하는 추상적이고 일반적인 개념이 아니라, 매우 구체적인 특징을 가진 이미지나, 사실적이고 이질적 관계를 지칭한다고 생각한다. 어린이는 가족의 구성원들이 가장이나 어린이와 전혀 다른 관계를 갖는 '가족'과 같은 방식으로 생각하는 것으로 보인다(4-27~4-30).

D. 비고츠키는 지금까지 논의되었던 많은 것들은 무엇이 환경의 역할이 아닌지에 관해서였다고 말한다. 다시 말해 환경은 연령에 따라 균질하고 한결같으며 안정된 것이 아니며, 이는 유전에 관해 언급했던 바와 아주 유사하다(4-31~4-34). 비고츠키는 이제 환경의 역할을 긍정적 용어로 특징짓고 무엇이 환경에 특유하고 고유한지에 관해 말하려 한다(4-35~4-36). 이러한 이유로 비고츠키는, 유전학자들이 유전 법칙을 순수한 형태로 연구하기 위해 유전에 최대한 의존하는 특징을 택하는 것처럼, 환경에 최대한 의존하는 특징들을 취하자고 제안한다. 그리고 우리가 앞 강의에서 유전과 더 직접적인 관계를 지니는 것이 저차적 심리기능임을 발견했던 것처럼, 비고츠키는 비교적 순수한 형태로 환경의 역할을 밝히기 위해 연구되어야 하는 것은 일반적으로는 고등심리기능이며, 구체적으로는 인격과 의식의 발달이라고 제안한다(4-37).

III. **결론: 개체발생과 일반적 발생 법칙의 독특성** 비고츠키는 긍정적 용어로 환경의 역할을 규정하기 위해 인격, 특히 말 발달에 주목한다(4-38~4-64).

A. 비고츠키는 문화적 행동의 개체발생을 계통발생이나 심지어 사회발생과 구분하는 것은 발달의 가장 처음에 최종 형태가 존재하고 참여한다는 사실이라고 지적한다. 예컨대 유아의 말도, 단순할지라도 완전한 말을 구사하는 양육자와의 직접적인 대화를 통해 발달한다(4-39). 이러한 상황은 계통발생에서는 일어나지 않는다. 초기 인류는 완전히 발달된 인간과 결코 대면할 수 없었다(4-41). 사회발생에서도 그러한 상황은 일어나지 않는다. 수렵-채집 사회들이 근대성을 모범으로 삼은 것이 아니다(4-42). 그러나 개체발생에서는 이런 일이 일어난다.

B. 비고츠키는 이로부터 중요한 두 가지 결론을 내린다.

  1. 환경은 발달의 배경이 아니라 모든 고등 문화 기능 발달의 원천이다. 발달의 최종 형태가 어떻게 해서든 환경 속에 존재하지 않으면 그 기능들은 정상적으로 발달할 수 없다(4-48).

  2. 어린이들이 환경 속에 적절한 최종 형태 없이 발달한다면 그 발달은 느리고, 특

이하며, 최종 형태에 도달하지 못한다(4-49).

C. 비고츠키는 세 가지 예시로 앞의 결론을 설명한다(4-50~4-56).

  1. 수화나 독순술을 배우지 않은 청각장애아는 말을 발달시킬 수 없다. 대신에 특유하고 풍부한 몸짓 체계가 발달된다(4-50).

  2. 보육원의 고아들은 일반적으로 자기 규제에 능하지만 말 발달에 있어서는 뒤처진다. 이는 가정에서 자라나는 어린이들에 비해 어른과의 상호작용이 부족하기 때문이다(4-51~4-53).

  3. 어린이들은 학교 산술과는 별도로 자신만의 수세기와 양 체계를 발달시킨다. 그러나 이러한 체계는 『역사와 발달』에서 보았던 것처럼 편협하고, 시각-도식적인 '수 형태'에 기초한다(4-54).

D. 비고츠키는 아동학의 범위를 모두 넘어섬으로써 강의를 마친다. 그는 인간은 사회적 존재이며, 동물과 구별될 수 있는 모든 특징이 사회적 상호작용으로 발달된다고 단언한다(4-59). 예를 들어 말은 개별적으로 창조된 것이 아니며, 사회적 상호작용과 분리되어 발달될 수 없다고 말한다(4-60). 우리는 말로부터 자기를 향한 말과 궁극적으로 언어적 사고를 발전시킨다(4-64~4-65). 이는 고등 기능이 개인 내에서 발달하기 이전에 개인들 간에 먼저 발달되어야 함을 요구하는, 훨씬 더 일반적인 법칙인 일반적 발생 법칙의 한 사례일 뿐이다.

1강~4강 요약

제1강 발달의 일반 법칙	제2강 방법적 특성	제3강 쌍생아 연구 결과	제4강 환경의 측면
a. 불균등하지만 주기적인 발달 (1-6~1-18)	a. 전체론적: 요소가 아닌 단위로의 분석 (2-4~2-33)	a. 저차적 기능이 고등 기능보다 더 유전에 기인함 (3-31~3-33)	a. 환경 측정을 위한 절대적 척도가 아닌 상대적 척도 (4-3~4-30)
b. 불균형성, 관계 변화와 최적 발달 시기 (1-19~1-29)	b. 임상적: 단순한 증상에 대한 연구가 아닌 원인에 대한 연구 (2-34~2-48)	b. 저차적 기능과 고등 기능 간의 질적 간극 (3-3~3-39)	b. 환경은 발달의 배경이 아닌 원천 (4-38~4-57)
c. 역의존성, 한 측면의 상승과 다른 측면의 하강 (1-30~1-33)	c. 비교-발생적: 한 개인 삶의 다양한 발달 시기에 대한 비교 (2-49~2-54)	c. 유전적/환경적 결정성의 비율 변화 가능 (3-40~3-43)	c. 인간은 사회적, 문화적 존재 (4-58~4-61)
d. 변태, 단순한 양적 변화가 아닌 질적 변화 (1-33~1-34)		d. 유전적/환경적 결정성을 규정하는 전반적 법칙은 존재하지 않음 (3-44~3-45)	d. 일반적 발생 법칙: '우리'로부터 '나'로 (4-62~4-63)

제5강
어린이 심리적 발달의 일반 법칙

閔貞(1730~1788), 「八子觀燈圖」.
정월대보름을 맞아 연꽃 모양으로 만든 등을 둘러싸고 바라보는
어린이들의 모습을 묘사하고 있다. 비고츠키는 5강에서 생애 초기에
정서적 지각이 차지하는 특별한 위치를 지적한다.

5

5-1] 우리는 지금까지 발달 일반과 전체로서의 발달에 대해 이야기했으며, 발달이 의존하는 가장 일반적인 발달 법칙과 발달 특성의 가장 일반적인 계기들을 밝히고자 했으며, 유전과 환경에 대해 이야기했습니다. 그러나 첫째 우리는 이미 발달의 일반적 법칙들이 다양한 발달 측면마다 다르게 나타난다는 것을 보았습니다. 둘째 우리가 환경이나 유전에 관해 이야기할 때, 우리는 또한 발달의 모든 측면에 대한 관계 속에서 동일하게 유전의 역할을 일반적으로 규정할 수 있는 어떤 공통적인 통합 법칙도 존재하지 않는다는 동일한 문제에 직면해야만 했습니다. 환경에 대해서도 우리는 말했습니다. 환경이 발달에 어떻게 영향을 미치는가라는 질문에 대해 일반적 공식과 하나의 일반적 용어로 한번에 답을 주는, 모든 발달 측면에 꼭 들어맞는 법칙은 존재하지 않습니다. 이는 발달을 일반적 용어로 연구할 때, 매번 동일한 필요에 마주치게 됨을 의미합니다. 즉 발달을 분해하고 그 구성을 살펴보아야 합니다. 유전이 발달에 미치는 영향에 관한 어떤 일반 법칙이 존재하지 않는 이상, 결과적으로 유전이 각각의 발달 측면에 어떻게 영향을 미치는지에 대해 연구할 필요가 있습니다. 그리고 유전이 각각의 발달 측면에 어떻게 영향을 미치는지 이미 알면, 우리는 이를 일반화하여 그것이 일반적인, 전체로서의 발달에 미치는 영향에 대한 모종의 표상을 획득할 수

있을 것입니다.

5-2] 발달이 구분된 과정이어야 함을 이해하는 것이 여러분에게는 그리 어렵게 느껴지지는 않을 것이라고 생각합니다. 결국, 발달은 한 사람이 출생 순간에서부터 성숙한 인격 발달의 형성, 성숙한 인간 유기체 발달 형성의 경로로 나아가는 과정입니다. 이것은(성숙한 인격 즉 성숙한 인간 유기체-K) 너무도 복잡한 체계이므로 모든 측면을 완전히 똑같은 방식으로 발달시킬 수 없습니다. 서로 다른 측면들은 서로 다른 의미를 가지고 있고, 서로 다른 계기들은 서로 다른 비중을 가지고 있으며, 서로 다른 측면들은 각각 서로 다른 의존성을 맺고 있습니다. 이를 간단히 표현하자면, 사람은 하나의 통합된 체계라는 데에는 모두 동의하지만, 동질적 체계가 아니라 복잡하게 조직된 이질적 체계라는 것입니다.

5-3] 이런 이유로, 인간 발달 연구에서 취해야 할 다음 단계는 기본 요소들을 알아내는 것입니다. 물론 우리는 발달을 이 요소로 분해해야 하지만, 물론 이는 연구 목적을 위해서이며, 항상 우리는 이러한 개별적인 발달 측면들이 특정한 상호 연결, 특정한 상호 의존 속에서 함께 존재한다는 것을 기억해야만 합니다. 그러나 이러한 사실이 개별적 발달의 측면들로 하여금 특정 발달 측면에서는 나타나고 다른 발달 측면에서 나타나지 않는 독립적 법칙을 갖는 것을 막을 수는 없습니다.

비고츠키는 임상(교육과 발달 장애의 치료)을 목적으로 할 때는 함께 다루어야 하는 것들을 연구를 목적으로 할 때는 분해해야 할 필요가 있음을 강조한다. 연구 목적을 위해서는, 몸이 서로 다른 체계들을 갖는다는 것, 이러한 체계들이 다른 속도로 발달한다는 것(예컨대 뇌와 신경계는 뼈나 근육에 비해 비율적으로 출생 시에 이미 성인의 것에 가깝다) 그리고 심지어 같은 체계의 다른 부분들도 다른 비율로 발달함을 인식하는 것이 중요하다(예컨대 출생 시 수의 신경계는 불수의 신경계만큼 발달되어 있지 않다). 임상 목적(교육과 치료)을 위해서는 이러한 체계들이 함께 작용함을 인식하는 것이 중요하다. 어린이 손의 성장은 가리키고, 물건들을 조작하고, 연필로 쓰는 법을 배우는 능력과 관련되어 있다. 그렇다고 해서 연구 목적을 위해 신체적 성장과 심리적 발달을 분리할 수 없는 것은 아니다. 성적 성숙과 우정은 분명 사춘기의 일상생활에서 서로 관련되어 있지만, 고등심리기능과 그 기저에 놓여 있는 생물학적 욕구를 구분할 수 없는 것은 아니기 때문이다.

5-4] 오늘 우리는 발달의 일반적 경로를 분해하는 것으로 시작하여 어린이의 심리적 발달을 주관하는 법칙을 좀 더 구체적으로 살펴보고자 합니다.

5-5] 그러나 여기서 우리는 이전과 동일한 입장을 마주하게 됩니다. 어린이의 심리적 발달은 그 자체로 일련의 개별적 측면들로 나뉘며, 이 개별적 측면 내에는 또다시 여러 가지 고유한 특성들이 있다는 것입니다. 이 심리적 발달의 개별적 측면에 관한 연구는 아동학 강좌의 일부인 연령기 아동학에 이미 포함되어 있으나, 오늘 우리는 어린이의 심리적 발달의 일반 법칙 또는 어린이의 의식적 인격 발달의 일반 법칙에 초점을 맞출 것입니다.

5-6] 심리적 발달 법칙을 특징짓는 가장 중요하고 핵심적인 것으로부터 시작하겠습니다. 우리는 앞에서 말했던 것으로부터, 또한 여러분이 다른 수업에서 배운 것으로부터 아동 발달의 경로에서 단순히 처음에 주어진 것의 생장과 증대가 나타나는 것이 아니라 유기체 자체의 개별 측면들 사이의 관계의 재구조화, 유기적 체계의 변화와 재구조화가 일어난다는 것을 이미 알고 있습니다. 예를 들어, 우리는 어린이 신체 성장에 있어 발, 사지, 몸통, 머리가 일정 기간 동안 똑같이 자라는 일이 있는지 물었습니다. 그러한 일은 결코 일어나지 않습니다. 언제나 우리 몸의 어떤 부분은 빠르게 성장하는 반면 다른 부분은 천천히 성장

합니다. 이는 유전적 발달 단계가 비율을 재구조화한다는, 즉 (신체-K) 부분들 간 관계를 재구조화한다는 사실로 이끕니다. 우리는 이러한 입장을 일반적 발달 법칙으로 간주했습니다.

5-7] 내분비계 발달을 살펴봅시다. 여러분은 발달이 원래 작았던 분비샘들이 더 성숙하여 단순히 크기가 커지는 게 아님을 알고 있을 것입니다. 유년기 내분비계 발달은 주로 내분비 체계의 상호 관계의 변화 때문에 일어납니다. 어떤 분비샘들은 퇴화합니다. 즉 그것들은 어린이 발달이 조만간 맞게 될 경로와 반대되는 발달 경로를 겪습니다. 신체 형성의 초기 과정에서 중요한 역할을 하는 가슴샘은 상대적으로 일찍 다른 분비샘들에게 그 역할을 양도하기 시작하고 역발달 과정을 겪게 됩니다. 다른 분비샘들은 특정 연령에서 작동하기 시작합니다. 우리는 연령 변화에 따른 내분비샘들 간의 관계의 재구조화를 다루게 됩니다. 따라서 어린이의 신체 발달에 대해 이야기할 때 우리가 앞으로 보게 될 것처럼, 모든 연령마다 지배적인 내분비 공식, 즉 각각의 내분비샘들 간의 특유한 관계를 표현하는 자신만의 공식이 존재하며, 그것은 특정 연령 시기를 특징짓습니다.

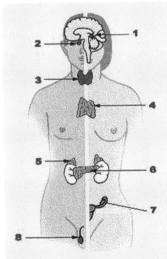

내분비샘은, 땀이나 젖을 분비하는 외분비샘과는 달리 열린 관(管)을 가지고 있지 않다. 내분비샘은 말 그대로 신체 외부로 나가는 관 없이, 혈액에 직접 호르몬을 분비한다. 내분비샘에서 분비된 호르몬은 다양한 기능을 지니며, 발달에서 중요한 역할을 수행한다. 이러한 이유로 성숙에 따라 각 내분비샘의 중요성이 달라진다. 비고츠

1. 솔방울샘, 2. 뇌하수체, 3. 갑상샘, 4. 가슴샘, 5. 부신, 6. 이자, 7. 난소, 8. 정소

키가 말하듯이 가슴샘은 유아기 동안 그리고 사춘기 이전에 큰 역할을 한다. 그러고 나서 가슴샘의 크기와 중요성은 줄어든다. 그러나 가슴샘은 면역에서 중요한 역할을 하는 T세포를 계속 분비한다. AIDS에 걸렸을 때 공격받는 것이 바로 T세포이다.

5-8] 어린이의 심리적 발달과 관련하여, 오랜 시간 동안 이 법칙은 연구자들의 관심 밖에 있었습니다. 인간 정신은 복잡한 형성물입니다. 당연히, 이 정신은 과학적 연구 목적들을 위해 분해되기 시작했고, 예컨대 기억, 주의, 생각, 의지, 감정 등의 개별 심리적 기능들로 나뉘기 시작했습니다. 구舊기능심리학은 아동 발달 문제에 접근함에 있어 개별 심리적 기능들은 발달하지만 그 개별 기능들 간의 관계는 발달하지 않고 변함없이 남아 있다고 생각하였습니다. 이것은 어린이의 심리적 발달에 대한 과학적 관점의 발달을 방해하는 기괴한 망상이었습니다.

5-9] 먼저, 가장 기본적인 심리적 발달 법칙을 설명하는 것으로 시작해야 할 것입니다. 그 법칙은 이렇습니다. 심리적 발달 과정 속에서는 단지 각각의 심리적 기능들이 변화하고 성장할 뿐 아니라, 주로 변하는 것은 이 기능들 간의 관계로서, 각각의 연령 단계마다 주어진 연령대의 기능 간 관계 체계의 고유성이 존재합니다. 그 과정에서 연령에 따른 변화는 무엇보다 먼저 이러한 기능들 간의 관계 체계 속에서 일어나며, 이 체계 속에서 일어나는 각각의 개별 기능의 발달은 체계에 의존합니다. 다시 말해서, 전체로서의 유기체에 대해 우리가 알고 있는 법칙이 어린이의 심리적 발달을 완전히 결정하고, 전체로서의 어린이의 의식 발달은 개별 의식 활동 형태의 개별 특징들 각각의 발달을 결정하는 것입니다. 이와 같이 기억, 주의, 생각이 각각 발달하고 이 변화의 총합으로부터 일반적인 의식 발달이 나타나는 것, 즉 개별 기능들의 발달의 결과로 의식의 변화가 초래되는 것이 아니라, 실제 발달은 그 반대 경로

로 나아갑니다. 전체로서의 의식의 변화, 즉 개별 기능들 간 관계의 재구조화는 각 기능이 발달의 고유한 조건에 놓이도록 이끕니다. 그리고 그 발달의 특정 조건이 내가 오늘 여러분에게 소개하고자 하는 것입니다.

이 문단은 두 가지로 이해될 수 있다. 첫째, 아마도 가장 흔하게는, 이 문단의 배경이 된 '일반적 법칙'을 생각하는 것이다. 형태주의 심리학에 따르면, '전체'(전체 인격, 전체 몸, 전체 어린이)는 단순히 여러 부분들(인격을 이루는 심리적 기능들, 몸의 부분들, 어린이의 몸과 마음)의 산물이 아니다. 그에 따라 비고츠키는 발달의 산물에 있어 진실인 것이 똑같이 발달의 과정에 있어서도 진실이라고 말하는 것이다. 즉 인격의 발달은 다양한 심리적 기능들의 역사의 단순 합이 아니며, 몸의 발달은 다양한 생리적 체계의 역사의 단순 합이 아니며, 어린이의 발달은 심리적 발달과 생리적 발달 역사의 단순 합이 아니다. 둘째, 적어도 교사나 부모들은 이 문단을 좀 다르게 이해할 수도 있을 것이다. 2~3세 어린이를 생각해 보자. 이 어린이의 지각은 매우 빠르게 발달하고 있고, 정서적 반응(이 연령의 어린이는 이미 보거나 듣는 것, 냄새, 특히 맛에 대해서 상당히 명확한 기호를 보인다)도 마찬가지다. 그러나 어린이의 생각, 논리, 의지, 기억은 잘 발달되어 있지 않으며, 오히려 정서적 지각 양식으로 더 잘 이해될 수 있을 것이다. 어린이는 주로 구체적 감각 없이는 생각하거나 추론하지 못한다. 어린이는 과거나 미래에만 속하는 것들을 원하거나 바라지 못하고, 기억 자체를 위해 기억하는 경우가 거의 없다. 어린이의 경향성은 대체로 어린이의 능력을 보여 준다. 예컨대 어린이는 그림을 보면서 이야기를 듣고 난 후, 그것을 자꾸자꾸 듣고 싶어 할 것이다. 그러나 결코 이 어린이는 스스로 그것을 이야기하지는 못한다. 이런 어린이를 계속해서 그림과 소리에 노출시키기만 하면, 이 어린이의 기억이 발달하는가? 비고츠키는 그렇지 않다고 말한다. 오히려 실제 발달은 3세경에 기억을 중심으로 한 완전히 새로운 기능 체계가 지각에 기반을 한 체계를 대체하는 식으로 일어난다. 기억 기반 체계를 가진 좀 더 큰 어린이도 마찬가지이다. 왜냐하면 개념적 사고를 발달시키려면 지각이나 기억 발달만으로는 충분하지 않기 때문이다. 개념적 사고의 발달을 위해서는 반드시 기능 간 관계라는 전체 체계가 바뀌어야 한다.

5-10] 심리적 발달을 특징짓는 일반적 입장을 더욱 명확하고 분명하기 그려내기 위해서 우리는 몇 가지 어린이 연령기를 구체적으로 취하여 한 연령기에서 다른 연령기로 이동할 때 어떤 일이 일어나는지 살펴보아야 합니다.

5-11] 유아기부터 시작해 봅시다. 여러분이 보기에는 어떤가요? 유아기, 즉 발달의 시초에 유아에게 분화된 기능들이 존재한다는 입장이 지지받을 수 있을까요? 예를 들어 우리는 유아에게서 기억 자체를 볼 수 있을까요? 즉 무언가를 기억하는 데 열중한 아기를 볼 수 있을까요? 행위와 분리된 생각, 감정이나 정서와 분리된 행위를 관찰할 수 있을까요? 절대 아닙니다. 신생아와 생후 1개월 된 유아의 의식을 특징짓는 것은 무엇일까요? 신생아나 유아의 의식과 그 이후 연령 어린이의 의식을 구분하는 가장 두드러진 특징은, 의식의 기능적 관계가 완전히 미분화되어 있다는 것입니다. 이것은 어떤 의미일까요? 이는 유아에게 의식이 존재함을 의미하며, 모든 미래 기능의 씨앗이 이미 존재함을 보여줄 수 있습니다. 그러나 이 의식이 분화되었다고 즉 각각의 기능이 개별적으로 작용한다고 할 수 있을까요? 아닙니다.

까꿍 놀이처럼 어린이가 몇 초 동안 숨었다가 나타나면서 웃거나 소리치는 놀이는 생각, 행동, 심지어 말과 같은 기능들이 정서적 지각과 얼마나 긴밀하게 통합되어 있는지를 잘 보여 준다.

5-12] 예를 들어 봅시다. 유아는 기억을 가지고 있습니까? 그렇습니

다. 유아는 엄마를 알며, 친숙한 대상을 알고 이들과 낯선 것들을 구분합니다. 만일 실험을 위해서 아기에게 특정한 색과 형태의 우유병으로 우유를 먹이고 그 후에 이 아기에게 다른 색과 형태의 우유병을 준다면 이 아기는 항상 자신과 함께하던 것을 잡을 것입니다. 아기는 그것을 알아보고 멀리 있더라도 그것을 향해 손을 뻗을 것입니다. 그의 의식은 동화하고 기억할 잠재성을 가지고 있습니까? 의심의 여지 없이 그렇습니다. 심지어 많은 저자들은 0세 즉 출생 순간부터 1세 사이에 기억하는 것이 일생의 나머지 기간 동안 기억하는 모든 것을 능가한다고 말할 정도입니다. 사실 아기는 세계에 대해 아무것도 모르는 상태로 태어나기 때문입니다. 따라서 일반적으로 기억되는 것이 아니라고 생각되는 모든 사물의 속성들(단맛, 쓴맛, 모든 후각과 모든 촉각: 단단함, 물렁함, 거침, 매끄러움, 차가움, 뜨거움), 즉 세계의 모든 기본적인 속성들은 유아기에 어린이가 한꺼번에 기억하는 것입니다. 따라서 유아에게 기억 가능성이 존재할 뿐 아니라 기억 가능성이 너무도 강력하게 실현되므로 많은 연구자들은 유아기만큼 기억이 강하게 작용하는 때는 없다고 믿습니다.

어린이는 생후 첫해에 얼마나 많은 성취를 '배우는가'! 몸을 일으키고, 머리를 가누고, 앉고, 기며, 발을 끌며 걷고, 일어서고, 걷는다. 또한 우유병으로 마시며, 단단한 음식을 먹는다. 다양한 자세로 껴안으며 종이나 인형, 딸랑이나 숟가락을 가지고 논다. 이러한 놀이는 이루 말할 수 없이 다양한 활동, 예컨대 종이 구기기, 종이를 조각조각 찢기, 앞뒤로 움직이기, 팔 들어올리기, 이리저리 휘젓기 등의 활동을 포함한다. 유아어의 다양성은 지속적으로 증대된다. 아기는 들리는 말을 따라 하며 자신이 본 행동을 모방한다. 그리고 온갖 훈련된 성취와 직접적으로 유용한 필요 사항의 숙달이 일어난다. 1년간의 과업은 가장 우수한 학령기 학생이 같은 기간 동안 배울 수 있는 것을 훨씬 넘어선다.

Wilhelm Stern(1924). *The Psychology of Early Childhood*. New York: Henry Holt, p. 80.

5-13] 그러나 동시에 유아기의 기억을 특징짓는 것은 무엇일까요? 그것은 기억 자체로서의 기억은 존재하지 않으며, 기억이 일반적인 의식 활동과 구분되지 않는다는 것입니다. 간단한 두 가지 예를 제시하겠습니다. 여러분은 유아기가 곧 기억상실에 빠져, 기억에서 사라지는 시기라는 것을 알고 있습니다. 우리는 자신이 유아였을 때를 기억할 수 있을까요? 그런 사람은 없습니다. 어떤 사람들은 단편적 기억을 가지고 있다고 주장하기도 합니다. 이런 사람들은 드물며, 이러한 기억들이 실제로 어느 정도까지 유아기에서 왔는지 혹은 유아기라고 생각하지만 나중에 나타난 것은 아닌가라는 의문이 여전히 듭니다. 유아의 기억은 존재하고 집중적으로 작동하지만, 유아는 기억하지 못하며 이 연령에 대한 추억을 조금도 지니지 못합니다. 이것은 유아의 기억이 우리의 기억과 그리 다르지 않다는 것을 가리키는 근거 중 하나입니다. 유아의 기억은 우리보다 약하며, 느리게 기억하고, 짧은 기간 동안 기억하며, 적은 양을 기억할 뿐입니다. 초기 유년기 기억의 주된 차이점은 전체로서의 의식과 상이한 관계를 맺는다는 것입니다. 즉 그것은 전체로서의 의식 활동으로부터 분화되고 분리되지 않습니다.

5-14] 두 번째 예를 들어 봅시다. 한 어린이에게 특정 형태와 색깔의 병으로 얼마간 수유하고 그 어린이의 기억을 관찰한 실험을 살펴봅시다. 우리는 이렇게 질문할 수 있을 것입니다. 그 어린이가 먹으면서 동시에 어떤 우유병으로 먹었는지 기억하려고 했을까요? 아닙니다. 이것은 저절로 나타납니다. 그 어린이가 먹는다는 사실, 이 시간에 만족한다는 사실, 그 음식과 특정한 정서적 관계를 맺고 있다는 사실, 그가 보는 사실은 모두 함께 뒤섞여 있습니다. 이와 같이 어린이는 기억하지만,

이 기억은 어린이의 모든 활동 내에서 개별적 활동으로 분리되지 않습니다. 이 기억은 감정, 배고픔, 본능, 포만감으로부터 분리되지 않고, 또한 지각으로부터도 분리되지 않습니다. 요컨대, 그것은 분화되지 않은, 개별 기능으로서 존재하지 않는 기억입니다. 바로 이 실험에 참여했던 한 연구자는 이러한 유아의 기억이 역설적인 인상을 준다고 말했습니다. 한편으로, 유아는 가까이에 있는 물건들을 매우 빠르고, 매우 확실하게, 매우 손쉽게 기억하는데, 이 기억은 좀 더 성숙한 연령의 어린이의 기억과 비교할 때, 그 신선함과 선명함에 있어 물론 놀랍습니다. 다른 한편으로, 기억은 아직 기억으로서 존재하지 않습니다. 그 유아는 자신이 마신 우유를 사각형 형태의 병이나 다른 지각들로부터 분리하지 않습니다. 이 저자가 말하듯, 우리는 유아가 사각형의 파란 우유를 마신다고 지각하는 듯한 인상을 받습니다. 만일 기억뿐 아니라 의식 활동의 다른 측면의 연구도 유아기에서 멈춘다면, 우리는 유아 연령기에 그 기능들이 배아적 형태로, 기억처럼 종종 그 시작부터 매우 잘 발달되어 있으며, 단지 이 기능들은 미분화된 상태로 남아 다른 기능들과 서로 분리되지 않는다는 동일한 결론에 도달할 것입니다. 마치 어린이의 모든 미래의 기관과 조직들이 배아와 세포 속에 분화되지 않은 형태로 존재하는 것처럼, 장차 발달되어야만 하지만 아직 분화되거나 발달되지 않은 미래의 모든 기능들이 의식 속에 미분화된 형태로 존재합니다.

이 실험은 영문판 비고츠키 선집 5권 225쪽에서도 언급된다. 여기서 연구자(저자)는 H. 폴켈트를 지칭한다. 폴켈트는 파란색 사각기둥 모양의 젖병에 우유를 담아 아기에게 주고 나중에 보통 젖병을 주면, 아기가 먹기를 거부하는 것을 발견하였다. 또 파란 사각기둥 젖병과 보통 젖병을 함께 제시하면 아기는 파란 사각기둥 쪽으로 손을 뻗었다. 폴켈트는 '우유를 마신다'는 개념이 파란 사각기둥 젖병과 같은 경험의 추상화를 토대로 하여 성인의 마음에만 존재하게 되는 개념이라는 결론을 도출한다. 그러나 어린이는 자기가 경험한 것만을 알며, 어린이가 경험한 것은 파란 사각기둥 젖병이므로, 우리는 어린이가 우유를 마시는 것이 아니라 '파란 사각기둥 젖병 우유'를 마신다고 말해야 할 것이다. 비고츠키는 발달이 단순히 크기나 양으로 측정될 수 있는 것이 아니라고 주장한다. 사실 아기가 가진 기억의 크기는 거대하다. 아기는 광대한 양의 정보를 기억한다. 그러나 이것은 추상화 능력이 없는 아기가 모든 정보를 구체적으로 낱낱이 기억해야 하기 때문이다. 비고츠키는 발달을 위해서는 분화가 필요하다고 말한다. 어린이는 모든 것을 기억하는 것이 아니라, 어떤 것은 기억하고 어떤 것은 잊는 것을 배워야 한다. 이는 어린이가 특히 낱말의 도움을 통해 추상화하고 일반화하는 것을 익힐 때에만 가능하다.

5-15] 유아 의식 발달의 시작이나 기원이 되는 지점을 이해하는 데 궁극적으로 도움을 줄 수 있는 사례를 유아의 의식을 유아의 움직임에 비유함으로써 찾을 수 있습니다. 유아의 움직임을 구분 짓는 것은 무엇일까요? 유아의 운동 감각은 처음에 어떤 움직임 즉 개별 기관의 모종의 개별적 반응들이 나타나고, 그런 다음 이 반응들이 연결되어 점차 무리가 되고, 이것이 나중에 전체 움직임을 야기하는 식으로 발달할까요? 내 생각에 유아를 본 적이 있는 사람이라면 누구라도 유아의 움직임을 그런 식으로 특징짓는 데 동의하지 않을 것입니다. 유아의 움직임은 덩어리로 문화화합니다. 그는 몸 전체로 움직입니다. 한 연구자는 다음과 같은 것을 보여 주었습니다. 만일 배고픈 유아에게 좋아하는 것 예컨대 밀죽을 준다면, 아기는 그것을 먹으려고 활처럼 구부립니다. 아기는 대상을 향해서 활처럼 팔, 다리, 머리를 쭉 빼고, 팔다리와 머리, 몸 전체를 최대한 멀리 뻗어, 대상을 향하여 열린 활과 비슷한 모습이 된다는 것입니다. 만약 아기에게 싫은 것을 준다면, 만일 아기의 혓바

닥에 쓴 것을 떨어뜨린다면, 아기는 반대쪽을 향하는 활처럼 구부립니다. 아기의 움직임은, 분화되지 않고 개별 기관의 운동으로 쪼개지지 않은, 전체적 움직임이라는 사실로 특징지어집니다. 그렇다면 유아의 움직임 발달은 무엇으로 이루어져 있을까요? 아기의 미분화된 덩어리, 전체 움직임이 개별적으로 분화된 팔다리의 운동으로 점차 분리되기 시작한다는 사실로 이루어집니다. 예를 들어 우리는 어린이가 분화된 운동으로 손을 움직이고 발로 차기 시작하는 때가 어린이 움직임 발달의 가장 중요한 계기라고 믿습니다.

> 다음 사진에서 형인 어린이가 자신의 동생인 유아와 까꿍 놀이를 하고 있다. 사진에서 유아는 개별적으로 분화된 팔의 움직임을 보이고 있다. 그는 왼팔보다 오른팔을 좀 더 뻗어 형을 만지려고 한다. 그러나 분화는 아직 완성되지 않았다. 유아는 형을 만지기 위해 두 팔을 다 뻗으며 심지어 발을 구르기도 한다.

5-16] 이 비유는 유아 발달 초기에 만나게 되는 것, 다시 말해 의식의 개별 기능들의 비분리성, 미분화를 어느 정도 명확히 보여 줍니다. 만일 그렇다면 이것은 유아의 심리적 기능—기억, 주의, 생각, 의지 등—이 존재하며 이 기능들이 나중에 더 발달한다는 것을 시사한다는 데에 여러분이 동의할 것이라고 생각합니다. 유아기 의식 발달의 시작점은 발달 초기에 개별 기능이 일반적으로 존재하지 않고 미분화된 전체로서의 의식만이 존재하며, 분명 그 발달은, 우리가 여기서 추적하듯이, 각 연령기를 통과하면서 개별 기능들이 분화되어 이루어진다는 것을 알려 줍니다.

5-17] 의식 발달의 출발점을 이렇게 특징짓는다면, 우리는 그다음 질문을 해야만 합니다. 자, 좋습니다. 유아기에 개별 기능들이 분화되지 않는다면, 후에 이 분화는 어떻게 진행될까요? 모든 기능들이 한꺼번에 출현할까요? 바로 여기서 유아기가 끝나고, 초기 유년기가 시작되는 생후 2년째로 접어듭니다. 어린이의 의식은 기억, 주의, 상상, 정서가 모두 동시에 나타나는 식으로 분화될까요? 결코 그런 식으로 일어나지 않음을 연구는 보여 줍니다. 먼저 초기 유년기에 한 무리의 기능들이 나타납니다. 그 자체는 내적으로 아직 충분히 분화되지 않았지만 다른 모든 기능들에 대해서 선도적인 위치를 차지합니다. 그것은 어떤 기능일까요? 이에 대한 가장 정확한 명칭은, 현대 심리학에서 명명된 것처럼, 정서적 지각이라고 나는 생각합니다. 즉, 정서 자체와 지각은 분화되지 않았지만, 이 기능들은 이미 유아기와 초기 유년기의 경계에서 전체의식의 나머지로부터 분리되는 것입니다. 앞에서 우리가 의식을 불명료한 원으로 묘사했다면, 이제 그것은 중심과 주변부로 날카롭게 구분됩니다. 정서와 즉각적으로 연결된 지각이 중심에 위치하고, 다른 모든 활동들은 지각을 통해서만 작용하기 시작합니다.

5-18] 이것을 설명해 보겠습니다. 초기 유년기 어린이의 기억, 특히 초기 유년기의 전반부, 생후 두 번째 해와 세 번째 해 일부의 기억은 어떨까요? 어린이 기억의 선도적 형태는 지각, 즉 인식으로만 발현되는 기억 형태로 남아 있습니다. 여러분은 스스로 무엇이든 기억할 수 있는 세 살 이하의 어린이를 본 적이 있습니까? 없습니다. 그의 기억에 가장 빈번하게 나타나는 것은 무엇일까요? 어린이는 전에 존재했던 특정 상황을 재생하거나, 아니면 무언가를 보면서 이 사물을 알아보고 그것과 연결된 사건을 인식합니다. 다시 말해 초기 유년기 어린이의 기억은 지각 활동에 참여할 수 있을 때에만, 오직 지각 활동에 참여할 수 있는 만큼만 작동합니다.

5-19] 여기서 우리는 상황 지각에 대한 기어의 종속성과 의존성을 발견합니다. 이 연령의 어린이가 무언가를 자기 스스로 기억하려고 노력하는 사례―이러한 기억은 발견될 수 없고, 아직 나타나지 않습니다.

5-20] 이 연령대 어린이의 생각을 떠올려 봅시다. 이 어린이가 추상적으로 생각하는 것을 본 적이 있나요? 어린이의 생각은 언제나 시각-도식적 생각, 이른바 실행적·작용적 생각으로 환원될 수 있습니다. 즉 어린이는 시각적으로 지각된 대상들 간의 관계를 직관적으로 알고 분별하거나, 그 시각적 상황에서 합리적이고 적합한 어떤 행동을 생각해 냅니다. 어린이에게 시각-도식적 생각만이 배타적으로 존재한다고 할 때, 이 말은 무슨 뜻일까요? 그것은 어린이가 오직 지각하는 한에서만, 즉 오직 자신의 지각 범위 내에서만 생각한다는 뜻입니다. 그렇다면 우리의 생각을 특징짓는 것은 무엇일까요? 그것은 우리가 눈앞에 놓인 사물, 눈앞에 놓인 때와 장소만을 생각하지 않는다는 것입니다. 만약 이 연령대 어린이의 기억과 생각을 취한다면, 우리는 이 둘이 이미 각자 개별적으로 존재하거나 유아기 때처럼 미분화된 형태로 존재하는 것도 아니고, 마치 지각에 종속되듯이 지각에 대한 의존성을 드러내며 존재한다는 것을 알게 됩니다.

5-21] 똑같은 것이 어린이의 감정에도 적용됩니다. 3세 어린이가 얼마나 쉽게 주의를 빼앗기는지는 누구나 잘 알 것입니다. 무언가 불쾌한 것이 있습니다. 여러분이 불쾌한 것으로부터 어린이의 주의를 돌리고 새로운 상황으로 데리고 가서 새로운 물건을 주면, 모든 것은 지나갑니다. 어린이가 자신을 기다리고 있을 미래의 어려움 때문에 괴로워 할 수 있을까요? 의사가 입에 수저를 넣는 바로 그때 어린이는 아파합니다. 단지 몇 분 후만 보더라도, 지금 당장 즉각적 상황에 전혀 위험이 없다면, 아무런 감정도 일어나지 않을 것입니다! 닷새 후에 무언가를 받을 것이라는 사실이 어린이에게 좋은 소식이 될 수 있을까요? 이것은 어린

이가 감정적으로 연결시킬 수 있는 것이 아닙니다. 어린이의 감정은 오직 그의 지각 내에서만 발현됩니다.

5-22] 나는 어린이들이 심리적 발달에서 걸음마를 시작하는 초기 유년기에 이미 유아기와 비교해서 그의 의식 구조에 뚜렷한 변화가 있음을 이 사례들이 충분히 보여 준다고 생각합니다. 우리가 유아기에 개별적 활동들로 충분히 분화되지 않은 전체적 의식을 다루었다면, 발달의 두 번째 단계에서 이미 우리는 의식의 다른 모든 형태들로부터 뚜렷하게 분리되었지만 그 자체 내에서는 아직 분화되지 않은 어린이의 정서적 지각과 만났습니다. 이것은 전체의식 활동을 규정지으며 중심적이고 지배적인 기능으로서의 선도적 역할을 합니다. 다시 말해 의식에서의 기능 간 관계, 즉 기능들 사이의 관계로 볼 수 있는 것이 이 연령기에 최초로 나타나는 것입니다. 지각과 기억 사이에는 이미 규정되고 분화된 관계가 존재합니까? 존재합니다. 이 의식 속에서 이미 지각과 기억의 관계가 기억과 생각의 관계와 다르다고 말할 수 있습니까? 내가 볼 때 그렇습니다. 여기서 지각과 기억은 어떻게 연관되어 있을까요? 선도적 기능과 종속적 기능으로 관련됩니다. 그렇다면 지각에 모두 종속적인 관계를 가지는 기억과 생각은 어떨까요? 기억과 생각은 독립적인 기능입니다. 이 기능들—기억과 생각—은 각자가 지각과 연결되는 동시에 또한 서로와 연결될까요? 아닙니다. 그들은 다르게 관련 맺습니다. 그렇다면 여기서 우리가 처음으로 기능들 간의 분화된 관계를 목격할 수 있다는 것이 명백해집니다. 이는 세 가지의 기본적 계기들로 특징지어지는 기능 분화의 시작입니다. 이 계기들은 이제 일반적 명제로 공식화할 수 있으며, 후속하는 모든 연령기에서 그 가치를 유지합니다.

> 어린이의 기억은 오래가지는 않지만, 어린이는 벌써 매우 많은 양을 기억할 수 있고 성인이 주목하지 않는 세세한 내용들도 기억할 수 있

다. 그러므로 발달하는 것은 양적인 것이 아니라 질적인 것이다. 중요한 것은 기능 자체의 강도가 아니라 기능들 간의 관계이다(기능 간 분화가 완료되면 다음에는 기능 내적 분화가 중요해진다). 여기서 비고츠키는 기능 간 관계의 두 유형(의존적 관계와 독립적 관계)을 간단히 구분한다. 의존적 관계는 지배적 기능(초기 유년기의 정서적 지각)과 다른 모든 기능들 간의 관계이다. 지배적 기능은 혼자 작용할 수 있고, 혼자 작용한다(어린이는 기억과 생각이 없이, 보고 반응한다). 그러나 의존적 기능들은 혼자 작용할 수 없고, 혼자 작용하지 않는다(어린이는 감각적 정보가 주어지지 않는 완전히 추상적인 개념은 기억하지도 생각하지도 않는다). 독립적 관계는 의존적 기능들 간의 관계이다. 기억과 생각은 연결되어 있지만, 직접 연결되어 있는 것은 아니다. 기억과 생각은 지배적 기능을 통해서만 작용한다.

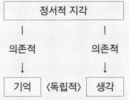

유치원 선생님과 처음으로 만나는 어린이와 엄마를 상상해 보자. 엄마는 선생님이 무엇을 입었는지에 주목하지 않으며, 대신 선생님의 이름을 기억한다. 어린이는 그 반대이다. 어린이는 바로 선생님이 입은 옷, 선생님의 목소리, 심지어 선생님의 냄새까지 주목하지만, 선생님 이름을 기억하지는 않는다. 다음 날 유치원에 갈 시간이 되었을 때, 어린이가 기억할 것은 이러한 지각들이다(만약 이러한 지각들이 좋은 기억으로 남았다면 어린이는 유치원으로 뛰어갈 테지만, 그렇지 않았다면 어린이는 유치원에 가지 않겠다고 떼를 쓸 것이다!). 엄마와는 달리 어린이에게 있어 기억과 생각은 지각에 독립적이지 않다. 기억과 생각은 지각에 연결되어 있을 때에만, 지각에 연결된 정도만큼만 연결된다.

5-23] 우리는 지금까지 조사한 것들로부터 어린이의 심리적 발달을 특징짓는 세 가지의 기본 법칙을 포괄하는 결론을 이끌어 낼 수 있을

것입니다.

5-24] 첫 번째 법칙은 다음과 같이 공식화될 수 있습니다. 원래의 미분화된 의식으로부터 모든 기능들이 분화된 형태로 한꺼번에 생겨나는 일은 결코 일어나지 않습니다. 반대로, 각 기능의 분화는 언제나 연속적으로 일어나므로, 처음 나타난 기능은 전체로부터 충분히 분화되지 않거나 내적으로 충분히 분화되지 않은 경우가 흔히 있습니다. 이 법칙을 설명해 보겠습니다. 이 법칙은 처음에 미분화된 의식이 있다가 어느 화창한 날 갑자기 분화되는 것이 아니라는 생각을 가지고 있습니다. 분화는 부분적으로, 개별적 기능들로 발생하며, 이러한 기능들 자체는 여전히 내적으로는 거의 분화되어 있지 않습니다. 예를 들면, 초기 연령기에 일반적 의식 구조로부터 나타나는 것은 지각입니다. 내가 이미 여러분에게 말했듯이, 지각은 감정으로부터 아직 충분히 분화되지 않았습니다. 그뿐만 아니라, 청각적·시각적 지각과 색과 형태의 지각은 여전히 매우 미분화된 상태입니다. 따라서 전체로서의 기능이 이미 나타났다 하더라도, 내적으로는 여전히 극도로 미분화되어 있습니다. 그 기능은 미분화된 전체로서 나타납니다.

이것은 플로렌스 구디너프의 '인물화 검사'에서 네 살 반 어린이가 그린 것이다. 이 검사는 어린이가 그린 그림의 형태와 색이 얼마나 분화되었는지를 살펴 어린이의 정신 연령을 판별하고자 1926년에 개발되었다. 이 그림에서는 팔, 다리는 물론 머리카락도 잘 분화되어 있지 않다(거의 똑같아 보인다). 그러나 얼굴은 팔다리와는 분명히 구분되고 사람의 감정이 드러나 있다. 비고츠키는 정서적 지각 기능이 분화되었다는 것을 가리키기 위해 '비젤리쨔выделиться'라는 단어를 사용한다. 이 단어는 '나타나다', '출현하다'이지만 또한 '배정하다', '지정하다', '선택하다'와 같은 의미를 지닌다. 물론 문제는 하나의 기능을

'선택'하여 다른 기능들을 지배할 수 있게 하는 선택자, 지명자, 의식이 없다는 것이다. 한편으로 우리가 기능이 단순히 '출현한다'라고 말할 때, 이것은 환경과의 상호작용과는 상관없이 성적 분화가 출현할 때처럼 자연적 방식으로 해석될 수 있다. 다른 한편으로 우리가 기능이 '선택된다'라고 말할 때, 이것은 마치 어린이가 이미 고르고 선택할 수 있는 것처럼 주지주의적 방식으로 해석될 수 있다. 우리는 이 문제를 초기 유년기 단계에서는 정서적 지각 기능이 단순히 '나타난다' 혹은 '출현한다'라고 번역함으로써 해결했고, 자연주의적 오류의 위험을 감수했다. 그러나 이 '출현'은 새로운 행동의 출현이나 심지어 자연적 선택의 결과로 새로운 종이 출현하는 것과 같은 방식으로 이해되어야 하며, 어린이가 나이를 먹어갈수록 점점 덜 자연적인 동시에 점점 더 의도적인 '선택'이 될 것이다. 그래서 우리는 때로는 '출현'으로 때로는 '선택'으로 번역하였다.

5-25] 이 법칙에서 도출된 결론에 마지막으로 덧붙일 것은 이와 같이, 각 연령기마다 각각의 기능은 서로 다른 정도의 내적 외적 분화를 나타낸다는 것입니다. 이것은 예컨대 초기 유년기에는 지각이 기억보다 더 분화된다는 것을 의미합니다. 그러므로 (1) 모든 연령기마다, 각각의 기능들이 이미 전체로서의 의식으로부터 서로 다른 정도로 분리되고, 그 자체도 서로 다른 정도로 분화됩니다.

5-26] 따라서 결코 동질적인 기능 발달은 일어나지 않습니다. 이것이 첫 번째 법칙입니다.

5-27] 어린이의 심리적 발달을 특징짓는 두 번째 법칙 또한 앞에서 말한 것으로부터 도출되는 것으로 보입니다. 그것은 다음과 같은 형태로 공식화될 수 있습니다.

5-28] (2) 특정 연령에서 분화된 기능은 전체로서의 의식으로부터 단순히 상대적인 독립성을 획득하는 것이 아니라, 전체의식 체계에서

중심적 위치를 차지하고, 지배적 기능으로서 어떤 식으로든 모든 의식 활동을 선도하고 규정합니다.

5-29] 이것을 설명해 보겠습니다. 이것은 기능이 단순히 나타나고 그것으로 사태가 종결되는 것이 아님을 의미합니다. 한 기능이 나타난다는 것은, 그것이 선도적 위치를 차지함을 의미합니다. 그것은 나타나서 지배적 위치를 점합니다. 그것은, 이미 선택된 부분으로서, 모든 나머지 미분화된 의식의 활동들에 크든 작든 색을 입힙니다. 특정한 기능에 미치는 영향이 크고 작음은 무엇에 달려 있을까요? 그것은 다른 기능들의 분화 여부에 달려 있습니다. 예를 들어, 초기 유년기 연령에는 지각이 지배적입니다. 그러나 다른 기능들은 분화되었습니까 아니면 거의 분화되지 않았습니까? 거의 분화되지 않았습니다. 이런 이유로, 지각은 의식 활동을 상당한 정도로 결정합니다. 그러나 다른 더 분화된 기능을 다루게 되는 다음 연령에서는 이미 그 중심적 기능의 우세한 역할은 부각되지 않을 것입니다. 그럼에도 불구하고, 다음의 법칙은 언제나 유효합니다. 의식은 위계적으로 **구축됩니다**. 의식은 서로 지배하지 않고 평등에 기초하여 서로 연결된 일련의 민주적으로 배열된 개별 기능들로 세워진 것이 아닙니다. 심리적 발달에서 분화의 의미가 바로 여기에 있습니다. 우리는 복잡한 계층 구조, 복잡한 조직을 다루고 있습니다. 각 기능의 선택은 전체로서의 모든 의식 활동들의 변화를 의미합니다. 따라서 단지 특정 기능의 분화나 선택이 일어날 뿐 아니라, 이 선택된 기능 덕분에 그것이 나머지 모든 의식에서 선도적 위치를 점하기 시작함에 따라, 전체로서의 의식 모두는 이미 새로운 구조, 새로운 종류의 활동을 획득하는 것입니다.

> 이 문단에서 우리는 비고츠키의 발달 이론을, 하나의 기능이 다른 기능을 대체하는, 기능적으로 정의된 단계들의 집합으로 해석하는 것

이 얼마나 잘못된 것인지를 알 수 있다. 지배적 기능의 의미 자체가 변한다. 왜냐하면 다른 기능들을 지배하면서 분화된 기능은 애초에 그러한 지배 없이 분화된 기능과 같지 않기 때문이다. 이러한 이유로 '출현한다'라는 낱말은 지각이 지배적 기능으로 나타나는 방식에 대해서는 적절한 표현이지만, 기억이 선택되는 방식에 대한 표현으로는 그리 만족스럽지 않다. 지각은 애당초 어떤 경쟁자도 없었다. 실제로 초기 유년기 어린이가 지각에 의해 지배되는 방식과 전 학령기 어린이가 기억에 의해 지배되는 방식이 같다고 할 수 있을까? 그렇지 않다. 전 학령기 어린이가 지각에 의해 지배되는 방식은 초기 유년기 어린이가 지각에 의해 지배되는 방식과 유사하다고 말하는 것이 오히려 사실에 가까울 것이다. 다만 전 학령기는 특정한 중심적 발달 노선에서 기억이 지각 자체를 지배하게 된다는 점에서 다르다(예를 들어, 어린이가 이야기를 들려줄 때 흔히 지각된 세부 사항은 바뀌거나 누락된다). 우리가 다음 그림

에서 볼 수 있듯이, 청소년들은 개념적 사고를 포함한 매우 정교하게 분화된 심리적 기능들을 가지고 있지만, 청소년의 팬픽션에는 종종 강력한 지각적 요소가 드러난다. 이 팬픽션은 실제로 하나의 문학 장르이며, 청소년들이 첨가한 그림들은 이 문학 장르에 종속된 것이다.

청소년 팬픽션에 나오는 그림

5-30] 이 덕분에 앞서 여러분에게 말했던 것이 나타납니다. 모든 지배적 기능과 더불어 의식 속에 기능 간 관계의 체계, 즉 서로 다르게 연결된 여러 가지 기능들이 마음속에 나타나는 것입니다. 기억과 생각이 연관된 방식으로 지각과 기억이 연관되어 있을까요? 아닙니다. 지각이 지배적입니다. 지각과 관련해서 기억과 생각은 둘 다 종속적이고 미분화된 기능입니다. 생각은 기억과 다르게 연결됩니다. 이 두 기능들은 지

각을 통해 연결되어 있으며, 지각에 종속되어 있습니다. 따라서 우리는 두 번째 법칙에 다음과 같이 덧붙일 수 있을 것입니다. 이 지배성 덕분에, 각 연령기에서는 그 연령기에 고유한 기능 간 관계 체계가 생겨납니다. 이 관계는 서로 다른 기능에서 동일하게 나타나는 법이 결코 없습니다. 특정 연령기에 다른 기능들은 서로 다른 관계를 맺으며 존재하는 것입니다.

5-31] 이제 우리는 세 번째 법칙으로 갑니다. 세 번째 법칙은 다음과 같습니다. 즉 특정 연령기에서 처음으로 나타나 의식을 지배하는 기능은 자신의 발달에 있어서 특권화된 위치를 차지합니다. 이와 같이 특정 연령기에 출현한 지배적인 기능들은 그 발달의 최적 조건을 부여받는다고 일컬어집니다. 왜냐하면 나머지 모든 의식이 이 기능에 공헌하기 때문입니다. 지각은 초기 연령기에, 중심에 서서 지배적 위치를 차지합니다. 이것은 발달에 유리할까요, 아닐까요? 이 덕분에, 이 연령기에 지각은 최대 속도로 발달할까요, 아닐까요? 그렇습니다. 바로 기억은 지각과 연관해서만 작용하며, 생각 또한 마찬가지로 단지 지각 과정으로서 작용합니다. 이는 모든 기능과 모든 의식이 마치 특정한 기능의 활동을 위해 공헌하는 것과 같음을 의미합니다. 이것이 그 기능의 최대한의 성장과 발달 그리고 최대한의 내적 분화에 기여합니다.

비고츠키가 말하는 기능의 내적 분화란 무엇을 의미하는가? 보고 들을 수 있는 정상적 사람에게서 지각이 어떻게 분화되는지 보는 것은 쉽다. 보는 것과 듣는 것은 분명 매우 다르게 느껴지기 때문이다. 그러나 이 분화는 내적이라기보다는 외적이라고 할 수 있다. 외부 기관(귀, 눈)들의 기능으로 나타나기 때문이다 물론 냄새와 맛이나 맛과 혀의 촉감은 더 내적으로 분화된 것이다. 시각 장애인들이 소리로 거리를 판단하고 촉감으로 모양을 판단할 때, 그들은 정상적인 사람들이 생리적으로 분화시킨 기능을 심리적으로 분화시킨 것이다. 지각의 내적 분화는 시각과 청각의 분화보다 훨씬 심리적이다. 예를 들어, 정서적 지각을 살펴보자. 내적 분화를 통해 감정과 지각이 분리된다. 슬픈 이야기를 들을 때처럼 어린이는 보지 않고 감정을 느낄 수 있고, 재미로 공포 영화를 볼 때처럼 감정을 느끼지 않고 볼 수 있다. 비슷하게 기억은 지각에 의해 분화되며(어린이들은 풍경과 맛, 그리고 소리를 다르게 기억한다), 성인에게는 글자 그대로 매우 정교하게 분화된 수백 가지의 생각이 존재한다. 예를 들어 상대의 나이가 얼마인지 어림할 때와 수학 문제를 해결할 때 우리가 수에 대해 갖는 생각의 종류는 매우 다를 것이다. 많은 종류의 직업을 가진 사회가 농부만으로 이루어진 사회보다 더 발달되었다고 말하는 것처럼, 비고츠키는 다양한 종류의 기능들을 가진 정신이 보고 느끼는 형태의 기능만을 가진 정신보다 더 발달한 것이라고 말한다.

5-32] 이와 같이 외적 분화 과정, 전체의식으로부터 이 기능을 선택하는 과정에 뒤이어 주어진 기능의 내적 분화, 그것의 최대 발달과 내적 최대 세분화 시기가 따라옵니다. 즉 기능 내에 복잡하고 또한 위계적으로 조직된 구조가 나타납니다. 그 결과, 각 기능 발달에 유리한 시기는 바로 그것이 처음으로 적절히 분화되는 시기가 됩니다. 즉 여기가 소위 지각 성숙의 전성시대입니다. 우리는 이 기능이 지배적인 때만큼 집중적으로 발달하는 때는 이 기능의 역사에 있어 전무후무하다고 말할 수 있습니다. 그렇다면 언제 지각의 그러한 주요 발달이 집중되는 것일까요? 이 기능이 지배적인 초기 유년기에 집중됩니다. 지각이 이전에도 발달되었을까요? 그렇습니다. 나중에도 발달할까요? 그렇습니다. 그러나 중점적으로 중요한 시기는 바로 여기입니다.

기능이 내적으로 분화된다는 것을 알 수 있는 것은 일부 사람들에게서 기능이 분화되지 않는 현상이 나타나기 때문이다. 공감각적으로 느끼는 이들은 소리에 색채가 있다고 느끼거나 시각적 자극에서 맛이

나 촉감을 느낀다. 최근 연구는 영아들은 모두 이러한 조건하에 있다는 것을 보여 준다. 공감각적 감각을 가진 성인이 그린 이 그림은 색깔과 수가 감각적으로 강하게 연결되어 있음을 보여 준다. 수들이 공간에서 배열된 양상도 주목할 만하다. 1에서 12까지의 숫자들은 시계를 뒤집어 놓은 모습이다. 이러한 수 배열은 수들이 반복됨에 따라 10 단위로 반복되고 있다. 이것은 미분화 역시 분화와 마찬가지로 문화적 기호와 도구에 연결되어 있다는 것을 보여 준다. 단순하게 자연적으로 타고난 것이 아니라는 것이다.

5-33] 우리는 발달의 일반 법칙으로부터 발달의 각 측면, 각 기능, 각 체계가 자신의 중심적 발달 시기를 가지고 있다는 것을 이미 알고 있습니다. 성적 성숙을 예로 들어 봅시다. 성적 발달은 아동 발달의 첫날부터, 심지어는 태아기에도 일어나며 성숙한 삶의 마지막 날까지 지속됩니다. 그러나 성적 발달의 주요 사건이 집중되는 시기는 어디일까요? 13세에서 15세 사이입니다. 이 연령기에 일어나는 성적 발달은 그 이전이나 그 이후에 일어나는 모든 발달에 비해 비교할 수 없을 정도로 중요합니다.

5-34] 어린이의 말은 태어나서 1세 반의 연령까지 발달합니까? 네, 발달합니다. 5세 이후에도 발달합니까? 네. 그러나 어디에서 주된 집중이 일어납니까? 말 습득의 기초를 규정하는 결정적인 사건들은 어디에 존재합니까? 1.5세와 5세 사이입니다. 바로 여기에서 어린이는 언어의 모든 기초를 습득합니다.

5-35] 발달의 일반적 법칙에 따르면 각 발달 측면, 각 기능, 각 체계마다 그 자신만의 가장 집중적이고 최적인 발달 시기가 존재합니

다. 그리고 우리가 고찰하고 있는 특수한 법칙에 따르면, 이러한 심리적 기능의 최적 발달 시기는 그것이 나머지 의식으로부터 처음으로 분화되어 지배적인 기능의 역할을 차지할 때입니다.

> '특수한' 법칙은 이것이 일반적 법칙도 아니고 더 일반적인 법칙의 부분(일종의 부칙)이라는 두 가지 의미를 지닌다. 앞으로 보게 되겠지만, 모든 기능이 지배적 시기를 갖는 것은 아니다. 많은 기능들은, 모든 기능들에 지배력을 행사함으로써 분화되는 것이 아니라, 한 기능에서 다른 기능으로 전환됨으로써 분화된다. 비고츠키는 5-31에서 소개한 세 번째 법칙을 설명하고 있다. 다음 문단에서 비고츠키는 드디어 세 번째 법칙을 공식화한다(그리고 비고츠키는 칠판 위의 첫 번째와 두 번째 법칙 옆에 세 번째 법칙을 적는다). 첫 번째 법칙은 기능들의 불균등하고 순차적인 발달의 법칙(한 기능의 지배 후에 다른 기능의 지배)이며, 두 번째 법칙은 기능들의 위계적 관계의 법칙(다른 기능에 대한 한 기능의 지배)이다. 세 번째 법칙은 지배적 기능의 과도한 사용이 내적 분화를 이끈다는 것이다.

5-36] 이것이 명백하다면 우리는 나아가 심리적 발달의 세 번째 법칙을 공식화할 수 있을 것입니다. 특정 기능의 외적 분화가 나타난 후에, (3) 의식의 지배적 기능은 그 발달에 가장 유리한 조건을 획득합니다. 왜냐하면 의식의 모든 다른 활동 형태들이 그것에 종속되어 있는 것과 같기 때문입니다. 이것은 주어진 기능의 내적 분화에 기여합니다. 어떤 특정한 시기이건 지배적 기능은, 같은 시기에 다른 기능들에 비해서는 물론이고 그 발달의 이전과 이후 역사에 비해서도 최대한 집중적인 발달을 겪습니다. 이는 초기 유년기에 지각이 기억, 생각 또는 의지에 비해 최대한 집중적으로 발달할 뿐만 아니라, 즉 지각이 다른 모든 기능들보다 더 집중적으로 발달할 뿐 아니라, 이전과 이후 시기의 지각 발달의 역사와 비교해 보았을 때에도 그렇다는 것을 의미합니다.

이 시기는 최대로 집중적이고 내용 면에서 가장 풍부합니다.

5-37] 유년기 심리 발달의 처음 세 가지 법칙이 명확하다고 할 수 있다면, 이제 우리는 이 세 법칙을 확장한 가장 중요한 네 번째 법칙으로 나아갈 수 있을 것입니다.

5-38] 지금까지 내가 한 말을 토대로 의식의 발달이 다음과 같이 진행된다고 생각하는 것은 잘못일 것입니다. 즉 처음에는 미분화된 의식이 존재하고, 그다음에 한 기능이 나타나고, 그다음 연령기에는 다른 기능이, 그다음에는 세 번째가, 그리고 그다음에는 네 번째가 나타나, 잇달아 다른 연령기와 구분되는 각 연령기마다 개별 기능들이 점차 하나씩 선택되는 방식으로 진행된다는 것입니다. 내가 요약한 법칙들로부터 나타날 수 있는 관점에 스스로를 제한한다면, 우리는 의식 발달 경로에 대해 현실과 일치하지 않는 완전히 잘못된 생각에 이를 것입니다.

5-39] 상황은 전 학령기에 이미 초기 유년기와 비교하여 극적으로 달라집니다. 유아기부터 초기 유년기까지의 이행을 살펴보면, 유아기에는 미분화된 의식이 나타나지만 초기 유년기에서는 분화된 지각이 나타납니다. 학령기를 살펴보면, 상황은 또다시 달라집니다. 전 학령기에 지각은 이제 외적으로나 내적으로 모두 분화됩니다. 지금 막 새롭게 생겨난 어떤 기능이 지각이 이전에 차지했던 자리를 즉각 차지할 수 있을까요? 그럴 수 없습니다. 투박하게 말해서, 지각이 처음 출현했을 때에는 어떤 경쟁자도 없었기 때문입니다. 전 학령기에 분화하기 시작하는 새로운 기능에게는 종종 강력한 경쟁자가 있는데, 그것은 이미 성숙하고 상대적으로 독립적이며 내적으로 분화된 기능인 지각입니다. 이 연령에서 막 분화하기 시작한 새로운 기능은, 지각이 미분화된 의식에서 그러했듯, 전체로서 의식과 관련하여 우세한 위치를 즉각 점유할 수 있을까요? 물론 그럴 수 없습니다. 더욱이 초기 유년기에 지각은 미분화

된 의식으로부터 나타났습니다. 그것은 이전의 상황입니다. 그러나 초기 유년기에 이미 기능들 간의 관계가 나타났습니다. 즉 여러 기능들이 이미 지각에 대해 모종의 종속 관계에 놓이는 것입니다. 이제 전 학령기에 나타나는 새로운 기능은 이러한 관계들의 통제권을 즉시 획득할까요? 아니면 한 기능에 의존하던 기능들이 다른 기능으로 이행할 때, 그들의 관계가 다르게 재구성되는 것일까요? 물론 다르게 재구성됩니다. 이런 식으로, 전 학령기는 이미 초기 유년기에 상대적으로 단순하게 일어나는 분화의 이야기를 반복하지 않습니다.

생각 기능을 예로 들어 보자. 비고츠키에 따르면 초기 유년기에 생각은 지각에 직접적이고 의존적인 관계를 갖는다. 즉 어린이는 지각에 종속된 생각 형태를 사용한다(바나나와 막대가 하나의 시각장 속에 존재해야만 문제를 해결할 수 있는 침팬지처럼). 반대로 생각은 기억과 간접적이고 독립적인 관계를 갖는다. 즉 어린이나 침팬지는 기억 없이 문제를 해결하는 실행적 생각을 하며, 생각 없이 '직관상적으로' 이미지를 기억한다. 어린이나 침팬지가 기억을 사용하여 생각하거나, 생각을 이용하여 기억할 때에는 반드시 지각을 통해야 한다. 즉 막대를 본 것을 기억해야만 하는 것이다.

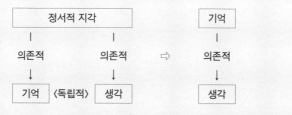

전 학령기에 이 관계는 변화한다. 기억과 생각은 더 이상 간접적이고 독립적인 관계가 아니라, 직접적이고 의존적인 관계를 갖는다. 어린이는 더 이상 기억 없이 생각하지 않는다. 어린이는 이제 지각 없이 기억할 수 있다. 예컨대 어린이는 낱말의 소리를 기억하지 않고도 낱말 의미를 기억할 수 있다. 이것은 한 기능이 지배적이 될 때마다, 모든 기능 간 관계들이 재구조화되어야 함을 의미한다. 기능들은 선거를 통해 서로 평화롭게 대체하는 정당들처럼 서로를 단순히 대체하는 것이 아니다. 오히려 기능들 간의 대체는 독립적 관계가 의존적 관계가 되는 심오한 재구조화 과정이다. 이것이 비고츠키의 발달 이론을 시간에 따라 한 기능이 다른 기능을 대체하는 단순한 단계적 이론으로 볼 수 없는 이유이다.

5-40] 학령기에 선택되는 새로운 기능의 분화는 어떤 점에서 다를까요? 상황은 초기 유년기와 어떻게 다를까요? 이제 막 내가 말하려고 했듯이 각 새로운 단계의 차이는 상황의 복잡성에 기인하며, 이 복잡성은 두 가지 계기로 환원될 수 있습니다. 첫째, 이전까지 의식에서 지배적이었으며 강력하고, 내적으로 분화된 독립적 기능이 이제 막 그 발달을 시작하는 기능보다 더욱 발달되어 있습니다. 둘째, 다른 모든 기능들은 더 이상 미분화되고 미조직된 상태에 있는 것이 아니라, 이미 지각에 종속되어 특정한 체계 내에서 작용합니다. 따라서 의식의 발달이 완전한 미분화로부터 비교적 간단한 기초적 분화로 나아갈 때, 이때 비로소 모종의 체계가 나타납니다. 그러나 의식이 초기 유년기에서 전 학령기로 나아갈 때, 여기에는 이미 자리를 잡고 있는 체계가 있습니다. 나는 여러분이 미분화된 의식으로부터 모종의 원시적, 단순한 체계로 나아가는 것과, 하나의 체계로부터 다른 체계로 나아가는 것은 전혀 다르다는 점에 동의할 것이라고 생각합니다. 따라서 의식 발달의 다음 발걸음은 다른 방식으로 일어납니다. 전 학령기에 지배적인 기능으로 선택되어 발달의 최적 조건을 향유하는 새로운 기능은 바로 기억 기능이며 기억은 주로 전 학령기에 발달합니다.

이 단락은 전 학령기를 다루고 있다. 어린이가 숫자, 철자, 이름 등을 기억하는 능력은 전 학령기에 발달하는 기능으로, 어린이는 직접 대상을 떠올리지 않고도 대상의 명칭을 묻거나 기억할 수 있게 된다.

그러나 이 단락은 학령기라는 말로 시작된다. 이는 비고츠키의 실수일 수도 있고 필사 과정의 오류일 수도 있다. 지각이 더 이상 가장 빠르게 발달하는 기능이 아니라는 사실이, 지각이 다시 미분화된 상태가 된 다는 의미는 아니다. 일단 기능이 분화되면, 그것은 외적으로나 내적으로 로 충분히 분화된 상태로 남아 있다. 뚜렷이 분화된 기능이 하나 이상 존재한다는 바로 이 사실이 상황을 더욱 복잡하게 한다. 발달 그 자체 가 발달한다.

5-41] 우리가 지금까지 제시한 이 세 가지 법칙들은 의식의 시작부 터 전 학령기까지의 의식 발달을 설명하기에 충분하지만, 이미 전 학령 기부터 의식 발달은 새로운 네 번째 법칙을 따릅니다. 여기서 새로운 것은 무엇일까요? 유아기에서 초기 유년기로 이행하면서는 처음으로 일반적 체계가 나타나고, 처음으로 일반적인 기능이 선택되기 시작하 며, 처음으로 의식의 체계에서 무언가가 지배하기 시작하고, 처음으로 기능 간 관계가 나타나지만, 여기서 새로운 것은 전 학령기로의 이행이 이미 한 체계에서 다른 체계로의 전환을 요구한다는 것입니다. 그리고 이러한 체계 간 이행은, 미분화되고 전혀 체계를 갖지 않는 어떤 의 식의 삶으로부터 어떤 최초 체계로의 이행과는 다르며 더 어렵게 이 루어집니다.

5-42] 이 두 번째 발걸음의 특징은 무엇일까요? 첫 번째 발걸음과의 공통점은 무엇이며 다른, 새로운 점은 무엇일까요? 무엇이 오래된 것이 며, 오래된 방식은 어떻게 반복될까요? 바로 여기 전 학령기에 모든 기 능이 아니라 단 하나의 기능, 즉 기억이 선택된다는 점에서 두 번째 단 계는 옛 방식을 반복합니다. 나아가, 기억 자체가 아직 내적으로 분화되 지 않았다는 점에서 옛 방식이 반복됩니다. 초기 유년기에 지각이 지배 적 위치를 점했듯이 전 학령기에는 기억이 지배적인 위치를 점하기 시 작하며, 어린이의 다른 모든 기능들이, 마치 지각과 관련하여 종속적

으로 활동했던 것처럼 기억과 관련하여 종속적이고 의존적인 위치에서 작용한다는 점에서 두 번째 단계는 (옛 방식을-K) 반복합니다. 전 학령기 중반에는 심지어 지각 자체도 기억에 종속됩니다. 전 학령기에 기억이 그 자체를 발달시키는 데 가장 유리한 조건을 향유한다는 점에서, 다시 말해 이 연령기에는 다른 모든 기능들보다 기억이 가장 집중적으로 발달하고, 기억 자체의 발달에 있어 이전과 이후 그 어느 때보다 더욱 강력하게 발달한다는 점에서 옛 역사가 반복됩니다. 그러나 동시에 우리가 주목해야만 하는 몇 가지 새로운 상황들이 있습니다.

5-43] 첫 번째 상황은 전 학령기에 새로운 기능 즉 기억이 이전에 지배적이었던 기능과의 관계를 거꾸로 뒤바꾸어야 한다는 사실에 있습니다. 초기 유년기에는 기억이 지각에 종속되었으나, 전 학령기에는 그 반대의 일이 벌어집니다. 즉 종속시키던 기능인 지각이 종속되고, 종속되던 기능인 기억은 종속시키는 위치를 떠맡습니다. 우리가 직면해야만 하는 새로운 것은 첫째로 다음과 같습니다. 만약 이렇게 말해도 된다면, 새로운 기능에게는 강력한 적, 강력한 경쟁자가 있습니다. 그것은 지각이 그랬듯이 빈자리를 그냥 차지할 수 없으며 기존의 체계를 재구성해야만 합니다. 이것이 첫째입니다.

5-44] 두 번째는 기억이 스스로에게 다른 모든 기능들을, 만일 이렇게 외국어 낱말을 글자 그대로 러시아어로 번역할 수 있다면, 재종속 переподчинить시켜야 합니다. 그간 종속되지 않고 자유롭게 떠다니던 기능들을 종속시켜야 할 뿐 아니라, 이전에 지각에 종속되었던 기능들도 재종속시켜, 그들 모두를 기억에 의존하도록 전환시켜야만 합니다.

5-45] 만일 이러한 입장을 둘 다 고려한다면, 그것은 내가 이전에 말했던 일반적 입장을 표현하는 것으로 간주될 수 있습니다. 새로운 상황은 앞서 일어났던 것이 일반적 체계였다면, 이제 체계는 재구성되어야만 하고, 이후의 발달은 체계의 재구성에 의해 특징지어진다는 것입

니다.

5-46] 발달은 이러한 상황에서 매우 고유한 방식으로 전개된다고 말하면 명백할 것이라고 생각합니다. 즉, 후속하는 모든 연령기에서 새로운 기능은 앞선 기능들을 통해서만 발달하고 지배적인 위치를 점하기 시작합니다. 연구자 중 한 명이 여실히 말하듯이, 새로운 기능은 매우 배은망덕하게 나아갑니다. 새 기능은 이전에 지배적이던 기능의 자리를 빼앗기 위해 옛 기능과 연대하고 그 어깨 위에 올라섭니다. 요컨대, 새 기능은 처음에는 옛 기능을 지지함으로써 이전에 지배적이던 기능을 지배하는 위치로 나아갑니다. 초기 유년기와 전 학령기의 경계에는 두 기능 중 어떤 것이 지배적인지 정확히 구분하기 어렵습니다. 새로운 기능은 이전에 지배적이던 기능, 즉 지각을 통해 모든 나머지 기능들을 종속시킵니다. 이 때문에 지각이 자리에서 제거되고 기억이 그 빈자리를 차지하여 모든 기능들을 자신에게 종속시키는 식으로 전개되지 않는 것입니다. 기억이 먼저 지각을 모두 장악하고, 먼저 이전에 지각과 관련되었던 모든 것과 연결하기 시작하며, 그런 다음 이 중심을 통해 나머지 체계 전체를 재구성하는 식으로 옛 체계는 새 체계로 발달합니다.

어린아이가 마음대로 방을 돌아다니지 못하게 된 상황(혹은 ADHD 진단을 받은 어린이가 수업 중 교실에서 마음대로 돌아다니지 못하도록 하는 상황)을 생각해 보자. 어린이는 일반적이고 미분화된 움직임 기능 대신 지각을 사용하여 단순히 두리번거리기만 할 수 있다(ADHD 어린이가 시선을 고정시키지 못하고 여기저기를 끊임없이 두리번거리는 것은 이 때문이다). 조금 더 큰 어린이를 생각해 보자. 이 어린이는 방을 자유롭게 두리번거릴 수 없다. 이제는 유치원이나 학교 선생님을 바라보아야 하기 때문이다. 그러나 이 어린이는 칠판을 바라보면서도 다른 기억들을 떠올림으로써 지각을 기억으로 대체할 수 있다(ADHD 어린이가 시선을 고정시킬 수 있음에도 불구하고 집중을 하지 못하는 것은 이 때문일 수 있다). 이런 식으로 기억은 이전에 지각이 지배하고 있던 지각 기능과 주의 기능의 관계를 떠맡을 수 있는 것이다. 예시를 확장하여, 말이 거의 다른 모든 기능(주의, 지각, 기억)을 접수하게 되는 방식을 떠올려 보자. 어린이가 주의를 기울이는 것은 실제 사물이 아니라 낱말 의미이며, 어린이가 보는 것은 낱말 의미의 한 사례이고, 어린이가 기억하는 것은 어떤 장면이 아니라 이야기이다. 이 모든 기능들을 지지함으로써, 심지어는 그 기능들을 대신 맡아 해 줌으로써, 말은 궁극적으로 모든 기능 간 연결을 언어적으로 재구조화할 수 있게 해 준다.

5-47] 연령기가 더 나아갈수록, 상황은 점점 더 복잡해집니다. 나는 여러분에게 다음 단계를 간략하게만 묘사하고, 오늘 강의를 마무리할 법칙을 공식화할 것입니다. 학령기에 상황은 훨씬 더 복잡해집니다. 첫째는 우리가 이미 두 개의 분화된 기능들 즉 지각과 기억을 다루고 있기 때문이며, 둘째는 우리가 다른 모든 기능들이 한번은 지각에 그다음에는 기억에 종속되었다는 사실을 다루기 때문입니다. 기능들의 재종속 자체가 기능들의 분화를 이끕니다. 기능들은 이미 새로운 체계에 속하며, 서로 간 새로운 반발력*이 생깁니다. 학령기의 상황은 훨씬 더 복잡하며, 다음 연령기에는 더더욱 복잡해질 것입니다.

*코로타예바는 '아트라제냐(отражение, 반사, 반발, 밀어냄)'라는 낱말을 좀 더 일반적 낱말인 '아트나셰냐(отношение, 관계)'로 대체했다. 비고츠키가 의미한 것이 기능들 간의 '관계'들의 새로운 집합이라는 점에서 이 낱말은 의미가 통하기는 한다. 예컨대 지각에 종속되었던 주의는 다시 기억에 재종속된다. 하지만 비고츠키의 요점은 주의가 지배적 기능이 되지 않고도 이러한 이행이 일어난다는 것이다. 어떻게 이것이 가능할까? 주의가 지각에 의해 지배당하는 어린이(예컨대 ADHD 증상을 가진 어린이)를 생각해 보자. 이 어린이가 전 학령기에 이르면 한글, 숫자, 많은 사물들의 이름을 배운다. 한때 기억과 주의를 연결했던 정서적 지각이 이제 기억 자체에 의해 분화되고 대체된다. 그리

고 기억은 전 학령기 끝에 대체된다. 따라서 지배적 기능을 하나씩 추출함으로써, 어린이의 주의는 지배적 기능을 거치지 않고, 상대적으로 순수하고 분화된 형태로 나아간다. 이러한 방식으로, 기능들은 이전에 자신들을 연결했던 기능을 계속하여 추출함으로써 서로를 밀어낸다. 따라서 우리는 본문에서 '반발력'이라는 본래 낱말로 번역했다.

5-48] 이와 같이 발달에 대한 연구는 하나의 연령기로부터 다른 연령기로의 전이에서 기능 간 연결들이 엄청나게 복잡해진다는 것을 가리킵니다. 이 덕분에 특히 중요한 하나의 새로운 요인이 출현합니다. 즉, 분화를 위해 모든 기능들이 지배적인 위치를 반드시 거쳐야 하는 것은 아니라는 것입니다. 분화되기 위해 모든 기능이 이 상황을 겪어야 하는 것도 아니며, 재종속을 통해 기능을 분화시키는 새로운 방법이 존재합니다. 새로운 단계마다 모든 기능적 관계들은 재구조화됩니다. 그렇습니다. 전에는 기능들이 지각에 종속되었고, 그다음에는 기억에, 그다음 학령기에는 지능에 종속되는 식으로 이어집니다. 이 기능 간 관계의 재구조화는 이 관계들의 분화를 초래합니다. 다시 말해 많은 기능들이 지배적인 위치를 거치지 않고서도 매우 세밀하고 매우 정교하게 분화됩니다.

5-49] 이것이 명확하다면, 우리는 유년기 심리적 발달 법칙들을 특징짓는 네 번째 최종적 입장의 공식화로 넘어갈 수 있을 것입니다. (4) 의식의 기능적 분화의 이후 과정은 새로운 지배적 기능의 직접적 출현과 이에 상응하는 새로운 기능 간 관계의 재구조화의 방식이 아니라, 옛 체계를 재구조화하여 그것을 새로운 체계로 변환시키는 방식에 의해 일어납니다. 더욱이, 이러한 재구조화로부터 나타나는 의식의 체계가 더욱 분화될수록 옛 체계를 새로운 체계로 재구성하는 과정은 점점 더 복잡해집니다.

5-50] 그리고 마지막으로, 각각의 단계에서 기능들의 재종속과 기능 간 관계들의 재구조화의 출현 덕분에, 지배적 기능이 되는 길을 통하지 않고도 기능들의 분화가 가능해집니다.

● 어린이 심리적 발달의 일반 법칙

비고츠키는 이 강의의 제목이 모순 어법이며, 심지어 모순적이라고 지적하면서 이 강의를 시작한다. 왜냐하면 발달에 대한 연구는 모든 발달 형태를 포괄하는 일반 법칙을 생산하지 못했고, 대신에 우리로 하여금 오히려 발달을 개별 과정들로 '분해'하도록 만들기 때문이다.

이것이 어떻게 가능한지를 보여 주기 위해, 그는 연령과 연령기의 문제에 관한 후속 강좌(2016년 발간 예정)를 도입부에서 짧게 언급한다. 연령기는 그가 발달시켜 온 발달의 일반 법칙인, 발달의 불균등성, 기능 간 관계의 재구조화, 역 의존성을 보여 주는 구체적 사례인 것으로 보인다. 유아기의 미분화된 심리는 초기 유년기를 지배하는 '정서적 지각(아직 감정으로부터 완전히 분화되지 않은 지각)'에 자리를 내주게 된다. 이는 다시 기억에 자리를 내주게 된다.

우리는 마치 피아제가 했던 것처럼 비고츠키가 순서대로 연령과 단계들을 늘어놓으리라 상상하지만, 그는 순차적인 시간표에 따라 기능들이 분화된다고 상상해서는 안 된다고 경고한다(5-42). 발달에 따라 새로운 기능들이 생겨나며 이는 분화를 매우 복잡하게 만든다. 따라서 발달 수단 자체가 반드시 발달해야만 한다. 미래의 기능들이 분화되는 기제는 바로 이미 분화된 기능들이 존재한다는 사실 때문에 변화한다. 따라서 심리적 발달 역시 전체로서의 과정을 규정지을 수 있는 어떠한 일반적 법칙을 가지고 있지 않음이 드러난다.

다시 한 번, 우리는 이 강의를 세 부분으로 나눈다. 도입부는 발달의 일반 법칙(불균등성과 재구조화)을 상기시키고, 유아기와 초기 유년기의 미분화된 기능들의 사례로 지각, 생각, 감정의 발달을 제시한다(5-1~5-22). 다음 부분에서는 다음과 같은 세 가지 기본 법칙을 제시한다. 기능의 연속적 비균질적 분화, 특정 시기 동안 특정 기능의 지배와 중심성, 지배적 기능의 최대 발달(5-23~5-36). 그러고 나서 결론에서는 기능 간 연결이 복잡해짐에 따라 필연적으로 나타나는, 기능들을 분화시키는 완전히 새로운 방법을 소개한다(5-37~5-50).

I. 도입: 일반적 발달 법칙은 과연 존재하는가? 비고츠키는 발달 과정을 분해해야만 하는 필연성을 확립하면서, 연령기의 사례를 통해 이것이 어떻게 단위로의 분석의 전체성을 훼손하지 않으면서 가능한지 보여 준다(5-1~5-22).

A. 비고츠키는 발달이 전체적임에도 불구하고, 그 균등하지 않은 성질로 인해 발달의 모든 측면을 아우를 수 있는 일반적 법칙이 존재할 수 없다고 지적한다. 결과

적으로 발달을 개별적 측면으로 분해할 필요가 생긴다. 그러나 단위로의 분석 방법을 따를 때, 분해된 개별적 측면들이 연구 대상인 전체의 기본적 성질을 보존하도록 해야 한다. 이것은 한 과정으로서의 발달이 (이 강의에서 다루어질) 심리적 발달과 (마지막 두 강의에서 다루어질) 생리적 발달과 같은 구성 과정들로만 분해될 수 있다는 의미이다. 그러나 이 분해 과정은 다시 한 번 다음과 같은 오래된 문제를 불러일으킨다. 즉 심리적 발달이나 생리적 발달 어디에서도 모든 측면을 아우르는 어떠한 일반 법칙을 볼 수 없다는 것이다. 그 대신에 발달 과정에서 서로 연결된 뚜렷이 구분되는 일련의 단계들이 있는 것처럼 보인다. 발달에서 연결된 이 단계들은 바로 연령기이며, 연령기마다 하나의 특정한 발달 유형이 다른 발달 유형을 지배하는 것으로 보인다(5-1~5-5).

B. 비고츠키는 우리가 논의하고 있는 것이 심리적 발달이든 생리적 발달이든, 발달하는 것은 체계 자체가 아니라 체계들 간의 관계라는 것을 분명히 한다. 예를 들어 내분비계가 발달할 때 단순히 각 분비샘들이 발달하는 것이 아니라, 분비샘들 간의 관계, 즉 체계 속에서 각각의 분비샘이 차지하는 비중과 비율이 발달하는 것이다. 비고츠키는 생리적 발달에서는 일반적으로 인식되어 온 이 규칙(모든 어머니들은 어린이의 팔, 다리, 몸통, 머리의 비율이 발달함에 따라 변화함을 알고 있다)이 심리적 발달에서는 일반적으로 무시되어 왔다는 점에 불만을 제기한다. 개별 부분이 성장하여 전체가 발달하는 것이 아니라, 전체와 그 부분들 간의 관계가 발달을 야기한다고 비고츠키는 말한다(5-6~5-9).

C. 그 후 비고츠키는 이것을 연령의 문제로부터 인용한 세 가지 사례를 들어 설명한다.

1. 유아기 동안 의식은 대개 미분화되어 있다. 유아는 분명 기억을 한다(유아는 돌보는 사람의 얼굴, 수유 방식, 자신을 둘러싼 세세한 사항들과 목소리를 등을 상당히 기억한다). 그러나 그 기억은 다른 의식 활동들과 분리되지 않는다. 그것은 자극으로서의 지각과 반응으로서의 정서와 연결되어서만 나타나며, 그 결과 의식적으로 기억을 이끌어 낼 수 없다. 어린이는 외적 자극 없이는 무언가를 기억하려고 결심하거나 기억할 수 없다. 다시 말해, 기억 기능은 의지에 의해 외적으로 분화되지 않았다(5-10~5-13).

2. 유아기 동안 기억 자체는 대개 미분화되어 있다. 아기는 특정 색깔과 모양의 병으로 우유를 마시는 경험을 기억하여, 다른 모양과 색깔의 병은 거부할 것이다. 이것은 아기가 우유에 대한 기억을 병이나 병의 색깔과 모양으로부터 분화시키지 않았다는 것을 의미한다. 아기는 파란색 정사각형 모양의 병에 든 우유를 마신 것을 통합적으로 기억한다. 다시 말해, 그 기능은 기억의 구성 기능을 구별하게 하는 내적 분화가 아직 일어나지 않은 것이다(5-14).

3. 유아기 동안 아기는 팔다리를 따로 따로 움직이지 못한다. 좋아하는 것을 보여 주면 몸 전체와 사지를 그 물건을 향해 뻗고, 싫어하는 것을 보여 주면 몸 전체와 사지를 반대쪽으로 뻗는다. 비고츠키는 운동 기능 발달에서 가장 중요한 계기가 각각의 팔다리의 움직임을 분화시켜 사용하는 능력이라고 주장한다.

D. 그 후 비고츠키는 그러한 분화가 어떻게 일어나는지를 묻는다. 먼저 그는 분화가 한 번에 하나의 기능 무리가 분화된다고 대답한다. 예를 들어, 가장 먼저 분화되는 심리기능은 '정서적 지각'이다. 이를 통해 그가 의미하는 것은 정서적 지각이 별도로 작용할 수 있지만(어린이는 다른 어떤 심리적 기능의 도움 없이도, 쾌락 자극을 보고 받아들이거나 불쾌한 경험을 회피할 수 있다), 기억과 같은 다른 기능들은 독립적으로 작용하지 않는다는 것이다. 어린이는 지각의 개입 없이는 기억할 수도 없고 기억하지도 않는다(어린이는 무언가를 보고 기억하지만, 보지 않고는 기억할 수 없다). 마찬가지로, 어린이의 감정은 지각에 의존한다. 그 때문에 어린이는 눈에 보이지 않는 보상에 관심이 없는 것처럼 보이며, 불쾌한 자극은 보이지 않게 되자마자 잊어버린다(5-12~5-22).

II. **세 가지 기본 법칙들** 이제 비고츠키는 분화에 관한 세 가지 기본 법칙, 즉 불균등성, 지배성, 최대 발달 시기의 법칙을 소개한다(5-23~5-36).

A. 첫째 법칙은 기능들이 모두 동시에 분화되는 것이 아니라, 외적으로 순차적으로 분화된다는 것이다. 예를 들어 정서적 지각과 기억이 동시에 분화되는 것이 아니라, 먼저 정서적 지각이 분화되고 그다음에 기억이 분화된다. 또한 하나의 기능 안에서도 내적 분화가 일어난다. 즉 구성 요소들이 분화하는 것이다. 예를 들어 청각과 시각이 분화되고, 시각 내에서도 형태와 색깔이 다시 분화된다(5-23~5-26).
B. 둘째 법칙은 기능들이 독립적이 될 뿐 아니라, 지배적이 된다는 것이다. 예를 들어 정서적 지각이 분화되면 이는, 서로 연관은 없지만 모두 정서적 지각에 종속되는 기억이나 생각과 같은 기능들을 지배한다(5-27~5-30).
C. 셋째 법칙은 지배적 시기는 동시에 최대 발달 시기이기도 하다는 것이다. 예를 들어 말은 1.5세에서 5세 사이에 다른 어떤 연령보다 더욱 발달하며, 지각은 초기 유년기 동안 다른 어떤 시기보다 더욱 발달하고, 성적 성숙은 청소년기 동안에 다른 어떤 시기보다 더욱 강력하게 발달한다(5-31~5-36).

III. **결론: 분화가 일어나는 또 다른 방법** 비고츠키는 이제 앞선 세 가지 법칙을 생후 몇 년 동안에만 국한시키는 효과를 갖는 네 번째 법칙을 추가한다(5-37~5-50).

A. 비고츠키는 전 학령기에 기억에 의해 지배되는 새로운 심리 체계가 등장할 때 무엇이 새롭고 무엇이 동일한지를 묻는다(5-37~5-45).
1. 하나의 기능이 출현하여 다른 기능들을 지배한다는 사실은 동일하다. 예를 들어 생각은 이전에는 정서적 지각에 의해 지배되었듯이 이제는 기억에 지배된다. 이 새로운 지배적 기능 자체는 내적으로 분화되지 않았다. 정서와 지각이 정서적 지각에서 독립적으로 작용하지 않았던 것과 같이, 전 학령기 초기에는 기억

이 상당히 전체적이며 구체적이라는 것이 발견된다. 그것은 성인의 기억과 같이 장기적이고 선택적 본성을 갖지 않고, 단기적이며 여전히 지각에 상당한 영향을 받는다(5-37~5-42).

2. 새로운 사실은 첫째, 기억이 정서적 지각과 기억 사이에 존재했던 의존성을 반전시켜야 한다는 것이다. 유아기에 정서적 지각이 미분화된 의식으로부터 최초로 나타날 때 그러한 반전은 불필요하다. 정서적 지각은 경쟁자가 없었기 때문이다(5-43). 둘째, 기억은 이전에 정서적 지각에 종속되었던 모든 기능들을 자신에게 재종속시켜야 한다. 일반적인 미분화된 의식이 유아의 최초 체계로 대체되는 대신, 정서적 지각에 기반을 둔 심리 체계가 기억에 토대를 둔 다른 심리 체계로 대체되는 것이다(5-44~5-45).

B. 비고츠키는 새로운 심리 체계의 지배를 일종의 '배신'으로 묘사한다. 새로운 체계는 처음에는 옛 기능의 일부로서 그것을 지지하면서 시작된다(다시 말해, 기억은 정서적 지각에 의해 확립된 체계의 충직한 구성 요소로서 시작한다). 그는 초기 유년기와 전 학령기의 경계에서는 무엇이 지배적인지 규정하기 어렵다고 말한다(5-46).

C. 이후의 연령기로 나아가면서, 전 학령기를 넘어서면 상황이 더욱더 복잡하게 된다. 이제 지각과 기억은 분화되어 서로 독립적으로, 다른 기능들과도 독립적으로 작용한다. 더 나아가 그들은 내적으로도 분화된다(색의 지각은 형태의 지각과는 다르며, 지각적 기억은 언어적 기억과는 다르다). 나머지 기능들은 모두 서로 다른 두 지배자, 즉 정서적 지각과 기억에 차례로 종속되었다. 비고츠키는 재종속이 본질적으로 기능 간 연결을 변화시키는 힘을 갖는다고 결론짓는다. 이것은 지배를 통하지 않고 일어나는 새로운 분화 방법을 의미한다(5-47~5-48).

D. 이전에는 기능들이 지배에 의해 외적으로 분화되었다. 예를 들어, 어린이의 생리적 감각-운동 발달과 말과 몸짓으로 주변 환경에 영향을 끼치는 능력 증가 간의 상호작용을 통해, 정서적 지각은 유아의 미분화된 의식 형태에 대한 지배적 기능이 된다. 그러나 이제 기능들은 지배적 기능이 되지 않고도 이미 존재하는 기능들에 의해 지배되는 것만으로 외적, 내적으로 분화될 수 있다. 예를 들어 외국어 학습은 모국어가 이미 자리하고 있다는 사실 때문에 모국어 학습과는 매우 다르다(5-49~5-50).

제6강
어린이 신체 발달의 일반 법칙

가장 오래된 타로 카드로 알려진 15세기 전반의
비스콘티 스포르자 버전(Visconti Sforza Tarocchi) 중 바보 카드.
정신 질환자가 카니발을 위해 차려 입은 모습을 묘사하고 있다.
그림 속 남자는 갑상샘종을 앓고 있다. 6강에서 비고츠키는 갑상샘종과 같은
내분비계 질환과 신경 발달 간에 명확한 연결이 있음을 지적한다.

6

6-1] 오늘 우리는 어린이 신체 발달의 몇 가지 일반적 법칙들에 대해 간략히 논의해 보겠습니다. 엄밀히 말해, 어린이 발달을 심리적 측면과 신체적 측면으로 나누는 것은 오랜 시간 동안의 관행이지만, 이는 이치에 맞지 않고 과학적으로 정당화될 수 없습니다. 심리적 발달은 신체 발달과 밀접하게 연결되어 있어서 결코 독립적인 발달 노선을 제시하지 못하기 때문입니다. 그러므로 발달을 이 두 측면으로 나누는 것은 방법론적으로 옳지 못하며 발달의 기본 법칙의 개요를 설명하는 관점에서 매우 바람직하지 못합니다.

6-2] 그러나 발달의 분해는 역시 필요합니다. 이미 말했다시피, 발달은 여러 개별 측면들, 개별 노선들로 된 일련의 전체로 이루어져 있습니다. 신체적 발달 자체는 총괄적인 개념입니다. 그것은 예컨대 골격 체계의 발달 혹은 심혈관계의 발달, 내분비계와 신경계의 발달과 같은 일련의 유기체 체계의 성장과 전체 발달을 포함합니다. 이들 모두는 매우 복잡하게 상호 연결된 신체적 발달의 상이한 노선들입니다.

6-3] 심리적 발달이나 신체적 발달 중 어느 하나에만 속하지 않는 일련의 발달 측면들이 존재합니다. 예컨대 움직임 발달, 운동 발달이 있습니다. 한편으로 인간의, 어린이의 운동은 의식 활동, 심리적 활동의 발현들 중의 하나이며, 다른 한편으로 운동은 언제나 유기체에 의해 수

행되고 이행된 운동 행위입니다. 따라서 움직임을 고찰할 때, 심리적인 것과 신체적인 것을 분리하는 것은 불가능합니다.

6-4] 또한 예컨대 신경계 발달, 뇌 발달에 대해 연구할 때 우리는 그 것을 신체 발달에 포함시키지만, 심리적 발달은 별개로 연구합니다. 그러나 동시에 심리적 기능은 발달하는 뇌의 기능이기도 합니다.

6-5] 내가 인용한 이 모든 예들은, 발달을 이러한 두 개의 총체적 부분으로 분해하는 것이 어느 정도 부적절한지, 발달을 다양한 특성들 즉 독립적 발달 체계의 노선들로 분해하여 개별적으로 고찰하는 것이 어느 정도 옳은지를 보여 줍니다. 발달을 이러한 두 측면으로 분리함으로써 생겨나는 결함을 완화시키기 위해, 나는 오늘 두 체계, 즉 내분비계의 발달과 그것이 어린이의 총체적 신체 발달에 대해 가지는 중요성, 그리고 신경계 발달에 대해서만 논의할 것입니다. 우리가 지난 시간에 심리적 발달에 관해 이야기하면서 일반적 성격을 지닌 가장 일반적 법칙들을 찾고자 했을 때처럼, 나는 이 두 중심 체계를 개별적으로 취하고 그것을 이용하여 신체 발달의 일반 법칙을 설명하고자 합니다. 더욱이 내분비계 발달과 신경계 발달은 바로 심리적 발달에 가장 직접적으로 연결되어 있습니다. 이 모든 것을 종합하면 어린이의 유기체적 발달의 기본 법칙들의 복잡성에 대한 개념을 형성하는 데 어느 정도 도움이 될 것입니다.

> 사실 비고츠키는 이 6강에서 신경계 발달에 대해 논의하지 않는다. 신경계에 대한 논의는 이 책의 마지막 강의인 7강에 나온다.

6-6] 내분비계 발달부터 시작해 봅시다. 한편으로 어린이의 성장 및 유기체적 발달과 다른 한편으로 내분비샘의 활동 사이의 관련성이 상당히 오랫동안 관찰되어 왔음이 언급되어야 합니다. 이로부터 내분비샘이 어린이의 성장과 발달을 규제하는 모종의 체계라는 생각이 생겨났

습니다. 이것이 내분비샘의 활동 때문에 직접적으로 일어난다는 것입니다. 이러한 표상은 내분비계 자체가 유기체의 일부라는 이유만으로도 이론적으로 틀리다고 할 수 있습니다. 내분비계는 그 자체가 성장하고 유기체와 함께 발달하며, 유기체와 그것의 다른 체계들의 발달에서의 일반적인 성장 상태를 반영합니다. 따라서 첫째, 내분비계 자체가 어떻게 발달하는지 분명하게 하는 것이 필요하며, 둘째, 한편으로 내분비계 발달과 다른 한편으로 전체로서 유기체 발달 사이에 어떤 관련성이 존재하는지 이해하는 것이 중요합니다.

6-7] 이 내분비계 자체가 유기체의 일부이며 따라서 유기체와 함께 발달하므로 이 역시 설명이 필요하고, 신체 발달의 모든 현상을 환원시킬 수 있는 일차적 원인으로 간주될 수 없는지에 대한 문제를 말하자면, 이 문제는 성장과 신체 발달 과정에 대한 연구 분야에서 최근 수십 년간 획득된 광범위한 지식과 관련하여 가설적이지만 매우 그럴듯한 답을 얻었습니다. 특히 성장 요인으로서 비타민에 대한 연구는 많은 연구자들이 내분비계가 홀로 어린이 성장과 발달을 규제하는 체계라는 관점을 수정하게 하였고, 내분비계는 유기체의 영양과 그 성장 및 발달 사이의 매개자로 간주되어야 한다는 더 정확하고 독립적인 의견을 채택하도록 이끌었습니다. 따라서 내분비계는 나머지 유기체와 마찬가지로 일차적으로 영양에 의존합니다. 연구들은 어린이 유기체의 일반적인 영양 결핍, 특히 비타민 결핍은 내분비샘에 급격한 변화를 초래한다는 것을 보여 주었습니다. 이와 같이 내분비계는 이런 의미에서 똑같지는 않지만 유기체의 다른 체계들처럼 일반적으로는 영양 결핍 특히 비타민 결핍에 손상을 입습니다. 그러나 동시에 그것은 분명히 어린이 유기체의 발달에서 어떤 중심적 역할을 합니다. 영양과 단순 성장 및 유기체 형성 사이의 매개적 역할은 분명 그 자체로 내분비계의 역할을 특징짓는 일반적 표현 형태입니다.

6-8] 여러분과 우리는 이 문제의 두 측면에 대해 살펴볼 것입니다. 첫 번째는 내분비계 자체의 발달이고, 두 번째는 유기체의 전체적 성장과 발달에서 내분비계가 맡은 역할입니다. 이들 각각으로부터 우리는, 네가 말했듯이, 진체로서의 신체 발달을 일반적으로 특징짓는 가장 중요한 몇몇 법칙들을 찾아낼 수 있을 뿐 아니라, 내분비계의 예에서 그 특수한 표현을 발견할 수 있을 것입니다.

6-9] 내분비계의 발달과 성장은 무엇으로 구성되어 있을까요? 무엇보다 먼저 우리는 여기서 글자 그대로의 의미에서 성장을 다루고 있습니다. 다시 말해 우리는 처음에는 작았던 분비샘들이 발달 과정에서 커지면서 더 큰 기관이 된다는 사실을 다루고 있습니다. 하지만 그것은 내분비계 발달의 내용을 낱낱이 설명하지 못할 뿐 아니라, 분명히 최고의 계기가 아닌 종속적 계기에 불과합니다.

6-10] 내분비계 발달을 특징짓는 가장 본질적인 계기는 세 개의 계기들을 포함하며, 이들은 방금 말한 것처럼 내분비계 자체를 넘어서는 더 넓은 의미를 가지고 있습니다. 그러나 우선 우리는 내분비계 발달 자체에 집중하겠습니다.

> 비고츠키는 내분비계의 발달을 이해하는 데 중요한 세 가지 계기가 있다고 말한다.
>
> 1. 내분비계는 불균등하게 발달한다. 어떤 분비샘은 다른 분비샘들보다 먼저 성숙한다.
> 2. 분비샘은 역발달을 한다. 어떤 분비샘들은 시들어 사라지고 다른 분비샘들로 대체된다.
> 3. 분비샘은 상호적으로 발달한다. 어떤 분비샘이 발달하려면 다른 분비샘의 작용이 필요하다.
>
> 물론 우리는 앞 장의 심리적 기능 발달에서 바로 이러한 세 계기들을 본 바 있다(어떤 기능들은 다른 것들보다 먼저 발달하고, 어떤 기능들은

시들어 사라져서 다른 기능들로 대체되며, 어떤 기능들은 다른 기능의 발달에 필수적이다). 우리는 비고츠키가 신경계의 발달을 논의하는 다음 장에서 이 세 계기들을 다시 보게 된다. 따라서 이들 세 계기들의 의미가 내분비계 발달의 범위를 넘어선다는 비고츠키의 말은 그리 놀랍지 않다.

6-11] 내분비계 발달을 특징짓는 첫 번째 계기는 내분비계가 불균등하게 성숙한다는 것입니다. 이는 각각의 분비샘들이 성숙하여 기능하기 시작할 때까지 동일한 수준으로 나타나지 않는다는 것을 의미합니다. 어떤 분비샘은 성숙하여 일찍부터 최대로 기능하는 단계를 획득하고, 어떤 분비샘은 늦게, 세 번째 무리는 더 늦게 이 단계에 이릅니다. 어떤 분비샘은 발달의 시작 단계에서 이미 상대적으로 성숙한 반면 다른 분비샘은 발달의 끝이 되어서야 성숙합니다. 따라서 무엇보다도 내분비계 발달을 특징짓는 것은 이 체계의 각 부분에서의 불균등한 성숙입니다.

6-12] 둘째로, 내분비계의 발달을 특징짓는 것은 진화의 과정, 즉 퇴화의 과정 혹은 퇴보의 과정, 역발달과 거의 언제나 통합적 전체로 엮여 있는 전진적 발달 과정을 고려하지 않고 내분비계 발달을 이해하는 것이 불가능하다는 점입니다.

6-13] 유년기의 한 시대로부터 다른 시대로의 이행에서, 우리는 (다른-K) 미성숙한 분비샘보다 앞선 성숙뿐 아니라, 그 반대의 과정 즉 이전 단계에서 최대 발달에 도달했던 분비샘의 퇴화를 만나게 됩니다. 게다가 이러한 역발달 과정은 분비샘의 기능적 역할이나 조직을 재생하는 구조적 능력이 완전히 사라지는 것처럼 보이는 절대적 퇴화의 의미로 일어나거나, 또는 내분비계에서 분비샘이 완전히 제거되는 것이 아니라, 일부 연구자들이 표현했듯이, 분비샘의 활동이 더 좁은 틀에 제

한되고 축소된다는 (상대적인-K) 의미에서 일어납니다. 이 (후자의-K) 경우에도 퇴행적 발달 과정이 보이지만, 이 퇴행은 끝까지 나아가는 것이 아니라 단지 특정한 분비샘의 역할을 상대적으로 약화시킬 뿐입니다.

6-14] 이것을 설명하고자 이 문제에 대한 최고의 전문가 중 한 명인 비들로부터 가져온 몇몇 수치들은 내분비샘의 특정한 부분에 관련하여 대단히 시사적입니다.

*A. 비들(Arthur Biedl, 1869~1933)은 헝가리의 병리학자로, 현대 내분비학의 창시자로 간주되었다. 그는 다지증, 성기능 저하, 색소성 망막염(시야 협착증)과 같은 다양한 증후군들이 여러 종류의 내분비 불균형(호르몬 이상)과 관련이 있다는 것을 증명했다.

6-15] 부신은 태아기와 어린이의 출생 순간에 전체 내분비계 중 가장 성숙한 분비샘입니다. 그러나 동시에 많은 다른 기능들은 최소 활동 단계에 있음이 발견됩니다. 예를 들어 갑상샘은 출생 초기, 많은 연구들이 보여 주듯이, 최소 활동 상태에 있으며 따라서 구조적으로나 기능적으로 최소 성숙 상태입니다. 부신은 이미 상당한 정도로 성숙한 기관입니다. 그러나 특히 놀라운 것은 이 기관의 상대적 크기입니다. 따라서 예를 들어 태아 발달의 초기 몇 달 동안 부신은 콩팥보다 크며 6~7개월 무렵에는 콩팥 크기의 절반이 되고, 그 후의 비율은 다음과 같습니다. 신생아의 경우 부신과 콩팥의 관계는 숫자로 1:3으로 표현되지만 성인의 경우 1:28이 됩니다. 만일 신체 전체에 대한 비율로 본다면 4~5개월 된 태아의 부신의 비율은 1:144가 되며 신생아의 경우는 1:750 그리고 성인의 경우 1:6000이 됩니다. 이런 식으로 발달이 시작되는 순간과 마지막 순간 다시 말해 신생아와 성인을 비교해 본다면, 상대적 성숙도 즉 부신의 상대적 크기와 콩팥과 신체 전체와의 비율은

극단적으로 커 보일 것입니다. 비들은 이 문제에 대한 많은 연구를 종합하여, 그러한 변화는 과형성, 즉 조기 과발달이 아닌 그 어떤 것으로도 간주될 수 없다고 말합니다. 과발달 후에는 역발달, 즉 퇴화가 이어집니다.

6-16] 어린이 발달 과정에서 퇴화하는 내분비 기관의 예로서 가슴샘을 언급할 수 있을 것입니다. 여러분은 가슴샘이 생후 첫해 어린이 발달에 매우 중요한 역할을 한다는 것을 알 것입니다. 이 가슴샘의 퇴화가 언제 중점적으로 일어나는지는 여러 연구자들 간에 여전히 합의가 이루어지지 않았습니다. 어떤 이들은 가슴샘이 매우 초기인 생후 2년에 역발달을 시작한다고 주장합니다. 다른 이들은 주요 역발달 과정은 성적 성숙 연령 이전에 일어난다고 생각합니다. 하지만 의심의 여지가 없는 사실은, 발달 초기에 가장 성숙하게 기능하는 분비샘들 중 하나이며 내분비샘 체계 중 지배적인 역할을 하는 이 가슴샘이 어린이 발달 과정 속에서 역발달을 겪는다는 것입니다. 동일한 것이 솔방울샘에도 적용된다고 생각하는 데에는 이유가 있습니다. 많은 저자들은 솔방울샘 역시 어린이 발달 과정에서 역발달을 겪는다고 믿습니다.

> 비고츠키가 가슴샘 퇴화에 관해 말한 내용은 오늘날에 보아도 어느 정도 정확하다(가슴샘 퇴화는 사춘기에 시작된다). 하지만 솔방울샘이 역발달을 겪어 사라진다는 당시 연구자들의 관찰은 정확하지 않다. 솔방울샘은 1~2세까지 크기가 증가하고 그 후에 쇠퇴하지만 사라지지는 않는다. 그와는 반대로 솔방울샘에서 분비되는 멜라토닌은 어린이의 사춘기를 억제한다(그리고 비고츠키가 나중에 지적하듯, 솔방울샘의 이상은 때이른 사춘기를 이끈다).

6-17] 그러나 내가 말했듯이, 영점에 수렴하지 않는 그러한 분비샘들에 대해 살펴보아도, 다른 분비샘과 비교했을 때 모든 경우에 있어 역발달은 일어납니다.

6-18] 따라서 우리는 내분비계 발달을 특징짓는 두 번째 특성이 다음과 같은 사실로 이루어져 있음을 거듭 말할 수 있습니다. 즉, 개개의 내분비샘에서의 불균등한 성숙에 더하여, 매우 긴밀하게 엮인 진화와 퇴화 과정, 진보적 발달과 퇴보적 발달 과정이 내분비계에 존재합니다.

6-19] 마지막으로, 내분비샘의 발달을 특징짓는 세 번째 가장 복잡한 법칙은 내분비계 발달에서 우리는 상대적으로 일찍 성숙하여 내분비계에서 지배적 위치를 점하는 분비샘들이 다른 분비샘들의 발달을 준비하고 자극하는 현상을 종종 보게 된다는 사실에 있습니다. 그러나 초기에 미숙하고 뒤늦게 성숙하는 다른 샘들을 성숙시키는 이러한 분비샘들의 자극 영향 덕분에, (뒤늦게-K) 성숙하는 분비샘들이 자신의 발달에 기여했던 분비샘들의 활동을 억제하여 그들의 기능 감소와 쇠퇴에 혹은 그들의 상대적 퇴보와 상대적 퇴화에 기여하는 것으로 보입니다. 이것을 가장 간단하게 보여 주는 예는 학령기와 성적 성숙기의 문턱에서 나타나는 내분비계의 변화입니다. 다수의 연구는 성적 성숙기의 시작과 성적 성숙 과정 자체에서 일어나는 내분비의 전환, 내분비계 변화의 모습을 상상할 수 있도록 해 줌으로써, 이러한 사실을 다른 어떤 분야보다 더욱 신뢰도 높게 보여 주었습니다. 이러한 전환은 이제 내가 설명하고자 하는 세 번째 법칙을 예증할 수 있습니다.

6-20] 성적 성숙은 사실 전적으로 생식샘의 급격한 성숙 때문에 시작되는 것이 아닙니다. 따라서 성적 성숙의 시작을 보여 주는 첫 번째 현상―예컨대 급격한 키의 성장, 장골長骨의 빠른 성장, 식물적 (자율적-K) 특성에서의 많은 변화―이 모든 변화들은, 연구들이 보여 주듯이, 생식샘의 성숙에 의해 직접적으로 야기되는 것이 아니라, 한편으로 갑상샘과 다른 한편으로 뇌하수체 전엽의 기능 항진―강화된 활동에 의해 야기됩니다. 많은 저자들이 뇌하수체가 학령기 발달의 전체 특성을 결정하는 우세하고 지배적인 분비샘임을 나타내기 위해 학령기를 뇌

하수체 유년기라고 부를 정도로, 이 분비샘들은 학령기를 지배하는 것으로 보입니다. 이 분비샘들은 성적 성숙을 준비합니다. 뇌하수체와 갑상샘은 생식샘의 성장과 성숙을 자극하고 유발하는 영향을 미칩니다. 이는 뇌하수체나 갑상샘에 이상이 있을 때, 성적 성숙이 지체되거나 전혀 나타나지 않는다는 단순한 사실로부터 알 수 있습니다.

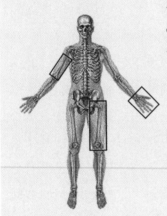

청소년들이 겪는 급성장이 주로 일어나는 '장골'은 주로 다리뼈와 팔뼈를 말하며, 장골의 급격한 성장으로 십 대들은 특유의 '키가 크고 호리호리한 모습'을 갖게 된다. 하지만 우리가 보게 되듯이 장골에는 손가락뼈 역시 포함된다. '식물적(вer-етативного, vegetative)' 기능에는 호흡, 순환, 배설, 생리 등 자는 것, 먹는 것에 더불어 성적 기능들 또한 포함된다. 비고츠키가 여기에서 언급한 변화란 수면 주기의 급격한 변화, 식욕 증가, 음모와 (남성의) 수염, 가슴, 땀샘의 성장과 같은 것을 말하며, 이 모든 것이 십 대들에게서, 또한 같은 이유로 임산부들에게서도 관찰될 수 있다.

6-21] 성적 성숙 자체에 관해 말하자면, 성적 성숙을 앞두고 일련의 변화들이 일어나며 성적 성숙은 이 변화들로 시작됩니다. 그리고 이 모든 변화들은 연구들이 보여 주듯이 생식샘의 성숙이 아니라 갑상샘의 기능 항진에 기인합니다.

사춘기가 단순히 생식샘의 성숙으로 시작하지 않는다는 비고츠키의 말은 옳다. 그러나 갑상샘 기능 항진이 생식샘 성숙의 직접적 원인은 아니다. 사춘기 동안 갑상샘의 기능과 크기가 증가하는 것은 사실이지만 성적 성숙에 대한 오늘날의 일반적 설명은, 생식샘자극호르몬 분비호르몬GnRH을 방출하는 것은 갑상샘이 아니라 시상하부라는 것이다. 이것은 다시 뇌하수체를 자극하여 생식샘의 작용을 유발하는 호르몬을 방출시킨다.

6-22] 이런 식으로, 비들이 말한 것처럼 성적 성숙의 시작은 생식샘의 성숙 덕분이 아니라, 이렇게 말해도 된다면, 이러한 성숙과 반대되는 생식샘의 불완전함 덕분입니다. 즉 이는 두 분비샘—갑상샘과 뇌하수체—의 강화된 기능, 기능 항진 덕분이며, 초기 유년기 분비샘으로서 생식샘 성숙을 위축, 지체, 억제하는 식으로 작용하는 것으로 보이는 가슴샘의 강력한 역발달 덕분입니다.

6-23] 이와 같이, 비들에 따르면 성적 성숙의 시작은 세 가지 변화를 동반합니다. 한편으로는 성적 발달을 억제하고 지연시키는 가슴샘이 약해집니다. 다른 한편으로는 성적 성숙을 촉진시키는 두 분비샘들의 강화 작용이 나타납니다. 이것이 성적 성숙의 첫 시기로, 생식샘 자체는 어떤 중요한 역할을 하지 않는 때입니다. 따라서 생식샘의 성숙은 이 연령기 초기에 일어나는 변화들의 직접적 원인이 아닐 뿐 아니라, 그들 자체가 이러한 내분비계 내 변화들의 이차적 결과입니다. 이후에 우리는 이미 상대적으로 성숙된 생식샘과 이러한 분비샘들의 경로를 준비했던 바로 그 분비샘들 사이의 싸움으로 특징지어지는 성적 성숙의 시대 혹은 시기를 관찰하게 됩니다. 이런 일들은, 연구자들이 말했듯이 뇌하수체와 갑상샘이 자신의 숙적들을 준비시킬 때 일어납니다. 이는 뇌하수체와 갑상샘은 그들의 발달에서 생식샘의 발달을 자극하는 식으로 작용하지만 생식샘은 뇌하수체와 갑상샘 활동을 억제하는 작용을 한다는 잘 알려진 법칙 때문입니다. 나는 여러분에게 이러한 법칙들의 존재를 볼 수 있는 몇 가지 사실들을 제공할 것입니다. 뇌하수체와 갑상샘은 생식샘의 발달을 자극하지만, 생식샘은 특정 발달 단계에 도달하게 되면 그들 자신의 발달을 제공했던 분비샘들, 즉 뇌하수체와 갑상샘의

활동을 억제합니다.

이 문단은 비들에 의해 기술된 사춘기 드라마의 세 장면 중 한 장면을 보여 주고 있다.

첫째, 한편으로는 생식샘들과 다른 한편으로는 갑상샘과 뇌하수체 간의 투쟁.

둘째, '식물적' 변화의 산출(예컨대 수면과 식욕에서의 변화, 음모, 가슴, 월경과 몽정의 출현).

셋째, 다른 분비샘에 의해 대체된 '쇠퇴하는' 한 무리의 분비샘들.

이 문단에는 소비에트 러시아에서 정치적 훈련의 일환으로 학생들이 공부했을 공산주의 고전과 관련된 두 가지 언급이 나온다. 첫째, 엥겔스는 『반뒤링론』 2부에서 진정으로 평등주의적이고 진정으로 민주적인 사회가 도래할 때 경찰, 군대, 그리고 국가 관료주의가 어떻게 사라지는가에 대해 논의하고 있다. 같은 방식으로, 비고츠키는 가슴샘의 지배가 다른 분비샘들의 출현으로 더 이상 필요하지 않게 된다고 말한다(정서적 지각의 지배 또한 다른 기능들의 출현으로 더 이상 필요하지 않게 된다). 따라서 가슴샘은 점차 쇠퇴한다. 둘째는 공산주의에서 가장 유명한 문서인 마르크스와 엥겔스의 『공산당선언』 제1장에 관한 것이다. "결국 부르주아가 생산하는 것은 자기 자신의 무덤을 파는 자일 뿐이다." 같은 방식으로, 비고츠키는 뇌하수체의 지배는 결국 자신의 무덤을 파는 자(숙적), 즉 생식샘을 생산한다고 말한다.

6-24] 이 두 번째 장면―헤게모니를 위한, 지배를 위한 생식샘의 투쟁―은 어린이의 생리적 발달과 심리적 발달에서의 일련의 전체 징후들을 특징짓습니다.

6-25] 그리고 마지막으로 이미 성숙의 시대인 이 세 번째 시대는 갑상샘과 뇌하수체가 상대적으로 퇴보적인 발달을 겪는다는 사실로 특징지어집니다. 비들이 말했듯 갑상샘과 뇌하수체는 좁은 한계에 갇혀서 그들의 기능은 축소됩니다. 이것은 일련의 징후들에서도 나타납니다. 그

리고 생식샘은 전체 내분비계 연주회에서 지휘자의 역할을 하기 시작합니다. 생식샘은 성숙한 사람의 삶을 거쳐 노년기의 문턱에 이르기까지 지휘하는 위치를 유지합니다.

6-26] 그렇다면, 이 사례를 끝까지 명확히 하려면 우리는 그것에 무엇을 덧붙여야 할까요? 내가 볼 때 두 가지 입장이 있습니다. 첫째, 우리는 내가 지금 막 추상적인 형태로 언급한 이 입장을 뒷받침하는 사실적 자료가 무엇인지 확인해야 합니다. 둘째, 이 사례를 일반화하여 이 사례로부터 어떠한 일반적 법칙이 나타나는지 보아야 합니다.

6-27] 내가 설명하고자 했던 관계들이 실제로 존재한다는 것을 확립시켜 주는 사실적 특성들로 시작해 봅시다. 첫째 특성은 다음과 같습니다. 이미 말했듯이, 병리학적 자료에 따르면, 갑상샘이나 뇌하수체에 기능 저하나 형성 부전 또는 무형성 등의 결함이 있을 경우 성적 성숙이 전혀 일어나지 않을 수 있습니다. 내일은 오늘의 주제 전체에 대한 실례로 신체 발달에 이상이 있는 어린이들을 조사해 볼 것이며, 이 사례들을 통해 우리는 성적 성숙의 존재 유무가 일차적인 갑상샘 기능 저하나 뇌하수체나 갑상샘의 형성 부전과 어떤 관련이 있는지를 분명히 볼 수 있을 것입니다. 이것은 이러한 분비샘들 중 하나의 부재가 곧 성적 성숙의 부재를 이끈다는 것을 의미합니다. 이것은 하나의 의존성입니다. 이것은 뇌하수체와 갑상샘이 성적 성숙을 자극하고 촉진한다는 것을 확신시켜 주는 기본적 계기들 중의 하나입니다.

일차적 갑상샘 기능 저하증은 갑상샘이 정상 수치 이하로 기능하는 것으로서 갑상샘 자체에 문제가 있는 것을 의미한다. 이차적 갑상샘 기능 저하증 역시 갑상샘이 정상 수치 이하로 기능하지만 그 기능 저하의 원인이 다른 기관, 예를 들어 뇌하수체에 있는 것을 의미한다.

6-28] 이제 반대의 의존성을 살펴봅시다. 잘 알려진 사실에 의하면

생식샘은 억제적인 방법으로 발달됩니다. 다시 말해 생식샘은 뇌하수체와 갑상샘 기능의 퇴보적 발달을 이끕니다. 뇌하수체 특히 뇌하수체 전엽은 여러분이 알고 있듯이 키의 성장 특히 팔, 다리의 성장과 관련되어 있다고 알려져 있습니다. 우리는 또한 성적 성숙이 무르익자마자, 그 과정이 중간 단계에 이르자마자, 성적 성숙의 첫 번째 기간 동안(뇌하수체의 통제하에 있는 동안)에는 당연히 매우 집중적이었던 키의 성장이 성적 성숙과 함께 이제는 어느 정도 정지되고 신장에 대한 팔다리의 상대적 길이가 짧아진다는 것을 알고 있습니다. 그러나 우리는 또한 어떤 병리학적 원인에 의해 성적 성숙이 지연되거나 전혀 일어나지 않는다는 것을 알고 있습니다. 그러면 어떤 일이 일어날까요? 이때 일어나는 것은 소위 '유사類似 환관증宦官症'이라 불리는 극도로 집중적인 팔과 다리 길이의 성장입니다. 여러분은 아마도 이 변칙적인 성장에 관해 들어 봤을 것입니다. 신체 전체의 이러한 집중적 성장, 특히 팔다리의 길이 성장은 왜 성적 성숙의 부재하에 일어나는 것일까요? 왜냐하면 이것은 뇌하수체가 지배권을 유지하기 때문이며, 생식샘이 내분비계에서 지배적인 위치를 차지했다면 정상적인 어린이에게서 일어났을 뇌하수체 기능의 퇴보적 발달이 일어나지 않기 때문입니다.

앞 문단에서 비고츠키는 성적 성숙의 시작에 있어 생식샘의 운명이 뇌하수체와 갑상샘에 달려 있음을 보여 주었다. 그러나 발달 과정에서 의존성은 역전될 수 있다. 여기서 비고츠키는 사태를 뒤집어서 뇌하수체와 갑상샘의 운명이 생식샘에 달려 있음을 보여 준다. 특히 생식샘의 성숙에 의해 뇌하수체가 억제되지 않는 경우, 어린이는 긴 다리와 작은 머리를 지닌 마르고 호리호리한 외모를 가지게 된다. 이런 외모는 인기가 있고 심지어 여성의 경우 인위적으로 이런 외모를 연출하기도 하지만, 이는 건강한 성숙의 표상은 아니다. 앞 그림은 바로크 시대의 유명한 카스트라토였던 파리넬리(Carlo Maria Michelangelo Nicola Broschi, 1705~1782)의 초상이며, 여기서 그의 비정상적으로 긴 팔, 다리, 손가락과 작은 머리를 볼 수 있다.

6-29] 이 두 계기, 즉 뇌하수체 결함으로 인한 성적 성숙 지체와 성적 성숙의 시작으로 인한 뇌하수체 기능의 정지는 모두, 성적 성숙이 지체되거나 나타나지 않는 유사 환관증에서처럼, 뇌하수체와 갑상샘이 생식샘의 성장에 기여하는 동시에 생식샘 성숙을 결정하는 근접 요인으로 간주될 수 있으며, 생식샘이 이들 분비샘의 활동을 둔화시키고 억제하는 식의 영향을 미쳐 그 발달의 퇴보를 초래한다는 입장을 보여주는 몇몇 실례 중 하나입니다.

	생식샘 정상	생식샘 이상
뇌하수체 정상	정상 발달	유사 환관증적 발달
뇌하수체 이상	사춘기의 지연	성적 성숙 미발생

비고츠키가 말하는 두 가지 계기는 6-27과 6-28에서 논의한 두 가지의 의존성이다. 이 둘 모두는 y=f(x)와 같은 수학적 함수로 표현될 수 있다. 여기서 y는 종속변수이고 x는 독립변수이다. 따라서 두 계기는 다음과 같이 재진술할 수 있을 것이다.

첫 번째 계기: 생식샘 발달=f(뇌하수체 자극)
두 번째 계기: 뇌하수체 퇴화=f(생식샘 발달)

첫 번째 계기(6-27)에서 생식샘의 발달은 뇌하수체에 의존한다. 이것은 긍정적으로는 뇌하수체가 생식샘을 자극할 때 생식샘이 정상적으로 발달한다는 것을 의미하지만, 부정적으로는 뇌하수체가 생식샘을 자극하지 못하면 사춘기가 늦어진다는 것을 의미한다. 두 번째 계기(6-28)에서는 이 의존성이 뒤집힌다. 뇌하수체의 퇴화는 생식샘의 기능에 의존한다. 이것은 긍정적으로는 생식샘이 제대로 작용할 경우 뇌하수체가 퇴화하여 지휘 기능을 생식샘에 양도하는 것을 의미하며, 부정적으로는 (유사 환관증의 경우와 같이) 생식샘이 작동하지 않을 경우 뇌하수체가 계속하여 성장을 지휘한다는 것을 의미한다.

6-30] 내분비계 발달의 세 번째 법칙의 일반적 공식화로 다시 돌아가 보면 우리는 다음과 같이 말할 수 있을 것입니다. 내분비계 발달에서 우리는 종종 내분비샘들 간의 반전된 의존성을 목격하는데, 이는 어린이 발달 과정에서 한 연령에서 다른 연령으로 이행할 때 뒤바뀌는 것입니다. 자, 예컨대 생식샘은 뇌하수체와 갑상샘의 발달과 정비례하여 발달하므로, 뇌하수체와 갑상샘의 불충분한 발달 또는 작동으로는 발달하지 않습니다. 이 성적 발달은 우리가 보았듯, 무엇으로 시작됩니까? 이 두 분비샘의 매우 집중적인 작용으로부터 시작됩니다. 이것은 성적 성숙의 시작과 함께 어떤 의존성이 존재함을 의미합니다. 무엇이 무엇에 의존할까요? 생식샘은 뇌하수체와 갑상샘에 의존합니다. 그러나 생식샘이 어느 정도 발달하면 의존성은 뒤집힙니다. 동일한 뇌하수체와 갑상샘은 이미 생식샘에 의존하기 시작합니다. 따라서 생식샘이 통제하는 내분비계의 발달을 특징짓는 이러한 연관성, 이러한 의존성—이러한 연관성은 오직 발달 중에, 또는 심지어 발달의 끝에서 확립됩니다. 현재의 성숙한 체계에서 지배적이고 결정적인 가치가 발달의 과정에서 다른 가치들에 의존적인 가치로서 작용하고, 발달의 과정에서 다른 분비샘들의 발달을 결정짓는 가치로서 작용하는 것이 성숙된 체계에서는 의존적 가치가 됩니다. 간단히 말하자면, 발달 중인 내분비계와 이미 발달된 내분비계의 각 분비샘들 간에 의존성이 종종 뒤바뀝니다. 이것이 내분비계의 발달을 특징짓는 세 번째 입장입니다.

6-31] 이제 우리는 지금까지 논의했던 내분비계의 발달 법칙들에 관한 몇 가지 일반적인 결론들을 도출할 수 있으며, 문제의 두 번째 측면

으로 넘어가, 내분비계 발달이 전체로서의 유기체의 발달에 어떤 함의를 갖는지 살펴볼 것입니다.

6-32] 우리는 첫째, 내분비계의 부분들이 불균등하게 성숙한다는 것을 보았습니다. 어떤 분비샘은 발달 초기에 최대로 성숙하는 반면 다른 것들은 발달의 마지막에서 최대치에 다다르며, 세 번째 무리는 그 사이의 어딘가에서―어떤 것보다는 늦게, 다른 것들보다는 일찍 최대로 성숙합니다. 예컨대 갑상샘은 아동 발달 초기에는 최소한으로 활동하지만, 일 년 후에는 빠르게 성숙하기 시작하여 내분비계에서 비교적 일찍 지배적 위치에 이르러 이 위치를 2년가량 유지하다가, 전 학령기 초기에 제1차 확장기라고 불리는 시기, 즉 최초로 몸집에 비해 키가 집중적으로 성장하는 시기에 쇠퇴하는 것으로 보이며, 3세나 그 이후에 시작되는 이 시기는 이미 뇌하수체의 강화된 활동과 연결되어 있다고 상정할 만한 근거가 충분히 있으며 대다수 연구자들도 이에 동의합니다. 다른 분비샘들은 더 늦게 성숙합니다.

6-33] 그다음 우리는 분비샘들의 진화 과정이 퇴화 과정과 밀접하게 얽혀 있음을 발견했습니다. 그 퇴화 과정은 0으로 수렴하거나, 정확히 0은 아니라도 어떻든 상대적으로 퇴화하는 퇴보적 과정을 야기합니다.

6-34] 마지막으로 우리는 발달에서 관찰되는 각 분비샘들 간의 의존성이 발달 과정에서 반대의 의존성으로 대체된다는 것을 발견했습니다. 생식샘은 발달 과정에서 갑상샘과 뇌하수체에 직접적으로 의존하지만, 일단 발달하게 되면 갑상샘과 뇌하수체 자체가 생식샘에 종속적인 관계에 처하게 됩니다. 우리는 어떻게 (이것을-K) 일반화하여, 이를 통해 내분비계 발달을 전체적으로 그려내고, 그 안에서 모든 일련의 유기적 체계에 공통적인 모종의 법칙을 발견할 수 있을까요?

6-35] 먼저 우리는 유기체적 발달이 절대로 성장으로만 환원될 수

는 없다는 것, 성장 자체가 전체 체계의 상태로부터 도출되는 가치라는 것을 압니다. 게다가 우리는 체계가 전체로서 발달하며, 각 연령기마다 체계의 개별 부분들 간에 더 새로운 관계와 더 새로운 의존성이 이 체계 속에 출현하는 식으로 발달한다는 것을 압니다.

6-36] 유기체 즉 유기적 체계는 무엇을 나타냅니까? 그것은 복잡하고 통합된 전체를 나타냅니다. 유기체나 유기적 체계, 즉 복잡하고 통합된 전체에서 일어나는 발달은 무엇을 의미합니까? 발달은 무엇보다도 관계들의 변화, 이 체계 조직의 변화를 의미합니다.

6-37] 내분비샘에서 우리는 발달 과정이 다른 무엇보다도 전체로서의 체계를 포괄하고, 성장을 종속적 계기로 포함하며, 무엇보다도 주로 체계의 내적 조직화 방식에 있어서의 변화로 이루어짐을 종종 봅니다. 그러나 체계의 내적 조직화의 변화는 무엇보다도, 이 체계의 토대에 놓여 있고 이 체계의 각 부분을 단일한 전체로 통합시키는 관계, 의존성, 연결에 영향을 미칩니다. 이 덕분에 어린이의 모든 연령기는 특정한 내분비계 변화로부터 시작하고, 내분비계 조직의 재구조화로부터 시작하는 것처럼 보이는 상황이 생겨납니다. 그 체계 자체는 이전에 지배하던 분비샘이 배경으로 물러나기 시작하거나 퇴화의 과정을 겪고, 이전에 미성숙하던 분비샘이 빠르게 성숙하기 시작하여 지배권을 획득하며, 이전에 지배적이던 분비샘이 종속적 위치를 차지하고, 이러한 상황에서 이전에 종속적이던 것이 지배하기 시작한다는 의미에서 재구조화됩니다. 다시 말해서 내분비계의 질서, 조직, 구조에서 변화가 일어납니다. 이러한 이유로 모든 연령기가 각각의 내분비 공식을 가진다고, 즉 각 연령기가 자신만의 내분비계 질서를 지닌다고 일컬어집니다. 이러한 이유로 어린이는 어린이 고유의 유기적 구조라는 측면에서 성인과 다릅니다. 어린이는 전체로서 다른 유기체로서 체계들 간 그리고 체계 내의 상이한 내적 연결을 가지며, 이 체계들의 요소들 간 상이한 내적 연결

을 가집니다.

6-38] 7세 어린이의 내분비계는 3세 어린이의 내분비계와 다르며 13세 어린이와도 다릅니다. 이는 단지 어떤 분비샘이 아직 작지만 곧 자라거나 혹은 더 작아질 것이기 때문만이 아니라, 한 연령기 어린이의 내분비계는 다른 연령기 어린이의 내분비계와 다른 체계를 형성하기 때문입니다. 즉, 내분비계는 상이하게 조직되며, 요소들은 서로 간에 다른 방식으로 연결되고, 다른 방식으로 전체에 통합되는 것입니다.

> 내분비계와 소화계를 예로 들어 보자. 이 체계들은 서로 연결되어 있다. 소화를 통해 혈액에 당이 공급되면 이자는 인슐린을 분비하며, 내분비계가 혈액에 호르몬을 보내면 식욕이 촉진된다. 동시에 각 체계는 그 자체에 연결되어 있다. 이자가 인슐린을 분비하면 혈당이 떨어지고 이자는 인슐린 분비를 멈춘다. 이와 유사하게 소화계에 비타민이 충분히 공급되면 소화계는 비타민을 흡수하지 않고 배출한다. 따라서 각 체계는 단순히 다른 체계에 의존하는 것이 아니라, 각각이 어느 정도 자체 조절 능력을 갖는다. 마지막으로 각 체계의 요소들은 서로 연결되어 있다. 뇌하수체가 생식샘을 자극하는 것 같이, 내분비계 분비샘들은 서로를 자극한다. 소화계 기관들은 음식을 소화시키면서 소화계의 다른 기관들의 활동을 더 직접적으로 자극하는 방식으로 연결되어 있다. 그러나 이 모든 연결들은 어른과 어린이에게서 매우 다르게 나타난다. 러시아는 극도의 기아를 겪고 있었고 비고츠키는 집 없고 굶주리는 어린이들을 대상으로 연구를 했으므로, 비고츠키는 예컨대 굶주리는 어린이의 신체 내에서 내분비계와 신경계가 연결되어 있는 방식을 종종 생각했다. 성인에게 있어 비타민 D 결핍이 아무리 심각하더라도, 어린이 신체에 미치는 것과 같은 심각한 영향을 미치지 못한다.

6-39] 우리가 어린이의 심리적 발달에 관해서 했던 것처럼, 이를 다소 단순화시켜, 많은 연구자들이 하듯이, 다음과 같이 말할 수 있습니다. 내분비계는 각 연령기에서 무엇보다 먼저 어떤 지배성에 의해 특

징지어집니다. 즉 특정 연령에서 전체로서 체계의 성격을 지배하고 규정하는 하나 또는 특정한 무리의 분비샘들이 내분비계에 출현하여 전체 내분비계의 중심으로 작용하고, 이 체계 내의 모든 연결과 관계는 이것에 의존하여 결정된다고 말할 수 있습니다.

6-40] 이와 같이 체계의 내적 재구조화, 내적 재조직화는 가장 기본적인 특징임이 드러납니다. 이는 우리가 연구를 시작했던 내분비계 발달의 세 가지 측면을 모두 포괄합니다.

> 본문에서 말하는 '내분비계의 세 가지 측면'은 불균등 발달의 법칙 (6-11), 진화와 퇴화의 공존(6-12), 서로 자극하거나 억제하는 요소와 체계의 역할(6-19)을 가리키는 것으로 보인다. 우리가 보았듯이, 내분비계의 여러 분비샘들은 가슴샘이 먼저 발달하고 생식샘이 나중에 발달하는 식으로, 서로 다른 속도로 발달한다. 또한 어떤 분비샘은 진화하는 반면 다른 분비샘은 쇠퇴한다. 끝으로 한 분비샘의 융성은 다른 분비샘의 쇠퇴를 유도하고 요구하기까지 한다. 이와 같이 내분비계 발달은 이 장의 앞부분에 소개된 세 개의 법칙을 잘 보여 준다.

6-41] 그리고 여기에 우리의 흥미를 끌 만한 마지막 결론이 있습니다. 이 결론은, 전체 체계와 관련하여 고등한 발달의 과정에서 이 체계의 부분들이 하위 체계에 의존함이 드러난다는 것입니다. 하위 체계 부분은 마치 고등 체계의 발달을 준비라도 하듯 상대적으로 이르게 성숙합니다. 이들은 전제 조건과 같은 것으로, 이것을 기반으로 해서만 고등 체계의 발달이 시작될 것입니다. 이들은 매우 복잡한 방식을 통해 고등 체계를 늦추고, 정해진 시기에 고등 체계의 발달을 자극합니다. 예를 들어 소위 성조숙증pubertas praecox에 관한 사실에 의하면, 인간의 성적 성숙이 나중에 나타나는 것은 일련의 분비샘들이 생식샘의 발달을 지연시킨 영향 때문이라는 것에는 의심의 여지가 없습니다. 솔방울샘이 이러한 기능을 수행하며, 생식샘 발달을 억제하므로, 여기에 손상

을 입으면 성조숙증이 일어난다거나, 솔방울샘의 퇴화가 성적 성숙 시작을 위한 전제 조건이라는 믿음이 매우 오랫동안 지배적이었습니다. 최근 10~15년 사이, 특히 전쟁 후, 이 견해는 의심을 받았습니다. 특히 비들은 이것을 완전히 부정한 것은 아니지만, 이 의존성에 대해 의문을 가지기 시작하였습니다. 그러나 가슴샘이 초기 아동기 발달 과정에 있어 커다란 중요성을 가지고 있음은 거의 아무도 의심하지 않았으며, 가슴샘이 생식샘 성숙을 억제하는 모종의 기능을 수행하고, 가슴샘의 퇴화가 생식샘 발달의 전제 조건이라는 것에 대해서 전혀 의심하지 않았습니다. 이런 식으로, 늦게 성숙하는 고등 체계는 다른 분비샘들에서 비롯된 일련의 억제적인 영향에 의해 준비됩니다. 다른 한편, 어떤 특정한 분비샘이 생식샘의 발달을 자극하여, 생식샘의 발달을 일으킵니다.

> 비고츠키는 주도면밀하게 여기서 최종 결론을 내리는 것 이상의 일을 하고 있다. 그는 다음 강의에서 저차적 신경계와 고등 신경계의 분화를 설명하기 위한 발판을 마련하고 있다. 물론 고등 신경계는 인간 고유의 사회-문화적인 고등심리기능의 생리학적 토대이다. 그런데 왜 비고츠키는 생식샘을 내분비계 내에서 '고등한' 분비샘이라고 말하는가? 그것은 단지 생식샘이 늦게 발달한다는 이유만은 아니다. 만일 그렇다면 여기서의 최종 결론이 순환론적이 되기 때문이다. 그러나 생식샘이 늦게 발달한다는 사실은 생식샘이 신진대사를 조절하는 분비샘들처럼 생명을 위해 직접적으로 필요한 것은 아니라는 것을 보여 준다. 따라서 생식샘은 기능적으로 고등하다. 또한 생식샘은 훨씬 더 분화되어 있다. 생식샘은 많은 기관과 신경계를 포함한 많은 체계들과 관련 있을 뿐 아니라, 실제로 남녀 사이에서도 분화되어 있다. 그리고 분화는 언제나 고등 발달의 징후이기 때문에, 비고츠키는 생식샘을 내분비계의 고등 부분으로 간주한다.

6-42] 이와 같이, 우리는 다음의 기본 법칙을 봅니다. 내분비계는 전

체로서 발달하지만 여기서 일어나는 것은 개별 분비샘이 각각 발달하고 이에 의존하여 전체로서 체계의 변화가 일어나는 것이 아니라, 그와는 달리, 반대 의존성이 존재합니다. 내분비계는 전체로서 발달하며, 내부로부터 재구조화되고, 성장은 전체로서의 발달과 재구조화에 의존하여, 이런저런 분비샘들의 발달과 함께 진행됩니다. 이것은 특히 교란된 발달, 즉 조숙하거나 지연된 성적 성숙, 혹은 성적 성숙의 부재와 같은 사실에서 분명히 나타납니다.

6-43] 어떻게 성적 성숙이 일어나지 않을 수 있을까요? 직접적 원인은 생식샘의 무형성—저발달 혹은 형성 부전—불충분한 발달입니다. 이것이 성적 성숙 실패의 직접적 원인입니다. 그러나 성적 성숙의 실패는 이러한 이유가 아니라 대개 다른 어떤 기능, 즉 뇌하수체나 갑상샘이 손상되었기 때문입니다. 선천적으로 혹은 어렸을 때 갑상샘이나 뇌하수체 전엽 무형성을 겪은 어린이들은 남은 생애 동안에도 미성숙한 상태로 남아 있게 됩니다. 따라서 내분비계의 다른 부분에서 일어난 변화가 이미 생식샘의 운명을 결정한 것입니다. 따라서 생식샘의 발달은 체계 전체의 발달 상태와 경로에 달려 있고 그 반대의 경우도 마찬가지입니다.

갑상샘 부전이 평생에 끼치는 영향을 보여주는 독일 판화. 1815년 작품으로 부은 갑상샘과 매우 작은 키를 묘사하고 있다.

6-44] 조숙한 성 발달은 무엇으로 설명할 수 있을까요? 물론 이는 때로는 생식샘의 직접적 과형성, 즉 과발달, 급속 발달 혹은 과잉 발달로 설명될 수 있을 것입니다. 그러나 이는 그리 자주 일어나지 않는 다소 희귀한 경우입니다. 대부분의 급속한 성적 발달은 부신이나 뇌하수

체와 같은 다른 분비샘들의 기능 항진 혹은 과형성에 의해 결정됩니다. 이러한 분비샘들에 변화가 생기면 13세가 아니라 7세 혹은 3세에 성적 성숙을 보게 됩니다.

6-45] 이 모든 사실은 다음을 보여 줍니다. 내분비계는 전체 체계로서 발달하며, 그 속에서 전체의 발달은 이 체계의 부분들과 관련한, 체계의 재조직화로 이루어지며, 개별 분비샘들의 발달에 선행합니다. 개별 분비샘들의 발달은 기능적으로 전체로서의 체계로부터 파생된 종속 변수이며 그 반대가 아닙니다. 즉 전체 체계의 발달은 개별 분비샘 발달의 종속 변수나 결과가 아닙니다.

6-46] 이로부터 우리는 또 하나의 중요한 결론을 이끌어 낼 수 있을 것이며, 그것은 다음과 같습니다. 즉 유년기와 성인기, 유년기의 다양한 연령에서 분비샘의 병변과 결함은, 우리가 살펴본 바와 같이 발달에는 후속 발달 과정에서 반대로 전환될 수 있는 의존성이 존재하기 때문에, 완전히 다른 의미를 가질 수 있습니다. 초등학교 연령기인 8세에서 12세 사이의 어린이에게서 뇌하수체나 갑상샘의 활동에 급격한 장애가 발생한다고 상상해 봅시다. 그것은 무엇을 의미할까요? 그것은 심각한 저발달을 이끌 것입니다. 만일 이미 발달한 체계에서 뇌하수체나 갑상샘의 동일한 병변을 다룬다면, 그것은 생식샘에 동일한 영향을 미칠까요? 아닙니다. 이는 발달 과정에서 긍정적으로든 발달상 결함의 관점에서 부정적으로든, (분비샘의-K) 역할과 의미는 나이에 따라 변화하며 유년기와 성인기에 질적으로 다르다는 것을 뜻합니다.

6-47] 이제 우리는 이 질문을 마치기 위해 유기체의 전체 발달—심리적, 신체적 발달 모두에 미치는 내분비계의 상대적 영향에 대한 질문에만 초점을 맞출 것입니다.

6-48] 우리는 내분비계를 취하여 그 발달이 어떻게 전개되는지 일반적인 방식으로 상상하고자 했습니다. 그러나 결국 내분비계는 유기체

의 일부입니다. 그것은 다른 체계와 연결되어 있습니다. 그 발달은 자신의 내적 자기-재구조화에 제한되지 않습니다. 그것은 유기체 내에 있는 어떤 나라 속의 독립적인 나라와 같은 것이 아닙니다. 그 자신의 발달은 유기체의 다른 체계들과 전체로서 유기체의 상태에 의존하며, 그것은 다시 다른 체계들에 영향을 미칩니다. 내분비계의 발달과 유기체의 다른 체계들 그리고 전체로서의 유기체 사이에 존재하는 복잡한 의존성을 보여 주면서, 이제 이것으로 우리 주제의 결론을 내리고자 합니다.

6-49] 나는 일반적인 기근의 영향, 특히 비타민 결핍의 영향하에서 일어나는 내분비계의 변화와 발달을 관찰하여 얻은 자료에 대해 이미 언급했습니다. 우리가 심하게 굶주린 전체 유기체를 다룬다면 (전체-K) 발달과 내분비계 모두에서 심각한 변화를 발견할 것입니다. 이것은 물론 내가 설명하고자 했던, 유기체의 일반적 상태에 대한 내분비계의 일반적 의존성을 대략적으로 보여 주는 사례입니다. 비타민 결핍이라는 특별한 사례를 다룰 때 더욱 특수한 의존성이 나타납니다. 비타민은 성장에 직접적으로 연관되어 있기 때문입니다. 우리는 여기에서 내분비계 성장의 규제와 근접한 방식으로 연관된 계기를 다루고 있습니다. 전체로서 유기체가 성장과 발달에서 불리한 위치에 처할 때, 여기서 내분비계 발달과 상태에 더 특정하고 분명한 손상이 나타나게 됩니다.

6-50] 병리학 분야로부터 우리는 훨씬 더 구체적인 사례를 들 수 있습니다. 유기체의 일부 일반적 질병들은 성장하고 발달하는 능력을 포함하는 유기체 전체 생명 활동의 심각한 붕괴, 감소, 쇠약을 이끕니다. 이것은 또한 내분비계가 더욱 특정하고 분화된 방식으로 겪어야만 하는 다양한 질환들을 이끕니다.

6-51] 종합된 이 모든 사실들은 다시 한 번, 내분비계는 스스로 갈 길을 정하는 유기체 내부의 기관사가 아니며, 그 자체가 유기체의 일부이자 여러 체계들 중 하나임을 보여 줍니다. 그 체계들은 성장과 발달

과정에서 종종 지배적 역할에 종속되며, 우선적으로는 전체로서의 유기체 내의 일부 체계로서 간주되어야만 합니다. 특히, 불행히도 아직 자세히 연구되지 않은 심오한 의존성이 존재하며, 많은 논란의 계기를 제공합니다. 그러나 사실의 관점에서 볼 때, 내분비계와 신경계 사이의 의존성은 상호적 의존성이라는 것은 부정할 수 없습니다. 한편으로 우리는, 내분비계의 올바른 발달이 앞으로 보게 되듯이 올바른 신경계 발달을 제공한다는 것을 압니다. 이런 식으로, 예컨대 선천적 대뇌 결함, 즉 모종의 두뇌 손상을 지닌 채 태어난 어린이들은, 정신 관계에서 심각하게 지체된 어린이나 뇌가 저발달된 어린이가 된다는 것은 알려져 있습니다. 이 경우 우리는 뇌의 활동과 어느 정도 직접적으로 연결된 모든 내분비샘들, 특히 갑상샘이 선천적으로 저발달되거나 부재한 것을 보게 됩니다. 여러분은 갑상샘의 부재가 유기체의 신체적 저발달과 함께 백치, 즉 뇌와 뇌 기능의 극단적인 저발달을 초래한다는 것을 압니다. 우리는 내분비샘이 상이하고 다양한 범위와 정도로 중추신경계의 활동 및 뇌와 뇌 기능 발달과 연결되어 있음을 압니다. 이러한 이유로, 예컨대 출생부터 생후 6개월까지의 기간 동안 갑상샘의 활동은 방금 살펴보았듯이 최저 수준이고, 이 시기 뇌 활동은, 물론 갑상샘이 최대 발달하는 후속하는 유형의 뇌 활동과는 상당히 다릅니다. 이것은 뇌 자체가 성장했기 때문일 뿐 아니라, 내분비계에 의해 자극되면서 뇌 활동이 최고조에 달했기 때문입니다. 그러나 역의존성이 존재합니다. 뇌 활동과 내분비 발달 사이에 의존성이 존재합니다. 알려진 대로 뇌의 일부, 특히 식물적 생명 활동과 관련된 중뇌는 내분비샘들의 기능 교체와 밀접하게 연결되어 있는 것으로 보입니다. 거듭 말하지만, 이 연결의 직접적인 작동 기제는 내가 말했듯이, 여전히 많은 논쟁적인 계기들을 제공하며, 이 연결은 대체로 일반적 관찰을 통해 확립됩니다. 예컨대 이 분야의 주요 연구자들 중 한 사람인 체니는 매우 다양한 뇌 손상이 내분비계 자체의 심각한 발달 장애를 초래하고, 이어서 이차적으로 그 내분비계의 이런저런 부분들의 저발달은 일반적인 유기체적 변화들을 유발한다고 썼습니다.

발달에 대한 생물학적, 주지주의적 설명과는 반대로, 비고츠키는 내분비계가 발달의 자율적인 동력원이 아니라고 주장한다. 내분비계는 발달의 속도를 조절하지만 방향을 바꿀 수는 없다. 한편으로 내분비계 자체도 외적인 힘과 신체 내의 다른 체계에 의해 영향을 받는다. 다른 한편으로 발달의 방향은 변할 수 있으며 실제로 변한다. 비고츠키는 이 두 요점을 상호 의존성이라는 개념을 통해 설명한다. 이 개념은 내분비계와 신경계를 통해 예시된다. 이 문단의 첫 부분은 신경계가 내분비계에 의존하는 양상을, 두 번째 부분은 내분비계가 신경계에 의존하는 양상을 서술한다.

내분비계 발달에 의존하는 신경계	신경계 발달에 의존하는 내분비계
1. 선천적인 뇌 손상을 가진 어린이들이 내분비샘(특히 갑상샘) 또한 손상을 입었다면 뇌 손상을 만회하지 못한다.	1. 저차적 뇌 영역(중뇌)은 내분비샘들 특히 뇌하수체, 솔방울샘, 시상과 연결되어 있다.
2. 갑상샘 부재는 정신 지체와 연결되어 있다.	2. 체니: 뇌 손상은 내분비계 장애를 유발한다.
3. 갑상샘의 최소, 최대 활동은 뇌의 최소, 최대 활동과 상응한다.	3. 체니: 내분비계 장애는 이차적 장애를 유발한다.

비고츠키는 이 문단에서 다음 책의 저자인 체니를 언급하는 것으로 보인다.

Ceni, C.(1931). Cervello e increti: propietá biologiche e terapeutiche dell ghiandole a secrezione interna e loro correlazioni cerebrali(뇌와 내분비샘: 내분비샘의 생물학적, 치료적 특징과 뇌와의 상관관계). Bologna: Zanichelli.

*C. 체니(Carlo Ceni, 1866~1965)는 비고츠키의 말처럼 당대 뇌과학 분야의 선구자였다. 그는 레지오 에밀리아의 정신의학 연구소 소장을 역임하였고 모데나 대학, 카글리아리 대학, 볼로냐 대학에서 교편을 잡았다. 체니는 다음 강의에서 비고츠키가 언급하는 대뇌 피질로의 '기

능의 상향 전이'에 상당한 근거를 제공한 사람이다. 그는 기초적인 감각운동 지각들이 대뇌 피질에 단순 반영되는 것이 아니라 사실은 대뇌 피질에 의해 조절된다고 믿었다.

6-52] 특히 신경계와 내분비샘은 우리가 뇌의 발달에 초점을 맞출 다음번 강의에서 좀 더 길게 논의될 것입니다. 이제 나는 우리 주제의 이 부분에 또 다른 고려 사항을 덧붙이고자 합니다. 내분비샘의 활동이 직접적으로 뇌의 발달과 뇌의 기능에 연결되고, 인간의 심리 발달에 직접적으로 연결되었기 때문에 인간 심리 발달에는 뇌 기능의 발달, 중추신경계 기능의 발달이 존재합니다. 따라서 여러분은 어린이의 연령에 따른 내분비의 변화들은 아마도 어린이의 유기체적 발달에서의 변화뿐 아니라 어린이의 심리적 발달에서의 변화도 의미한다는 것을 알고 있을 것입니다. 한 연령에서 다른 연령으로 이행하면서 어린이는 욕구, 성향, 본능적 충동, 감정, 결과(정서?-K) 체계—일반적으로 우리 행동 이면의 모든 추진력, 그들이 말한 바와 같이 동인動因 체계 전체, 즉 우리 행동의 동력이 되는 모든 반半유기체적, 반半심리적 기능을 변화시킵니다. 유기체적 욕구, 흥미, 성향의 전체 체계는 어린이의 내분비계 발달과 직접적인 관련이 있어 보입니다. 먼저 한 연령과 다른 연령을 구분 짓는 것은 나이 든 어린이가 이를테면 지적 기능과 이해 측면에서 더 어린 어린이보다 더 발달되었다는 사실이 아닙니다. 연령에 따른 이행에서 다른 무엇보다 먼저 일어나는 것은 각 연령 자체와 관련된 욕구의 변화와 삶의 성향의 변화입니다. 그러므로 우리는 근접한 방식으로 내분비계의 발달을 결정짓는 내분비 공식이 좀 더 먼 데까지 영향을 미치는 따름 정리定理를 가진다고 말할 수 있을 것입니다. 그것은 뇌 발달 과정을 규정하고, 이 연령의 뇌 기능의 활동을 특징짓고, 따라서 어느 정도는 어린이의 심리적 발달 자체를 결정합니다. 만일 우리가 내분비계를

한 측면, 즉 뇌의 측면과 뇌와 어린이 심리 발달 사이의 연결 측면에서 생각해 본다면, 이것이 바로 내분비계의 관계입니다.

일부 저자(워치, 웰스)들은 비고츠키가 고등 기능과 저차적 기능 간의 구별을 과장한다고 말했다. 그러나 우리는 여기서 비고츠키가 내분비계나 본능적 충동(식욕, 성욕 등)의 발달과 어린이의 고등심리 발달 간의 관계를 강조함을 볼 수 있다. 이는 여러 가지 이유로 중요하다. 이론적 측면에서, 어린이의 신체 발달과 심리 발달을 분리하지 않는 것이 중요하다(계량심리학은 어린이의 지적 능력만 측정하고 소아학은 어린이의 생리적 능력만 측정함으로써 이 둘을 분리한다). 교육적 측면에서, 부모와 교사는 다른 발달을 희생시키고 하나의 발달 측면만 발달시키도록 하지 않는 것이 중요하다(예를 들어 어린이에게 수업을 무시하고 운동만 시키거나, 훌륭한 농구 선수로 만들기 위해 내분비계를 조작하거나, 공부를 위해 운동을 하지 못하게 하는 등). 발견적 측면에서, 발달의 두 측면이 서로 영향을 미치는 방식을 이해하기 위해서는 두 측면을 함께 고려하는 것이 중요하다(부모들은 성에 대한 어린이의 호기심을 순전히 호르몬 탓으로 돌리거나 어린이의 반항을 독립심 때문이라고만 여긴다).

비고츠키는 연령마다 내분비 공식이 있다고 말한다. 그는 'a+b+c =180'과 같은 수학 공식을 생각하고 있다. 이는 모든 삼각형의 내각이 갖는 일반적 관계를 기술한다. 물론 어떤 삼각형은 a가 직각이고 b, c는 더 작을 수도 있다. 유사한 방식으로 비고츠키는 연령에 따라 발달이 일어나는 방식을 결정하는 분비샘들 간의 균형이 있다고 말한다. 다소 단순화시켜 '갑생샘 + 뇌하수체 + 생식샘 = 발달'과 같이 표현할 수 있다. 이는 모든 발달 순간에 있어서 분비샘들 간의 관계를 기술하지만, 특정 발달 시기에는 갑상샘과 뇌하수체가 우세하고 다른 발달 시기에는 생식샘이 우세할 수 있다. 이러한 공식은 전체로서 내분비계에 적용되었을 때 상대적으로 직접적이다. 그러나 내분비계는 신체의 본능적 욕구를 통해 심리 발달과 연결되어 있기 때문에, 각 공식은 '따름 정리', 즉 내분비 공식으로부터 유도될 수 있는 심리적 공식을 갖게 된다. 우리가 보게 될 것처럼, 그 심리적 공식은 신체의 본능적 욕구와 어린이 인격의 욕구에 상응하는 신경계 영역들 간의 특수한 균형이 연령마다 존재한다는 것을 시사한다. 이 때문에 우리는 필사자가 러시아 낱말 'аффектов 정서'를 'эффектов 결과'로 잘못 표시했다고 본다.

6-53] 나는 내분비계 발달과 다른 측면, 즉 어린이의 신체 발달로 알려진 측면 간의 연결에 대해 조금 더 이야기하려고 합니다.

6-54] 두 가지 방식—어린 동물의 특정한 분비샘을 제거하거나 손상을 가하는 실험을 통하거나, 이러저러한 분비샘에서의 손상의 성장과 발달을 관찰하는 방식—으로 얻어진 최초의 자료는 각각의 분비샘이 어린이의 성장과 발달 과정에서 선도적인 역할을 한다는 상당히 거친 표상을 이끌었습니다. 사실 이러저러한 분비샘 자체가 성장 과정이나 발달 과정을 이끄는 유기체 내의 모든 변화를 다소 직접적이고 즉각적으로 산출하는 경우를 상상하기는 어렵습니다. 사실 어떤 연령 수준에서든 성장과 발달의 특성은 분비샘 자체가 아니라 특정 연령기에서의 내분비계 전체 상태에 의해 결정됩니다. 그러나 이는 이 체계가 분절된 체계, 즉 각각의 분비샘이 상이한 발달 측면에서 상이한 역할을 수행하는 체계임을 배제하지 않을 뿐 아니라 오히려 전제합니다. 그렇지 않다면 그것은 유기적 체계가 아닐 것입니다. 결국 우리는 모든 부분들이 개별적 기능을 수행하는 부분의 조합을 언제나 유기체라고 불러 왔습니다. 이는 내분비계에서도 마찬가지입니다. 그것은 각 연령기마다 발달의 이러저러한 측면과 관련하여 상이한 역할을 하는 각각의 구성원들에 대해 전체로서 작용합니다.

6-55] 그리고 이것은 바로 어떤 분비샘들, 특히 가슴샘, 아마도 갑상샘과 뇌하수체, 특히 뇌하수체 전엽이 의심할 여지가 없이 유기체 전체의 그리고 그 개별 기관과 조직의 성장 과정과 형태 형성에 직접적으로

연결되어 있다는 공식으로 표현될 수 있습니다. 이는 이러한 각각의 분비샘들이 혼자서 작용하는 것이 아니라, 전체 내분비계를 통해서만, 내분비계 내 개별 부분들 간의 관계의 특수한 조직화에 의해 특징지어지는 이 체계의 특정한 발달 수준에서만, 발달에 자신의 고유한 영향을 미친다는 것을 의미할 뿐입니다. 따라서 어린이의 신체 발달에 관한 초기 연구로부터 알려져 있듯이, 성장 과정과 발달 과정은 각각의 연령 수준마다 완전히 고유하게 표현됩니다. 성장은 다양한 유년기별로 다르게 진행됩니다. 러시아 문헌에서 이러한 서로 다른 연령 수준의 이질적 성장이라는 개념을 첫 번째로 공식화한 사람, 즉 이질성을 서로 다른 연령에서 신체의 다양한 부분들이 다양한 속도로 성장한다는 관점뿐 아니라 각기 다른 연령 수준에서 성장의 생화학적 토대 자체가 변화한다는 생각으로, 비록 처음으로 발전시킨 것은 아니지만, 첫 번째로 공식화한 사람은 바로 마슬로프였습니다.

위 문단에서 언급된 '마슬로프'는 피라미드 형태의 욕구위계 이론을 창안한 미국의 심리학자인 A. 매슬로Abraham Maslow가 아니라, 러시아의 소아과 의사인 M.C. 마슬로프 (Маслов,Михаил Степанович, 1885~1961, 사진)를 가리킨다. 마슬로프는 유년기 질병에 관한 임상적 강의를 1924년에 출간하였고, 비고츠키는 신생아의 배꼽 형성에 관한 연구에서 마슬로프의 연구를 인용한다.

6-56] 이런 식으로 하나의 동일한 외적 변화, 이를테면 키나 개별 신체 부위의 길이 및 두께의 성장은 하나의 동일한 현상처럼 보이지만 다른 연령 시기에서 성장의 원천과 본질적으로 그 토대에 놓여 있는 과정 유형에 따라 상이한 의미를 가집니다. 여러분은 동물의 초기 발달기에 이런저런 분비샘을 손상시키거나 제거한 실험적 사실과 이런저

런 분비샘의 선천적 결함 또는 초기 후천적 결함에 대한 관찰로 얻어진 사실로부터, 이 경우 어떤 종류의 기형이 발달하는지 알고 있습니다. 예를 들어 왜소증을 살펴보면, 어린이는 예컨대 갑상샘이나 뇌하수체 영역에서의, 특히 뇌하수체 전엽의 심각한 결함의 경우에 3세나 5세 수준에 머무릅니다. 따라서 뇌하수체 손상과 거기서 비롯된 내분비계 일반적 성장의 손상은 일반적으로 성장 과정이 중지되거나 완전히 다른 특징으로 변형된다는 사실로 이끕니다. 최악의 경우, 어린이의 신체적 성장, 특히 키와 때때로 다른 차원에서의 성장이 흔히 정상적인 3세나 5세 어린이의 수준에서 멈춰 버린다는 사실에 직면할 것입니다.

6-57] 전에도 말했듯이 여러분이 각 분비샘의 비중이 연령에 따라 다르다는 것을 이해한다면, 우리가 반대 방향에서 결론을 이끌어 낼 수 있음을 이해하는 것도 가능하다고 생각합니다. 만약 어린이의 성장이 여섯 살이나 세 살 또는 여덟 살 수준에서 느려짐을 보게 된다면, 우리는 특정 연령의 경계에서 이렇게 성장이 멈춘 원인이 무엇인지에 관해 거꾸로 결론을 이끌어 낼 수 있습니다.

6-58] 끝으로, 여러분은 동일한 분비샘의 똑같은 손상이 다른 연령기에서 상이한 의미를 가지리라는 것을 상상할 수 있습니다. 왜냐하면 이 내분비계와 그 구조 모두에서 이 분비샘의 비중은 당연히 다른 의미를 가질 것이기 때문입니다.

'비중'은 한 물질과 기준 물질(물)의 무게 간의 비율이다. 따라서 비중이 1보다 큰 물질은 물속에 가라앉고, 1보다 작은 물질은 물 위에 뜬다. 비고츠키는 분비샘의 '비중'이 변한다고 말한다. 따라서 사춘기 이전에는 뇌하수체의 비중이 생식샘의 비중보다 크지만, 그 이후에는 더 작아진다. 그러나 비고츠키는 분비샘의 비중이 그 자체에 대해서도 변한다고 말한다. 따라서 사춘기 이후 쇠퇴하는 뇌하수체의 비중은 사춘기 이전보다 작아진다.

6-59] 내가 오늘 말했던 것을 요약하여 몇 마디로 제시할 수 있을 것입니다. 먼저 나는 내분비계 발달 자체가, (우리가 맨 처음에 말했던) 모든 발달 형태와 마찬가지로 전체로서 발달 과정의 극도로 복잡한 조직화에 의해 특징지어진다는 것을 보여 주고자 했습니다. 발달 과정에서 성장 그 자체는 기본적이거나 지배적인 계기가 아니며, 발달 과정에서 체계의 내적 조직화 과정, 진화와 퇴화 과정, 발달의 의존성을 변화시키고 뒤집는 과정이 전면에 부각됩니다.

6-60] 그다음에, 나는 유기적 체계의 한 모형으로 우리가 선택한 체계 (내분비계-K) 자체가 내정內政뿐만 아니라 외교적 측면도 드러냄을 보여 주고자 했습니다. 이 체계는 자신의 내적 관계의 재구조화뿐만 아니라, 예컨대 신경계와 같은 체계의 발달에 영향을 미치고 신경계와 같은 측면이 자신의 발달에 미치는 영향을 경험하면서, 일련의 다른 전체 체계들과도 연결됩니다.

6-61] 끝으로 나는 단지, 가장 용감한 연구자들 중 몇몇이 실제 데이터에 근거하여 내가 오늘을 마무리하고 다음 시간을 시작하고자 하는 입장으로 나아갔음을 지적하려 합니다. 그 입장은 어린이의 유기체적 발달 과정이 특정 체계의 내적 의존성의 변화뿐 아니라 체계 간 의존성의 변화를 통해서 일어난다는 것입니다. 예를 들어 비들은 변화의 과정에서 내분비계—특히 갑상샘—는 특정 지점까지 결정적 역할을 하며 뇌—특히 중뇌—는 내분비계와 관련하여 종속적인 의미를 갖는다는 입장을 발전시켰습니다. 그러나 성적 성숙 시기가 시작되면서 내분비계의 내적 관계뿐 아니라 뇌와 내분비계의 관계도 바뀌며, 이전에는 유기체의 특정 측면에 의해 지배를 받았던 뇌의 역할은 이제 지배적인 것으로 나타납니다. 다시 말해, 우리가 체계의 내부에서 발견했던 이러

한 관계의 역전을 비들은 체계 간의 관계에서 발견합니다.

6-62] 다른 유기적 체계, 예를 들어 신경계의 발달을 알게 될 때, 체계들 간의 관계는 우리에게 좀 더 분명해질 것입니다.

●어린이 신체 발달의 일반 법칙

이 강의 처음 두 문단은 서로 모순적인 것처럼 보인다. 먼저 비고츠키는 심리 발달이 신체 발달과 너무 밀접하게 연결되어 있어서 그 어떤 독립적인 발달 노선도 전혀 보여 주지 못한다고 말한다. 그런 다음 바로 다음 문단에서는 발달이 개별 노선들로 구성되어 있고, 신체 발달은 '총괄적 개념'이며, 심지어 신체 발달 내의 신체 체계도 상이한 노선들로 이해된 다음에야 총괄된다고 말한다.

비고츠키의 방법은 구조적 이해를 위해 심리 발달과 신체 발달을 각각의 체계들로 논리적으로 분해하지만, 그럼에도 불구하고 체계들의 기능과 특히 체계들의 발달적 역사를 이해하기 위해서 통합된 전체의 필수적 부분들로 체계들을 총괄한다. 이 강의 마지막에서 그는 신체 발달과 정신 발달이 연결되어 있는 동시에 구별된다는 주장에는 모순이 없음을 보여 준다. 이는 마치 신체 발달 내에 내분비계 발달과 신경계 발달이 구별되면서도 연결되어 있다는 진술에 모순이 없는 것과 마찬가지이다. 오히려 기능적 분화는 상호 의존성을 위한 전제 조건이며, 그런 식으로 전체는 통합성을 갖게 된다.

우리는 이 강의를 세 부분으로 나눈다. 도입부에서 비고츠키는 발달에서 신체와 심리가 논리적으로 분리 가능하지만, 그럼에도 불구하고 실제로 어떻게 불가분의 관계로 얽혀 있는지 입증하기 위해, 한편으로 움직임의 예를, 다른 한편으로는 뇌와 정신의 관계를 제시한다. 둘째, 내분비계를 따로 떼어내어 그 자체의 성장과 발달 과정에 관해 논의한다. 아울러 이전 강의인 5강에서 소개되었던 법칙들과 놀랍도록 유사한 세 가지 법칙들이 소개된다. 5강 심리 발달에서 세 가지 기본 법칙은 이질성, 지배성, 발달 최적기였다면, 6강에서 다루는 신체 발달의 세 가지 기본 법칙은 불균등한 발달, 진화와 퇴화, 역의존성이다. 셋째, 비고츠키는 내분비계의 성장과 발달이 신체의 나머지 부분에 끼치는 영향을 고찰하고, 내분비계는 발달의 동인이 아니라 발달하는 유기체와 뗄 수 없는 부분이라고 주장한다.

I. **도입: 부분**(기능, 체계)**과 전체** 비고츠키는 심리 발달과 생리적 발달의 통합성을 확립하지만, 그럼에도 불구하고 분석의 필요성을 주장하면서 시작한다(6-1~6-8).

A. 비고츠키는 문제를 제시한다. 한편으로, 발달을 신체 발달과 정신 발달로 나누는 것은 방법론적으로 용인될 수 없다. 현실적으로 하나는 다른 하나 없이 존재할 수 없기 때문이다. 다른 한편으로, 신체 발달 내에도 뚜렷하게 상이한 발달 노선들이 존재한다(예를 들어 골격계와 심혈관계, 내분비계와 신경계 등). 발달 노선들은 나눌 수 없는 동시에 확실히 구별된다. 이처럼 이론적으로 불가능한 것이 어떻게 실

제로는 필연적인지 보여 주기 위해 비고츠키는 두 가지 예를 제시한다(6-1~6-2).

B. 첫 번째 예는 어린이의 움직임이다. 움직임은 한편으로는 의식의 작용이며, 다른 한편으로는 인체의 물리적 작용이다. 우리는 놀이나 역할극에서 어린이의 움직임을 취하여 어떤 것은 정신으로부터 나오고, 어떤 것은 신체로부터 비롯된다고 말할 수 없다. 모든 계기마다 정신과 신체가 둘 다 작용하고 있다(6-3).

C. 두 번째 예는 신경계 발달이다. 한편으로 신체 기관인 뇌와 신경이 분명히 발달한다. 다른 한편으로 말을 통한 검사와 게임에서 측정되는 기능들은 분명히 심리적 기능들이다. 거듭 말하지만, 매 계기마다 신체와 정신이 모두 작용한다(6-4).

D. 비고츠키는 이제 이 강과 다음 강의 과업인, 두 신체 체계, 즉 내분비계와 신경계의 성장과 발달을 소개한다(6-5). 그는 내분비계를 시작하면서, 내분비샘이 신체를 일방적으로 통제한다는 일반적인 견해를 거부한다. 대신 그는 내분비계 역시 신체의 일부임을 주장한다. 비고츠키는 내분비계가 식욕에 끼치는 영향과 거꾸로 영양 결핍이 내분비계에 끼치는 영향을 통렬하게 지적하고, 대신 내분비계가 영양과 발달 사이에서 매개적 역할을 수행한다고 말한다. 그런 다음 먼저 내분비계 자체를 고찰한 다음, 내분비계를 전체로서의 신체와 관련하여 고찰한다(6-6~6-8).

II. **체계로서의 내분비샘** 다음의 21개 문단에서, 비고츠키는 다른 체계와의 관련성보다는 체계로서의 내분비샘 자체의 성장과 발달을 논의한다. 그는 성장이 내분비계의 발달을 설명하지 못한다는 언급으로 시작한다. 성장은 세 가지 법칙들로 특징지어지는 오랜 분화 과정의 종속적 계기이다. 생리적 발달 법칙은 5강에서 제시된 법칙들과 완전히 똑같지는 않지만 확실히 유사하다(6-9~6-30).

A. 첫 번째 법칙은 어린이 심리 발달의 첫째 법칙과 유사하다. 즉 불균등하고, 이질적이며 따라서 비동시적 발달이다. 어린이 심리 발달이 기능별로 하나씩 일어나듯, 어린이 내분비계 발달도 분비샘별로 하나씩 차례로 일어난다(6-9~6-11).

B. 두 번째 법칙은 심리 발달의 최적 발달 시기의 법칙과 유사하다. 어떤 분비샘들은 진화하고 다른 분비샘들은 퇴화하여 거의 사라지는 듯하다. 이를 증명하기 위해 비고츠키는 비들의 연구를 제시한다. 예를 들어 부신은 출생 시 불균형적으로 크고 활동적이지만, 얼마 지나지 않아 퇴화를 겪는다(6-15). 가슴샘과 솔방울샘은 기능적 역할을 완전히 중지하거나 다른 분비샘들에 의해 지배당하면서 비슷한 퇴화 과정을 겪는다(6-12~6-17).

C. 세 번째 법칙은 어떤 심리적 기능이 다른 기능들에 대해 지배성을 획득한다는 심리 발달의 두 번째 법칙과 유사하다. 즉 어떤 분비샘이 성숙하면, 그 분비샘은 다른 분비샘들의 활동을 약화시킨다. 이것은 5강 끝에서 묘사된 '배반'을 연상시킨다. 한 기능이 처음에는 다른 기능의 작용을 뒷받침하면서 권력을 장악하게 된다는 것이다. 비고츠키는 그 예로 갑상샘과 뇌하수체는 생식샘의 성숙을 자극하고, 그 이후에 그들은 생식샘과 투쟁하며 마침내 생식샘의 지배하에 놓인다는 비들

의 설명을 제시한다(6-23~6-25).

D. 비고츠키는 이제 세 번째 법칙을 일반적으로 공식화하려 한다. 그러나 먼저, 그는 상당량의 발병학의 자료를 근거로 제시한다. 그는 성적 성숙이 갑상샘과 뇌하수체의 정상적 기능 작용 없이는 발생하지 못함을 지적한다(6-27). 그런 다음 생식샘의 정상적 기능 작용 없이는 뇌하수체의 퇴화가 일어나지 못함을 지적한다(6-28~6-29). 마침내 비고츠키는 한 분비샘이 성숙하면 다른 분비샘의 활동을 억제시킨다는 세 번째 법칙을 역의존성이라는 일반적인 법칙으로 공식화한다. 만일 특정한 분비샘 A의 진화가 처음에 분비샘 B에 의존한다면, 이 의존성은 역전되어 분비샘 B의 퇴화는 분비샘 A에 의존하게 될 것이다(6-30).

III. **전체의 유기적 부분으로서의 내분비계** 비고츠키는 이제 내분비계와 다른 체계들, 특히 신경계와의 관계에 주목한다(6-31~6-61).

A. 먼저, 비고츠키는 체계로서의 내분비계 발달을 기술하는 세 가지 법칙들을 요약한다. 즉 이질성(6-32), 진화와 퇴화(6-33), 역의존성(6-34)이 그것이다.

B. 비고츠키는 유년기 각각의 시기에 때맞춰 내분비계의 재구조화가 일어나는 것처럼 보이며(6-38) 특정 연령기마다 전체로서의 방향을 규정하는 하나 또는 몇 개의 분비샘 무리가 출현함을 지적한다(6-39). 끝으로 그는 생식샘과 같은 '고등' 분비샘의 성숙이 저차적 분비샘의 퇴화에 달려 있다고 지적한다(6-41). 이것은 어떤 분비샘의 결함이 끼치는 영향이 전체로서의 유기체의 발달 상태에 따라 크게 달라짐을 의미한다. 사춘기 이전이라면 발달에 재앙적 결과를 초래했을 뇌하수체나 갑상샘에서의 문제가 성숙한 어른에게는 별 영향을 끼치지 않는다(6-64).

C. 비고츠키는 이제 심리 발달과 생리적 발달의 상호 영향에 대한 결론을 도출하고자 한다. 그는 내분비계가 '어떤 나라 속의 독립적인 나라'가 아니라, 전체로서의 유기체의 일부임을 지적한다. 예를 들어 내분비계가 좋지 못한 영양 조건 때문에 성장에 필수적인 비타민을 공급받지 못하면, 뼈와 신경의 성장이 일어나지 않는다. 마찬가지로 선천적 뇌 결함은 내분비계 발달과 전체로서의 신체 발달에 영향을 끼치며, 특정 분비샘의 실패가 뇌와 고등한 신경계 발달을 손상시키는 역의존성 또한 존재한다. 신경계와 욕구, 성향, 감정의 전체 체계 간의 연결 때문에, 내분비계 발달과 심리 발달 간에도 분명히 연결이 존재한다(6-52). 끝으로 비고츠키는 내분비계와 신체적 성장 간의 일반적 관계에 주목하고(6-56), 한 분비샘의 손상이 끼치는 영향은 어린이의 발달 상태에 따라 매우 달라진다는 것을 상기시킨다(6-57).

D. 비고츠키는 모든 신체 체계가 '내정內政' 측면에 의해서뿐만 아니라 '외교적' 측면에 의해서도 규정된다고 결론짓는다. 예를 들어 내분비계는 분비샘들 간의 관계를 규정하는 특정한 '내분비 공식'에 의해 규정될 뿐만 아니라, 신경계와 같은 다른 체계들과 맺는 관계에 의해서도 규정된다(6-60). 비고츠키는 우리가 체계 내에

서 역의존성을 발견하듯(예컨대 사춘기에 뇌하수체로부터 지배성을 이어받는 생식샘의 경우), 체계들 사이에서도 비슷한 역의존성을 찾을 수 있다고 결론짓는다. 즉 전체로서의 내분비계는 다음 강의 주제인 신경계로 자신의 지위와 의의를 넘기게 될 것이다(6-61).

제7강
신경계 발달의 법칙

헬렌 켈러(1880~1968)와 앤 설리번(1866~1936).
켈러는 선생님을 향하고 있고, 설리번 선생님은 교육이 켈러는 물론
인류의 미래를 바꾸어 놓을 것임을 시사하듯 카메라를 응시하고 있다.

7

7-1] 오늘 우리는 어린이 발달의 가장 중요한 계기 중 하나로 신경계와 뇌 발달을 고찰해야 합니다.

7-2] 신경계와 그 기능의 발달에는 보통 세 가지 기본 법칙이 있다고 일컬어집니다. 우리는 신경계와 그 기능 발달의 세 가지 기본 법칙에 대한 설명으로 시작할 것이며, 그런 후 다른 때와 마찬가지로 이로부터 뇌 발달과 관련하여, 뇌 발달과 심리 발달의 연관성과 관련하여, 전체로서의 어린이 신체 발달 전반과 관련하여 몇 가지 일반적인 결론을 도출하고자 할 것입니다.

7-3] 신경계 발달의 첫 번째 법칙은 다음과 같습니다. 어린이 발달 과정에서 우리는 기능의 상향 전이라고 부르는 현상을 관찰하게 됩니다. 이는 발달의 시작 단계에서 뇌의 하위 영역, 저차적 영역이 수행하던 기능들을 발달 과정에서 고등 영역이 수행하기 시작한다는 것을 의미합니다. 이러한 기능의 상향 전이 법칙은 계통발생에서 관찰되며, 뇌의 개체발생에서 가장 명확히 관찰됩니다. 예컨대 뇌의 계통발생을 살펴보면 뇌가 특히 척추동물의 경우 주로 새로운 층, 새로운 증축물을 형성하는 경로를 따라 발달의 걸음을 내딛는다는 것을 알게 됩니다. 그러나 뇌의 계통발달에 대한 최고의 전문가 중 한 명인 에딩거가 말하듯이, 모든 기초적·저차적 기능의 밑받침 즉 토대는 모든 척추동

물들에게 있어 어느 정도 보편적입니다.

*L. 에딩거(Ludwig Edinger, 1855~1918)는 독일의 의사이자 신경학자다. 자신이 가난했기에 보편 교육을 옹호하였다. 그는 연구 자금을 조달하는 데 어려움을 겪었으나 결국 부인의 자금으로 프랑크푸르트 대학에 신경학부를 설립하는 데 성공했다. 그는 출생 후 얼마 살지 못하곤 했던 대뇌 없는 어린이를 많이 관찰하였다. 에딩거의 딸 틸리는 공룡의 뇌를 연구한 고생물신경학의 창시자였으며, 나치를 피해 프랑크푸르트 젠켄베르크 자연사 박물관에서 은신하는 동안 많은 연구를 수행했다.

7-4] 따라서 고등동물과 특히 사람에게서 나타나는 고등 형성물이 없는 하등동물을 보면, 사람의 경우 고등 영역 예컨대 대뇌 피질의 도움을 받아 수행되는 기능이 하등동물에서는 하위 영역의 도움으로 수행됨을 볼 수 있습니다. 이런 식으로, 말하자면 움직임의, 이동의 (공간을 통한 움직임), 보행의 기능이 하등 척추동물에서는 뇌의 하위 영역을 이용하여 수행되지만, 고등한 직립 동물에서는 고등 영역의 도움을 받아 수행됩니다.

여기서 이동과 지각과 같은 기능들의 '상향 전이'에 관해 비고츠키가 말하는 것의 대부분은 전두엽의 고등 중추를 뇌의 나머지 부분으로부터 절단하는 전두엽 절개술의 결과 사실임이 입증되었다. 반사학자들이 베흐테레프처럼 일찌감치 '정신외과술'의 위험성을 경고하였음에도 불구하고, 연합주의자들은 뇌의 고등 중추와 하위 중추 간의 모든 연결을 절단함으로써 공황 발작, 정신분열증, 심지어 동성애와 같은 다양한 증세들이 치료될 수 있다고 믿었다. 그 이론은 이러한 연결이 고등 중추로부터 하위 중추로, 그리고 다시 그 반대로 가는 연합의 '고리'를 제공함으로써 그 결과 강박적이며 바람직하지 못한 행위를 낳는다는 것이었다. 전두엽이 제거된 후 침팬지가 진정되는 것을 관찰한 후에, 포르투갈 외과 의사인 E. 모니스는 사람을 대상으로 수술을 시행하였고, 이로써 노벨의학상을 수상하였다. 4만 건 이상의 전두엽 절제술은 매우 다양한 질병 치료를 목적으로, 심지어 비질병적 목적으로도 시행되었다. 환자들 중에는 시술 후 바로 사망한 뛰어난 바이올린 연주자 J. 하시드와 인상주의 화가 S. 헤르텐이 있고, 죽지는 않았지만 평생을 불구로 살았던 위대한 극작가 T. 윌리엄스의 누나와 미국 대통령 J. F. 케네디의 누나인 R. 케네디도 있었다. 러시아 심리학계는 정신외과술을 받아들이지 않았고, 1950년에 러시아에서 정신외과술은 공식적으로 법으로 금지되었다. 미국에서는 여전히 전두엽 절제술이 시행되고 있다.

R. 케네디의 전두엽 절제술 시행 전과 후의 사진. 그녀는 23세에 수술을 받은 후 걷지도 말하지도 못했고, 요양 시설에서 평생을 지내다가 2005년 86세로 사망하였다.

S. 헤르텐, 스웨덴의 유명한 인상주의 화가로 H. 마티스와 함께 수학하였으며, 1948년 전두엽 절제술 직후 사망하였다.

7-5] 우리가 고려해야 할 대상은 계통발생이 아니라 개체발생이므로 어린이 발달에서의 이 법칙에 대해 좀 더 자세히 설명하고자 합니다. 예컨대 신생아, 심지어 유아, 특히 이 연령의 최초 단계의 운동성을 살펴본다면, 오랫동안 신비롭고 설명할 수 없었으며 오직 다음의 두 영역에서 유사성을 갖는 움직임이 이 시점에서 최초로 관찰됩니다. 첫째, 계통발생의 상이한 단계들에서 유사성이 발견됩니다. 즉 그 움직임들은 인간에게서는 관찰되지 않고 인간에 가까운 동물 특히 원숭이에게서 관찰되는 어떤 원시적인 고대의 기능들을 닮았습니다. 다른 한편으

로, 신생아에게서 발견하는 것과 유사한 현상을 병리학 분야에서 발견합니다. 이에 대한 설명은 나중에 하겠습니다. 예를 들어 신생아의 매우 전형적인 운동성인 일련의 움직임들은 이른바 벌레처럼 움직이는 무정위 운동증이라고 불립니다. 그것은 질병으로 인해 손상된 기능들의 결과로 신경계 질환에서 발견됩니다. 여러분은 아마도 중추신경계의 유기체적 질환의 증상으로 성인에게서 나타나는 다수의 반사가 때로 신생아나 유아에게서 관찰됨을 알고 있을 것입니다. 예를 들어 바빈스키 반사가 있습니다. 만일 성인 환자가 바빈스키 반사를 보인다면, 우리는 이것을 신경계의 유기체적 병변의 징후로 볼 수 있습니다. 그러나 모든 신생아와 유아에게 이 반사는 일반적인 것이며 이 반사의 부재가 오히려 어떤 이상 징후가 됩니다. 나중에 질병의 결과로만 나타나는 더욱 많은 반사들이 신생아와 유아, 때로는 그 후에도 정상적이고 자연스러운 상태로서 관찰됩니다.

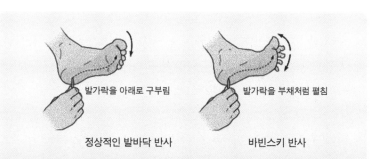

발가락을 아래로 구부림　　　　발가락을 부채처럼 펼침

정상적인 발바닥 반사　　　　바빈스키 반사

　바빈스키 반사는 출생 초기의 아기들에게 일어난다. 발바닥을 손가락이나 연필을 이용하여 발꿈치부터 아래에서 위로 강하게 자극하면 엄지발가락이 위로 움직이고 다른 발가락들은 쫙 펴진다. 만약 이 반사가 더 큰 어린이나 성인에게 일어난다면, 다발성 경화증, 뇌수막염, 뇌종양, 뇌졸중이나 여러 유형의 척수 손상과 같은 신경 장애의 징후일 수 있다.

7-6] 이와 같이 운동성 예컨대 신생아의 운동 기능에서 우리는 거

듭 말하지만, 계통발생의 초기 단계나 중추신경계 손상과 유사성을 가지고 있는 일련의 전체 형태를 볼 수 있습니다.

7-7] 이로부터 우리는 어떤 결론을 이끌어 낼 수 있을까요? 나는 계통발생의 초기 단계에 그런 움직임이 존재하는 이유는 이 기능이 하위 영역에서 수행되기 때문이라는 결론에 여러분이 동의할 것이라고 생각합니다. 병리학에서는 고등 영역이 손상되었거나 고등 영역과 하위 영역 간의 관계가 손상되었기 때문에 그런 움직임이 나타납니다. 그렇다면 유아에게 이런 움직임이 나타난다는 것은 무엇을 의미할까요? 유아에게서 이러한 운동 기능들은 아직 하위 영역에 의해 수행된다는 사실을 의미합니다. 그러나 어린이가 발달함에 따라, 바로 이 기능들이 위쪽으로 이동합니다. 즉 이 기능들은 고등 영역에 의해 수행되기 시작합니다. 예를 들어 피질 손상, 즉 대뇌 피질에 질환이 있는 사람들은, 이를테면 일련의 마비, 일련의 운동 장애, 운동 기능 손실과 걷기 장애를 보입니다. 그리고 뇌에 대뇌 피질이 존재하지 않는 동물들도 매우 잘 움직일 수 있습니다. 분명히, 동일한 이동 기능, 즉 공간을 통한 움직임 기능이 계통발생의 초기 단계에서는 하위 영역에서 수행되고, 계통발생과 개체발생 과정에서 이 기능들은 위쪽으로 이동합니다.

7-8] 그러나 물론 아직 알려지지 않은 것이 많습니다. 첫째, 이러한 전이가 어떻게 일어나는지, 둘째, 개체발생에 있어 초기 운동성 단계가 어째서 뇌 기능의 병리적 변화에서만 관찰되는 형태들을 연상시키는지 우리는 알지 못합니다.

7-9] 그러나 이를 설명하기 전에—이 설명은 다음의 두 번째 법칙에 제시됩니다—나는 동일한 원리를 감각 기능, 시각 기능을 통해 예증해 보고자 합니다. 유아의 감각 기능 역시 계통발생의 초기 단계나 병증에서 만나게 되는 것을 연상시킵니다. 예컨대 유아는 보기는 하지만 대상들을 구분하지 못합니다. (유아에게-K) 대상들은 아직 어떤 영속성이나

항상성을 획득하지 않았습니다. 유아는 대상을 정적으로 지각하지 않습니다. 모든 경우 유아 혹은 신생아는 모든 것을 운동 상태로 지각한다고 믿을 만한 이유가 충분해 보입니다. 유아가 머리를 움직이면서 눈의 망막에 투사된 이미지들이 변하고 그에 대한 착각이 생기기 때문입니다. 이는 기차를 타고 우리는 고정되어 있는데 모든 것이 움직이고 있다고 생각하는 것과 같습니다. 즉, 머리나 눈의 움직임으로 인해 유아는 고정된 대상을 움직이는 것으로 지각하는 것입니다. 만일 성인이 그와 같이 대상들이 스스로 움직이는 것처럼 보이는 상태에 있다면, 이는 언제나 중추신경계의 어떤 유기체적 병변의 증상일 것입니다.

7-10] 우리가 본 것처럼 이것은 운동과 감각 기능이 동일함을 의미합니다. 유아는 감각 기능과 운동 기능 모두를 하위 영역의 도움으로 수행하며, 이러한 이유로 감각과 운동 기능은 고등 영역이 존재하지 않는 계통발생의 초기 단계와 고등 영역과 하위 영역의 연결이 실패한 뇌 기능의 병변에서 나타나는 증상과 유사한 특성을 보입니다. 이러한 방식으로 우리는 첫 번째 법칙을 공식화함에 있어서 발달의 과정에서 기본 법칙들 중의 하나는 기능의 상향 전이임을 다시 한 번 말할 수 있습니다. 이것은 발달의 초기 단계에서 특정한 뇌 기능들이 하위 영역의 도움을 받아 수행되지만 발달의 과정에서 이러한 기능들은 고등 영역으로 넘겨짐을 의미합니다. 이것이 첫째 법칙입니다.

7-11] 이제 두 번째 법칙은 그 전이가 어떻게 일어나는지, 발달상 그 기저에 놓여 있는 것이 무엇인지를 설명해 줍니다. 두 번째 법칙은 이렇습니다. 기능의 상향 전이에서, 그 기능을 수행했던 하위 영역은 그 기능을 전적으로 포기하는 것이 아니라, 고등 영역의 활동 속에 종속된 계기로 들어감으로써 지속됩니다. 앞서 어떤 기능, 예컨대 유아의 감각 기능은 뇌의 하위 영역의 도움으로 수행되었습니다. 우리가 말했듯이, 발달 과정에는 이 기능의 상향 전이가 존재합니다. 즉 감각 기

능이 고등 영역에 의해 수행되기 시작하는 것입니다. 하위 영역은 어떻게 되느냐는 질문이 생겨납니다. 그것은, 발달의 역사, 예컨대 내분비계 역사에서 그랬듯이, 자신의 역할을 다한 후 퇴화되어 소멸할까요? 그렇지 않습니다. 중추신경계에서는 그런 일이 결코 일어나지 않습니다. 발달 초기에 감각 또는 운동 따위의 기능을 수행하던 하위 영역은 그 기능을 상향 전이하면서 소멸하는 것이 아니라 그 독립성을 잃게 됩니다. 하위 영역은 전체 기능을 전적으로 수행했었지만, 이제는 모종의 전체와 연결되어 그 일부가 되고, 고등 기능에 관련하여 종속적인 계기를 형성합니다. 다시 말해서, 고등 영역은 하위 영역을 단순히 대체하는 것이 아니라, 하위 영역을 통해서 동일한 기능을 수행하기 시작하며 그 작업을 규제하고 인도하며 질적으로 향상시킵니다. 나는 고등 영역이 어떤 경로에 의해서, 어떤 식으로, 하위 영역 위에 오르면서 여전히 하위 영역에 작용하는지는 나중에 말하겠습니다. 이런 식으로 하위 영역은 발달의 초기 단계에 어떤 기능의 흐름을 결정하고, 그 기능이 상향 전이될 때 하위 영역은, 거듭 말하지만, 이 기능과의 관계를 상실하는 것이 아니라 단지 독립성을 잃을 뿐이며, 고등 영역에 대한 종속적 계기가 됩니다. 여전히 하위 영역은 지속되면서 활성 기제, 즉 이미 고등 영역에 의해 통제되기 시작한 복합적 기제의 말단을 나타냅니다. 기능 상향 전이의 일부로서의 이러한 하위 영역 활동의 보존이 중추신경계 발달의 두 번째 법칙입니다.

다행히도 우리나라에서는 전두엽 절제술을 시행하지 않으며 미국에서도 그 시술은 매우 드물어졌다. 하위 영역에서 기능이 지속된다는 것은 선조들이 닭을 잡는 장면을 살펴보면 잘 알 수 있다. 슈퍼마켓이 없던 시절에는 닭 요리를 하려면 직접 닭을 잡아 머리를 잘라야 했다. 닭은 근육에 혈액 공급이 차단되고 그 기능이 멈출 때까지 머리가 잘린 채 상당한 거리를 움직일 수 있다. 이 모든 것들은 근육에 대

한 의지적인 고등 통제가 제거되어도 여전히 운동이 가능하다는 것을
보여 준다. 심지어 수동적인 인지 기능이라고 생각되는 지각도 마찬가
지이다. 개구리의 뇌를 제거했을 때에도 개구리의 눈은 검은 점을 강
한 신호로 받아들여 이는 개구리를 뛰게 하거나 심지어 입을 벌리는
운동을 야기한다. 시계를 시간을 말해 주는 기구로 보는 것과 방에 있
는 빛나는 커다란 물체로 인식하는 능력이 다르다는 것은 쉽게 상상
할 수 있다. 따라서 비고츠키는 기능의 의지적 측면이 상향 전이했을
때(즉, 대뇌의 자발적 기능이 되었을 때)조차, 하위 중추는 지각을 활성화
하고 조작하는 기능을 유지하지만 그에 의미를 부여하는 것은 고등중
추라고 말한다. O. 색스는 그의 저서 『아내를 모자로 착각한 남자』에서
고등중추가 지각에 대한 통제를 상실한다는 것이 어떤 것인지에 대해
자세하게 묘사한다. 이 책은 실인증失認症에 관한 A. 루리야의 연구에
기초하였으며 오페라로도 만들어졌다.

7-12] 나는 여러분이 이 상황에서 하위 영역이 기능의 상향 전이
동안 자신의 기능들을 변화시킨다는 것을 이해하리라고 생각합니다.
일단 하위 영역이 독립성을 상실하고 더 이상 전체 기능을 수행하지 않
게 되면 하위 영역이 기능하는 방식과 그것들의 활동이 변한다는 것이
완전히 확실하게 다가올 것입니다. 왜냐하면 과거에는 하위 영역의 활
동이 독립적이었으나 이제는 어떤 위계적 전체의 부분을 구성하는 종
속적 계기에 불과하기 때문입니다. 그러므로 기능의 상향 전이는 이전
에는 독립적이었으나 이제는 종속된 계기인 하위 영역 활동의 변화와
언제나 연결되어 있습니다.

7-13] 그러나 기능의 상향 전이는 하위 영역 활동의 변화뿐 아니
라, 그 기능 자체의 변화와도 연관되어 있습니다. 앞에서 나는 문제를
단순화시켜 다소 부정확하게 제기했습니다. 예를 들어 이동, 즉 공간을
통한 움직임이 하위 영역을 통해 이루어진다고 말했습니다. 그렇다면
인간은 어떻게 걷기를 수행할까요? 고등 영역을 통해서 수행합니다. 따

라서 대뇌 피질의 손상은 걸음걸이 즉 걷기 장애와 때로는 하지의 완전한 마비를 초래합니다. 그러나 상향 전이된 걷기는 동일한 기능으로 남을까요, 아니면 완전히 다른 기능이 될까요? 나는 기능 자체가 전보다 무한히 더 풍부하고, 더 유연하고, 더 정교하고, 더 강력해진 것이 분명하다고 생각합니다. 그러므로 기능들의 상향 전이는 동시에 신경계의 강력한 기능적 발달, 즉 기능성의 의미에서 완전히 새로운 기능의 출현을 암시합니다.

7-14] 이것이 명백하다면 우리는 신경계 발달의 두 번째 법칙을 공식화할 수 있을 것입니다. 기능의 상향 전이에서 하위 영역 보존 법칙은, 특정 기능의 초기 발달 단계에서 작용하는 하위 영역들이 고등 영역으로의 전이에서 물러나는 것이 아니라 종속적 계기로서 보존되며 단독으로 작용하지 않고 오직 고등 영역의 지휘하에서만 작용함을 의미합니다. 하위 영역이 독립성을 상실한 덕분에 기능의 상향 전이는 이 영역들의 기능적 역할을 변화시키며, 하위 영역이 수행하던 기능들은 고등 영역에 포함됨에 따라 고등한 발달 단계로 상승합니다.

7-15] 세 번째 법칙은 일반적인 현상을 설명하지만, 상당한 수정과 개정이 필요하며 이는 우리가 후에 다룰 것입니다. 세 번째 법칙은, 뇌 발달이 이미 일어난 성인의 경우 유기체의 특징이나 역동적 질서의 어떤 이유 때문에 고등 영역과 고등 계기가 약해지면, 발달 과정에서 독립적으로 작용하던 하위 영역에서 기능이 재개된다는 것을 의미합니다. 이런 식으로 매우 이상한 두 가지 결과가 나타납니다. 한편으로 우리는 병리학에서 발달의 초기 단계로 돌아가는 경우들을 보게 됩니다. 고등 영역의 기능적 약점이 하위 영역의 활동에 의해 보완된다는 사실 때문에, 환자는 우리가 발달의 초기 단계에서 정상적 형태로 만났던 운동성, 감각 기능, 말과 생각의 형태를 드러냅니다. 이 형태는 정상적이며, 발달 초기 단계에서는 규범적인 것입니다. 이런 식으로 우리는 종종

뇌 기능에서의 병리학적 변화와 함께 개별 발달에 의해 이루어지는 초기 작업 단계로의 퇴행과 회귀를 목격합니다.

7-16] 다른 한편으로, 이 덕분에 발달 초기 단계에서 관찰되는 징후와 뇌병변을 다루는 병리학에서 관찰되는 징후 사이의 유사성을 이끌어 낼 수 있게 됩니다. 예컨대 여러분에게 말했듯이, 유아가 바빈스키 반사를 보이는 것은 정상입니다. 왜일까요? 그것은 이 반사가 하위 영역 즉 운동성을 담당하는 하위 부분의 독립적 반응에 속하기 때문입니다. 그렇다면 이 반사는 왜 사라질까요? 그것은 하위 영역이 그 독립성을 잃고, 바빈스키 반사의 형태로 거기에 존재하던 움직임이 더 이상 독립적으로 나타나는 것이 아니라, 더 복잡한 운동 반응들을 이끄는 보다 복합적인 일련의 전체 신경 지배의 일부로만 나타나기 때문입니다. 그러나 뇌의 고등 영역이 손상되거나 고등 영역과 하위 영역 간의 연결이 소실되면, 이 세 번째 법칙에 의해 하위 영역은 다시 독립적이 됩니다. 하위 영역은 다시 한 번 운동 기능을 수행하며, 따라서 바빈스키 반사, 즉 유아기의 특징적 반응이 일반적 반응이 되어 버리는 상황이 생기는 것입니다.

7-17] 또 다른 예로 감각 기능을 살펴봅시다. 우리가 말했듯이 유아기의 지각은 불영속성, 불안정성, 각각의 사물을 분별해 내는 능력의 결여로 특징지어집니다. 그러나 이와 동일한 특징들이 고등 지각 영역의 장애와 함께 발견됩니다. 왜일까요? 유아기에 이 기능을 수행하던 하위 감각 영역이 다시 독립적으로 되어 이러한 기능을 또다시 떠맡게 되기 때문입니다. 결과적으로, 우리는 어떤 고등 지각 영역의 병변에서 발달 초기 단계로 퇴행한 모습을 다시 관찰하게 되고 이 유사성을 다시 목격하게 됩니다. 물론 유아기의 바빈스키 반사와 성인기의 바빈스키 반사는 서로 별개이기 때문에, 그것은 단지 유사성일 뿐입니다. 그러나 결국 우리는 병리학적 증상과 발달 초기 증상 간의 유사성을 또다

시 보게 됩니다. 이 유사성은 어디로부터 생겨날까요? 공통적 근원, 즉 병리적 증상과 발달 초기에 고등 영역의 활동 중단으로 하위 영역이 독립성을 얻는다는 사실에서 발생합니다. 한 경우는 고등 영역이 아직까지 미성숙하기 때문에, 다른 경우는 이 영역에 생긴 병변 때문에 고등 영역이 중단됩니다.

7-18] 우리는 이 세 번째 법칙을 (일반적으로 불리듯이) 신경 영역 해방의 법칙으로 공식화할 것입니다. 신경 영역 해방의 법칙은 유기체적 원인이나 역동적 원인의 결과로 고등 영역에서의 기능적 약화가 일어날 때, 하위 영역이 해방되고, 독립적으로 작용하기 시작함을 의미합니다. 하위 영역은 더 이상 고등 영역에 의해 보장되지 않는 기능을 떠맡아 수행하게 됩니다.

> 법칙을 하나하나 소개하고 설명하면서 비고츠키는 아마도 학생들이 잘 기억할 수 있도록 그것을 칠판에 공식화했을 것이다. 그 공식은 꽤 짧고 기억하기 쉬운 것들로 이 문단에 나오는 '해방의 법칙'도 예외는 아니다. 비고츠키는 노예나 농노 해방, 그리고 그 당시 소비에트의 여성 해방을 이야기할 때도 사용된 '해방'이라는 낱말을 사용하고 있다.
>
> 본문에 나오는 유기체적 원인은 생물학적 원인을 지칭하며, 역동적 원인은 외부적 환경에서 기인하는 부상 등의 원인을 지칭한다.

7-19] 이 세 번째 법칙에 대한 오해를 미연에 방지하기 위해 명백히 하고 싶은 것이 있습니다. 뇌에 손상이 일어나면 이전 발달 단계로 돌아가리라고 생각하는 것은 옳지 않을 것입니다. 나는 이것이 오직 비유로, 외적인 유사성으로만 이해되어야 한다고 말한 바 있습니다. 예를 들어 어떤 사람의 두 다리가 마비되거나 혹은 움직일 수는 있지만 다만 보행에 불편함이 생겼을 때, 이를 걷지 못했던 유아기 단계로 돌아가는 것이라고 말할 수 있을까요? 그렇게 말할 수 없습니다. 이는 마치 어

떤 물리적 장애로 인해 언어 영역이 손상된 사람이, 전혀 말할 수 없는 어린이의 단계로 돌아간다고 말할 수 없는 것과 같습니다. 우리는 그렇게 말할 수 없습니다. 그러나 이 두 현상 사이에는 연관이 있을까요, 없을까요? 내 생각에는 연관이 있습니다. 어째서 특정한 연령이 되기까지 어린이는 말을 할 수 없을까요? 이는 언어 영역이 잘 발달되지 않았고 아직 성숙되지 않았기 때문이며, 저차적 언어기능, 즉 운동과 감각(기능-K)이 하위 영역에서 수행되기 때문입니다. 이는 어린이가 아직 걷거나 말하지 못한다는 것은 고등 영역이 아직 성숙되지 않았기 때문임을 의미합니다. 그러나 환자가 걷거나 말하지 못하는 것은 동일한 고등 영역이 손상을 입었기 때문입니다. 즉 두 경우 모두에 유사성의 토대가 존재합니다. 고등 영역 활동이 부재한 경우, 두 경우 모두에서 즉 발달의 초기 단계와 뇌에 병변이 있을 때 나타나는 두 모습 사이에 유사성이 있습니다.

7-20] 그러나 이 유사성은 정적으로 바라볼 때에만 비슷하게 보이는 것이지, 역동적으로 바라보면 **미성숙한 영역과 병변이 있는 영역** 사이에는 물론 차이가 있습니다. 미성숙한 영역이라는 말은 매일매일 성숙하며, 머지않아 성숙되리라는 동적인 상황에 놓여 있다는 것을 의미합니다. 그러나 병변이 있는 영역, 예컨대 염증이 진행된 영역은 붕괴됩니다. 따라서 뇌 손상과 발달 초기 단계에서 발견되는 모습들 사이의 외적 유사성과 더불어 그들 사이의 상반성을 눈여겨볼 필요가 있습니다. 왜냐하면 한 경우에는 모습들이 이 기능들의 발달을 위한 동적인 의미를 가지지만, 다른 경우에는 기능의 분열과 붕괴를 의미하기 때문입니다. 따라서 어린이가 잘 걷지 못하고 말하지 못하는 것은 단지 직립 보행과 말을 위한 도움을 제공하는 고등 영역 형성의 초기 단계를 나타내는 것일 뿐이지만, 예컨대 염증이 진행 중인 어떤 환자의 보행 장애와 언어 장애는 뇌 기능의 병리적 변화를 나타내며 이는 붕괴의

초기 단계 즉, 남아 있는 뇌 기능의 활동들이 한층 더 저하되는 시작일 수 있습니다.

7-21] 따라서 만일 이러한 기능들을 정적으로 본다면, 특정한 순간에 유사성이 존재합니다. 만일 역동적으로 본다면, 그 기능들은 발달과 쇠퇴라는 상반된 두 과정에 속합니다. 이러한 이유로 그 유사성은 반대 방향으로 가는 두 대의 열차가 만나는 것으로 훌륭하게 비교될 수 있습니다. 열차들은 반대 방향으로 갑니다. 열차들이 경로상 한 지점에서 만나는 것은 그들이 서로 다른 방향이 아닌 정반대의 방향으로 가고 있기 때문입니다. 시간상 특정한 순간에 모스크바발 레닌그라드행 열차와 레닌그라드발 모스크바행 열차는 어떤 지점에서 만날 것입니다. 그러나 파리발 비엔나행 열차와 모스크바발 레닌그라드행 열차는 이렇게 서로 만나는 일이 일어나지 않습니다. 이런 방식으로 신경계 기능의 발달과 쇠퇴는 반대로 향하는 과정이지, 서로 무관한 일반적 과정이 아닙니다.

7-22] 내가 말했듯이 이 신경계 발달의 세 번째 법칙은 매우 본질적인 수정 및 부가 사항이 요구됩니다. 수정 사항은 사실 이 법칙이 오로지 뇌병변에 기인한 변화의 한 측면, 즉 초기 발달 모습과 유사성을 갖는 측면만을 반영한다는 것입니다. 그러나 현저히 대조되는 다른 측면은 초기 발달 단계에서 관찰되는 유형과 고등 영역의 파괴에 기인하는 뇌 기능의 변화를 구분합니다. 법칙은 이 두 번째 측면을 분명히 밝히지 못합니다. 이런 이유로 이것은 문제에 대해 완전하지 않은 설명 따라서 부정확한 설명을 제공합니다. 이 법칙은 고등 영역의 쇠약으로 인해 하위 영역이 그 기능을 맡는다고 말합니다. 이는 마치 전시에 상급 지휘관이 부상당하거나 사망하면 부관이 상급 지위를 취하여 모든 부분에 대한 명령권을 맡는 것과 같습니다. 그런 경우가 관찰되는 것은 사실입니다. 그러나 여기에는 규칙적으로—거의 항상—일어나는 다른 종류의 경우도 있습니다. 뇌의 어떤 부분에 병변이 생기면, 발달 과정에

서 이미 어느 정도까지 그 독립성을 잃어 고등 영역을 기계적으로 직접 대체할 수 없는 하위 영역이 그 기능을 단독으로 떠맡지는 않습니다. 해당 영역의 병변의 결과로서 정상적인 방식으로는 수행될 수 없는, 기능에 대한 책임을 더 고등한 영역이 종종 떠맡습니다.

비고츠키는 고등 기능과 저차적 기능 사이의 연결이 붕괴될 경우 언제나 하위 영역이 고등 기능의 역할을 대신 맡게 되는 것은 아님에 유념할 것을 주문한다. 연결이 끊어짐에 따라 하위 영역들은 해방되어 독립한다. 그러나 고등 영역 역시 해방되며, 고등 영역이 하위 영역으로부터 독립하게 되면, 사람 간의 정신 간 조력을 통해 때때로 고등 영역이 통제권을 재확보하기도 한다. 이를 보여 주는 한 가지 예는 루리야가 정리한 책인 『지워진 기억을 쫓는 남자』의 주인공인 레프 자세츠키이다. 촉망받는 전문학교 학생이었던 자세츠키는 20대 초반에 1943년 스몰렌스크 전투에서 심한 뇌 부상을 입었다. 자세츠키는 신체 절반의 감각 지각을 상실하였고, 기억에도 심한 손상을 입어 순간적인 기억만을 할 수 있었다. 루리야는 글말을 통해 난로에 불붙이기와 같은 일상에서 요구되는 일들을 고등 영역을 이용하여 해결하도록 가르쳐 주었다.

E. 포렌티는 『지워진 기억을 쫓는 남자』에 영감을 받아 단편 애니메이션 「키노 크로프кино кровь」를 제작하였다. 그는 더 고등한 기능인 쓰기와 3차원 애니메이션 그리기를 이용하여 장기 기억과 같은 고등정신기능을 상실한다는 것이 어떤 것인지를 보여 주었다. 자세츠키는 장기 기억에 손상을 입었으므로 한 글자 한 글자 낱자를 쓰면서 전체 낱말의 부분적인 이미지만을 기억할 수 있었고 이는 목표한 낱말을 쓰는 데 상당한 방해가 되었다. 예컨대 키노(кино, 영화)를 쓰려고 하면, 'к'라는 낱자는 크로프(кровь, 피)라는 낱말을 연상시켰다. 그리고 글라바크루제니야(головокружение, 현기증)를 읽을 때, 'к'를 중심으로 오른쪽의 낱자는 거의 보이지 않았고 왼쪽으로도 두세 글자밖에 인식할 수 없었기 때문에 이 낱말 역시 크로프кровь를 연상시켰다. 포렌티는 자세츠키 지각의 2차원성도 부각시킨다(자세츠키는 고등시각영역이

하나밖에 없었으므로 3차원적 인식을 할 수 없었다). 이는 옆에서 보면 사라지거나 비현실적 형상으로 변하는 2차원적 형태로 애니메이션에서 묘사된다.

7-23] 간단한 예를 들어 보겠습니다. 우리는 지각의 고등 영역 손상으로 나타나는, 실인증이라고 알려진 감각 기능 장애 유형을 관찰하였습니다. 이 장애의 본질은 환자가 대상을 여전히 볼 수 있으며 그의 시력이 변하지도 않지만 사물을 인식하지 못한다는 것입니다. 그는 무엇인가 까맣고 직사각형 모양의 부드러운 것을 보지만, 이것이 서류 가방이라는 것을 알아내지 못합니다. 그는 실재를 일련의 개별 대상들로 분별하지 못하며, 지각한 대상의 해당 속성을 식별하지 못합니다. 그렇다면 이런 환자에게 어떤 일이 일어날까요? 한편으로, 세 번째 법칙에 의해 제시된 것, 즉 환자의 시각과 지각이 지각 발달의 초기 단계, 예컨대 유아기에서 관찰된 종류의 특징들로 되돌아갑니다. 이는 사실입니다. 그러나 다른 한편으로는, 일련의 전체 고등 영역 발달이 이미 이루어졌기 때문에 그 환자는 대상을 인식하지 못하는 사람으로 끝나는 것이 아니라, 그 대상이 무엇인지 추측하기 시작합니다. 그는 실수하고, 해석하고, 행동하기 시작합니다. 이 방에서 우리의 눈을 가리고 스스로 방향을 찾으라고 하면 우리도 그렇게 할 것입니다. 우리는 가야 할 방향이나, 어떤 물건들이 주변에 있는지를 눈으로 보지 못할 뿐, 증거를 가지고 범죄를 재구성하는 탐정처럼 범주화하고 추측하며 해석하고 유추할 것입니다. 이러한 경우 우리도 그렇게 했을 것입니다. 대상을 직접 지각하는 능력을 상실한 환자 역시 대체로 그렇게 합니다. 그는 추측하기 시작합니다. 그 추측은 맞을 수도 있고 틀릴 수도 있겠지요. 그러나

어떻든 중요한 것은, 우리들 모두가 저차적 조작의 도움으로 하는 일을 그는 고등 기능의 도움, 즉 해석, 추측, 추론의 도움으로 한다는 것입니다. 우리는 이것이 까맣고, 버클이 달려 있고, 입구가 있고, 무언가 들어 있으니까 서류 가방인 것 같다라고 결론짓지는 않을 것입니다. 우리는 이것이 서류 가방임을 그냥 알지만 우리의 환자는 이 복잡한 추론에 의존해야만 합니다. 여기 한 예가 있습니다. 이 환자에게 안경을 보여 주었습니다. 그는 그것을 가위라고 말했습니다. 그는 왜 틀렸을까요? 왜냐하면 안경테에 두 개의 구멍이 있고, 그런 것은 가위일 수 있기 때문입니다. 만일 우리가 가위의 두 구멍만을 감지하게 된다면 그것을 안경이라고 생각할 수도 있고, 안경을 가위와 비슷한 어떤 것으로 여길 수도 있습니다. 이런 환자는 종종 옳게 추측합니다. 그의 추측이 옳든 그르든, 우리는 동일한 자연스러운 현상을 관찰합니다. 그것은 건강한 사람이 하위 영역과 관련하여 수행하는 기능이 뇌 손상으로 인해 이제 이 환자에게는 불가능하고, 그 기능은 고등 영역의 도움으로 수행되기 시작한다는 것입니다. 이와 같이 특정 영역의 손상으로 기능은 하위 영역에서도 수행되지만, 그뿐 아니라 고등 영역과 관련해서도 수행됩니다.

다음 그림을 살펴보자. 왼쪽 그림은 올빼미 그림이고, 오른쪽 그림은 시각적 실인증을 가진 성인 환자가 왼쪽 그림을 베낀 그림이다. 앞에서도 언급했듯이, 시각적 실인증이란 O. 색스의 『아내를 모자로 착각한 남자』를 통해 유명해진 증후군으로, 이미지를 해석하는 뇌의 고등 영역과 시각 사이의 연결이 끊어진 것이다. 그림을 보면 환자의 보는 능력과 베끼는 능력은 별로 손상되지 않았음을 알 수 있다. 베낀 그림은 정확하지는 않으나 무리 없이 잘 그려져 있으며, 사실 일반 사람들도 사물을

본 대로 정확히 그릴 수 있는 것은 아니다. 그러나 환자는 자신이 그리고 있는 것이 무엇인지에 대한 개념이 없다. 그는 그저 의미 없는 선들을 그었을 뿐이다. 예컨대 올빼미 머리 왼쪽이 불완전하며, 올빼미가 앉아 있는 나뭇가지의 오른쪽이 빠져 있다. 이는 환자가 올빼미와 나뭇가지라는 개념을 가지고 있지 못함을 보여 준다.

7-24] 이러한 수정을 고려한다면 이로부터 매우 중요한 결론을 이끌어 낼 수 있습니다. 이를 통해 나는 유년기 신경계 발달 법칙에 대한 고찰을 마무리 짓고자 합니다. 발달과 아무 상관이 없어 보였다면, 나는 이 수정을 언급하지 않았을 것입니다. 내가 이전에 공식화했던 세 번째 법칙의 처음 절반은, 발달 초기 단계에서 관찰된 특정 모습들이 어째서 뇌 병변에서 관찰된 것과 유사한지를 가리키고, 알려 줍니다. 그 법칙의 두 번째 부분은 발달과 그 어떤 직접적인 관계도 없는 듯합니다. 그러나 이는 그렇게 보일 뿐이며, 실상은 좀 더 세밀히 고찰하면, 이 법칙의 두 번째 부분이 발달의 문제와 매우 중요한 관계가 있으며 특히 불규칙하고 비정상적인 유년기 발달에 대해 어떤 중요한 법칙을 말해 준다는 것을 알 수 있습니다. 유년기와 성인기에 동일한 영역에 입은 손상이 매우 다른 결과와 증상을 낳는다는 것을 관찰들은 보여 줍니다. 이것은 잘 이해될 것입니다.

이 그림은 소를 보여 주지만, 소를 알아보기는 매우 어렵다. 그림 왼쪽의 중간에서 조금 윗부분에 보이는 검은 사각형이 소의 귀이며, 소의 눈은 그림 중앙에 가로 방향으로 나란히 놓여 있다. 귀 아래에는 울타리로 보이는 격자무늬가 있다. 그림 아래 가장자리 중간에서 약간 왼쪽으로 보이는 검고 둥그스름한 점들이 소의 주둥이다. 일단 소가 보이기 시작하면, 소를 보지 않을 수 없다. 이것은 마침내 소를 보는 순간, 고등 영역이 그 이미지를 접수하게 되고 더 이상 그것을 하위 영역에 넘겨 주지 않기 때문이다. 우리가 말을 배울 때도 비슷한 일을 경험한다. 아기에게 말은 처음에는 단지 소리의 흐름으로 들리지만, 일단 말을 이해하게 되면, 그것을 듣고 이해하지 않기란 어렵다. 이 두 경우에서 고등 영역과 하위 영역 간의 연결이 자동화되었고, 더 이상 의지적 통제하에 있지 않다는 것을 볼 수 있다.

7-25] 한 어린이가 어떤 유전적 요인 또는 태아기나 생후 수개월 내의 이른 발달 시기에 일어난 뇌 손상으로 인해, 중추적 청각 장애 즉 청각 영역의 저발달, 손상이나 병변을 입었다고 가정해 봅시다. 우리는 이것이 발달에 있어서 어린이에게, 청각 영역에 총상을 입은 성인과 같은 의미를 갖는지 아닌지를 물어볼 것입니다. 근접한 결과 자체는 동일할 것입니다. 청각 영역이 손상된 어린이와 성인은 똑같이 귀가 들리지 않으며, 동일한 청력 손상을 가질 것입니다. 그러나 청각 영역이 손상된 어린이는 말 영역이 손상을 입지 않았음에도 불구하고 평생 동안 말을 하지 못할 것입니다. 어린이가 말을 들을 수 있어야만 말이 발달할 수 있기 때문입니다. 따라서 일단 말을 듣지 못하게 된 청각 장애 어린이는 말을 하지 못하게 되고 농아 어린이가 되고 맙니다.

7-26] 그러나 성인에게 중추성 난청이 있을 경우, 즉 총상을 입어 청각 영역이 손상되었다면, 이는 환자가 당장 말할 수 있는 능력을 잃게 된다는 것을 의미할까요? 아닙니다. 그는 말하는 능력을 이미 발달시킨 상태이기 때문에 이 능력을 바로 상실하지 않습니다. 청력이 상실되면 말하는 능력 자체도 타격을 입도록 조직되어 있는 것은 사실입니다. 그러나 말을 못하게 되는 것에 대해 대비책을 강구하고 제때에 환자가 자신의 말을 점검하도록 한다면 성인의 경우 말은 어느 정도 보존될 수

있습니다. 게다가 보존되지 않는다 해도 말은 청력 상실에 따른 즉각적이고 자동적이 아닌 완전히 다른 방식으로 붕괴되고 사멸합니다. 이는 유년기에 입은 손상이 성인기의 동일한 손상과는 다른 결과를 낳는다는 것을 의미합니다.

7-27] 그러나 그 역 또한 옳습니다. 다른 영역에서의 병변이 유년기와 성인기에 동일한 모습을 보여 줄 수 있습니다. 예를 들어, 성인에게는 이른바 운동 실어증인 벙어리 증상—브로카 영역이라 불리는 언어 운동 영역의 병변에 기인한 말 조절 불능과 말 발성 불능—이 존재합니다. 어린이를 완전히 벙어리로 만드는 것은 무엇일까요? 청각 영역의 병변입니다. 이것은 어린이와 성인에게 보이는 동일한 모습이 다른 병변에서 발생하고, 다른 모습이 동일한 병변에 의해 야기될 수 있음을 의미합니다.

비고츠키가 '고등 영역'이라는 용어를 매우 상대적으로 사용하고 있음에 주목하자. 예를 들어 비고츠키가 계통발생에 대해 이야기할 때는 신경계의 나머지 부분에 비하여 뇌가 고등 영역이다. 뇌 자체로만 볼 때는 대뇌 피질이 나머지 뇌에 비하여 고등 영역이다. 대뇌 피질 내에서 볼 때는 브로카 영역처럼 능동적이고 자발적인 영역이 측두엽에 위치한 청각 영역처럼 수동적이고 비자발적인 영역에 비하여 고등한 영역이다. 이 강의를 통틀어 비고츠키는 증상을 관찰함으로써 얻어지는 모습이 기저에 놓여 있는 원인과 얼마나 극적으로 다를 수 있는지를 보여 주고자 한다. 예컨대, 상이한 증상이 동일한 병변에서 비롯될 수도 있는 반면, 동일한 증상이 상이한 뇌 병변에서 비롯될 수도 있다. 신경외과 의사가 뇌수술을 할 때는 뇌의 정확한 영역이 주 관심사이기 때문에 그들은 '고등 영역'이나 '언어 영역'과 같은 일반적인 용어를 사용하지 않는다(보다시피 언어 영역에도 상이한 여러 개의 영역들이 관련되어 있다). 그러나 여기서 비고츠키의 목표는 뇌의 지형도를 밝히는 것이 아니라 심리적 발달 과정이 어떻게 신경학적 발달 과정과 유사성

을 가지는지 논의하는 것이다. 이 목표를 달성하기 위해서 '고등 영역'
이라는 용어는 매우 유용하다.

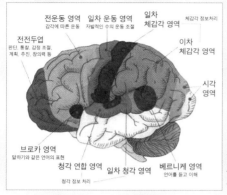

전운동 영역
감각에 따른 운동

전전두엽
판단, 통찰, 감정 조절,
계획, 추진, 창의력 등

일차 운동 영역
자발적인 수의 운동 조절

일차
체감각 영역

체감각 정보처리

이차
체감각 영역

시각
영역

브로카 영역
말하기와 같은 언어의 표현

청각 연합 영역

일차 청각 영역

청각 정보 처리

베르니케 영역
언어를 듣고 이해

언어 운동 영역인 브로카 영역
은 전두엽에 위치하지만 청각
영역은 측두엽에 위치한다.

7-28] 성인과 어린이에게서 동일한 병변이 다른 모습을 보여 주며,
다른 병변이 동일한 모습을 보여 줄 수 있는 상황을 어떻게 설명할 수
있을까요? 이는 특정한 신경계 손상을 입은 어린이 발달의 기본 법칙
으로 간주될 수 있는 법칙에 의해 설명되는 것으로 보입니다. 이는 (한
편으로-K) 우리를 아동 병리학 영역으로 인도하며, 다른 한편으로 이 법
칙이 정상 아동의 발달에 관한 모종의 일반화를 위한 재료를 제공한
다는 것을 의미합니다. 이 법칙은 다음과 같이 묘사될 수 있습니다. 만
일 병변이 특정 영역 'B'를 강타하면 유년기에는 고등 영역 'C'가 종
속 영역 'A'보다 더 손상을 입을 것입니다. 그러나 성인이 'B' 영역에
손상을 입으면, 다른 것들이 동일할 경우, 하위 영역 'A'가 고등 영역
'C'보다 더 큰 손상을 입게 될 것입니다.

7-29] 이것을 유행성 뇌염의 예를 통해 명확히 해 봅시다. 보통 신경
계 피질 하 영역을 침범하는 유행성 뇌염이 유년기와 성년기에 상이한
장애를 야기한다는 것을 우리는 압니다. 특히 유년기에 유행성 뇌염은
그 결과로서 보통 운동 장애, 과다 행동, 즉 과도한 운동성, 과잉 움직

임을 초래하고, 이런 경우 어린이의 정신 발달, 성격 발달, 고등한 자발적 움직임 발달은 매우 큰 타격을 받습니다. 예컨대 B영역이 손상되었다고 한다면 어린이가 더욱 타격을 받는 것은 무엇일까요? 그의 기초적 움직임은 타격을 받지 않습니다. 그는 훨씬 더 두드러지게 움직입니다. 그러면 그는 어디에 타격을 입었을까요? 바로 'C', 고등한 자발적 움직임입니다. 이 어린이의 경우 'A'―단순 움직임―는 덜 타격을 입습니다. 뇌염을 앓은 어린이의 경우 자신의 운동 에너지를 결코 자제하지 못하며, 자제하는 경우는 매우 드뭅니다. 그는 계속 움직일 것이고 물건을 낚아채거나 잠시도 가만히 앉아 있지 못하며, 손을 끊임없이 움직입니다. 기초적 충동적 움직임은 이상이 없을 뿐 아니라, 무서울 정도로 강화되며, 정상 어린이처럼 억제되지 않습니다. 그러나 고등하고 유의미한 움직임은 크게 타격을 받습니다. 어린이의 경우, 자발적 움직임과 관련된 고등 영역 'C'가 'A' 즉 단순 움직임보다 더 큰 타격을 입습니다.

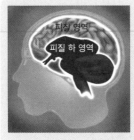

모기에 의해 전염되는 일본 뇌염을 포함하여 많은 유형의 뇌염이 존재한다. 비고츠키가 말하듯, 뇌염은 특히 어린이에게 발작을 초래하거나 행동 조절 장애를 일으킬 수 있다. 이 어린이들 중 일부는 종종 '비행 소년'으로 판정받아, 미국에서는 그들 중 일부가 전두엽 절제술을 받기도 하였다. 그러나 성인에게서 뇌염은 매우 상반된 상태, 일종의 마비, 즉 움직일 수 없는 상태를 유발시킬 수 있다. 1930년에 기면성 뇌염이 전 세계적으로 유행했을 때, 당시 이 병에 걸렸던 많은 환자들은 30년 동안 부동 상태로 빠져들게 되었으며, 그 누구도 깨울 수 없게 되었다. 신경과 의사이자 작가인 O. 색스는 자신의 책 『자각Awakenings』(1973)에서 1930년대부터 기면성 뇌염으로 인해 수면병을 앓아 온 사람들을 L-DOPA라는 약을 이용하여 치료한 자신의 제한적인 성공 사례에 대해 썼다. 몇몇 환자들은 약을 투여받은 뒤 잠깐 증세에 차도를 보였지만, 그 후 다시 부동의 수면상태로 돌아갔다. 극작가 H. 핀터 또한 이러한 기면성 뇌염 환자들에 관한 희극인 『일종의 알래스카』(1982)를 썼다. 다음 문단에서 비고츠키가 논의하는 것도 이러한 유형의 뇌염이다. Vilensky, J. A., Foley, P. and Gilman, S.(2007). Children and encephalitis lethargica: a historical review. *Pediatric Neurology, August; 37(2)*: 79-84. 참조

7-30] 이러한 종류의 성인 환자들에게서 보이는 것은 무엇일까요? 정반대의 모습입니다. 우리는 보통 과다행동 장애가 아닌 무운동증을 관찰합니다. 그들은 움직이지 못하고 속박되어 걷기 장애가 나타나며, 흔들림이나 떨림 없이 손을 뻗지 못합니다. 손을 한두 번 뻗는 것도 아주 느리게 하게 됩니다. 환자에게 "내가 탁자를 칠 때 버튼을 누르시오"라고 말하면 이런 단순한 동작들도 우리에 비해 100~200배는 더 오래 걸립니다. 이 경우 단순한 움직임은 방해받고 손상됩니다. 그러나 만약 이러한 환자들에게 고등 운동 형태를 요구하는 과업을 제시하면, 그는 마치 족쇄에서 풀려난 것처럼 그 과업을 잘 수행합니다. 이미 오래전, 뇌염 후유증에 대한 연구 초기부터 이 운동 기능의 역설은 주의를 끌었습니다. 환자는 방에서 두 걸음은커녕, 작은 두 걸음도 내딛지 못하지만 계단은 매우 잘 올라갑니다. 방을 걷는 것은 자동화된 행동이라 이미 대부분 하위 자동화된 영역, 즉 자동화된 움직임을 담당하는 영역으로 옮겨졌습니다. 그러나 계단 오르기는 연속적이고 자발적인 발걸음을 필요로 합니다.

뒤샹은 공간보다 시간 측면에 더 영향을 받은 입체파 화가이다. 그는 일찍이 19세기 후반 E. 머이브리지가 만든 활동사진을 연구했다. 머이브리지는 심지어 계단을 내려가는 것과 같은 단순한 동작도 수많은 통제된 움직임들로 이루어져 있음을 보여 주었다. 뒤샹이 계단을 올라가는 것이 아니라 내려가는 동작을 사용했다는 것이 흥미롭다. 계단

을 내려갈 때에는 중력이 근력의 역할을 대신하기 때문에 올라가는 것
보다 자발적인 노력이 덜 필요하다.

E. 머이브리지와 그의 「계단을 내려가는 나부」 영상

M. 뒤샹의 「계단을 내려가는 나부」(1912).

7-31] 더 나아가 다음의 방식으로 환자들을 방에서 걷게 할 수도
있을 것입니다. 바닥에 분필로 선을 그린 후, 정확하게 이 선을 따라 발
을 놓으면서 걸으라고 이야기합니다. 그러면 그는 걸을 것입니다. 이와
같이 더 복잡한 동작이 단순한 동작보다 더 쉬울 수도 있습니다. 심지
어 걷지 못하거나 걷기를 조금 무서워하는 환자 앞에 의자를 두고 그
것을 딛고 걷도록 하는 실험들은 더욱 인상적입니다. 그렇게 발걸음을
내디딜 때마다 앞에 의자를 두면 환자가 긴 거리를 가게 할 수 있습니
다. 즉 자동화된 단순한 움직임을 복잡한 움직임으로 대체할 때마다,
환자는 그것을 해낼 수 있지만, 단순한 움직임들은 잘 수행하지 못합
니다.

7-32] 또는 내가 관찰했던 실험들을 예로 들어 보겠습니다. 한 환자
에게 눈을 감으라고 요구하였습니다. 그 환자는 이런 종류의 자동화된
행위를 즉시 이행할 수 없었습니다. 잠시 후 그는 이를 수행했지만, 그
는 복잡하고 우회적인 방식을 거쳐 그렇게 한 것이 드러났습니다. 오랫
동안 그는 눈을 감아 보이지 못했습니다. 그에게 요령을 알려 줄 필요
가 있었습니다. 그에게 어떻게 잠을 자는지 보여 달라고 요구했습니다.

그러자 그는 눈을 감고 머리를 한쪽으로 숙이며 시범을 보였습니다. 그러고 나서 그에게 눈을 감아 보라고 말했을 때, 그는 스스로 생각했습니다. 나는 내가 어떻게 잠을 자는지 보여 주어야 해. 그러고 나서 그는 눈을 감았습니다. 즉 다시 한 번, 과업을 복잡화하면서 그것을 우회적 방법으로 해결하면서 그는 그것을 수행합니다.

7-33] 실험과 관련된 마지막 사례 역시 내가 관찰할 기회가 있던 것입니다. 환자는 단순 운동 반응이 매우 심하게 손상된 사람으로, 신호에 반응하여 전기 버튼을 두세 번 누르라고 요청하면 그는 이를 매우 느리게 수행합니다. 그러나 만일 "나이가 몇 살입니까? 나이만큼 버튼을 누르세요"라고 요청하면 그는 37번을 누를 수 있습니다. 단순히 누르는 것이 아니라 이 반응이 전체 조작, 즉 자신의 나이를 세는 조작 속에 포함되어 있을 때 그는 이 조작을 할 수 있었습니다.

7-34] 성인은 역설적으로 고등 영역으로부터의 억제 영향이 사라진, 자유롭고 독립적이 된 'A' 영역에 매우 강한 타격을 입습니다. 어린이는 하위 영역의 증가된 활동으로 인해 이 영역에서 고통을 덜 느끼거나 전혀 느끼지 않고 오히려 반대 방향에서 타격을 입습니다. 이는 (성인에게 있어-K) 단순 자동 과업이 의지적인 고등 운동 형태를 요구하는 과업이 될 때, 이 과업이 매우 쉬워진다는 사실에서 드러납니다. 성인 뇌염 환자는 평평한 바닥을 걷지 못하지만, 의자를 딛고 걷는 것은 매우 잘 수행합니다. 이 성인 환자는 'C' 영역을 활용할 때에는 잘 수행하는 반면, 'A' 영역으로는 제대로 수행하지 못합니다.

7-35] 나는 이 사례들로부터 이 법칙의 토대에 놓인 사실적 규칙성이 여러분에게 분명해질 것이라고 생각합니다. 이제 우리는 이 관계를 설명하고 이에 따라 이 법칙과 이미 살펴본 신경계의 세 가지 발달 법칙으로부터 이끌어 낼 수 있는 일반적 결론으로 나아가야 할 것입니다.

비고츠키는 이번 강의를 시작하면서 세 가지 법칙이 있다고 '일컬어 진다'고 말했다. 하지만 그는 또한 마지막 법칙이 수정과 개정이 필요 하다고 말했다. 따라서 이제 네 가지 법칙이 있는 것으로 보인다. 신경 계 발달의 세 법칙을 그에 상응하는 내분비계 발달 법칙과 심리적 발 달 법칙과 비교하는 것이 유용할 것이다.

심리적 발달(5강)	내분비계(6강)	신경계(7강)
a. 불균등 발달의 법칙	a. 분비샘의 불균등 발달의 법칙	a. 기능의 상향 전이의 법칙 (즉 불균등)
b. 지배의 법칙	b. 진화와 퇴화의 법칙 (즉 발달의 최적기)	b. 하위 영역의 종속 법칙 (즉 지배)
c. 발달 최적기의 법칙 (역의존성)	c. 역의존성의 법칙	c. 어린이의 하위 영역에 의한 보완 법칙(역의존성) d. 성인의 고등 영역에 의한 보완 법칙(역의존성)

모든 경우, 법칙들은 서로 연결되어 있는 것으로 보인다. 즉 첫 번째 법칙에서 두 번째 법칙이 생기고 두 번째 법칙에서 세 번째 법칙이 생 긴다. 또한 모든 경우, 분화를 이끄는 성장이라는 개념이 존재하는 것 으로 보인다. 마지막으로 모든 경우, 보완 개념이 존재하는 것으로 보 인다.

7-36] 병변이 있을 때 어린이는 고등 영역에 더 타격을 입고, 어른은 상응하는 하위 영역에 더 타격을 입는다는 사실을 어떻게 설명할 수 있을까요? 우리는 내분비계의 발달을 다루면서 이와 비슷한 경우를 이 미 만났습니다. 기억할지 모르겠지만, 우리는 난쟁이를 보았고, 뇌하수 체 난쟁이에 대해 말했으며, 유년기 뇌하수체 결함에 대해 다루면서 그 것이 생식샘의 무형성을 함의한다는 것을 보이고자 했습니다. 생식샘은 정상적 발달 과정에서, 성적 성숙기와 그 이후에 뇌하수체와 갑상샘에 대해 고등한 내분비 영역이 됩니다.

비고츠키는 뇌의 시각, 청각 영역을 상실한 어린이는 말 역시 손상을 입을 것이라고 말한다. 그 결과 정서적 지각, 주의 그리고 시각적 기억 역시 발달하지 못할 것이다. 동일한 손상을 겪는 성인은 그저 지각 기능들만을 잃을 뿐, 노화로 인해 청력과 시력이 약화된 노인과 그다지 큰 차이가 없을 것이다. 생후 19개월에 헬렌 켈러는 뇌수막염으로 의심되는 병을 앓았고 이는 뇌의 시각, 청각 영역 모두를 파괴하였다. 그 결과 말 발달은 심각한 손상을 입었다. 비록 H. 켈러는 은사인 A. 설리번 덕분에 이러한 손상을 극복할 수 있기는 했지만, 그녀가 후에 보여 준 것과 같은 말하기, 쓰기, 주의, 기억 기능을 획득할 수 있었던 것은 병으로 인해 뇌에 손상을 입기 전에 기본적인 언어적 의사소통의 개념을 획득하기 시작했기 때문임을 보여 주는 증거들이 있다.

7-37] 여기서 본질을 이루는 것은 무엇일까요? 나는 바로 성인을 특징짓는 뇌 영역들 간의 관계가 발달하면서 매번 생겨난다는 사실에 있다고 생각합니다. 성인은 'A'가 'B'에 의존하고, 'B'는 'C'에 의존한다는 특징을 지닙니다. 그러나 이것은 처음부터 신경계에 주어진 것이 아니라, 발달 중에 생겨나는 것입니다. 첫 번째로, 우리가 보았듯이 'A'는 첫 번째 법칙을 따라 독립적으로 'B'와는 무관하게 작동하고, 그런 후 그 기능은 더 위의 'B'로, 그다음엔 더 위의 'C'로 이동합니다. 이는 유년기 어린이가 이미 발달된 뇌 활동의 규칙이 되는 의존성, 위계적 관계, 고등 영역에 대한 하위 영역의 종속을 아직까지 확립하지 않았다는 것을 의미합니다. 이에 따라, 유년기에 'B' 영역이 발달되지 않고 타격을 입는다면, 'C' 영역은 발달할 수 있을까요, 없을까요? 없습니다. 'B'는 'C' 영역의 전제 조건이기 때문입니다. 기능의 상향 전이의 법칙은 발달이 아래에서 위로 진행한다고 말합니다. 처음에는 하위 영역들이 작동하고, 그런 후 기능은 위쪽으로 이동합니다. 그러나 하위 영역이 없다면, 그것이 작동하지 않는다면, 위로 나아갈 것이 없습니다. 이는 사람의 발달된 뇌 활동을 특징짓는 이러한 관계들이 발달 과정에서

확립된다는 것을 의미합니다. 이 때문에 병변이 아직까지 미성숙한 뇌, 즉 관계가 확립되지 않은 뇌에 타격을 준다면, 이 타격의 결과는 성숙한 성인에게서 나타날 것과는 어떤 의미에서는 상반될 것입니다. 왜 그럴까요? 유년기에는 어떤 의미에서 성인과는 반대되는 의존성이 관찰되기 때문입니다. 다시 내분비계를 떠올려 봅시다. 발달에서 무엇이 무엇에 의존할까요? 뇌하수체가 생식샘에 의존할까요, 그 반대일까요? 생식샘이 뇌하수체에 의존합니다. 이제 성인기로 이행하는 내분비계를 기억합니까? 무엇이 무엇에 의존합니까? 뇌하수체가 생식샘에 의존합니다. 성적 성숙이 일어나는 시기에 뇌하수체의 활동을 축소시키고 유사 환관증적 성장이 일어나지 않도록 하는 것은 바로 생식샘입니다. 뇌하수체는 퇴화를 겪게 됩니다.

비고츠키가 말한 '의존성'은 수학적 의미로 사용한 용어이다. 예컨대 $y=f(x)$라는 수학적 등식에서 y 값이 x에 의존한다. 즉 x 값이 변하면 y 값이 변하게 된다. 따라서 비고츠키가 발달 초기에 생식샘이 뇌하수체에 '의존한다'고 말한 것은 뇌하수체의 변화가 생식샘의 변화를 야기할 것이라는 의미이다. 그러나 사춘기가 지나면, 이 의존성은 역전된다. 생식샘에서의 변화는 뇌하수체를 위축시킨다. 비고츠키는 이러한 역의존성을 통해 내분비계가 특정한 분비샘에 의해 주도되는 것이 아니라는 것을 증명한다. 마찬가지로 전체 발달은 내분비샘에 의해 주도되는 것이 아니다. 우리가 확인하게 되듯이, 이 내분비샘들 자체도 다른 체계들, 특히 신경계와 역의존성의 관계를 갖는다.

7-38] 발달된 뇌에서는 무엇이 무엇에 의존할까요? 'B'가 'C'에 의존하나요, 아니면 'C'가 'B'에 의존하나요? 'B'가 'C'에 의존합니다. 발달된 뇌에서는 저차적 기능이 고등 기능에 의존합니다. 그러나 발달(과정-K)에서 제일 먼저 나타나는 것은 무엇일까요? 저차적 기능입니다. 발달(과정-K)에서는 'C'가 'B'에 의존합니다. 이것이 바로 성숙한 뇌와

발달 중인 뇌에서 동일한 병변이 필연적으로 상이한 모습을 보여 주는 이유입니다.

7-39] 이제 남은 시간 동안, 신경계 발달의 네 가지 기본 법칙들에 대한 고찰이 이끌었던 결론을 가장 일반적인 말로 제시하고자 합니다.

7-40] 첫 번째 결론은 다음과 같습니다. 비록 우리가 신경계의 발달을 고찰했지만, 비록 각 체계 특히 신경계는 일련의 고유한 발달 특성을 가지고 있음에도 불구하고, 동시에 우리는 여기서 내분비계 발달을 연상시키는 의존성을 발견했습니다. 나는 이제 우리가 심리 발달에서 관찰한 것을 연상시키는 의존성을 지적하고자 합니다. 무엇이 신경계 발달, 내분비계 발달, 심리 발달이 어떤 일반적인 규칙성을 공유하게 할까요? 이 모든 발달 측면들이 통합적인 발달 과정의 일부라는 사실입니다. 나는 용이하게 제시하기 위해 이들을 부분으로 나누었지만 본질적으로 심리는 뇌 없이, 그리고 뇌는 내분비계 없이 발달하지 않습니다. 이 모두는 통합적 과정입니다. 이 통합성으로 인해, 비록 각 발달 측면마다 고유한 특정 법칙이 있고 내가 제시한 법칙들이 심리 발달이나 내분비계 발달로 곧장 전이될 수 없을지라도, 발달의 이 모든 측면들은 통합적이므로 이 모두에서 우리는 모종의 일반적 규칙성을 관찰합니다.

비고츠키는 이 강의에서 제시된 법칙들이 신경계에만 국한되며 내분비계나 심리 발달 일반에 공통적으로 적용되는 것은 아니라고 말한다. 예컨대 첫 번째 법칙인 기능의 상향 전이는 뇌 영역에 대한 것이며 이는 분비샘이나 심리적 기능들과는 관련이 없다. 따라서 정서적 지각이 기억으로 대체된다는 법칙이나, 뇌하수체의 선도적 역할이 생식샘에 의해 대체된다는 법칙이 신경계에 적용될 수 없는 것과 마찬가지로, 이 법칙들은 내분비계 발달이나 심리적 발달에 직접 전이될 수 없다. 그럼에도 불구하고 독자들에게는 이러한 신경계 발달 법칙들이 친숙하게 느껴질 것이다. 그것은 이전 강의에서 보았던 법칙들과 마찬가지로 이러한 신경계 발달 법칙들이 불균등한 발달, 지배, 의존성의 발달 및 관계의 역전, 그리고 양적 변형은 부차적이며 질적 변형이 그 본질을 형성하는 변태와 관련이 있기 때문이다. 따라서 이 법칙들은 더욱 일반적인 규칙성 즉, 비고츠키가 1강에서 소개했던 발달의 공통된 규칙성 모두와 연결되어 있다.

7-41] 어린이 심리 발달의 주요 특징으로 우리가 발견한 것은 무엇일까요? 여러분이 기억하다시피, 우리는 그것을 다음과 같이 공식화하였습니다. 어린이 심리 발달의 본질은 이러저러한 기능들 자체가 독립적으로 성장하여 증가된 기억, 증가된 주의, 증가된 지각이 되는 것이 아니라, 오히려 각 연령 단계마다 특정한 기능이 그 중심에서 지배하는 자신만의 고유한 심리적 기능들의 체계가 존재한다는 점입니다. 우리는 신경계 발달에서도 모종의 유사점을 발견합니다. 신경계는 심리 발달이 신경계 발달의 기능적 측면 같은 것이라는 의미에서 심리 발달과 밀접한 방식으로 연관됩니다.

7-42] 이제 무엇이 보입니까? 한 연령에서 다른 연령으로 이행할 때, 변하는 것은 오직 영역 자체일까요? 아니면 영역들 간의 관계일까요? 영역들 사이의 관계가 변화하여, 발달의 끝 무렵에는 관계가 반대로 됩니다. 초기에는 모든 것들이 하위 영역에 의존하지만 마지막에는 하위 영역이 고등 영역에 전적으로 의존합니다. 신경계 발달의 기본 사실로서의 영역 간 관계의 이러한 변화와 심리 발달의 기본적 사실로서의 기능 간 연결의 변화는, 동일한 발달 과정의 두 측면으로서 실제로 서로 긴밀하게 연관되어 있습니다.

7-43] 그러나 내분비계에서도 마찬가지로 관계가 변합니다. 내분비계의 발달을 구성하는 것은 무엇일까요? 우리는 서로 다른 분비샘들이

서로 다른 시기에 성숙하는 것을 보았습니다. 특정 분비샘의 세력과 능력, 무게가 변할 뿐 아니라 분비샘들 간의 관계 또한 변합니다. 이제 우리는 어린이 발달의 모든 측면의 본질을 이론적으로 바르게 이해하는 데 도움이 되는 공통된 공식을 발견한 것 같습니다. 즉, 우리는 이 발달의 본질이 주어진 전체 속에 존재하는 관계들의 변화로 이루어졌으며, 이 유기체가 복합적 전체임을 발견했습니다. 이 관계들은 전체로서의 완성된 유기체뿐 아니라 이 유기체가 어떻게 만들어지는지 결정합니다. 특정 발달 단계의 어린이는, 어른과 동일한 관계들이 축소된 형태로 주어지는 것이 아니라, 상이한 관계들이 존재한다는 점에서 어른과 다릅니다. 즉 어린이는 어떤 의미에서 그 자체로 다른 유기체입니다. 어린이 발달의 중심적 사실—내분비계 발달을 보건 소위 신체적 발달과 같은 전체로서의 유기체를 보건, 혹은 중추 신경계 발달을 보건 심리적 발달을 보건—중심적 사실은 특정한 전체의 내적 관계의 변화, 즉 새로운 조직이 각각의 새로운 아동 연령기를 이끈다는 것입니다.

만약 우리에게 오래된 킥보드가 있다고 생각해 보자. 우리가 해마다 킥보드의 각 부분을 모두 새 것으로 교체해도 그것은 동일한 킥보드이다. 킥보드의 부분들의 관계가 예전과 똑같기 때문이다. 그러나 그 부분들의 관계를 바꾼다면, 예컨대 체인을 추가하여 자전거로 개조하거나, 체인에 기어들을 더 추가하여 10단 기어 자전거를 만들거나, 혹은 모터를 추가하여 오토바이를 만든다면 이제는 더 이상 처음의 킥보드와 같은 것이라고 말할 수 없다. 앞에서 비고츠키는 신경계 발달에 대해서 이야기하든 심리 발달에 대해서 이야기하든 그 원칙은 동일하다고 말한 바 있다. 즉 부분이 바뀌는 것이 아니라 부분들 간의 관계가 바뀐다. 여기서 비고츠키는 이 원칙을 내분비계와 전체로서의 유기체의 발달로 일반화한다. 즉 유아와 전 학령기 어린이가 다르고, 전 학령기 어린이와 학령기 어린이가 다르며, 학령기 어린이와 성인이 또 다른 것은 이들이 부분들의 새로운 조직이라는 것이다.

7-44] 나는 어린이의 형태학적 발달 분야에서 가장 권위 있는 연구자의 한 사람으로부터 내가 최근에 들은 생각으로 결론짓고자 합니다. 그 연구자가 자신의 분야에서 이 생각에 도달했듯이 우리도 우리의 분야에서 이 생각에 도달했습니다. 그는 우리가 이전에는 성장을 신체 발달의 기본 현상으로 보았으며, 그에 따라 우리는 가장 활발한 신체 발달이 초기 연령, 생애 초기 몇 달, 생애 첫 몇 년 동안 일어나고 그 후에는 그 성장 에너지가 감소하는 것으로 생각했다고 말합니다. 그는 생애 첫 몇 달 동안, 생애 첫 몇 년 동안, 발달의 초기에는 주로 몸무게의 증가가 일어난다고 지적합니다. 즉 발달 자체가 극도로 비집중적으로 진행됩니다. 부분들과 관계들의 재구성으로 이루어진 발달은 각 연령기마다 증대되면서 매우 힘겹게 진행되고, 신체 발달의 전체 본질은 각 새로운 연령기마다 체계들 간 관계의 재구성에 있습니다. 후속 강좌 즉 연령기 아동학에서, 우리는 초기 연령기의 어린이가 더 나이 든 연령기의 어린이처럼 호흡하지는 않는다는 것을 보여 줄 수 있을 것입니다. 단지 그의 호흡이 더 나이 든 어린이에 비해 더하거나 덜하다는 의미에서뿐 아니라, 상이한 체계, 폐의 상이한 유기체적 기제라는 의미에서 고유한 호흡 과정이 여기서 일어납니다. 이는 골격계와 근육계와 관련해서도 동일합니다. 이와 더불어 성장이 자신의 의미를 상실하는 것은 아닙니다. 발달의 모든 영역에서, 즉 신체 발달과 심리 발달 모두에서 성장이 일어납니다. 이에 발달이 일어납니다. 변화는 특정한 방향으로, 성장이 증가하는 방향으로 움직입니다. 그러나 성장은 발달 전체를 설명하는 데 일차적인 것도 필수적인 것도 아닙니다. 성장은 그 자체가 결과이며, 새롭고 더 효과적인, 발달하는 전체 조직의 결과로 나타나는 기능 증대입니다.

다음 표는 어린이의 분당 호흡수를 보여 준다.

나이	분당 호흡수
출생~6개월	30~60
6개월~12개월	24~30
1세~5세	20~30
6세~12세	12~20

7-45] 따라서 성장은 근본적인 원인이 아니라, 어떤 의미에서 발달 과정이 보여 주는 결과입니다.

• 신경계 발달의 법칙

비고츠키는 이 강의로 아동학의 기초 강좌를 마무리한다. 비고츠키는 이전 강의들을 돌아보고 유사성을 지적한다. 비록 발달의 모든 측면을 포괄하거나, 심지어는 심리적 발달 노선이나 생리적 발달 노선 내의 모든 측면을 포괄하는 일반적인 발달 '법칙'은 존재하지 않지만, 두 유형의 발달에는 물론이고, 심지어는 전체 체계의 발달에 공통적인 규칙성이 여전히 존재한다. 예컨대 비고츠키는 두 유형의 발달이 모두 불균등하고, 변화하며 심지어 역전되는 지배와 의존 관계로 특징지어지고, 발달 과정에서 저차적 심리 기능과 저차적 생리 기능에 가해진 타격은 모두 성인보다 어린이에게 더욱 피해를 주는데, 이는 어린이가 저차적 기능의 피해를 고등 기능이나 체계로 보완할 수 없기 때문이라고 말한다. 어린이가 말 능력을 획득하기 이전에 청력을 상실하는 것은 성인이 나이가 들어 청력을 상실하는 것과는 매우 다르다.

비고츠키는 본 강좌로 다진 아동학의 기초 위에 세워질 후속 강좌인 『연령과 위기』(2016년 발간 예정)에 대해서도 언급한다(7-44에서는 연령기 아동학으로 지칭된다). 발간 예정 한편으로 발달은 새로운 고등 영역이 나타나 다른 체계와 기능들을 전체로서 통제하는 것을 의미한다. 예컨대 신경계가 나타나 신체의 다른 체계를 통제하며, 신경계 내에서는 고등 신경계가 통제하고, 고등 신경계 내에서는 말과 연결된 뇌와 고등 영역이 나타나 다른 부분들을 통제하게 되는 것이다. 그러나 다른 한편으로 어린이의 기능과 체계는 이러한 고등 영역 없이도 전체로서 기능할 수 있어야만 한다. 그래야 그로부터 고등 영역이 발생할 수 있기 때문이다. 발달은 자연적인 실험을 우리에게 보여 준다. 우리는 발달을 통해 중심 영역이 없을 때 전체 체계가 어떠했는지, 그리고 고등 영역의 등장과 더불어 그것이 어떻게 질적으로 다른 수준으로 고양되는지 볼 수 있게 된다. 물론 이는 발달이 성장으로 환원될 수도, 한 고등 영역이 다른 고등 영역을 순차적으로 대체하는 과정으로 환원될 수도 없다는 것을 의미한다. 발달은 반드시 전체의 혁명적인 재구조화를 포함해야 한다. 이것이 바로 비고츠키가 『연령과 위기』에서 다룰 주요 내용이다.

비고츠키는 발달의 세 가지 기본 법칙인 1) 기능의 상향 진이, 2) 저차적 영역에서의 기능 보존, 3) 고등 영역 손상 시 저차적 영역의 해방의 법칙들로 시작한다(7-1~7-18). 그러나 다시 한 번, 비고츠키는 발달을 올바르게 설명할 수 있도록 마지막 법칙을 개정, 보완할 것을 요구한다. 특정 조건하에서 성인은 저차적 기능의 손상을 고등 영역을 이용하여 순전히 의지만으로 극복할 수 있는 것으로 보인다. 하지만 어린이에게는 이것이 불가능하다. 이는 동일한 뇌 병변이 성인과 어린이에게 있어 전혀 다른 증상을 일으키는 현상, 즉 어린이의 경우 발달적으로 더 고등한 영역이 타격을 입는 반면, 성인은 발달적으로 더 저차적인 영역이 타격을 입는 현상을 설명해 주는 네 번째 법칙을 생성한다(7-19~7-38). 비고츠키는 뇌 발달을 심리적 발달과 연결 짓는 일반적 결론을 약속하고는 마무리 부분에서 그보다 훨씬 더 일반적인 결론을 제시한다. 비고츠키에 의하면 모든 발달 형태는 심리적이든 생리적이든 혹은 내분비계든 신경계든 성장과 분화라는 공통적인 규칙성을 가지고 있으며, 성장이 발달을 추동하거나 심지어 발달이 성장을 이끄는 것은 아니다. 성장은 발달의 실현이며 발달의 결과인 것이다(7-39~7-45).

I. **도입: 발달의 세 법칙** 특별한 다른 서론 없이 비고츠키는 신경 발달에 대한 통상적인 세 가지 법칙을 제시하며 이 강의를 시작한다(7-1~7-18).

A. 첫 번째 법칙은 원래 신경계의 저차적 영역에서 수행되던 기능들이 이후에 고등 영역이 출현하면서 고등 영역에서 수행된다는 것이다(7-3). 이러한 법칙은 무엇보다 계통발생에서 명확히 관찰된다. 비고츠키는 진화의 과정에서 뇌가 층을 이루며 발달한다고 지적한다. 호흡이나 심장 박동과 같은 저차적 기본 기능의 토대는 거의 모든 동물들에 있어서 동일하다(즉 이 기능은 중뇌와 척수에 위치한다). 물고기와 개구리에서 소뇌가 출현하며, 파충류에서 대뇌가 출현한다. 그러나 대뇌가 뇌의 대부분을 차지하기 시작하는 것은 오직 포유류, 특히 인간의 경우뿐이다. 이제 비고츠키는 개체발생과 뇌 기능으로 주의를 돌린다. 그는 영아들에게서 하등 동물들의 움직임과 유사한 움직임들(몸부림과 꿈틀거림, 바빈스키 반사 등의 반사 작용)이 나타나지만, 이러한 움직임들은 뇌의 고등 영역이 성숙함에 따라 사라짐을 지적한다. 이러한 움직임들은 오직 뇌의 병변이 있는 경우에만 다시 나타나며 그 이유는 두 번째 법칙으로 설명된다(7-4~7-9).

B. 두 번째 법칙은, 고등 영역으로 기능을 전이시킨 저차적 영역이 여전히 자신의 기능을 수행할 능력을 보존하지만, 이는 오직 뇌의 고등 영역의 통제하에서만 가능하다는 것이다. 비고츠키는 고등 영역의 기능 통제가 기능을 더욱 유연하고 반응적이며, 무엇보다도 더욱 의지적으로 만든다고 주장한다. 이를 보여 주는 한 사례는 운동 기능이다. 고등 영역의 통제를 받지 않는 걷기가 어떠한지 알고자 한다면, 뇌 병변에 의해 보행 기능 통제에 관련된 대뇌 피질 영역이 손상된 환자를 관찰하면 될 것이다. 이 환자의 보행은 하등 동물을 닮기 시작하며, 심지어 전혀 걷지 못할 수도 있다(7-10~7-14).

C. 세 번째 법칙은 위의 사례를 일반화한 것이다. 비고츠키는 (성인의 경우와 같이) 고등 영역이 저차적 영역의 기능을 이어받은 경우라면, 고등 영역이 손상을 입었을 때 언제나 이 기능이 저차적 영역에서 재개된다고 말한다. 비고츠키는 이 법칙에 따라 나타나는 두 가지 양상을 지적한다. 첫째, 뇌 병변에서 발달적으로 원시적인 행동 형태로 돌아가는 것이 관찰된다. 둘째, 발달 초기에 병리적 증상과 유사한 원시적 행동 형태가 관찰된다. 예컨대 어떤 뇌 병변의 경우 성인은 때때로 바빈스키 반사를 보이며, 영아의 바빈스키 반사는 성인의 병리적 증상을 연상시킨다. 이와 유사하게, 어떤 뇌 병변의 경우 지각에 혼란이 일어나 대상을 분별하는 것이

어려워지는데(실인증), 이는 영아의 지각을 연상시키며, 영아의 지각은 뇌 손상을 입은 성인과 비슷한 것으로 보인다. 비고츠키는 이를 저차적 영역의 '해방' 즉, 이 전에 고등 영역으로 전이되었던 기능의 재개로 설명한다(7-15~7-18).

D. 그러나 비고츠키는 이러한 비유가 정확하지 않음을 경고한다. 무엇보다도 이는 정적으로 고찰된 두 기능 사이의 비유이다. 개체발생적 발달과 발병학적 발달을 역동적으로 고려해 보면, 이들이 정반대 방향을 향하고 있음을 곧 알게 되며, 그들의 일시적 일치성은 모스크바에서 레닌그라드로 가는 기차가 레닌그라드에서 모스크바로 가는 기차와 스쳐 지나가는 것과 비슷하다(7-19~7-21). 앞에서 비고츠키는 신경계 발달의 법칙이 통상적인 것이라고 소개하였으며(7-2), 특히 세 번째 법칙은 개정과 보완이 필요하다고 말했다(7-15). 다음 부분에서 비고츠키는 이 개정 작업에 착수한다.

II. **세 번째 법칙의 개정** 이 부분에서 비고츠키는 '저차적 영역의 해방'은 전투에서 사령관이 부상을 입어 병사들이 지휘관을 잃거나 혹은 지휘관의 역할이 부관에 의해 대체되는 것과 같이 퇴화를 초래할 수도 있지만(7-22), 더 고등한 영역이 통제권을 장악하는 제 3의 가능성도 있다고 주장한다. 이것은 비고츠키가 손상학 연구에서 제시하는 우회적이고 간접적인 보완 형태에 대한 주장의 토대이다. 이러한 주장은 『어린이 자기행동숙달의 역사와 발달』1장에서도 발견된다. 그는 임상적 사례들에서 가져온 여러 가지 예시를 든다(7-22~7-38).

A. 더욱 고등한 영역에 의한 보완을 보여 주는 첫 번째 사례는 바로 실인증이다. 실인증을 겪는 성인은 아직 고등 영역을 갖추지 못한 영아와는 달리, 뜻밖의 상황에 당면했을 때 추론, 가설 설정, 해석 등의 기능을 동원할 수 있다(7-23). 이는 어째서 실인증 환자들이 가위를 안경으로 착각하는지 혹은 자신의 부인을 모자로 착각하는지 설명해 준다. 비고츠키는 세 번째 법칙에 두 개의 양상이 존재함을 상기시킨다. 그는 개체발생의 초기 단계를 병리적 현상과 비교하고, 병리적 현상을 초기 발달과 비교한다. 두 번째 양상은 발달과 무관해 보이지만, 비고츠키는 사실 그것이 발달 병리학과 관계가 있음을 보여 준다. 즉 똑같은 병리적 조건이 상이한 발달 단계에서 매우 상이한 의미를 가질 수 있다(7-25). 예를 들어 태어나면서 청각 장애를 지닌 사람은, 말을 습득한 후 청각을 잃은 사람과 같은 방식으로 말을 발달시키지는 못할 것이다(7-25~7-26).

B. 비고츠키는 동일한 병리적 조건이 상이한 의미를 가질 수 있는 것처럼, 상이한 병리적 조건이 동일한 의미를 가질 수 있다고 말한다(7-27). 그런 후 비고츠키는 이를 일반화한다. 어린이가 특정한 영역 B에 병변을 입을 경우, 이 어린이의 (아직 발달하지 않은) 고등 영역 C는 심하게 타격을 입지만, 저차적 영역 A는 비교적 영향을 받지 않는다. 그러나 성인의 경우 반대 현상이 나타난다. 즉, 고등 영역 C는 이미 발달하여 영향을 받지 않으며 B의 손상을 보상할 수 있는 입장에 서지만, 저

차적 영역 A는 타격을 입는다(7-27~7-28).

C. 비고츠키는 이러한 일반화를 지지하는 임상적 사례로 유행성 뇌염을 제시한다. 유행성 뇌염은 당시 유행했던 뇌 질환으로 이 병에 걸리면 어린이들은 활동을 통제하는 데 어려움을 겪었던 반면, 성인들은 마비 증상을 앓았다(7-29~7-30).

    1. 저차적 기능을 수행하지 못하는 환자는 고등 기능을 소환함으로써 이를 수행할 수 있을 것이다. 예컨대, 어떤 환자는 평평한 마룻바닥에서는 걷지 못하지만, 앞에 의자를 놓고 걸으라고 하거나 계단을 올라가라는 지시를 받았을 경우, 그러한 움직임을 수행할 수 있게 된다(7-31). 마찬가지로, 눈을 감지 못하는 환자에게 잠자는 연기를 해 보라고 하면 눈을 감을 수 있게 된다(7-32).

    2. 전신기 버튼을 누르지 못하거나 매우 느리게 밖에 누를 수 없는 환자는, 나이를 버튼으로 눌러서 표현하라는 지시를 받으면 버튼을 손쉽게 37번이나 연속적으로 누를 수 있다(7-33).

D. 비고츠키는 이러한 상황이 내분비계 발달을 살펴보았던 6강에서의 상황과 다소 유사하다고 주장한다. 어린이의 뇌하수체가 발달하지 않으면 생식샘도 정상적으로 발달하지 않는다(뇌하수체 왜소증). 그러나 청소년에게서 생식샘이 정상적으로 발달하지 않으면 뇌하수체는 정상적 퇴화 과정을 거치지 않게 된다(유사 환관증). 마찬가지로, 발달 과정에서 고등 영역 C는 하위 영역 B의 발달에 의존하지만, 이미 발달한 유기체에서는 하위 영역 B가 고등 영역 C에 의존하게 된다(7-35~7-38).

III. **결론: 발달로부터 나타나는 성장** 이제 비고츠키는 일련의 일반적 결론을 제시한다. 이 결론들은 명백히 후속 강좌(『연령과 위기』)를 향하고 있다.

A. 비고츠키는 본 강좌에서 탐색된 모든 과정들—내분비계와 신경 발달은 물론 심리적, 신체적 발달 일반—이 복합적인 그러나 통합적인 발달의 일부임을 지적한다. 뇌 없이 정신이 발달할 수 없다. 그러나 뇌 또한 내분비샘 없이는 발달할 수 없다. 이러한 복잡한 상호 의존성은 발달에 일반적 규칙성이 있는 이유를 설명해 주며 또한 특정한 영역에 해당되는 법칙이 모든 과정을 낱낱이 설명할 수 없는 이유도 설명해 준다(7-40).

B. 비고츠키는 이러한 복합적이지만 통합적인 과정이 일련의 연령기들로 이해될 수 있으며, 다음 단계로의 상승을 가능하게 하는 것은 각 단계 내에서의 내적 관계의 변화라고 말한다. 처음에는 모든 것이 하위 영역들 사이의 관계에 의존한다. 그러나 고등 영역의 등장과 더불어, 하위 영역은 고등 영역에 의존하게 된다. 이는 내분비계에서나 뇌 영역에 있어서나 동일하게 적용되는 것으로 보인다. 이로부터 비고츠키는 발달의 중심적 사실은 체계 내 기관들 간 관계의 재구조화, 그리고 복잡한 전체에서 체계들 간 관계의 재구조화라고 결론 맺는다(7-41~7-43).

C. 비고츠키는, 발달을 크기의 변화로 간주한다면, 발달이 집중적으로 일어나는 것은 오직 초기일 뿐이라고 말해야 한다는 아동 해부학 분야의 연구자의 생각(예컨

대 일 년 사이에 몸무게가 두 배로 증가하는 일은 오직 영아기에만 일어난다)으로 결론을 내린다. 그러나 발달을 체계 내 관계의 변화로 이해한다면, 이와는 반대로 생애 초기에는 발달이 거의 일어나지 않으며 나이가 들어감에 따라 발달이 확대된다고 말해야 할 것이다. 비고츠키는 이를 더 밀고 나아가, 질적인 관점에서 볼 때 심지어 성장도 변화하며, 성장은 원인이 아니라 발달이 실현된 것이라고 제안한다(7-44~7-45).

1강과 5강~7강 요약

제1강 발달의 일반 법칙	제5강 심리적 발달	제6강 내분비계	제7강 신경계
a. 불균등하지만 주기적인 발달 (1-6~1-18)	a. 기능의 연속적 분화 (5-24~5-26)	a. 분비샘의 불균등 발달의 법칙 (6-11)	a. 기능의 상향 전이 (불균등 발달) (7-3~7-10)
b. 불균형성, 관계 변화와 최적 발달 시기 (1-19~1-29)	b. 한 기능의 지배와 기능 간 새로운 관계를 가진 다른 체계의 창조 (5-27~5-30)	b. 진화와 퇴화의 법칙 (6-12~6-18)	b. 하위 영역의 종속 법칙 (7-11~7-14)
c. 역의존성, 한 측면의 상승과 다른 측면의 하강 (1-30~1-33)	c. 다른 기능들을 희생하여 이루는 한 기능의 최대 발달 (5-37~5-40)	c. 역의존성과 지배 (6-19~6-25)	c. 해방과 보완 법칙, 즉 역의존성 (7-15~7-40)
d. 변태, 단순한 양적 변화가 아닌 질적 변화 (1-33~1-34)	d. 전 학령기부터, 체계 간 전환의 질적 차이 (5-41~5-48)	d. 내분비계가 전체로서의 유기체에 초래하는 질적 변화 (6-31~6-60)	d. 질적 변화가 양적 변화를 가능하게 한다는 생각 (7-44~7-45)

비고츠키 연구회

교육의 본질을 고민하고 진정한 교육적 혁신을 위해 비고츠키를 공부하는 교사들의 모임. 비고츠키 원전을 번역하고, 사회문화이론의 전통을 계승한 발생적 비교연구법과 기능적 언어분석법을 이용한 현장 연구를 지속적으로 수행하고 있다. 비고츠키 이론에 관심이 있거나 혼자 공부하는 데 어려움을 느끼는 독자라면 누구나 함께할 수 있다. 『성장과 분화』의 번역에 참여한 회원은 다음과 같다.

권민숙 서울 오류남초등학교 교사로 청주교육대학교 졸업 후 서울교육대학교 교육대학원에서 데이비드 켈로그 교수님의 첫 제자로 교육학 석사학위를 받았으며, 켈로그 교수님과 함께 국제 학술지(The Canadian Modern Language Review, 2005)에 논문을 게재하였습니다. 비고츠키의 아이디어를 접목한 다년간의 현장 연구로 서울시교육청 주최의 여러 연구대회 및 공모전에서 수차례 입상한 바 있습니다. 2014년 3월 뒤늦게 비고츠키 연구회에 합류하여 학문적 열정과 헌신, 지적 탐구의 명철함으로 무장한 연구회의 교수님과 동료 선생님들과의 교류를 통해 오늘도 부지런히 비고츠키 탐구에 관한 앎의 지평을 넓혀 가고 있습니다.

김여선 서울 인수초등학교 교사로 부산교육대학교를 졸업하고 한국외국어대학교에서 TESOL 석사학위를 받았습니다. 영어 수업에서 소외된 아이들 지도에 관한 논문 완성 중 켈로그 교수님을 만나 모든 아이들이 행복하고 즐거울 수 있는 영어 수업을 꿈꾸며 비고츠키 공부를 함께하게 되었습니다. 가르치기가 두려워질 때 비고츠키를 만나 이제 가르칠 수 있는 용기, 나 자신에게로의 용기를 얻어 희망을 이야기할 수 있게 되었습니다.

김용호 서울교육대학교와 교육대학원을 졸업하고 한국교원대학교에서 교육학 박사학위를 받았습니다. 현재 서울 녹번초등학교에서 어린이들을 가르치고 있습니다. 켈로그 교수님과 함께 영어교수법 책을 쓰기도 하고(『얽힌 실타래 풀기-초등 영어 수업의 문제』, 2011) 잘 알려진 국제 학술지(Applied Linguistics, 2006; Journal of Applied Lingustics, 2006)에 논문을 기재하는가 하면 미국 대학 교재(IGI, 2010)의 한 챕터를 맡아 저술하기도 하였습니다.

데이비드 켈로그 David Kellogg 부산교육대학교, 서울교육대학교 영어교육과 교수를 역임하고 현재는 한국외국어대학교 테솔대학원 영어교육학과 학과장을 맡고 있습니다. 『생각과 말』, 『도구와 기호』, 『상상과 창조』, 『어린이 자기행동숙달의 역사와 발달』 공동 번역 작업에 참여하였습니다. 다수의 저서를 비롯하여, 최근에 네덜란드 로테르담 센스 출판사를 통해 국제판으로 『The Great Globe and All Who It Inherit』(2014)을 저술하여 출간하였습니다. 『Applied Linguistics, Modern Language Journal, Language Teaching Research』 등의 해외 유수 학술지에 지속적으로 논문을 게재해 오고 있습니다. 비고츠키 연구의 권위자로 인정받고 있습니다.

이두표 서울에 있는 천왕중학교 과학 교사로 서울대학교 물리교육과와 대학원 과학교육과를 졸업하였습니다. 2010년 여름 비고츠키를 처음 만난 후 그 매력에 푹 빠져 꾸준히 비고츠키를 공부하고 있습니다. 번역에 대해 아무런 경험도 없던 제가 켈로그 교수님과 동료 선생님들 덕분에 이 책 번역에 끝까지 함께할 수 있게 된 것을 행운이라 여기고 있습니다.

이미영 서울교육대학교를 졸업하고 서울 광남초등학교 교사로 근무하고 있으며 서울교육대학교 대학원에서 초등 영어 교육에 대해 공부하고 있습니다. 교실 수업에서도 기술과 흐름에 편승해 가는 모습에 염증을 느끼던 중 켈로그 교수님을 통해 어린이들에게 생각과 말이 가지는 무한한 힘과 가능성을 보여 준 비고츠키를 접하게 되었습니다. 함께 작업한 선생님들과 함께 더디지만 한 걸음 한 걸음 즐겁게 비고츠키를 향해 나아가고 있습니다.

최영미 춘천교육대학교를 졸업하고 현재 성남 복정초등학교에서 근무하고 있습니다. 서울교육대학교 대학원 영어교육과 재학 중 켈로그 교수님을 만나 제가 속한 작지만 커다란 세상을 바라보는 새로운 눈을 갖게 되기를 소망하게 되었습니다. 그 바람을 이루기 위해 든든한 길동무와도 같은 선생님들과 『도구와 기호』를 함께 번역하였으며, 지금도 부족한 공부를 계속하고 있습니다.

한희정 서울형 혁신학교 서울 유현초등학교 교사로 청주교육대학교와 한국교원대학교 대학원에서 초등 국어 교육에 대해 공부했습니다. 2006년부터 초등교육과정연구모임에 함께하면서 우리 사회의 교육 문제를 제대로 된 교육과정을 통해 바꿔 가고 싶다는 꿈이 생겼고, 그 꿈을 찾아가는 길에 좋은 길동무로 비고츠키라는 거대한 산맥을 만나게 되었습니다. 함께 공부하는 선생님들과 『도구와 기호』를 함께 번역했고, 『교과서를 믿지 마라』, 『행복한 혁신학교 만들기』, 『문학수업방법』을 함께 썼습니다.

*비고츠키 연구회와 함께 번역, 연구 작업에 동참하고 싶으신 분들은 iron_lung@hanmail.net으로 문의해 주시기 바랍니다.

삶의 행복을 꿈꾸는 교육은 어디에서 오는가?

미래 100년을 향한 새로운 교육 · 혁신교육을 실천하는 교사들의 필독서

▶ 교육혁명을 앞당기는 배움책 이야기
혁신교육의 철학과 잉걸진 미래를 만나다!

한국교육연구네트워크 총서

 01 핀란드 교육혁명
한국교육연구네트워크 엮음 | 320쪽 | 값 15,000원

 02 일제고사를 넘어서
한국교육연구네트워크 엮음 | 284쪽 | 값 13,000원

 03 새로운 사회를 여는 교육혁명
한국교육연구네트워크 엮음 | 380쪽 | 값 17,000원

 04 교장제도 혁명
한국교육연구네트워크 엮음 | 268쪽 | 값 14,000원

 05 새로운 사회를 여는 교육자치 혁명
한국교육연구네트워크 엮음 | 312쪽 | 값 15,000원

 06 혁신학교에 대한 교육학적 성찰
한국교육연구네트워크 엮음 | 308쪽 | 값 15,000원

 07 진보주의 교육의 세계적 동향
한국교육연구네트워크 엮음 | 324쪽 | 값 17,000원
2018 세종도서 학술부문

 08 더 나은 세상을 위한 학교혁명
한국교육연구네트워크 엮음 | 404쪽 | 값 21,000원
2018 세종도서 교양부문

 혁신학교
성열관·이순철 지음 | 224쪽 | 값 12,000원

 행복한 혁신학교 만들기
초등교육과정연구모임 지음 | 264쪽 | 값 13,000원

 서울형 혁신학교 이야기
이부영 지음 | 320쪽 | 값 15,000원

 혁신교육, 철학을 만나다
브렌트 데이비스·데니스 수마라 지음
현인철·서용선 옮김 | 304쪽 | 값 15,000원

 혁신교육 존 듀이에게 묻다
서용선 지음 | 292쪽 | 값 14,000원

 다시 읽는 조선 교육사
이만규 지음 | 750쪽 | 값 33,000원

 대한민국 교육혁명
교육혁명공동행동 연구위원회 지음 | 224쪽 | 값 12,000원

한국교육연구네트워크 번역 총서

 01 프레이리와 교육
존 엘리아스 지음 | 한국교육연구네트워크 옮김
276쪽 | 값 14,000원

 02 교육은 사회를 바꿀 수 있을까?
마이클 애플 지음 | 강희룡·김선우·박원순·이형빈 옮김
356쪽 | 값 16,000원

 03 비판적 페다고지는
세상을 변화시킬 수 있는가?
Seewha Cho 지음 | 심성보·조시화 옮김 | 280쪽 | 값 14,000원

 04 마이클 애플의 민주학교
마이클 애플·제임스 빈 엮음 | 강희룡 옮김 | 276쪽 | 값 14,000원

 05 21세기 교육과 민주주의
넬 나딩스 지음 | 심성보 옮김 | 392쪽 | 값 18,000원

 06 세계교육개혁:
민영화 우선인가 공적 투자 강화인가?
린다 달링-해먼드 외 지음 | 심성보 외 옮김 | 408쪽 | 값 21,000원

 07 콩도르세, 공교육에 관한 다섯 논문
니콜라 드 콩도르세 지음 | 이주환 옮김 | 300쪽 | 값 16,000원

 대한민국 교사, 어떻게 가르칠 것인가?
윤성관 지음 | 320쪽 | 값 15,000원

 아이들을 어떻게 가르칠 것인가
사토 마나부 지음 | 박찬영 옮김 | 232쪽 | 값 13,000원

 모두를 위한 국제이해교육
한국국제이해교육학회 지음 | 364쪽 | 값 16,000원

 경쟁을 넘어 발달 교육으로
현광일 지음 | 288쪽 | 값 14,000원

 독일 교육, 왜 강한가?
박성희 지음 | 324쪽 | 값 15,000원

 핀란드 교육의 기적
한넬레 니에미 외 엮음 | 장수명 외 옮김 | 456쪽 | 값 23,000원

 한국 교육의 현실과 전망
심성보 지음 | 724쪽 | 값 35,000원

▶ 비고츠키 선집 시리즈

발달과 협력의 교육학 어떻게 읽을 것인가?

생각과 말
레프 세묘노비치 비고츠키 지음
배희철·김용호·D. 켈로그 옮김 | 690쪽 | 값 33,000원

성장과 분화
L.S. 비고츠키 지음 | 비고츠키 연구회 옮김
308쪽 | 값 15,000원

도구와 기호
비고츠키·루리야 지음 | 비고츠키 연구회 옮김
336쪽 | 값 16,000원

연령과 위기
L.S. 비고츠키 지음 | 비고츠키 연구회 옮김
336쪽 | 값 17,000원

어린이 자기행동숙달의 역사와 발달 I
L.S. 비고츠키 지음 | 비고츠키 연구회 옮김
564쪽 | 값 28,000원

의식과 숙달
L.S 비고츠키 | 비고츠키 연구회 옮김
348쪽 | 값 17,000원

어린이 자기행동숙달의 역사와 발달 II
L.S. 비고츠키 지음 | 비고츠키 연구회 옮김
552쪽 | 값 28,000원

분열과 사랑
L.S. 비고츠키 지음 | 비고츠키 연구회 옮김
260쪽 | 값 16,000원

어린이의 상상과 창조
L.S. 비고츠키 지음 | 비고츠키 연구회 옮김
280쪽 | 값 15,000원

성애와 갈등
L.S. 비고츠키 지음 | 비고츠키 연구회 옮김
268쪽 | 값 17,000원

비고츠키와 인지 발달의 비밀
A.R. 루리야 지음 | 배희철 옮김 | 280쪽 | 값 15,000원

관계의 교육학, 비고츠키
진보교육연구소 비고츠키교육학실천연구모임 지음
300쪽 | 값 15,000원

수업과 수업 사이
비고츠키 연구회 지음 | 196쪽 | 값 12,000원

비고츠키 생각과 말 쉽게 읽기
진보교육연구소 비고츠키교육학실천연구모임 지음
316쪽 | 값 15,000원

비고츠키의 발달교육이란 무엇인가?
비고츠키교육학실천연구모임 지음 | 412쪽 | 값 21,000원

교사와 부모를 위한 비고츠키 교육학
카르포프 지음 | 실천교사번역팀 옮김 | 308쪽 | 값 15,000원

비고츠키 철학으로 본 핀란드 교육과정
배희철 지음 | 456쪽 | 값 23,000원

▶ 살림터 참교육 문예 시리즈

영혼이 있는 삶을 가르치는 온 선생님을 만나다!

꽃보다 귀한 우리 아이는
조재도 지음 | 244쪽 | 값 12,000원

선생님이 먼저 때렸는데요
강병철 지음 | 248쪽 | 값 12,000원

성깔 있는 나무들
최은숙 지음 | 244쪽 | 값 12,000원

서울 여자, 시골 선생님 되다
조경선 지음 | 252쪽 | 값 12,000원

아이들에게 세상을 배웠네
명혜정 지음 | 240쪽 | 값 12,000원

행복한 창의 교육
최창의 지음 | 328쪽 | 값 15,000원

밥상에서 세상으로
김흥숙 지음 | 280쪽 | 값 13,000원

북유럽 교육 기행
정애경 외 14인 지음 | 288쪽 | 값 14,000원

우물쭈물하다 끝난 교사 이야기
유기창 지음 | 380쪽 | 값 17,000원

▶ 4·16, 질문이 있는 교실 마주이야기
통합수업으로 혁신교육과정을 재구성하다!

통하는 공부
김태호·김형우·이경석·심우근·허진만 지음
324쪽 | 값 15,000원

내일 수업 어떻게 하지?
아이함께 지음 | 300쪽 | 값 15,000원
2015 세종도서 교양부문

인간 회복의 교육
성래운 지음 | 260쪽 | 값 13,000원

교과서 너머 교육과정 마주하기
이윤미 외 지음 | 368쪽 | 값 17,000원

수업 고수들 수업·교육과정·평가를 말하다
박현숙 외 지음 | 368쪽 | 값 17,000원

도덕 수업, 책으로 묻고 윤리로 답하다
울산도덕교사모임 지음 | 320쪽 | 값 15,000원

체육 교사, 수업을 말하다
전용진 지음 | 304쪽 | 값 15,000원

교실을 위한 프레이리
아이러 쇼어 엮음 | 사람대사람 옮김 | 412쪽 | 값 18,000원

마을교육공동체란 무엇인가?
서용선 외 지음 | 360쪽 | 값 17,000원

교사, 학교를 바꾸다
정진화 지음 | 372쪽 | 값 17,000원

함께 배움
학생 주도 배움 중심 수업 이렇게 한다
니시카와 준 지음 | 백경석 옮김 | 280쪽 | 값 15,000원

공교육은 왜?
홍섭근 지음 | 352쪽 | 값 16,000원

자기혁신과 공동의 성장을 위한
교사들의 필리버스터
윤양수·원종희·장군·조경삼 지음 | 280쪽 | 값 14,000원

함께 배움 이렇게 시작한다
니시카와 준 지음 | 백경석 옮김 | 196쪽 | 값 12,000원

함께 배움 교사의 말하기
니시카와 준 지음 | 백경석 옮김 | 188쪽 | 값 12,000원

교육과정 통합, 어떻게 할 것인가?
성열관 외 지음 | 192쪽 | 값 13,000원

학교 혁신의 길, 아이들에게 묻다
남궁상운 외 지음 | 272쪽 | 값 15,000원

미래교육의 열쇠, 창의적 문화교육
심광현·노명우·강정석 지음 | 368쪽 | 값 16,000원

주제통합수업, 아이들을 수업의 주인공으로!
이윤미 외 지음 | 392쪽 | 값 17,000원

수업과 교육의 지평을 확장하는 수업 비평
윤양수 지음 | 316쪽 | 값 15,000원
2014 문화체육관광부 우수교양도서

교사, 선생이 되다
김태은 외 지음 | 260쪽 | 값 13,000원

교사의 전문성, 어떻게 만들어지나
국제교원노조연맹 보고서 | 김석규 옮김 392쪽 | 값 17,000원

수업의 정치
윤양수·원종희·장군 지음 | 280쪽 | 값 14,000원

학교협동조합,
현장체험학습과 마을교육공동체를 잇다
주수원 외 지음 | 296쪽 | 값 15,000원

거꾸로 교실,
잠자는 아이들을 깨우는 수업의 비밀
이민경 지음 | 280쪽 | 값 14,000원

교사는 무엇으로 사는가
정은균 지음 | 292쪽 | 값 15,000원

마음의 힘을 기르는 감성수업
조선미 외 지음 | 300쪽 | 값 15,000원

작은 학교 아이들
지경준 엮음 | 376쪽 | 값 17,000원

아이들의 배움은 어떻게 깊어지는가
이시이 준지 지음 | 방지현·이창희 옮김 | 200쪽 | 값 11,000원

대한민국 입시혁명
참교육연구소 입시연구팀 지음 | 220쪽 | 값 12,000원

교사를 세우는 교육과정
박승열 지음 | 312쪽 | 값 15,000원

전국 17명 교육감들과 나눈
교육 대담
최창의 대담·기록 | 272쪽 | 값 15,000원

들뢰즈와 가타리를 통해
유아교육 읽기
리세롯 마리엣 올슨 지음 | 이연선 외 옮김 | 328쪽 | 값 17,000원

학교 민주주의의 불한당들
정은균 지음 | 276쪽 | 값 14,000원

프레이리의 사상과 실천
사람대사람 지음 | 352쪽 | 값 18,000원
2018 세종도서 학술부문

 혁신학교, 한국 교육의 미래를 열다
송순재 외 지음 | 608쪽 | 값 30,000원

 페다고지를 위하여
프레네의 『페다고지 불변요소』 읽기
박찬영 지음 | 296쪽 | 값 15,000원

 노자와 탈현대 문명
홍승표 지음 | 284쪽 | 값 15,000원

 선생님, 민주시민교육이 뭐예요?
염경미 지음 | 244쪽 | 값 15,000원

 어쩌다 혁신학교
유우석 외 지음 | 380쪽 | 값 17,000원

 **미래, 교육을 묻다**
정광필 지음 | 232쪽 | 값 15,000원

  대학, 협동조합으로 교육하라
박주희 외 지음 | 252쪽 | 값 15,000원

 입시, 어떻게 바꿀 것인가?
노기원 지음 | 306쪽 | 값 15,000원

 촛불시대, 혁신교육을 말하다
이용관 지음 | 240쪽 | 값 15,000원

 라운드 스터디
이시이 데루마사 외 엮음 | 224쪽 | 값 15,000원

  미래교육을 디자인하는 학교교육과정
박승열 외 지음 | 348쪽 | 값 18,000원

 흥미진진한 아일랜드 전환학년 이야기
제리 제퍼스 지음 | 최상덕·김호원 옮김 | 508쪽 | 값 27,000원

 폭력 교실에 맞서는 용기
따돌림사회연구모임 학급운영팀 지음 | 272쪽 | 값 15,000원

 그래도 혁신학교
박은혜 외 지음 | 248쪽 | 값 15,000원

 학교는 어떤 공동체인가?
성열관 외 지음 | 228쪽 | 값 15,000원

교사 전쟁
다나 골드스타인 지음 | 유성상 외 옮김 | 468쪽 | 값 23,000원

 교육과정, 수업, 평가의 일체화
리사 카터 지음 | 박승열 외 옮김 | 196쪽 | 값 13,000원

 학교를 개선하는 교장
지속가능한 학교 혁신을 위한 실천 전략
마이클 풀란 지음 | 서동연·정효준 옮김 | 216쪽 | 값 13,000원

 공자던, 논어는 이것이다
유문상 지음 | 392쪽 | 값 18,000원

 교사와 부모를 위한
발달교육이란 무엇인가?
현광일 지음 | 380쪽 | 값 18,000원

 교사, 이오덕에게 길을 묻다
이무완 지음 | 328쪽 | 값 15,000원

 낙오자 없는 스웨덴 교육
레이프 스트란드베리 지음 | 변광수 옮김 | 208쪽 | 값 13,000원

 끝나지 않은 마지막 수업
장석웅 지음 | 328쪽 | 값 20,000원

 경기꿈의학교
진흥섭 외 지음 | 360쪽 | 값 17,000원

 학교를 말한다
이성우 지음 | 292쪽 | 값 15,000원

 행복도시 세종, 혁신교육으로 디자인하다
곽순일 외 지음 | 392쪽 | 값 18,000원

 나는 거꾸로 교실 거꾸로 교사
류광모·임정훈 지음 | 212쪽 | 값 13,000원

 교실 속으로 간 이해중심 교육과정
온정덕 외 지음 | 224쪽 | 값 13,000원

 교실, 평화를 말하다
따돌림사회연구모임 초등우정팀 지음 | 268쪽 | 값 15,000원

  학교자율운영 2.0
김용 지음 | 240쪽 | 값 15,000원

학교자치를 부탁해
유우석 외 지음 | 252쪽 | 값 15,000원

 국제이해교육 페다고지
강순원 외 지음 | 256쪽 | 값 15,000원

 미래교육, 어떻게 만들어갈 것인가?
송기상·김성천 지음 | 300쪽 | 값 16,000원

▶ 교과서 밖에서 만나는 역사 교실
상식이 통하는 살아 있는 역사를 만나다

 전봉준과 동학농민혁명
조광환 지음 | 336쪽 | 값 15,000원

 남도의 기억을 걷다
노성태 지음 | 344쪽 | 값 14,000원

 응답하라 한국사 1·2
김은석 지음 | 356쪽·368쪽 | 각권 값 15,000원

 즐거운 국사수업 32강
김남선 지음 | 280쪽 | 값 11,000원

 즐거운 세계사 수업
김은석 지음 | 328쪽 | 값 13,000원

 강화도의 기억을 걷다
최보길 지음 | 276쪽 | 값 14,000원

 광주의 기억을 걷다
노성태 지음 | 348쪽 | 값 15,000원

 선생님도 궁금해하는 한국사의 비밀 20가지
김은석 지음 | 312쪽 | 값 15,000원

 걸림돌
키르스텐 세룹-빌펠트 지음 | 문봉애 옮김
248쪽 | 값 13,000원

 역사수업을 부탁해
열 사람의 한 걸음 지음 | 388쪽 | 값 18,000원

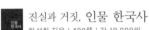 **진실과 거짓, 인물 한국사**
하성환 지음 | 400쪽 | 값 18,000원

우리 역사에서 사라진 근현대 인물 한국사
하성환 지음 | 296쪽 | 값 18,000원

 꼬물꼬물 거꾸로 역사수업
역모자들 지음 | 436쪽 | 값 23,000원

 교과서 밖에서 배우는 역사 공부
정은교 지음 | 292쪽 | 값 14,000원

 팔만대장경도 모르면 빨래판이다
전병철 지음 | 360쪽 | 값 16,000원

 빨래판도 잘 보면 팔만대장경이다
전병철 지음 | 360쪽 | 값 16,000원

 **영화는 역사다**
강성률 지음 | 288쪽 | 값 13,000원

 친일 영화의 해부학
강성률 지음 | 264쪽 | 값 15,000원

 한국 고대사의 비밀
김은석 지음 | 304쪽 | 값 13,000원

 조선족 근현대 교육사
정미량 지음 | 320쪽 | 값 15,000원

 다시 읽는 조선근대 교육의 사상과 운동
윤건차 지음 | 이명실·심성보 옮김 | 516쪽 | 값 25,000원

 음악과 함께 떠나는 세계의 혁명 이야기
조광환 지음 | 292쪽 | 값 15,000원

 논쟁으로 보는 일본 근대 교육의 역사
이명실 지음 | 324쪽 | 값 17,000원

 다시, 독립의 기억을 걷다
노성태 지음 | 320쪽 | 값 16,000원

 한국사 리뷰
김은석 지음 | 244쪽 | 값 15,000원

▶ 더불어 사는 정의로운 세상을 여는 인문사회과학
사람의 존엄과 평등의 가치를 배운다

 밥상혁명
강양구·강이현 지음 | 298쪽 | 값 13,800원

 좌우지간 인권이다
안경환 지음 | 288쪽 | 값 13,000원

 도덕 교과서 무엇이 문제인가?
김대용 지음 | 272쪽 | 값 14,000원

 민주시민교육
심성보 지음 | 544쪽 | 값 25,000원

 자율주의와 진보교육
조엘 스프링 지음 | 심성보 옮김 | 320쪽 | 값 15,000원

 민주시민을 위한 도덕교육
심성보 지음 | 500쪽 | 값 25,000원
2015 세종도서 학술부문

 민주화 이후의 공동체 교육
심성보 지음 | 392쪽 | 값 15,000원
2009 문화체육관광부 우수학술도서

 교과서 밖에서 배우는 인문학 공부
정은교 지음 | 280쪽 | 값 13,000원

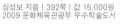 **갈등을 넘어 협력 사회로**
이창언·오수길·유문종·신윤관 지음 | 280쪽 | 값 15,000원

 오래된 미래교육
정재걸 지음 | 392쪽 | 값 18,000원

 동양사상과 마음교육
정재걸 외 지음 | 356쪽 | 값 16,000원
2015 세종도서 학술부문

 대한민국 의료혁명
전국보건의료산업노동조합 엮음 | 548쪽 | 값 25,000원

 교과서 밖에서 배우는 철학 공부
정은교 지음 | 280쪽 | 값 14,000원

 교과서 밖에서 배우는 고전 공부
정은교 지음 | 288쪽 | 값 14,000원

 **교과서 밖에서 배우는 사회 공부**
정은교 지음 | 304쪽 | 값 15,000원

 전체 안의 전체 사고 속의 사고
김우창의 인문학을 읽다
현광일 지음 | 320쪽 | 값 15,000원

 교과서 밖에서 배우는 윤리 공부
정은교 지음 | 292쪽 | 값 15,000원

 카스트로, 종교를 말하다
피델 카스트로·프레이 베토 대담 | 조세종 옮김
420쪽 | 값 21,000원

 한글 혁명
김슬옹 지음 | 388쪽 | 값 18,000원

 일제강점기 한국철학
이태우 지음 | 448쪽 | 값 25,000원

 우리 안의 미래교육
정재걸 지음 | 484쪽 | 값 25,000원

 한국 교육 제4의 길을 찾다
이길상 지음 | 400쪽 | 값 21,000원

 비판적 실천을 위한 교육학
이윤미 외 지음 | 448쪽 | 값 23,000원

 왜 그는 한국으로 돌아왔는가?
황선준 지음 | 364쪽 | 값 17,000원

▶ 남북이 하나 되는 두물머리 평화교육
분단 극복을 위한 치열한 배움과 실천을 만나다

 10년 후 통일
정동영·지승호 지음 | 328쪽 | 값 15,000원

 선생님, 통일이 뭐예요?
정경호 지음 | 252쪽 | 값 13,000원

 분단시대의 통일교육
성래운 지음 | 428쪽 | 값 18,000원

 김창환 교수의 DMZ 지리 이야기
김창환 지음 | 264쪽 | 값 15,000원

 한반도 평화교육 어떻게 할 것인가
이기범 외 지음 | 252쪽 | 값 15,000원

▶ 평화샘 프로젝트 매뉴얼 시리즈
학교폭력에 대한 근본적인 예방과 대책을 찾는다

학교폭력 어떻게 만들어지는가
문재현 외 지음 | 300쪽 | 값 14,000원

아이들을 살리는 동네
문재현·신동명·김수동 지음 | 204쪽 | 값 10,000원

학교폭력, 멈춰!
문재현 외 지음 | 348쪽 | 값 15,000원

평화! 행복한 학교의 시작
문재현 외 지음 | 252쪽 | 값 12,000원

왕따, 이렇게 해결할 수 있다
문재현 외 지음 | 236쪽 | 값 12,000원

마을에 배움의 길이 있다
문재현 지음 | 208쪽 | 값 10,000원

젊은 부모를 위한 백만 년의 육아 슬기
문재현 지음 | 248쪽 | 값 13,000원

별자리, 인류의 이야기 주머니
문재현·문한뫼 지음 | 444쪽 | 값 20,000원

우리는 마을에 산다
유양우·신동명·김수동·문재현 지음 | 312쪽 | 값 15,000원

동생아, 우리 뭐 하고 놀까?
문재현 외 지음 | 280쪽 | 값 15,000원

▶ 창의적인 협력 수업을 지향하는 삶이 있는 국어 교실
우리말 글을 배우며 세상을 배운다

중학교 국어 수업 어떻게 할 것인가?
김미경 지음 | 340쪽 | 값 15,000원

토론의 숲에서 나를 만나다
명혜정 엮음 | 312쪽 | 값 15,000원

토닥토닥 토론해요
명혜정·이명선·조선미 엮음 | 288쪽 | 값 15,000원

인문학의 숲을 거니는 토론 수업
순천국어교사모임 엮음 | 308쪽 | 값 15,000원

어린이와 시
오인태 지음 | 192쪽 | 값 12,000원

수업, 슬로리딩과 함께
박경숙 외 지음 | 268쪽 | 값 15,000원

언어던
정은균 지음 | 268쪽 | 값 15,000원

▶ 출간 예정

참된 삶과 교육에 관한
생각 줍기